为失败而战

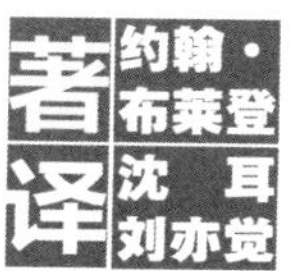

FIGHTING TO LOSE

ZHEJIANG UNIVERSITY PRESS
浙江大学出版社

图书在版编目（CIP）数据

为失败而战 /（加）约翰・布莱登著；沈耳，刘亦觉译. —杭州：浙江大学出版社，2016.8
书名原文：Fighting to Lose
ISBN 978-7-308-15988-3

Ⅰ.①为… Ⅱ.①约… ②沈… ③刘… Ⅲ.①第二次世界大战-史料 Ⅳ.①K152

中国版本图书馆CIP数据核字（2016）第141651号

为失败而战

［加拿大］约翰・布莱登 / 著　沈　耳　刘亦觉 / 译

责任编辑　谢　焕
责任校对　杨利军　田程雨
封面设计　项梦怡
出版发行　浙江大学出版社
（杭州市天目山路148号　邮政编码310007）
（网址：http：//www.zjupress.com）
排　　版　浙江时代出版服务有限公司
印　　刷　浙江海虹彩色印务有限公司
开　　本　710mm×1000mm　1/16
印　　张　22.5
字　　数　312千
版 印 次　2016年8月第1版　2016年8月第1次印刷
书　　号　ISBN 978-7-308-15988-3
定　　价　48.00元

浙江大学出版社发行中心联系方式：（0571）88925591；http://zjdxcbs.tmall.com

献给凯茜：

我的妻子与初恋

重要缩写

CSE：Communcations Security Establishment（Canada），加拿大通信安全局

DHH：Directorate of History and Heritage，Canadian Forces（Ottawa），历史文化遗产委员会，加拿大武装部（渥太华）

FBI：Federal Bureau of Investigation（Washington,D.C.），美国联邦调查局（华盛顿，哥伦比亚特区）

FDRL：Franklin Delano Rossevelt Library，富兰克林·德拉诺·罗斯福图书馆

LAC：Library and Archives Canada in Ottawa，渥太华加拿大国家图书馆和档案馆

NARA：National Archives and Records Administration at College Park（Washington,D.C.），国家档案记录局（华盛顿，哥伦比亚特区）

NSA：National Security Agency（Washington，D.C.），美国国家安全局（华盛顿，哥伦比亚特区）

PRO：Public Record Office at Kew（London），克尤英国公共档案局（伦敦）

PRO 现在是英国国家档案馆（The National Archives，TNA）。但由于本书中的很多研究都是在更名前做的，所以本书通篇使用 PRO 而不是 TNA 的缩写。

PHH：联合委员会关于偷袭珍珠港（Pearl Harbor Attack）调查的多卷本印刷记录，1946。里面包含之前听证的副本和结论，在主要的美国参考书阅览馆里都能找到。

目录

PART 4

引言

在英国记者伊恩·科尔文（Ian Colvin）所著的《情报头目》（*Chief of Intelligence*）一书中，作者写道，二战结束几年以后，他在和一位来自某个政府部门的高级官员吃午餐时，于谈话间问及对方如何看待英国情报人员在战时的表现。那人带着某种强调的语气说："嗯，我们的情报人员准备得不赖。你知道的，我们有海军上将卡纳里斯（Admiral Canaris），这可是相当重要的。"

但科尔文对此并不知情。由于科尔文战前一直在柏林，并且向英国国内发回过很多关于反希特勒人士活动的有价值的情报，这位官员便错误地认为，科尔文本人就是一名英国情报部门的特工。其实并非如此。

这位官员的话到此为止，但这段小插曲却让科尔文开始了进一步的探寻。通过他自身的经历，他知道战时德国秘密军事情报部门阿勃韦尔（Abwehr）的负责人卡纳里斯海军上将曾经开展过反对希特勒的工作。但他真的是英国间谍吗？

"那天我吃完午饭离开的时候便意识到，这一定是这场战争中保守得最好的秘密了。"可自那之后，他却四处碰壁，除了有一位战时陆军部的老人曾提到过一句："嗯，是的，他尽其所能地帮助了我们。"但他也没再透露更多。

科尔文没法接触到秘密档案，特别是外交部和陆军部的档案，军情五处（MI5，英国安全局）和六处（MI6，英国秘密情报局）的就更甭提了。但有些接近卡纳里斯的官员在战争中幸存了下来，于是他去德国找他们进行了交谈。他们每个人都有一小部分自己关于卡纳里斯的故事，科尔文则把这些回忆拼接到了一起。很显然，卡纳里斯的确向英国人泄露了1938年希特勒针对捷克斯洛伐克所作的军事部署，也的确挫败了希特勒1940年把西班牙拉进战争的企图。他也曾事先将德国1941年入侵苏联的巴巴罗萨行动（Operation Barbarossa）告知了英国人，还参与了两次刺杀希特勒的密谋。

科尔文的结论是，将卡纳里斯描述成"英国特工"有点儿太过了，但从他所掌握的情况来看，"他在情报领域的疏忽让盟军获得了意外惊喜，并且幸运地使他们更加接近最终的胜利"[①]。他还发现，卡纳里斯在反希特勒的密谋中只是被动的参与者，并没有扮演主要角色。科尔文不得不依靠道听途说来进行工作。因此，之后的几十年里，关于卡纳里斯的争论反反复复地上演着：有些作者将卡纳里斯塑造成德国反纳粹阵营中一位不为人知的英雄，而另一些作者——主要是英国人——则将他描述成一个腐败低效的情报机构中的无能领导者。到70年代末期，后一个观点胜出了。

但是，90年代之后，英美两国公布的相关档案，再加上一直以来都能够查阅到的缴获的德国方面的记录都表明，卡纳里斯是德军反希特勒密谋中的核心人物。更了不起的是，他所领导下的阿勃韦尔在德国的敌人一边，对战争中的某些事件做出了决定性的干预，最著名的便是1941年日军偷袭珍珠港和1944年的诺曼底战役。

这远远超出了科尔文和大多数卡纳里斯同代人的想象。

新开放的军情五处文件很不完整。它们受到了严格的审查并被"除

① Ian Colvin, *Chief of Intelligence*, New York: Victor Gollancz,1951,218–219.

过草”——既有名正言顺的也有偷偷摸摸的。这样做造成了巨大的损害，以至于英国的安全和情报部门自己都无法对它们战时的往事有太多了解。尽管如此，通过将新公布的材料与国外保存的相应情报文件以及幸存下来的阿勃韦尔的记录加以比对，至少有部分信息还是可以得到恢复的。

美国方面的情况要好一些，因为相关的档案属于联邦调查局（FBI）和战略情报局（OSS）——中央情报局（CIA）在战时的前身。能够查阅的文件数量巨大，这得归功于美国人不遗余力地试图搞清德国秘密情报部门是如何运作的，这既包括军队方面也包括纳粹党方面。有不少联邦调查局与战略情报局的文件都能对英国方面的材料形成补充，在大西洋一侧明显缺失的内容有时可以在另一侧被找到。

但一直以来无法获得的，是两国都未予公开的那些将战时美国总统富兰克林·德拉诺·罗斯福（Franklin Delano Roosevelt）和英国首相温斯顿·丘吉尔（Winston Churchill）与各自情报部门直接联系起来的记录。尽管战略情报局和军情六处的两位负责人几乎每天都要进行汇报，但是，没有任何关于罗斯福和威廉·多诺万（William Donovan），或丘吉尔和斯图尔特·孟席斯（Stewart Menzies）之间的会议记录或通信可以被查阅到。无论如何，如果不把秘密情报对战时四位主要领导人（丘吉尔、罗斯福、希特勒和斯大林）决策的影响考虑在内的话，二战是无法被充分理解的。

本书正是致力于完成这项艰巨的任务。这通常意味着对不完整的证据进行考量，由推测而得出结论而非严格证实。这也意味着在一开始就要假设英国、美国和德国的秘密情报部门有时会对手头的记录进行操纵以达到自身的目的。

下面要展现的便是看待二战的新视角。

五

序幕
腐败？无能？愚蠢？

联邦调查局并不喜欢这个主意，可又能如何呢？最高权力就是最高权力。如果正准备进军欧洲的盟军总司令麾下的情报负责人决定让英国人首先审讯被俘的德国间谍和间谍头目，那也只能如此了。

联邦调查局内部的备忘录对此大感惋惜："G-2（部队中代指军事情报负责人的术语）已经同意英国人将优先占有俘虏和记录材料，了解了这个情况就会发现，英国人将处于一个有利位置，只向我们美国人提供他们想让我们看到的资料。"

时值 1944 年 1 月初。二战已经进行到第五个年头。尽管纳粹德国的军队还占领着欧洲大部分，但他们就快要在集结于英格兰南部、以美军为主的军事机器和东线苏联巨人的夹攻之下被彻底击溃。除非德国的秘密武器技术出现奇迹，否则战争的结束已指日可待。

"从我方在南美的经验和……源自'鸵鸟'[①]的消息来看，我们发

① "鸵鸟"（Ostrich）：美国人对代号为"Ultra"（超级机密）的秘密计划中所获情报的称呼。"Ultra"是英国情报部门于 1941 年设立的顶级秘密计划，旨在截获和破解纳粹向欧洲和南美的地下网络传递信息的通信密码。后成为盟军方面的主要协同情报机构，为盟军取得二战胜利做出了巨大贡献。——译者注。

现英国人在不断抵制和拒绝向我方提供我方本应正常享有的所有相关信息，”这份给联邦调查局各部门负责人的备忘录继续写道，“英国人想要占据一个有利位置，以便把我们挤出西半球的情报领域；如果他们与 G-2 方面照此携手的话，其结果也许是 FBI 将被挤出美国的情报领域……”

两年针对共同敌人的协同合作却使得联邦调查局与英国情报部门——军情五处与六处——之间，相互产生了深深的不信任感。

英美联盟此时正处于为渡过英吉利海峡进军德国占领的法国领土进行准备的最后阶段。盟军远征部队最高司令部（SHAEF）——在美国将军德怀特·D. 艾森豪威尔（Dwight D. Eisenhower，日后的美国总统）领导下的指挥机构——负责指挥集结于英格兰的美国、加拿大和英国军队；如果登陆成功的话，盟军希望能抓到尽可能多的俘虏，包括德国秘密情报机构的人员。最高司令部的 G-2，英国准将肯尼思·斯特朗（Kenneth Strong）预见到了这种情况，他要求联邦调查局提供一份作战部队需要仔细寻找的人员名单。遗憾的是，从联邦调查局的角度来看，斯特朗也同意这些战俘应该首先交给英国人来审讯。

“存在这种可能性，”联邦调查局的备忘录继续写道，“即也许是英国人促使 G-2 提出的这份请求，这可能是英国方面为了在情报领域尽可能地获得全面控制而走的另一步棋。如果这纯粹是来自 G-2 方面的请求，至少可以说，这个举措是幼稚的……”①

这种不满情绪有点儿像孩子对父母的叛逆感。英国的两个秘密情报部门——军情六处与军情五处——倾向于认为，美国联邦调查局所掌握的一切有价值的反间谍措施全都是从他们那儿学来的，但它却不是个好学生。遗憾的是，这两个英国情报机构的官员们批评得有些太过随意了，联邦调查局已经迎头赶上。

① Cunningham to Ladd, *Memorandum*, 27 Jan. 1944, NARA, RG65, IWG Box 126, Doc. 65-37193-144. 斯特朗是英国情报机构的老成员，之前曾是战争部军情十四处（MI14）的负责人。军情十四处是负责对德问题的军事情报部门。不应把他与华盛顿 G-2 的乔治·V. 斯特朗（George V. Strong）将军相混淆。

实际情况是，军情五处和六处从一战时就进入了这个领域，“军情”（MI）代表着“军事情报”（military intelligence），尽管两者后来都演变成了实质上的文职机构。军情六处负责收集国外的秘密情报，而军情五处则处理国内的反间谍和反颠覆事务。

联邦调查局本质上是个警方调查机构，但到了1939年二战爆发时，它突然发现自己不得不应对美国领土内的德国间谍问题。随后，它与英国人开展了非正式的合作，将这种相当愉快的关系一直保持到1941年年底日军突袭珍珠港导致美国参战为止。在那以后，由于各方面的原因，双方的关系就不是那么和谐了。战争开始时，美国方面花在技术上的资金太多，而且他们似乎对拘捕也过于狂热。与此同时，英国方面的心机重重也毫无必要，而且他们一点也不像他们自认为的那么灵光。到1944年底的时候，两边都已经相当厌恶对方了。

英国人很快就对斯特朗将军的慷慨之举做出了回应。当年2月，他们向盟军最高司令部提议设立一个特别的联合机构，其主要职责是识别和审讯被俘的德国情报人员。这个名叫CI指挥中心（Counter-Intelligence War Room，反情报指挥中心）的机构于1945年3月正式诞生。组成其指导委员会的英方代表来自军情五处和六处，主席是英国人T.A.罗伯逊中校（T.A.Robertson，“TAR”），他是军情五处的一位官员，一直直接负责英国的双重间谍计划。美方的代表则来自于美国陆军的G-2以及X-2，后者是1942年依总统令创建的战略情报局（以OSS的缩写著称的美国海外间谍机构）中的反情报部门。①

怕什么就来什么。联邦调查局被这个新委员会排除在外，却没有抗议的依据，因为其战时权限被限制在了西半球。尽管他们在伦敦一直有个欧洲工作组（European Desk），但欧洲的反情报战争并不在他们的正式管辖范围内。不过，在非正式层面上，FBI一直试图与军情五处和六处保持亲密的关系，在有关追踪和抓捕活动于南北美洲的德国特工的问题上更是如此。

① Minutes of meeting re CI [Counter-Intelligence] -War Room planning, Feb. 1945; Note on meeting with Lt.-Col. Robertson, 12-25 Jul. 1945: PRO, FO1020/1281.

但这也无济于事。盟军最高司令部完全是照章办事。这就意味着，进入委员会的是经验不足的战略情报局，而不是老练的联邦调查局。FBI所能做的最大努力就是说服斯特朗将军发布指示，在审讯FBI提供的名单上的相关人员时告知FBI，以便他们可以对审讯所提的问题给出建议，以及收到一份提审报告的复本。联邦调查局局长J. 埃德加·胡佛（J.Edgar Hoover）还亲自写了一封信，里面列出了他所关心的问题的提要。①

一份出自这一时期的胡佛办公室的内部备忘录（被标记为不可向其他盟军反情报机构出示）有助于我们了解联邦调查局的兴趣所在。它列出了当盟军迫使德军后退时FBI人员要在欧洲着重调查的内容。处于最高优先级的是敌方间谍及其主管人员，并附了一份名单。其次是一切“密码设备”（cipher paraphernalia），例如计算尺（slide rules）、密码栏（grille）、机械器具、说明手册和密码簿等。最后是留意所有挂锁、密码锁、外国制锁和行李锁方面的新进展，特别强调的是对“种种新增的预防主人离开时锁被撬开的专门措施”的关注。②

反情报指挥中心的运行机制非常简单。基于一份由军情五处编纂，FBI、G-2和OSS都有所贡献的总名单，在欧洲的英国、美国和加拿大军队单位会对战俘和可疑的平民进行排查，以搜寻相关人士。被甄别出来的人员将首先在区域性中心接受审讯，如果被认为足够重要的话，便会被移交给位于英格兰的020营（Camp 020）进行更加严格的审问。

020营位于拉契米尔庄园（Latchmere House），这是伦敦南部里士满(Richmond)附近一座维多利亚时代的大宅，一战期间曾经是一座医院，为了二战而被改建为一座高安全标准的监狱。在当时，大多数英国抓获的间谍都是在此被审讯的。

020营有个更为正式的名称：全军种联合详细审讯中心（Combined Services Detailed Interrogation Centre），简称CSDIC。这个名字将该中心的目标表达得很清楚。在这里，有嫌疑的敌方间谍受到全方位的审问，

① Ayer to FBI Director, 4 Nov. 1944, NARA, RG65, IWG Box 177, 65-54077(1); Hoover to Ayer, 2 Jun. 1945, NARA, RG65, IWG Box 126, f.37193(11).

② FBI Director to Ayer, 6 Dec. 1944, NARA, RG65, IWG Box 126, f.37193 (11).

隐藏的麦克风监听着囚犯间的对话，长期的单独监禁被用来软化他们的决心。尽管没有使用肉体上的刑讯折磨，但这却是个不受任何限制约束的机构，其唯一的目的就是从那些被下令严守机密的敌人口里将消息刺探出来。

在欧洲战斗的美国部队均遵照指令行事。在从法国到德国的战斗中，被抓获的、盟军感兴趣的德国情报人员会在战地受到简单的审讯，然后被转交给020营，并附上一份预审报告。一个很明显的意料之外的问题就是潜在的犯人数量。德军的秘密情报部门阿勃韦尔，以及纳粹党的安全部门——帝国安全总部（Reichssicherheitshauptamt，RSHA）的总部都设在柏林，它们在德国以及所占领国家的主要城市都有下属的分部，在西班牙、葡萄牙和瑞士等中立国的首都也有分部。当时一份英方文件的计算结果是，仅阿勃韦尔的战时雇员就达到约两万人。[①] 如果再加上帝国安全总部下面外国情报和反情报机构的人员，总数要达到两万五千人。

这就导致要被审讯的人员数量过多，尤其是在1945年5月初德国投降之后。尽管手头有军情五处提供的名单，但盟军的反情报官员仍然不得不对每一个被发现与德国警察或情报机构有染的人进行审讯。“你们是否认识这个或那个人？认识多久？最后一次看见他是什么时候？他的上司是谁？”这些都是对那些曾为阿勃韦尔和帝国安全总部服务过的秘书和司机、小官员和骗吃骗喝的家伙们所提的问题。每条被捉住的大鱼背后都有无数条小鱼被盟军一网打尽。

这样做的直接后果就是020营人满为患，此外，将囚犯移送到英格兰也不是件容易事。1945年9月，军情五处在德国的温泉小镇巴特嫩多夫（Bad Nenndorf）建立了一个附属审讯中心——西欧地区全军种联合详细审讯中心，也称CSDIC（WEA），WEA是Western Europe Area的缩写。美国人在法兰克福附近的上乌瑟尔（Oberursel）也建立了类似的中心。

① 这个数字出自“Bibliography of the GIS”,17 Dec. 1945, PRO, KV3/8。弗朗茨·佐伊拜特（Franz Seubert）1941年曾任阿勃韦尔柏林总部陆军司二处（Referat 2 of IH West）的负责人，他对美国审讯官说，阿勃韦尔中央索引中登记在册的线人和间谍的数量有“数千人”。Cimperman to Director, 29 Jan. 1944, with attached interrogation, NARA, RG65, (230/86/11/07), Box 35, File 100–274818.

囚犯不断涌入，报告层出不穷。受过审讯的德国安全和情报人员总共有多少，不得而知。到 1946 年底为止，CSDIC（WEA）一个机构经手的犯人就多于 350 人。另外的好几百人则在伦敦的 020 营及其附属机构受审。美国人单方面经手的也不会少于这个数目。①

1999 年的时候，作为正在进行中的项目的一部分，军情五处将其大量战时文档转移到公共档案局（Public Record Office，即英国的国家档案馆），使得这些审讯报告得以公开。在那以前，这些报告通常只是偶然，或是故意被泄露给历史学家。在美国，相似的（有时甚至是相同的）文件于 1998 年后随着《纳粹战时罪行披露法案》（*Nazi Wartime Crimes Disclosure Act*）的通过而被予以公开。该法案要求将与大屠杀有关的 OSS、CIA、FBI 以及陆军的 G-2 文件公之于众。至于哪些档案应予公开，英美两国的责任当局都采取了相当自由派的观点，其结果是人们有可能借此对盟军和德国之间的秘密情报战产生更加深刻的了解。

联邦调查局认为盟军最高司令部的 G-2 给了英国情报机构太多的机会，这种担心被证实是很有根据的。反情报指挥中心被当成了某种审讯报告交易所，盟军的每一个情报机构都会把自己收集的材料拿出来交换别人手里的材料。从理论上讲，这意味着所有情报交换的参与者都能够同等地建立起关于德方的间谍和反间谍工作的综合图景。但情况并非如此。在 1945 年 2 月召开的成立会议上，英国的提法得到了各方同意，即各国情报机构都可以“对它们各自的情报来源保有最终的控制权”②。换句话说，美国人和英国人都可以选择是否要将掌握的信息或报告攥在自己手里拒不公开。因为英国人对提审哪些人有优先选择权，并且是他们最先接收缴获的阿勃韦尔记录，所以美国人（G-2、OSS，以及间接的来说，FBI）处于一个非常不利的位置。他们对德国秘密情报机构阿勃韦尔和帝国安全总部的了解很有可能被紧紧限制在

① 关于建立这些审讯中心的过程和细节，包括位于比利时迪斯特（Diest）的战术审讯单位在内，参见 R.W.G. Stephens, *Camp 020: MI5 and the Nazi Spies*,London: Public Record Office, 2000, 71, 82, 113.

② Minutes of meeting of CI-War Room, Feb. 1945, PRO, FO1020/1281.

了英国人所允许的程度。

无论如何，对德国情报工作做出评估是很有挑战性的。阿勃韦尔的负责人威廉·卡纳里斯（Wilhelm Canaris）海军上将已经过世——他于1935年接手阿勃韦尔，在希特勒手下将其壮大，并一直领导到1944年初。据推测，他在被纳粹逮捕后死于盟军的空袭行动，这是帝国安全总部的前负责人恩斯特·卡尔滕布伦纳（Ernst Kaltenbrunner）的猜想。卡纳里斯最亲密的一些帮手和亲信，如他的直接后任格奥尔格·汉森（Georg Hansen），也被处死了，因为他们都参与了1944年行刺希特勒的计划。阿勃韦尔的间谍头目（一局，Abteilung I）汉斯·皮肯布洛克（Hans Piekenbrock）和反间谍头目（三局，Abteilung Ⅲ）弗朗茨·冯·本提芬尼（Franz von Bentivegni）都成了苏联人的俘虏。最终的结果是，阿勃韦尔的"身体"和"四肢"的绝大部分都在战争中幸存了下来，但其位于柏林的掌控一切的"大脑"却没有了。就反情报指挥中心的英美情报官员所知，阿勃韦尔总部的领导层已经不复存在了。

另一方面，纳粹安全部门的高级领导人已经大多被俘。帝国安全总部及其纳粹党内的前身——党卫军保安局(Sicherheits Dienst, SD）基本上从没发挥过处理外国间谍活动的职能。二战之前，他们的精力主要集中于在德国国内监视国民以维护纳粹对政治权力的控制，以及对那些出于种族和社会纯洁的需要应当受到迫害的人口成分（如犹太人、共济会会员和共产主义者）进行甄别。[①] 在希特勒的眼皮底下，阿勃韦尔和帝国安全总部达成了一个协议：前者只负责国外的军事和经济情报，而后者（内部的六局，Amt Ⅵ，即识别部门）只负责收集国外的政治情报。

对于阿勃韦尔的中层官员（也就是德国和欧洲各个分支办公室的部门负责人）来说，他们有切实的理由少说为妙。苏联已经将东部的三分之一个德国置于自己的监管之下，其秘密情报部门，内务人民委员部

① 对党卫军保安局和帝国安全总部的全面描述和评价，参见美军对威廉·霍特尔博士（Dr. Wilhelm Höttl）的审讯报告，第61页（9 Jul. 1945, NARA, RG65, IWG Box 61, 65-47826-252-34）。霍特尔是帝国安全总部的一名高官，一开始在三局，后来在四局工作。

（NKVD）和格鲁乌（苏联武装力量总参谋部情报部，GRU）正在搜寻之前的对手。任何曾在阿勃韦尔握有职权的官员，如果暗示出自己对情况了解的真实程度，都会面临被氯仿麻翻后掠到苏占区的危险。美国和英国方面一直收到关于绑架案的报告，他们肯定已经意识到这只是冰山一角而已。[①]

许多被俘的德国情报官员看得比眼前的灾难更远。很明显，德国的下一个主要对手将是苏联。正是预见到了这一点，德军在东欧的情报部门东线敌情署（Fremde Heere Ost）在自行解散后，将其记录转移到了洞穴里，而其工作人员则隐藏起来等待着有一天英美两国明白过来，他们打败了一个敌人，却只是为了要面对另一个。[②]

此时还有一个担心就是，已经透露给英美的信息可能会传回到苏联人那里。战争期间，一次反情报的杰作使得阿勃韦尔发现并铲除了一个受苏联控制的间谍集团，他们已经渗透进德军和外交部门的高层。这些被称为“红色管弦乐团”（Red Orchestra）的间谍主要是有着良好家世的德国理想主义者们。那些知道“红色管弦乐团”的阿勃韦尔的高级官员们，应该会顺理成章地推测出，苏联已经在英国和美国的情报机构中培养了一批有着相似情怀的个人。正如日后的事件所证实的，这种担心并非没有根据。

他们也担心可能受到战争罪的指控。盟军已经大肆宣扬要将二战的罪人们送交法庭。美国人所大力支持的纽伦堡战争罪审判（Nuremberg War Crime Trials）提出了政治和军事领导人应对以他们的名义做出的暴行负责的观点。严刑拷打并处决囚犯，对犹太人实施灭绝政策——这些都是反人道的罪行，仅仅声称某人是在“服从命令”或其所做的事情只是在遵照“领袖的指令”，都是不正当的、不可接受的辩护之词。麻烦之处在于，即使那些被严格命令要打一场公平战争的阿勃韦尔官员也无

① 关于1947年苏联人对伯恩哈迪上校（Col. Bernhardi）实施的绑架，以及对威廉•库巴特（Wilhelm Kuebart）未遂的绑架（两人都是前东线敌情署的官员），在以下文件中有所记载：CIC Special Agent Charles Hayes to HQ, 970th CIC Det., 7 May 1947, NARA, RG319, Box 472, IRR000391.

② Richard Gehlen, *The Gehlen Memoirs*, London: Collins, 1972, passim.

法确定盟军究竟将什么情况视为犯罪。在战争罪的定义出炉之前，阿勃韦尔的高官不得不在某些问题上保持谨慎。[①]

最后也是最重要的原因来自一种为新的德国秘密情报部门保护运行技术的愿望。当国家进行重建时，这些部门不可避免地将会被重新启动。很明显，如果英国人和美国人没有意识到有些双重间谍已经被巧妙地安插进他们的内部，那么何必要告诉他们呢？如果说，放任盟军开展他们那些瞒天过海的计划不过是为了以骗制骗，那又何必把这些透露出来给他们呢？反情报技巧无疑是谍报部门的工具百宝箱里最为珍贵的东西。

不过，好的审讯者的任务，就是无论一个人多不情愿开口，都要从他嘴里把信息弄出来。理论上讲，英国人最熟稔此道。对他们来说，与德国的斗争开始于 1939 年 9 月，比美国人入局要早出两年的时间。正式宣战之后，军情五处必须要着手处理国内外已知的纳粹同情者，以防他们被诱作间谍。接下来，在 1940 年德国占领西欧之后，成千上万的难民涌入英国，总数有 15 万之多。这些难民都需要接受排查。与此同时，作为“海狮行动”（Operation Sealion，希特勒的跨海峡入侵计划，后来流产了）的先遣队，有一批敌军特工经由跳伞或船运的方式来到英国。还有各种各样规模不大但持续不断的二流间谍和可疑分子在船上或殖民地被截获。因此，最高司令部的 G-2 对英国人的专业能力予以肯定，并将甄选被俘德军情报人员的优先权给予伦敦的 020 营（及其下属部门），是完全合乎逻辑的。

不幸的是，020 营从一开始就由一个不怎么过脑子却盛气凌人的家伙负责管理。一战期间，军情五处是与苏格兰场的特别部门在一起协同工作的。而正是这个特别部门，在令人敬畏的巴塞尔·汤姆森爵士（Sir Basil Thomson）领导之下，负责审讯有间谍嫌疑的人。但二战前夕，这样一种非常恰当的安排被抛弃了，以便完全由军情五处自己做主。在战

① 据尼科劳斯·李特尔（汉堡空军处领导人）的女婿曼弗雷德·布鲁姆上校（Col. Manfred Blume）说，李特尔在 020 营审讯他时总是有意逃避，害怕被当作战犯受到审判。Benjamin Fischer, “The Enigma of Major Nikolaus Ritter,” Centre for the Study of Intelligence Bulletin 11 (Summer 2000): 8-11.

争的第一年中，这意味着对难民和可疑分子的审讯是由军情五处的特别人员进行的，他们有些刚被招募进来，只有极少的在治安或秘密部门工作的经验。[①] 之后成为020营总监的R.W.G. 史蒂芬斯中校（R.W.G. Stephens）就属于这种情况。

史蒂芬斯1900年生于埃及，父母是英国人。他从12岁起在英格兰接受教育，起初就学于德威公学（Dulwich College），后来进入伍利奇的皇家军事学院（Royal Military Academy，Woolwich）学习。他在1933年回到英格兰之前，曾在英属印度陆军服役。之后他干了些七七八八的工作，直到1939年加入军情五处。他的提名来自于之前在印度的老长官威廉·伯德伍德爵士（Sir William Birdwood，伯德伍德比较出名的是于1915年在加里波利战役中打了败仗）的推荐，这也符合英国情报部门当时主要通过个人推荐来招募新人的做法。英国情报系统中有不少英属印度陆军的老兵，因此，尽管史蒂芬斯缺少治安工作经验，但这并没有对他形成阻碍。而且他确实对于军事法庭有所了解，因为他曾为此主题写过一部书。

1940年中期，史蒂芬斯向上级抱怨审讯在押犯的相应设施不足，借此他似乎促成了军情五处最终决定设立一个对棘手案件进行审讯的机构。拉契米尔庄园正符合这个目的，因为它可以很容易地就地改造成一座高安全标准的监狱，而且，它位于伦敦南郊里士满一片叫做汉姆公地（Ham Common）的空地之内，基本上与世隔绝。“汉姆”成了工作人员提到它时所用的非正式名称。史蒂芬斯则被任命为总监。

1946年，史蒂芬斯写了一份名为“汉姆纪要”（“A Digest of Ham”）的回忆录，以之作为军情五处长官戴维·佩特里（David Petrie）要求准备的一系列战后行动报告中的关于他的那一部分。准备这

---

① 见John Court Curry, *The Security Service: Its Problems and Organizational Adjustments, 1908–1945*,London: Public Record Office, 1946, 51–2. 他将其视作一种积极的变化，但事实上并不是。另见汤姆森引人入胜的回忆录：Basil Thomson, *My Experience at Scotland Yard*,New York: Doubleday, 1923,7. 他审问的所有女间谍中最有名的玛塔·哈里（Mata Hari）。汤姆森暗中注意到“时光没怎么黯淡她的风采”，尽管她好像快四十岁了。他以绅士风度将其释放:“夫人……如果你愿意接受一个有你两倍年龄的人的建议的话，请放弃你现在正在做的事情吧。”但她并没有，不久之后就被法国人枪毙。

一系列报告的想法是让每个部门都简要地将战时经历写下来，作为编写军情五处1908—1945年期间内部历史的基础材料。史蒂芬斯的回忆录并没有按规定的时间完成，所以用了一份之前的020营报告代替。这太可惜了。不过，有意思的是，如果军情五处的官方历史学家有机会详细读到史蒂芬斯是如何对待他的犯人的话，他还会容忍史蒂芬斯那种“显而易见的严苛”手段吗？①

史蒂芬斯的观点是，好的审讯者必须从一开始就有着“对敌人的切齿痛恨”，而且“尤其要有将间谍搞垮的不二决心”。这种态度被转化为一套针对首次进入020营的犯人的例行程序，对此最好的描述就是史蒂芬斯自己的话：

> 任命一个由军官组成的委员会。气氛有如最高军事法庭(General Court Martial)。
>
> 由一位军官进行审问。没有任何情况能打断他……
>
> 犯人踩着步点儿进入审讯室，全程都要集中注意力。没有自由，没有中断，不许有肢体动作。只有在有人跟他讲话时，他才能讲话。他回答问题，如此而已。
>
> 刻意对犯人表示礼貌，给椅子坐，给烟抽，以示友好，这些举措会让受审的间谍心生狎侮，狂妄起来。这么说吧，战时的间谍可是在刺刀尖儿上过活的人……
>
> 审讯者的态度应该如何呢？再没有比强硬的不做任何让步的方式更有效的了。对女人和对男人一样，绝不手软……必须保持高压……要以暴风骤雨似的猛烈进攻将受审者的精神击垮……②

这并不是苏格兰场在那段时期的工作方式——也许从来也不是。史蒂芬斯边干边发展出了自己的审讯方法。他设计了一些新的恐吓方式，

---

① Curry, *Security Service*, 228–33. R.W.G. 史蒂芬斯的“汉姆纪要”最初以 *Camp 020: MI5 and the Nazi Spies* 为名出版于1946年。2000年，此书由伦敦的公共档案局再版，附有奥利弗·霍尔（Oliver Hoare）所作的导言。此书在后文中将以 Stephens, *Camp 020* 的形式进行引用。

② Stephens, *Camp 020*, 117.

包括整夜审讯，以及威胁将犯人关进单人囚室直到他们发疯或死亡。他好像一直在发明自己版本的“第三度（third degree）”[①] 审讯——一个在 20 世纪 20 年代到 30 年代的侦探小说中被赋予了传奇色彩的概念。[②]

对比一下，看看那些确实有反间谍经验的人的观点还是很有益的。奥莱斯特·平托（Oreste Pinto）中校是流亡中的荷兰政府借调给英国人的情报专家，他帮英国人排查了 1940 年德国在欧洲取得胜利后大量涌入英国的难民。他曾于一战中在第二局（Deuxième Bureau，相当于法国的军情五处）受训、工作。他成为伦敦接收中心（London Reception Centre）的首席难民审查员。他是这么做的：

> ·对任何刚来的人所做的首次问询，都不应该让审查员进行太过详细完整的笔录。
>
> ·无论任何时候，审讯都要以礼貌的方式进行；无论通过言语还是神态，审查员都不能表现出任何怀疑、惊讶或其他的常见情绪，也许赞赏除外。
>
> ·要鼓励，而不是制止显而易见的说谎或吹嘘行为。也不要指出那些自相矛盾的地方……
>
> ·所讲的故事越是可疑，审查员越应该表现出毫不犹豫的态度来接受它们。审查员绝不能提任何问题或做任何评论，以免让被审查者警惕起来，意识到他们的故事没被采信。[③]

平托在他战后所写的《间谍捕手》（*Spycatcher*）一书中解释道，这种柔和审讯的好处是，如果嫌疑人一开始就感到比较放松的话，更易于将无辜者从可能有问题的人中排除出去。第二次审讯才是开始下狠手的时候。

这两种审讯手段背后的想法都是要最终“攻破”犯人的防线，让他（或她）把一切都说出来，并在供状上签名。英国的司法体系在当时依然运

---

① “第三度”在英语中常代指刑讯逼供，可能源出于侦探小说。——译者注。
② 例如，Mary Roberts Rinehart, *The Bat* ,New York: Grosset & Dunlap, 1926.
③ Oreste Pinto, *The Spycatcher Omnibus* ,London: Hodder & Stoughton, 1964, 52.

转正常，因此间谍们即便在作案时被抓个正着，他们仍然具有享受公正审判的权利，而法庭在那时秉承的仍是无罪推定原则。结果最坏的间谍讲个好故事就能脱身。对于受到指控的人来说，最好的策略是声称他（或她）同意为德国人工作的原因仅仅是为了逃到英格兰，或者是受了胁迫，或者不知道行李箱里装着无线电设备……英格兰的陪审团并不急着把他们送上绞架。结果即便是最有说服力的证据，能带来什么样的审判结果也是不确定的。而只有招供才能定罪。[①]

020营和伦敦接收中心都被认为是非军事机构，并且内政部（Home Office）严厉禁止刑讯逼供，因此在这两处都没有对犯人进行肉体折磨。但是，史蒂芬斯所采取的狠毒的精神折磨却也没好多少。当设在巴特嫩多夫的附属审讯中心在1945年被投入使用以后，史蒂芬斯被调到此处当了总监。在那儿，他的辣手发挥得淋漓尽致。包括很多前阿勃韦尔官员在内的犯人们受到了残酷的虐待。正在发生的事情吓坏了其他的英国官员，他们抱怨不断。之后由苏格兰场牵头进行的调查启动了针对史蒂芬斯的军事法庭诉讼程序。对他的指控包括：

· 不给犯人提供足够的衣物；

· 守卫威吓犯人；

· 审讯期间的精神和肉体折磨；

· 对犯人进行长时间的单独监禁，不给锻炼机会；

· 将犯人关入惩罚室，不是因为犯人做错了什么，只是由于审讯者对回答不满意

……

史蒂芬斯被宣布无罪，这毫不令人吃惊。假使他被正式起诉的话，严厉的调查将会使他在战时的所作所为大白于天下。可实际上并没有什么对他的监督。“内政部长和他提名的人员对我们的兴趣越来越小，”史蒂芬斯写道，“官员们的来访随着时间的流逝变得越来越少。”

① 关于获得口供的必要性，参见Stephens, *Camp 020*, 109；及Curry, *Security Service*, 229.

战争的最后一年是020营最忙的时候，但它却没有受到任何检查。不过，苏格兰场的调查却表明，刑讯逼供可能是存在的。例如，史蒂芬斯曾经在红十字会来访的时候禁止他们接近一个“笼子”。这个情况被掩盖了起来，军事法庭的指控也随之撤销。[①]

史蒂芬斯恰巧还是个有强烈偏见的人。在“汉姆纪要”中，他频繁地，也许是从始至终地在记录与犹太人有关系的嫌犯。军情五处反情报工作的负责人盖伊·李德尔（Guy Liddell）在他的日记里讲述了特别丑陋的一幕。那是在1944年的一次工作人员聚会上，“醉得相当厉害”的史蒂芬斯冲着军情五处的在编科学家维克多·罗斯柴尔德（Victor Rothschild）说了非常粗鲁的话。罗斯柴尔德是个年轻人，其他人不得不进行干预以免他“起身开打”。史蒂芬斯恶语中伤罗斯柴尔德，说他不是军人却穿着军官的制服。在英国，战时急招军官入伍是很常见的现象，而且罗斯柴尔德是英国犹太人中最显赫的族姓之一。[②]

在史蒂芬斯对020营的描述中，其他民族和国籍的人也没能免于他充满蔑视的偏见。他的这种看法部分是由于他缺乏对除了印度和英格兰之外的世界其他地方的了解。任何加拿大人在读到史蒂芬斯对德国间谍维尔纳·亚诺夫斯基（Werner Janowski）是如何在隆冬时节，从圣劳伦斯湾岸边的一艘潜水艇上一登陆就暴露了自己身份的解释时，都一定会感到莫名其妙。史蒂芬斯写道：“他在所住的饭店里要求洗个热水澡，这立即就引起了注意，因为在这种北方地区没有人在这个季节洗澡。”亚诺夫斯基，这个和所有其他间谍都一样难缠的家伙，跟020营的审讯官们胡编了这个愚蠢的故事。史蒂芬斯竟然信了。

史蒂芬斯偶尔也会觉得犯人在有些方面值得赞赏。他对1941年跳伞登陆的间谍约瑟夫·雅各布斯（Josef Jakobs）印象很深，此人什么都没招认，并让英国行刑队赶紧开枪。他也很欣赏英国保险箱大盗艾迪·查普曼（Eddie Chapman）的狡诈，此人号称自己通过主动要求成为德国在

① Stephens, *Camp 020*, 7, 318, 358. 关于在巴特嫩多夫虐待犯人和刑讯逼供的细节，参见 Ian Cobain, *Guardian*, 17 Dec. 2005 的文章。

② Liddell Diary, 16–22 Feb. 1944, PRO, KV4/193.

英国的间谍，得以诱使德国人将他从泽西（Jersey，英吉利海峡上的海峡群岛中的一个小岛）的监狱里放了出来。纳粹安全机构的头目恩斯特·卡尔滕布伦纳也得到了赞赏。史蒂芬斯承认此人是个“邪恶天才”(genius of evil)，但他很喜欢后者坚持自己说法的态度（“所有都是我手下人干的”），以及那副面无惧色的样子。卡尔滕布伦纳在纽伦堡受审，被判定对多起屠杀负有罪责，终被绞死。史蒂芬斯写道，他是个“值得尊敬的”敌人，很遗憾自己没有机会亲自审问他。

史蒂芬斯个人的性格与能力具有历史意义。无论在现在还是当时，任何对二战期间德国情报工作的评估，都高度依赖于史蒂芬斯指导下的审讯工作的质量，也依赖于这些审讯的结果能够在多大程度上如实地被传递给其他的英国情报机构，并通过指挥中心转递给美国人。首先，史蒂芬斯能够说服那些被移交给 020 营和巴特嫩多夫的阿勃韦尔高官们心甘情愿地谈论自己的得与失吗？阿勃韦尔驻汉堡、布鲁塞尔、不来梅、巴黎、奥斯陆和其他城市的分站负责人都是真正的间谍王牌。史蒂芬斯能让他们老老实实说实话吗？

在史蒂芬斯的“汉姆纪要”中出现的间谍里，超过四分之三的都是些小人物。直到 D 日（也就是 1944 年 6 月 6 日，盟军进入法国的那一天，亦即诺曼底战役打响的日子）为止，构成这些人的主要是在直布罗陀或特立尼达下船或被逮捕的中立国嫌疑人，于 1940 年跳伞进入英国被轻易俘获的间谍，以及数量惊人的主动投诚并自愿充当双重间谍的人。这些人很多都没受过什么训练，装备不足，而他们的任务也大多早就被英方通过截获的阿勃韦尔无线电通话获知了。[①] 这些正是史蒂芬斯所鄙视的人物，史蒂芬斯在他们身上用的便是他那套“绝不让步”的方法。

随着一位真正的阿勃韦尔官员在 1944 年初来到 020 营，一丝迹象终于出现了，暗示会有一些与之前类型非常不同的犯人将要到来。奥托·梅耶（Otto Mayer）在南斯拉夫的一次共产党游击队的伏击战中被俘虏。为了向英国的援助表示善意的感谢，共产党将梅耶交给了英国人。

① Stephens, *Camp 020*, passim. 也见 Curry, *Security Service*, 228–32.

尽管他穿的是军服，本应被当作战争犯对待，但还是被送到了020营。史蒂芬斯对他严加审讯，但却毫无效果。史蒂芬斯写道："……从调查的角度来看，根本的问题在于，他（梅耶）始终是一个德意志爱国者。他有足够的勇气将自己的生死置之度外。"

经过"数月的审讯"，梅耶还是守口如瓶。[①] 史蒂芬斯的方法并不适用于梅耶这种特质的人。他们有捍卫自己信念的勇气，为自己身为德军军官而感到光荣。他们中有很多人都曾是两次世界大战期间成功的生意人，他们往往成熟、老道、有教养、有智慧。史蒂芬斯发现，由于手头仅有心理施压这一种武器，他要应付的那些阿勃韦尔官员都能让他完败。他不愿意承认自己的失败，于是倾向于将对方的抵制行动当作是没什么可以招认的表现。

弗里德里希·鲁道尔夫（Friedrich Rudolf）是阿勃韦尔负责人卡纳里斯海军上将的私人密友，曾是阿勃韦尔驻法国的头面人物。英国和德国之间的一些最激烈最凶险的情报和反情报战就是在他的监控下进行的。1942年，阿勃韦尔驻法国总部给柏林发送了一条消息，被英国人截获并加以破译：

> 关于3月23日至28日期间13台被缴获的为英国情报机构工作的发报机和18个被抓获的特工(包括8个无线电报员)的详细报告：38台敌军发报机已经不再对我方构成危害，目前在占领区只有3台敌军发报机还在工作。但连通着英国情报部门的这3座无线电台已经是本部高等激光系统技术（ALST）的掌中之物了。[②]

最后一句话意味着阿勃韦尔驻法国总部已经使那3个被抓获的英国无线电报员"为我所用"了，他们会被用作双重间谍，将德国控制下的消息内容发回给英国人。但是，鲁道尔夫所回忆的那段时期却完

① Stephens, *Camp 020*, 281–283. 战争于开始前，梅耶曾是冰箱销售员。
② Rudolph to Berlin, 5 Apr. 1942, Canaris W/T intercepts, 26, PRO, KV3/3. 考虑到被截获的文本在战争期间被020营扣押，CSDIC（WEA）的审讯官在审问鲁道尔夫时，也许不知道这则消息的存在。

全是这样的：一个名叫 Katze[①] 的女特工被“无线表演”[②] 所抓获，但她却没有供出什么有价值的信息。在他的陈述中，只有这位德国双重间谍的名字，玛蒂尔德·嘉利（Mathilde Carré），及其化名 La chat[③] 或 Katze 是真实的。

尽管鲁道尔夫的审讯报告没有提到审讯是由谁进行的，但考虑到鲁道尔夫作为阿勃韦尔高级官员的身份，史蒂芬斯肯定牵扯在内。无论如何，史蒂芬斯认可了“犯人是合作的，但从他那儿得来的信息支离破碎，含混不清”的说法，因为“他（犯人）主要致力社交应酬……对情况只有泛泛的了解”。并且，“家庭事务的纷扰似乎影响了他的记忆力，使他无法集中精力”。

不是鲁道尔夫在装糊涂，就是对他的审讯太流于表面化了。我们有理由相信是后一种情况。关于他的第一份审讯报告极为简单，只有四页。之后，西欧地区全军种联合详细审讯中心要求反情报指挥中心要“表现出兴趣”来，否则，关于鲁道尔夫的调查将就此终结。战略情报局迅速回复，希望通过对鲁道尔夫的问询了解 7 月 20 日刺杀希特勒的秘密计划，还有斯德哥尔摩间谍卡尔－海因茨－克拉默（Karl-Heinz-Kramer）的情况，以及阿勃韦尔属下的黑市组织“奥托”（Otto）在巴黎的运作情况。西欧联合审讯中心对此的直接回应便是不以为然，关于鲁道尔夫的最终报告中干脆就没有提及以上那些完全正当合理的问题。[④]

在“汉姆纪要”中，史蒂芬斯在很多地方都表现出对自己人很偏袒，他不想将那些会让军情五处和六处难堪的阿勃韦尔的成功之处公之于世。相比之下，在赫尔曼·吉斯克斯上校（Hermann Giskes）的审讯中详细揭露出的，阿勃韦尔在荷兰的反情报工作完胜英国情报系统的战时新贵“特别行动执行处”（Special Operations Executive，SOE）的情况，

---

① 德语“猫”。——译者注。

② “无线表演”（德语“Funkspiel”），系纳粹德国二战期间为己方（特别是在法国境内）进行的反情报活动所起的名称。他们常利用被迫变节的对方电台工作人员给敌军发送假消息。——译者注。

③ 法语“猫”。但法语的猫阳性为 le chat，阴性为 la chatte。原文恐有误。——译者注。

④ Final report on Friedrich Rudolph, 26 Mar. 1946, CSDIC(WEA), NARA, RG65, IWG Box 189, 57039. See also, PRO, KV2/266.

他在提及它时几乎是兴高采烈的。

在法国、荷兰、比利时、丹麦于1940年落入德国人手里的时候，英国首相温斯顿·丘吉尔提议将军情六处负责破坏活动的部门拆分出来成为独立的机构，集中精力于向德占区派遣间谍进行破坏活动，组织抵抗小组，以在“欧洲形成燎原之火”。这就是特别行动执行处的由来，他们在军情六处内部不怎么招人喜欢，因为破坏活动往往会招致德国人的警惕，从而增加情报收集工作的难度。在将近二十个月的时间中，每一个SOE特工刚一从飞机或船上抵达荷兰，就会被吉斯克斯抓获。他对缴获的电台进行反利用，向盟军索取并最终收到了将近两百批次通过降落伞投递的武器和破坏材料。①“他把盟军在这个国家的谍报组织彻头彻尾地搞了个七零八落，”史蒂芬斯写道，“确实有很多被他成功招降反过来对付盟军的SOE特工……”

不过，这段称赞的话仅在有限的范围内流传过。一直以来，对吉斯克斯审讯报告的出版和发行都处理得相当慎重。当吉斯克斯被从拉契米尔庄园送回德国的时候，他在巴特嫩多夫度过了“被强行发誓保持沉默”的几个月。毋庸置疑，史蒂芬斯用此话来代指某种对犯人的隔离状态。

但是，想让英国人栽的大跟头不为外人所知是永远不会成功的。吉斯克斯不可能被永远关在巴特嫩多夫。在他被释放三年之后，他的故事在德国以《间谍演间谍》（*Spione überspielen Spione*, 1949）为名出版。此书的一个英文版本，名为《伦敦正在呼叫北极》（*London Calling North Pole*, 1953），不久也出版了。在此之前，负责SOE事务的英国官员还在享受战后胜利的喜悦。但一切都结束了。死在德国集中营和行刑队手下的原SOE特工们的那些同事，突然意识到他们在战争期间便注意到的、SOE的无能表现实际上是无处不在的。他们开始发出声音。雪上加霜的是，1953年，一位前SOE特工出版了一本回

① First CSDIC(WEA) on Rudolph, 15 Nov. 1945; Correspondence between War Room and CSDIC, 3, 19, and 21 Dec. 1945; 以及 Final report on Rudolph,2 Apr. 1946; PRO, KV2/266. 在这份文档中的很多文件都找不到或被撤回了，最近的一次是在2000年。史蒂芬斯此时应该是CSDIC（WEA）的指挥官。

忆录，《身在北极》（*Inside North Pole*）。书中他讲述了他是如何被吉斯克斯的队伍逮捕，并目睹SOE在荷兰的全部努力付诸东流；之后他从监狱里勇敢出逃，挣扎了五个月从德占比利时和法国逃到了西班牙直布罗陀，最后回到英格兰——但却无法取信于英国情报机构并被当作间谍而逮捕。[①]

史蒂芬斯对这些情况都有第一手的掌握。020营对雨果·布莱彻（Hugo Bleicher，他可以说是二战中最为机敏的反谍报特工）的审讯报告是又一个关于SOE主动权被德国人大大削弱的悲惨故事，这次是在法国。就像吉斯克斯在荷兰所做的一样，布莱彻和他的同事们假扮成法国抵抗运动的战士，操作信号灯引导满载特工的英国飞机飞到目标地，再收集那些用降落伞投掷下来的、装满武器的金属罐，并将这些武器贮存于安全的地方，在那里这些武器可以被意外销毁。无论何时，只要SOE领导下的抵抗小组稍微有些壮大，布莱彻就会出来让他们吃点苦头。[②]

020营审讯布莱彻的报告里对SOE这些灾难性的失败直陈无讳。另一方面，布莱彻还是在1941年底将安插在法国的间谍网“盟国之间”（Interallie）一网打尽的关键人物。这个间谍集团由波兰的流亡士兵组成，其头目是罗曼·加尔比-泽尔尼亚夫斯基（Roman Garby-Czerniawski）。这次成功是布莱彻通过勾引泽尔尼亚夫斯基的情妇、化名“猫”的玛蒂尔德·嘉利实现的。在所有人都被捕以后，他让嘉利用他们的无线电台反过来对付伦敦，并由此得知，英国人正企图对法国港口圣纳泽尔（Saint Nazaire）发动某种形式的袭击。这次攻击的最终目的是通过突击队员的突袭，破坏港内能够容纳战列舰的干船坞。袭击最后之所以能说是成功的，只是因为预先得到警告的防守方没有料到打头阵的竟是一艘满载着炸药的驱逐舰。不过，英国突击队员们还是全军覆

---

① H.J. Giskes, *London Calling North Pole* ,London: William Kimber, 1953, 88.

② Cimperman to FBI Director, 4 Oct. 1945, 包括020营对雨果·布莱彻的间歇期审讯报告 (Appendix B), 38, NARA, RG65, IWGBox 184, File 65-56185.

没了。[①]

这是所能找到的成功的“双重反间”（double-cross）的最好例子。此词是英语术语，指继续向被俘的间谍发送信号，以获取敌方间谍机构的情报。德语的术语是“Funkspiel”，字面意思是“无线表演”。所指更泛的是“Gegenspiel”一词，字面意思是“相反表演”，但其实与英语的“double-cross”同义。当军情五处著名的“双十系统”（Double-Cross System）还在襁褓中的时候，布莱彻已经在用同样的方法去放英国人的血了。实际上，受他策略之害的英国情报部门既不是SOE，也不是军情六处，恰恰正是军情五处。[②]

美国人通过反情报指挥中心收到的020营关于布莱彻的报告中没有提到圣纳泽尔。它仅仅承认说，“盟国之间”的无线电台被接管，并且与伦敦交换过信息。与没能在同一问题上追查鲁道尔夫一样，它们共同说明020营输出的信息是被操纵过的。如果一名犯人似乎掌握着能够使军情五处的错误大白于天下的信息，史蒂芬斯就不想劳神劳力地去把它搞到手中再汇报出去了。

反过来，史蒂芬斯对他想听的东西倒接受得很快。有一段内容中，他主要描述了对尼科劳斯·李特尔少校（Major Nikolaus Ritter）的审讯过程。此人是阿勃韦尔一局空军处（Abt I Luft，空军间谍部门）的负责人，是战时军情五处属下大多数双重间谍在德方的上司。史蒂芬斯大言不惭地写道：“他（李特尔）非常坦率地承认了他作为情报官员的失败，但

① 1942年英美进攻北非期间被捕的阿勃韦尔少校理查德·海因里希对军情六处的审讯员说，德国人知道会有突袭，也做了准备，见理查德·海因里希的供词，18 Apr. 1943, PRO KV2/268. 当军情六处询问圣纳泽尔的防御信息时，操作被缴获的“盟国之间”无线设备的德国人明白这个请求的重要性，并对柏林阿勃韦尔进行了报告。见 Erich Borchers, *Abwehr ContreResistance* ,Paris: Amiot-Dumont, 1950, 179. 玛蒂尔德·嘉利在《我是“猫”》（*I Was 'The Cat'* ,London: SouvenirPress, 1960）第139页中提到了与伦敦进行的无线通信。

② 嘉利和博彻斯（Borchers）都反复提到通过战争部的“55号房间”（Room 55）与英国情报机构保持着联系，这是军情五处的掩护地址。Curry, *Security Service*, 203, 390. 在 *Secret War: The Story of SOE,Britain's Wartime Sabotage Organization*,（London: Hodder & Stoughton,1992），第37—40页中，奈吉尔·韦斯特（Nigel West）说与“盟军之间”联系的是军情六处，但没有给出来源。我同意柯里（Curry）、博彻斯和嘉利的说法。

却部分地将他的失败原因归于英国安全部门的优异表现。”[①] 李特尔确实承认，1941 年中期时，他发现他麾下最重要的特工中的两名，编号为 A–3504 的阿瑟·欧文斯（Arthur Owens）和编号为 A–3725 的伍尔夫·施密特（Wulf Schmidt），一直在英国人的控制下通过无线电向德方进行报告。但他没有告知柏林这个信息——对于一个卡纳里斯亲自提拔、能够与后者直接说上话的人来说，这几乎是不可能的。[②]

李特尔为阿勃韦尔在柏林以外的最大谍报中心——汉堡分局工作，而他的上司，赫伯特·威希曼（Herbert Wichmann）也被送到了 020 营。关于他，史蒂芬斯写道：

> 威希曼相当愿意说话，但麻烦的是他记忆力很糟。他很多同在汉姆的朋友确认了这一点；他少数的对手也表示同意。在耐心的对待之下，他所能想起来的部分逐渐被发掘了出来。
>
> 他针对英国所进行的谍报活动没有取得显著的成功。他说：“一切针对英国进行的间谍活动都令人失望。尽管我们付出了很多努力，但却没有取得任何有价值的成果。”[③]

这种说法的问题在于，伍尔夫·施密特在 1940 年的时候是被当作空投间谍派遣到英格兰的，直到 1945 年初，他一直通过无线电跟汉堡保持联络。如果汉堡分局所派遣的间谍都失败了的话，那他自己一定也包括在内。这意味着“TATE”（施密特的代号）发出的数百条消息都是不可信的。看起来，被史蒂芬斯描述成“战争中最杰出的双面特工”的这位间谍并没有骗过德国人。不过，史蒂芬斯对其中的逻辑问题却是

---

① Stephens, *Camp 020*, 92.

② Peter Day and Andrew Alderson, “Top German's Spy Blunders Helped Britainto Win War,” *Sunday Telegraph*, 23 Apr. 2000. 这篇文章基于的这份文件本书作者当时（2012 年 1 月）在 PRO, KV2/85-87 中没有找到。戴（Day）和奥尔德森（Aldeson）是在军情五处最早的一批文件开放后写的这篇文章，也许后来被撤回了。

③ Stephens, *Camp 020*, 364. 威希曼坚持他所说的真实性，也即他对汉堡分局的日常运作了解甚少，而且他从前知道的事儿现在也不记得了。他能记起来的唯一一个汉堡有档案的间谍是 DER KLEINER——也就是阿瑟·欧文斯，英国人叫他“SNOW”。除此之外，020 营的审讯官从他那儿什么都没得到，见 PRO,KV2/103。人们本来认为施密特会留下一些印象。

无动于衷。

史蒂芬斯不想听到军情五处有任何败笔，他决心确保相关文件不会泄露这些情况。在最极端的情况下，这意味着将那些令人尴尬的审讯报告压住不发。例如，关于李特尔少校的审讯报告就从他的档案里消失了，剩下的部分里没有任何迹象表明李特尔曾经被提问过任何关于阿瑟·欧文斯（代号为“SNOW”）的问题。后者被认为是军情五处从德国双重反间来的第一个“无线”间谍，也是英国方面自我吹嘘的战时对德情报胜利中贡献最大的一个。的确，那些从 1939 年 9 月至 1940 年 12 月期间“被招降”成为双重间谍的人中——这些人包括 SNOW，CHARLIE，RAINBOW，DRAGONFLY，GANDER，SUMMER 和 TATE[1]——史蒂芬斯只知道其中一个是由李特尔少校派来的。没有任何迹象表明李特尔曾被询问过哪怕一点儿关于他们的事情。

幸运的是，史蒂芬斯无法控制那些美国情报机构所做的审讯。他们沉着镇定地进行着自己的审讯工作，怀着真诚的愿望想要了解阿勃韦尔成功的地方。华盛顿国家档案馆（National Archives in Washington）中所保存的战后审讯文档的质量与英国国家档案馆（PRO）所存留下来的相比，简直有天壤之别。

虽然史蒂芬斯确实不是唯一一个应该受到责备的人，但到处都有证据表明，他沉浸于证明英国情报机构与他们的阿勃韦尔对手相比有压倒性的优势，这一方面是因为英国的优越性，另一方面则是由于德国人的无能。1945 年 9 月期的《间歇期：英国陆军莱茵情报评论》（*Interim: British Army of the Rhine Intelligence Review*）杂志中的一篇文章也许是史蒂芬斯本人写的，文章得出了这样的结论：“审讯结果已经表明，我们在战时所持的观点被证明是正确的；德国情报机构几乎无一例外的腐败、无能、愚蠢。”

文章作者将这些缺陷归咎于“对英美两国的政策与方法所持的无比幼稚的观念”，以及这样一种状况：即“除了在最罕见的情况下，德军

① 以上代号为英语，依次意为“雪”、“查理”、“彩虹”、“蜻蜓”、“雄鹅”、“夏天”和人名“泰特”。——译者注。

情报部门都不是从有理想的人之中，而是只能从胆小怕事、贪得无厌的人和机会主义者中招募他们的特工”。

他的说法绝对是错误的。这只是表明，他无法想象，像李特尔少校这样无疑注定会在战后德国的秘密情报部门中发挥种种作用的人，正乐于看到英国情报部门继续自欺欺人。

PART 1

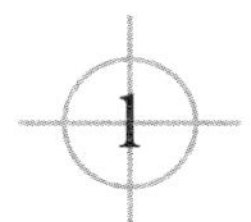

一位间谍头目的奇事

1945 年

德国投降已经三个月了，在理解德国秘密情报部门阿勃韦尔的高层是如何做出决策方面，进展依然不大。阿勃韦尔的领导人，威廉·卡纳里斯海军上将已经去世，尽管他的死因尚未确定。而他级别最高的助手们不是下落不明，就是成了苏联人的俘虏，令他鞭长莫及。

埃尔温·冯·拉豪森将军（General Erwin von Lahousen）走了进来。第一次对此人进行审讯的美军情报官员一定感到非常振奋。在他们面前的这个人——身材高大，略有些驼背，有着贵族举止，浑身都透着军官气质——是阿勃韦尔二局（Abteilung Ⅱ），也就是破坏部门的长官。正是他一直负责在敌后制造混乱。他就是那个对什么样的爆炸会发生在哪条公路、哪条铁路，在哪些工厂和军事设施中，以及在哪些舰船上了如指掌的人。而这些并不是靠俯冲轰炸机和潜水艇实现的，而是由那支他曾经领导过的隐形的破坏行动队伍完成的。但美国人对实际情况所知甚少。1943 年，曾有 8 个乘潜水艇在美国登陆的破坏者被抓获、审讯并处以死刑。但又有多少这样的人神不知鬼不觉地进入美国了呢？他们还为了其他任务进行了哪些破坏？眼前就是那个了解这一切的人。

但他所说的却完全出人意料。

拉豪森透露说，他实际上一直在设法阻止针对美国和英国人的破坏行动。他是卡纳里斯上将身边核心圈子的成员之一，他们一直在暗中反对希特勒，并尽其所能地暗中削弱纳粹的力量。他讲的故事实在令人难以置信。[①]

拉豪森是奥地利人。他出身于一个具有悠久军人传统的贵族家庭。在德奥合并的时候——也就是德国 1938 年年初吞并奥地利之时——他 41 岁，是奥地利总参谋部的高级情报官员，专职于捷克斯洛伐克事务。令他意外的是，德奥合并后不久，他被邀请加入以阿勃韦尔的简称为人所知的德国情报机构。这不大说得通，因为他是个奥地利爱国分子，对纳粹不怎么支持，而阿勃韦尔又是德国的秘密机构之核心。不过，他不久就了解到，他被招募正是因为他对纳粹的反感。[②]

威廉·卡纳里斯海军上将其人跟他秘密情报机构负责人的身份不怎么对得上号。几栋位于绿树成荫的柏林提尔皮茨河岸大街（Tirpitzuferstrasse）[③] 的宏伟房屋已被改作军队办公室，其中之一就是阿勃韦尔的总部。拉豪森刚到这里时，见到了一个身材矮小的人，身高 5 英尺 4 英寸[④]，有着一头白发与一双明亮的蓝眼睛，身着海军军官的深蓝色制服。

位于提尔皮茨河岸大街 74—76 号的办公室很朴素——简单的家具，一只小保险箱，一张沙发，一个铁制床架，那是为了让这里的主人可以

---

① 轴心国罪行检举首席辩护人办公室（Office of Chief of Counsel for Prosecution of Axis Criminality）：审讯部，“Interrogation of General Erwin Lahousen”，包含关于卡纳里斯秘密组织的审讯（第一、二部分），以及关于 7 月 20 日事件发展的间接说明（第三部分），Sep. 1945, PRO, KV2/173. 据说明页，这份报告是由美军第三审讯中心完成的。

② 关于拉豪森被招募的情况，参见 K.H. Abshagen, *Canaris* ,London:Hutchinson,1956, 87-88. 该书作者是拉豪森信任的副手，对于他的反纳粹活动有着直接的了解和经验。但军情五处关于他的文件只有他战前作为记者的信息，见 PRO,KV2/390. 对于阿勃韦尔部门负责人晨会的描绘来自于利奥波德·伯克纳（Leopold Buerkner）在纽伦堡审判中的书面证词（22 Jan. 1946），见 www.ess.uwe.ac.uk/genocide/Buerkner.htm.

③ 今莱希皮奇河岸大街（Reichpietschufer）。——译者注。

④ 约合 1.65 米。——译者注。

在午后小憩，或是在危急时刻有可能在这里过夜。墙上挂的不是常见的希特勒肖像，而是一张西班牙独裁者弗朗西斯科·佛朗哥将军的签名照片,还有一幅日本版画[①] 以及一张瓦尔特·尼科莱(Walter Nicolai)的照片，此人是德国一战时期的间谍长官。最后一件装饰品是在沙发上方挂着的一幅世界地图。这间屋子剩下的部分很简朴，几乎可以说是廉价。但这就是拉豪森所在的这个房间，正是他所知晓的那个全欧洲、也许是全世界最大最复杂的秘密情报组织的指挥中心。

刚在第一次面试的时候——正如拉豪森跟审讯他的美国人所讲的那样——阿勃韦尔的这位负责人就向拉豪森吐露了内心深处的秘密。卡纳里斯说，捷克斯洛伐克是希特勒的下一个目标。这位纳粹领袖将利用苏台德地区的德国人作为借口入侵捷克。由于西方强国和苏联无法容忍此种行为，这意味着要打一场欧洲战争。拉豪森被招进来，正是为了帮忙给希特勒的这次冒险狂热泼泼冷水。这位奥地利官员突然间就面临着这样一个问题：德国的秘密情报长官正打算与他自己的政府作对。[②]

卡纳里斯对他的策略进行了说明。他所设想的是，让阿勃韦尔高估捷克斯洛伐克方面来的情报。捷克的防御工事和军事力量，捷克人民的抵抗意志，其政府的决心——这些方面都进行有意夸大，也对英、法、苏干预的可能性进行强调。拉豪森的角色是以捷克斯洛伐克问题情报专家的身份对这些报告进行背书。这将会给报告赋予极大的可信性，也许会让希特勒暂缓他的计划。

拉豪森大吃一惊。卡纳里斯正在和一个非本国的陌生人分享一项有致命危险的方案。只有对自己的判断力有着充分信心的人才敢做这种事情。如果卡纳里斯所说的话被纳粹掌握了丝毫线索的话，他早已经一命呜呼了。

两个人握了手。拉豪森同意了。从此之后，一份绝对的信任之情在

① Abshagan, *Canaris*, 79. 他说那是一幅“魔鬼”的版画，这是不熟悉日本江户时期木刻的人会有的印象。

② V/48/F8 to V.F., 15 Dec. 1945, 附有拉豪森的报告 , PRO,KV2/173. 在拉豪森的审讯报告中（I,1）提到了捷克斯洛伐克。除非专门说明，本书后面由拉豪森透露的内容都是从这份报告中来的。

两人之间迅速成长起来。拉豪森在此后的五年中对卡纳里斯忠心耿耿，经历了一次又一次反对希特勒的密谋，直到卡纳里斯被捕并被处决，才将两人永远地分开。

对那些美国听众而言，拉豪森将军的开场白一定是非常引人入胜的。但还有更多的故事在后面。

首先，卡纳里斯的计划全都打了水漂。希特勒没有入侵捷克斯洛伐克就得到了想要的东西。西方列强中的英国与法国，于 1939 年签订了臭名昭著的《慕尼黑协定》，向希特勒的要求屈服了。依此协定，捷克斯洛伐克的西部边界区在未经捷克人同意的情况下就被从本国地图上抹去，并入了德国。英国首相内维尔·张伯伦（Neville Chamberlain）挥舞着与希特勒会晤达成的一纸文书回到英国，宣称这是“我们时代的和平”。反对希特勒的将军们已经做好准备，一旦他下达入侵的命令，就把他拉下马。不过，希特勒兵卒未动就达到了目的，这场叛乱也就泡汤了。

希特勒在捷克斯洛伐克的成功令他胆量大增，他接着又对波兰提出了领土要求。拉豪森回忆起了卡纳里斯当时所说的话：

> 我当时确信，这一次其他列强不会再被“这个扯谎成瘾者的政治花招”所蒙骗。（如果）纳粹的体制最终获胜了的话，战争将意味着一场极为严重的灾难，它将超出德国和所有人类的理解能力。无论如何都要避免这种情况发生。[①]

当希特勒 1939 年 9 月入侵波兰的时候，英国和法国确实没有让步，卡纳里斯所担心的全面战争接踵而来。这让他更加坚定了推翻希特勒的决心。

战火既已燃起，卡纳里斯心里所想的下一步就是发动政变。通过正

---

① “Lahousen”, I, 3.

式任命拉豪森为阿勃韦尔二部（负责阴谋破坏）的领导人，他为后者分配好了在这项事业中的角色。他打算研究出一个计划来抓捕希特勒的随行人员以及纳粹安全部门中的关键人物。他还做好了占领广播电台的准备。卡纳里斯打算在阿勃韦尔内部组建一个特别突击队，负责进行枪战。必要的轻型武器和弹药已经准备就绪，藏在隔壁的提尔皮茨河岸大街 80 号内，这是德军密码部门 OKH/Chi[①] 的总部。[②]

但拉豪森解释说，突击队的过早成功带来了问题。后来以勃兰登堡团（Regiment Brandenburg）之名著称的这支队伍，招募来的成员主要是在德国本土以外长大的德国人，他们能将所居留国家的语言讲得很流利。他们被要求有高水平的应变能力和身体素质。他们所经历的第一个重要考验是在 1940 年入侵比利时和荷兰的时候，小股的“勃兰登堡人”在德军到来之前，身着对方军服，通过巧计占领了关键的桥梁和其他军事目标。拉豪森解释说，他们对自己在德国胜利征服法国和低地国家的过程中所扮演的小角色非常自豪，以至于他们如果有任何理由怀疑自己的指挥官有不忠行为的话，“他们也会立即将对方射杀”。

审讯就这样进行着。美国人请拉豪森将他脑子里的东西写在纸上，这是非常吸引人的材料。他说，阿勃韦尔各部门的首脑——奥斯特（Oster）、皮肯布洛克（Pieckenbrock）、博克讷（Bürkner）和他自己——全都是暗中削弱纳粹密谋的参与者。他讲到了在 1944 年 7 月 20 日尝试那次损失惨重的刺杀之前，他们已经有过两次针对希特勒的炸弹袭击计划；他们不断竭力劝说高级将领逮捕希特勒，还就德国的军事意图对轴心国同盟伙伴和中立国进行警告；他还讲到他们对自己的任务敷衍了事；并秘密地与奥地利和捷克斯洛伐克的抵抗运动进行合作。

拉豪森所披露的最重要的情况之一就是，在 1940 年，卡纳里斯亲

① OKH/Chi，德国陆军总司令部（Oberkommando des Heeres/Chiffrierabteilung）密码局的缩写。——译者注。

② “Lahousen,” III, 1. 在这里他明确说是提尔皮茨河岸大街 80 号。又见 Abshagan, *Canaris*,161-162；Heinz Höhne, *Canaris*，New York: Doubleday, 1979，377，其中断言这个情节不是真的，但这被拉豪森的证词否定了。拉豪森用“Reichssicherheitshauptamt 一词来指纳粹安全部门”，但纳粹的秘密部门从未统一到一起过。他的意思应该是“Sicherheitsdienst”（安全部门）。

自阻止了希特勒为夺取英国扼守地中海西部入口的飞地要塞直布罗陀所做的计划。这是决定性的。埃尔温·隆美尔（Erwin Rommel）在西部沙漠取得的重大胜利也才是不久之前的事情。但同样没多久，他在1943年就被彻底逐出北非，这主要是因为他没能保持住来自意大利水域方面的补给线。他们受到来自马耳他空军基地的空袭，意大利与突尼斯之间的海域成了意大利货运船的坟场。马耳他由英国舰队从直布罗陀进行补给支持。如果这一切不曾发生的话，隆美尔恐怕已经抵达开罗了。拉豪森的听众中也不会有人对此持有异议。

拉豪森讲了卡纳里斯好几次被希特勒派往西班牙的情况。这是因为一战期间他在那儿交了很多朋友，而且他在西班牙内战时给了独裁者佛朗哥很多帮助。不过，他并没有推动希特勒让西班牙参战，或者至少允许德军过境西班牙领土的提议，相反，他在言辞间对此表示了反对。他需要很有说服力，因为西班牙早就渴望着要夺回那块从18世纪就被英国人占领、之后被用作海军基地的“岩石”了。这一次与西班牙外交部部长戈麦兹·胡尔达纳将军（General Gomez Jordana）的会谈结果从没受到过怀疑。拉豪森这样解释：

> 向外交部（通过国防军最高统帅部的外事局）提交的报告，是我在卡纳里斯和胡尔达纳的会晤之前，根据他的指令虚构的，大致内容如下：
>
> 西班牙将一如既往地继续支持轴心国的力量，但将保持其作为“非交战国”的地位，并且将会保护本国领土不受任何袭击的伤害。如果此种情况发生，西班牙甚至于会针对德国的袭击而作战。
>
> 而在之后真正进行的会谈中，胡尔达纳自己的表述则要小心和

犹疑得多……[1]

换句话说，这一次，卡纳里斯在会晤西班牙政府之前就已经替西班牙做好了回复。由于西班牙人是出了名的野蛮的游击队战士，而且内战刚刚结束不久，于是希特勒便不再主动提及此事了。

作为阿勃韦尔二部的领导人，拉豪森被分配的“秘密任务”还包括：

· 貌似积极，实则消极地开展阿勃韦尔二部的工作。

· 不去执行任何可以避免执行的任务。

· 尽量减轻由纳粹体制的残忍性所造成的种种苦难。

头两项任务的例子包括：提供关于在地中海受到破坏的舰只的假报告，暗中不执行破坏法国土伦舰队的命令，设法不去执行希特勒下达的谋杀法国将军亨利·吉罗（Henri Giraud）的命令，以及向意大利情报机构透露一项纳粹谋杀教皇的计划。拉豪森说，阿勃韦尔二部的战时日志在很大程度上是由他信任的助手、之前做过记者的德国人卡尔－海因茨·阿普沙根（Karl–Heinz Abshagen）用“吹捧乱抬”和伪造的消息编制的。

关于第三项任务，拉豪森的美国听众们一定会为阿勃韦尔对纳粹受害者（特别是犹太人）所提供援助的程度感到吃惊。卡纳里斯自己就为汉斯·冯·多纳依（Hans von Dohnányi）提供了庇护，此人是一位杰出的德国法学家，由于有部分犹太血统而被解除了公职。卡纳里斯安排他在自己的幕僚长汉斯·奥斯特（Hans Oster）的办公室里工作。拉豪森说，奥斯特和卡纳里斯轮流利用阿勃韦尔作掩护，帮助犹太人逃离德国使之成为驻外间谍，然后再通过他们编造报告。而在那些“反向活动”（counter–activity）的英勇事迹中，卡纳里斯也同样使用了这些犹太“V

① “Lahousen,” II, 11. 这里强调的部分和文件中的一样。拉豪森把1941年和1942—1943年去西班牙的任务说成了一次，这是卡纳里斯为希特勒执行的任务。第一次专门是关于直布罗陀的事，第二次则专门关于允许德国军队通过西班牙领土。也见Abshagen, *Canaris*, 212–213. 据当时德国驻巴塞罗那总领事说，西班牙士兵将会“大张双臂”接受德国军队通过西班牙。Kempner to Hoover, 13 Jun. 1946 with attached “treatise” of Hans Kroll, NARA, RG65, IWG Box 153, 65–37193. 关于对这个主题的考察，参见Leon Papeleux, *L'Admiral Canaris entre Franco et Hitler*, Tournai, Belgium: Casterman, 1977. 请注意他没有看到拉豪森的审讯报告。

字侠”[①]。这肯定让拉豪森的美国听众们大为惊愕。那些刚刚被披露出来的死亡集中营里的恐怖状况，是纳粹种族灭绝政策的残酷铁证，这些对他们而言仍然记忆犹新。但此时他们却被告知，德国军队的秘密情报部门阿勃韦尔竟在尽其所能地吸收犹太人以拯救他们。[②]

拉豪森透露，反对这个纳粹独裁者的密谋远远扩大到了阿勃韦尔之外。他说了几个参与其中的高级军官的名字，包括陆军元帅埃尔温·冯·维茨莱本（Field Marshal Erwin von Witzleben），他在法国沦陷后曾任西线总司令；以及两位总参谋长，路德维希·贝克将军（General Ludwig Beck）与弗朗茨·哈尔德将军（General Franz Halder）。在军队外也有人参与：有司法部的，有外交部的，甚至有几位纳粹安全部门的高官也跻身其中。

卡纳里斯发挥其影响的秘密渠道遍布军队上下，尤其渗透到了那些各军和各集团军所属的军事情报官员以及德军最高统帅部的军事情报整理分析机构敌情署（Fremde Heere）那里。从 1941 年 1 月到 1942 年 11 月的这段时间中，他甚至在敌情署的高层中也有了个同谋，前驻日陆军武官格哈德·马茨基将军（General Gerhard Matzsky）。他被拉豪森描绘为卡纳里斯“反向活动”核心圈子里的成员。[③]

拉豪森所透露的另一点一定会令英国情报机构，特别是军情五处中绰号为“TAR”的 T. A. 罗伯逊中校大失所望。后者是盟军一个委员会的主席，此委员会负责监督收集、分发与谍报有关的审讯报告。[④] 在描述卡纳里斯是如何悄无声息地阻止针对英国和美国的破坏行动时，拉豪

① V-Man，二战时期出现于美国漫画 V Comics 中的虚构超级英雄，V 代表胜利（victory）。其主人公从战俘营中被解救出来后获得超能力，并在欧洲大陆及英伦三岛加入对敌作战。——译者注。

② “Lahousen,” III, 12, 18. 这份文件中的措辞是“……并使用这些‘知己’从事积极的反对活动”。在德语原文中，这个词有可能是“Vertrauensmann”（“中间的”）。使用犹太 V-men 的事在 Abshagan, *Canaris*, 101 中也有记载，作者注意到，使这成为可能的是因为阿勃韦尔对所招募的人的身份是保密的，因此不受盖世太保的审查。联邦调查局和军情五处、六处意识到，他们抓获的一些间谍是犹太人，但第一次审讯拉豪森的美国陆军情报官员是不太可能知道这一点的。

③ “Lahousen,” III, 18. 马茨基将军是由总参谋长弗朗茨·哈尔德将军任命的，他全心全意反对希特勒，已经卷入多起试图推翻体制的计划。

④ 他当时是盟军的反情报指挥中心的主席，该机构当时负责分发来自不同审讯中心的报告。

森提到他曾用一个毫无能力的人代替了二部在巴黎的一个得力官员。此人除了向英格兰派出过一个代号叫“FRITZSCHEN”的特工外，什么事儿都没做过。拉豪森说，他从一开始就认定此人是英国的双重间谍。果不其然，FRITZSCHEN 是英国代号为“ZIGZAG”[①] 的双重间谍艾迪·查普曼，是重罪犯和骗子。1943 年 1 月，军情五处精心导演了一场骗局，他们在媒体上刊登了假照片和假报道，目的在于让德国人相信 FRITZSCHEN 曾成功地在一家飞机制造厂内实施爆炸。拉豪森则表示说他没注意过这个报道。[②]

拉豪森还说，他只往英格兰和爱尔兰派了一小撮搞破坏的特工，仅仅是为了应付希特勒的命令，表示阿勃韦尔已经执行。而真正的意图却是要让他们失败。

“看来，我们对于阿勃韦尔的无能和迟钝原因的看法需要被修正了”，一位美国人在递交给罗伯逊中校的拉豪森报告中这样写道，而且他还补充说，关于阿勃韦尔反对希特勒的描述也得到了另外两次审讯的支持。[③] 这些话一定让英国人感到沮丧。罗伯逊在战争期间一直负责军情五处双重间谍的行动。拉豪森说没有安排破坏任务，这首先就意味着他“转化过来”的那些被抓的破坏者们都是假的。实际上，所有那些在 1940—1941 年登陆英国、怀揣破坏任务的间谍们应该都不是真的。

这可不是军情五处早已名声在外的“双十系统”的创立者想听到的东西。这意味着他的第一个，也是他的明星双重间谍，阿瑟·欧文斯，实际上一直在为对方工作。

最奇妙的是，拉豪森说他相信卡纳里斯与盟军情报机构，特别是

---

① 英语，意为“蜿蜒”。——译者注。

② “Lahousen,” II, 5; C.J. Masterman, *The Double-Cross System* ,New Haven, CT;London: Yale University Press, 1972, 122-123, 131-132; 及 Curry, *Security Service*, 249. 又见 F.H. Hinsley and C.A.G. Simkins, *British Intelligencein the Second World War*, vol. iv, Security and Counter-Intelligence ,London:Her Majesty's Stationery Office Books, 1990; 及 Frank Owen, *The EddieChapman Story* ,New York: Julian Messner, 1954.2000 年之后出现了很多具有类似性质的书。常年误导英国情报机构，强调他的重要性，对于这个骗子来说一定是事业上的高峰。

③ OSS X-2, V/48/F8 to VF, 15 Dec. 1945, PRO, KV2/173, Doc. 2a. 该文件被标明是给 WR-CI，也就是反情报指挥中心的，这意味着罗伯逊中校看到过这份文件及其附带的报告。

军情六处，一直通过在瑞士的中间人保持着私人接触。而且他供出了名字。

> 希曼斯卡夫人（Frau SZYMANSKA）（原文有误）——她是波兰驻柏林最后一位陆军武官的妻子，一位非常聪明、在政治上高度成熟的女性，卡纳里斯在瑞士经常向她寻求讯息，她在华沙的家庭处于阿勃韦尔的保护和特殊照顾之下。她的丈夫，希曼斯卡上校或将军，与蒙哥马利的军队一起在非洲作战。
>
> 我发现了很多迹象，表明她是卡纳里斯“反向活动”最积极的支持者之一。就像我和其他观点相似的人所估计的那样，卡纳里斯通过瑞士与盟军情报部门保持着直接的联系。
>
> 西奥多基斯伯爵夫人（Countess THEOTOKIS）——一位非常聪明的希腊人，有着犹太或半犹太血统，她的政治态度非常明确，与她的家庭一同受到卡纳里斯的强力支持。她于1941—1942年间住在科孚（Corfu）。卡纳里斯经常与她在罗马或威尼斯见面。我相信她与英国情报机构有联系。意大利的战争单位的头目（KO-Leiter），赫弗里希上校（Oberst Helfferich，原文误为Heifferich），应该对她了解得更多。[①]

美国人已经有了伯爵夫人的档案。一份由战略情报局转给联邦调查局的，关于意大利的阿勃韦尔在1944年6月活动的报告里提到，“通过从希腊到意大利，从意大利到瑞士和德国的频繁旅行，她已经从德国人那里得到了很多帮助。我们认为德国情报部门的负责人卡纳里斯上将对她特别感兴趣”。[②]

---

① “Lahousen,” III, 19, PRO, KV2/173.（拼写错误及大写字母写成的名字均被保留在了文中）军情五处有关卡纳里斯的卷宗索引中列出海伦·亚历山大·西奥多基（Helen Alexandre Theotoky）在1937年时与卡纳里斯发生了联系（日期已有部分模糊不清），并提到了1941年的另外两次有关她的报告，分别在1941年7月16日和1941年10月25日。卷宗上(PRO, KV3/8)的笔记暗示，实际文件在1960年时就已经被转走了。

② F.S. Penny to Director［of FBI］, with attachment, 25 Jun. 1944, NARA, IWG Box 210, 65-37193-233.

任何读过这份报告以及之后的拉豪森报告的人都会知道为什么会如此。

拉豪森关于卡纳里斯以及他旨在削弱希特勒德国的那些活动的故事被标记为“机密”，在接下来的半个世纪里一直尘封在档案中。他所透露的一些内容在纽伦堡审判中出现了，他在当时是与那些被控战争罪的主要纳粹战犯们针锋相对的明星证人，但他在那时的证词却是由需要他回答的问题所决定的。其结果是，卡纳里斯作为纳粹反对者的形象在有限范围内被显露了出来，这让大多数历史学家都断定他只是那些反希特勒分子的支持者，但很少亲自参与其中。而 1945 年对拉豪森的审讯却将他描绘成整个事件的“第一推动者”。①

① “看上去永远也不可能判断出到底卡纳里斯仅仅是在为有类似想法的人提供庇护所，还是在有意识地构建一个组织以在适当时候起而反对体制。”见 Harold Deutsch, *The Conspiracy Against Hitler in the Twilight War* ,Minneapolis, MN: University of Minnesota Press, 1968,62. 这是对卡纳里斯在反对希特勒的活动中所扮演角色的通常评价。在之后的公开陈述中，拉豪森淡化了，或是避免透露出他在最初的审讯中所说的多数内容。

四二

希特勒的内部敌人

1933 年至1938 年

威廉·卡纳里斯 1887 年生于鲁尔区的多特蒙德附近的一个小村庄。他的父亲是一位工程师，他父母都属于典型的中产阶级——受过良好教育，是温和的爱国主义者，并不是狂热的信徒。通常这种家庭出身的男孩会进入商界，但是卡纳里斯却加入了海军。一战开始的时候，他是南大西洋上的巡洋舰“德累斯顿号”（Dresden）上的初级军官。

对于这位 27 岁的年轻人来说，这是一次激动人心的旅程。德累斯顿号参加过 1914 年的科罗内尔战役（Battle of Coronel），当时德国的一支海军舰队在海军中将冯·施佩伯爵[①]（Graf von Spee）的指挥下击沉了两艘英国重型巡洋舰皇家海军“蒙默斯号”（HMS Monmouth）与“皇家海军好望角号”（HMS Good Hope），但却在几个月之后被英国的另一支更有力的舰队伏击，结果德舰除了“德累斯顿号”之外全军覆没。“德累斯顿号”被逼入一个智利的港口并被凿沉，船员也被扣押。

① 施佩伯爵最高军阶为海军中将（Vizeadmiral）而非上将（Admiral），但后来以他名字命名的“施佩伯爵号”重型巡洋舰因为省略了“Vize”，所以常被翻译为“施佩伯爵海军上将号”重型巡洋舰（Panzerschiff Admiral Graf Spee）。——译者注。

不过，卡纳里斯表现了他的机智：他学了西班牙语，伪装成智利人逃回了德国。他在一战剩下的日子里首先作为间谍头目和特工招募人员在西班牙服役，之后又成为一名成功的潜艇指挥官。少有人能与他勇敢、机智、灵活、坚毅的战争记录相媲美。

战后卡纳里斯继续在海军服役，1925 年他访问了日本，之后又被任命为国防部海军参谋，参与了秘密的舰船制造，以及在西班牙和希腊进行的有关重新武装的谈判。1929 年，他认识了西奥多基斯伯爵，并多次前往科孚岛对伯爵进行拜访。他后来回到“西里西亚号”（“Schlesian”，原文似有误，“西里西亚”德语为“Schlesien”）战列舰上担任指挥官，1934 年又被任命为阿勃韦尔的负责人，那时的阿勃韦尔还只是个中等规模的组织，隶属于战争部。他的良好声誉一定是他获任此职的关键因素；他被认为是一个机敏的人、一个优秀的管理者，以及细心的人事总管。他也以政治方面的精明无畏而著称。这最后一样品质是十分必要的。他正被置于 20 世纪最危险的三个人的注视之下，拉豪森称他们为“三 H”：希特勒，希姆莱（Himmler），以及海德里希（Heydrich）。

为了真正了解卡纳里斯上将在接下来的十年中所玩的巧妙游戏，有必要讲一讲希勒特暗杀恩斯特·罗姆（Ernst Röhm）的故事。

罗姆是冲锋队（Sturmabteilung，SA）的头目。冲锋队是一支由不满分子、反社会者和激进工人组成的民兵队，诞生于 1929 年股票市场崩盘之后，成为德国人日常生活一部分的街头抗议活动的组织者。魏玛共和国治下的德国是欧洲最为自由的民主国家之一，但是，当选的政治家们却因为世界性的大萧条所导致的失业率飙升、恶性通货膨胀而饱受指责。尽管在那时纳粹还是个边缘的政党，但纳粹却依照军事模式将抗议者中的暴力分子组织了起来。到 1931 年为止，“褐衫队”（Brownshirts）——因冲锋队所穿的准制服的颜色得名——的人数已达到将近 40 万人，四倍于德国军队的实际人数。

在希特勒最终掌权以后，罗姆大错特错，公开吹嘘他自己才是有实际影响力的纳粹领袖。由此，新任的德国总理就要对他大为关注了。希特勒也确实是这么干的。

毫无疑问，罗姆是个丑陋的人。他身体笨重，肥肉成堆，面色赤红，脸颊臃肿，一道多米诺面具似的胡子在嘴唇上摇摇晃晃地将他的脸一分为二。他沉溺于物质享受之中——美色、美食、酒精，最好同时兼备。有关他纵欲的报告（有时会涉及好几百个他的冲锋队追随者）触目惊心，令人作呕。对于这样一个会召集与他“同心同德”的队伍，闯入无辜社区胡乱打砸抢的人来说，这种举动也许没什么令人惊讶的。

正如一位此时期的评论者所说的那样，他们是所谓的“牛排纳粹”（beefsteak Nazis）——外头是棕的，心里是红的。他们是大萧条时期的德国“布尔什维克”，希特勒利用他们的共产主义情绪达到了自己的政治目的。他对他们做出了“革命”的承诺，承诺权力会从法团精英和老板们的手中转移到工人手里。“Nazi”这个词，实际上是由该党的德文全名——德意志民族社会主义工人党（Nationalsozialistische Deutsche Arbeiterpartei）的首个单词[①]构成的缩略词。罗姆期盼着希特勒能不辜负这个名号。[②]

战后最大的误读之一就是认为纳粹是右翼狂热分子。但实际上，他们是被灌输了强烈民族主义情绪的左翼信徒。

开始时，希特勒需要罗姆。他的战略是通过他的追随者们煽动社会不稳定情绪，对此加以操纵来合法地获取政权。德国的选举是比例代表制，这导致长期由短命且优柔寡断的少数派政府执政。德国宪法规定，在总统授权之下，总理可以在紧急状态下通过行政命令直接进行统治——当时的德国总统是85岁的一战英雄，陆军元帅保罗·冯·兴登

① 指“民族社会主义”一词。——译者注。

② 关于SA、SS和军队之间紧张关系的精彩总结，参见Robert J. O’Neill, *The German Army and the Nazi Party* ,London:Corgi Books, 1968，passim.

堡（Field Marshal Paul von Hindenburg）。[①] 冲锋队的任务是在德国各处的街头制造大量暴力事件和混乱，这样，社会的各个阶层——大小产业者、土地拥有者、商人、教会等等——都会渴求稳定，而这正是希特勒所承诺的，纳粹党一旦上台就会带来的。等到纳粹真正上台，整个社会便会屈服于一人的统治之下。

在 1933 年选举前的准备阶段中，罗姆把希特勒伺候得很周到。砸窗户、点街火、打架闹事，这些事层出不穷。"褐衫队"在擎着火把游行时所唱的主题歌是这样的：

> 在灯柱上绞死那些腐朽的保皇党人，
> 让狗咬他们的躯体直到他们坠落地上。
> 在所有犹太教堂里吊上黑猪，
> 让教会们就着手榴弹一起尝尝。[②]

一年以后，在纳粹党已经赢得国会多数席位，而绝望迷惑的兴登堡也给予了希特勒紧急状态下的权力之后，这种民族主义情绪就不再有必要存在，不再为人所喜了。一个稳固的单一领袖、单一政党的德国，需要的是法团和社会机构的合作，希特勒很快便开始着手构建这样的联盟。而罗姆依然公开坚持要求希特勒履行国有化大企业和拆分大地主土地的承诺。他宣称，"要为革命增加荣耀"。罗姆必须得走人了。

把一名指挥官从他自己的私人军队中清除掉是件棘手的事情，但希特勒有一个满怀热情的帮手。从养鸡场主转身成为纳粹高层、负责德国警察力量的内阁成员海因里希・希姆莱（Heinrich Himmler），也为希特勒纠集了一支的私人武装，即简称"SS"的党卫军（"Schutzstaffel"）。1933 年，党卫军有 20 万人，人数是冲锋队的一半，但其成员却比冲锋队厉害得多，他们都是为了个人野心而非因政治而来。由党卫军创始人

① 关于希特勒如何利用分裂的国会来获取绝对权力的精彩描述，参见 William L. Shirer, *The Rise and the Fall of theThird Reich* ,New York: Simon and Schuster, 1960, 150-200.

② Jacques Delarue, *Histoire de la Gestapo* ,Paris: Fayard, 1962, 188. 这里陈列的是我对他法语翻译的德语原文的翻译。本书对杀害罗姆的描述主要来自这本书。

设计的黑色制服非常帅气，有一副精英范儿，很受女孩子欢迎。

希姆莱的队伍要的是有男人气质的优秀标兵，只要是个党卫军的人，照一下镜子就能发现，希姆莱胡诌出来的雅利安人种优越论在自己身上得到了印证：金发，高颧骨，强有力的下巴，高贵的鼻子，再配上徽章闪亮的军帽和带有银色佩饰的黑色贴身制服。至少在观者眼中看起来不错，一帅遮百丑，而这份给党卫军成员带来自尊的礼物也换来了他们对希姆莱的绝对忠诚。如果希姆莱和罗姆要正面交锋的话，那一定是一场血腥事件。

希特勒选择了谋杀，而希姆莱提供了杀手。1934 年 6 月 30 日清晨，一支由满载着党卫军部队的卡车组成的护送车队，来到了温泉小镇巴特－维塞（Bad–Wiesee）的一家饭店，领头的正是希特勒本人。罗姆与他的几个重要部下正在那儿举行周末聚会。希特勒闯进了罗姆的卧室，冲着罗姆叫骂起来，枪声在隔壁的屋中应声响起。罗姆的副手，以及正在一起睡觉的司机，还裹着毯子就都被杀了。包括罗姆在内的饭店里剩下的冲锋队成员全都被捕，并被戴着手铐装进一辆卡车里带走。同时，在德国其他地方，党卫军对别的冲锋队头目也进行了围捕。

罗姆本人则被飞机运到柏林。在那儿，他被带到利希特菲尔德（Litchterfelde）要塞，面朝院墙，被行刑队处死。处决冲锋队员的过程从整个周六持续到周日的大半天。在那个区域的人们能够听到反复的枪弹群射声，伴随着隐约的“希特勒万岁！这是元首的意志！”的叫喊声。“砰！砰！”据说，血痕在院墙上好几个月都未褪去。[1]

事件演变成了大清洗。纳粹趁机杀掉了一些之前的政治对手和新体制的重要批评者。监狱人满为患。希特勒骄傲地称之为“长刀之夜”。人们明白，这意味着不再有任何人可以免于被随意逮捕和不经审判即被处决的威胁。这就是新德国，这个人人期盼的安定的德国，向世界展露出了嗜血狰狞的一面。

历史学家们有时对德国军队没有对此进行干预提出批评。希特勒称

1 Ibid., 206.

这一事件为镇压叛乱，但很显然这是一场血腥的清洗。在当时，德国军队不过是《凡尔赛条约》遗留下来的虚弱之师，并不能保证军队就能胜得过党卫军。其士兵分散在全国各处兵站，而且必须承认，完全不确定他们对近期政治事态的发展持何种看法。他们会听司令官的话吗？召集军队是不会起什么作用的。

相反，军方的领导人选择合作。希特勒摧毁了冲锋队，这是件好事。一直以来，它对军队与对希特勒一样，都是个威胁。希特勒承诺说要强化武装力量，也是个好事儿。当希特勒要求军官们直接向他，而不是向宪法效忠时，他们确实也别无选择。说“不”意味着免职，也不会得到什么。另一方面，希特勒提出以军事化模式武装组织党卫军，这又走得太远了；党卫军也许有一天会取军队而代之。对于看到危险的军方高官来说，第一道防线就是继续将军方的秘密情报部门阿勃韦尔掌握在手里。[1]

但这亟须行动。在希特勒清除了罗姆、摧毁了冲锋队、巩固了自己的权力之后，希姆莱试图对所有主要的警察和安全机构进行掌控，包括阿勃韦尔在内。接下来是一场政治内斗，对阵的双方是希姆莱与陆军总参谋长，以及海军大将埃里希·雷德尔（Erich Raeder）。他们认为，一种解决方式，是给阿勃韦尔派一个新的领导，这个人需要有良好的战时记录，能够给纳粹留下深刻印象。同时，这个人还要有跟纳粹成功打交道的个人能力，但又要保持他作为军人的个人与职业品格。他们提名的是卡纳里斯。[2]

这是一个深思熟虑的选择。将阿勃韦尔置于纳粹控制之下的压力主要来自于莱茵哈特·海德里希（Reinhard Heydrich），他时年 30 岁，是纳粹党安全部门党卫军保安局的出色领导人。

党卫军保安局是希姆莱设立的，目的是侦察纳粹反对者的情况。海

1　Nicholas Reynolds, *Treason Was No Crime: Ludwig Beck* ,London: WilliamKimber, 1976, 52–61.

2　Conversation with Admiral Konrad Patzig, ONI Intelligence Report, 23 Feb.1946, NARA, RG65, IWG Box 177, 66–56830. 帕齐格（Patzig）是卡纳里斯之前的阿勃韦尔负责人，于 1932—1934 年任职。他因拒绝接受党卫军控制而被革职。

德里希迅速获得了冷酷无情的名声，在参与了希特勒的血腥清洗之后他的名声更盛。当海德里希还是训练舰"柏林号"上的一个 19 岁、易受影响的海军学员时，年已 36 岁的卡纳里斯就已经是该舰的指挥官了。那个年轻人自然对他的老上级仍然有所敬重，尽管从行政级别上来说，前者现在是后者的上司。卡纳里斯以高度的技巧处理着他们的关系。[①]

希特勒在早期没犯过什么错误。他好像有一种异乎寻常的政治直觉，尽管冲锋队煽动了不少骚乱和破坏活动，但他登上绝对权力之巅靠的却是合法手段而非武力。他作出了各种承诺——充分就业，尊重教会，和平地重整军备，财富再分配，礼遇犹太人，等等。这些都是人们想听到的东西，而他会通过无线电广播、广告和经过精心策划的集会来宣传自己的观点。他受到了热烈的响应，在好几次选举中都获得了需要的票数，因而成功当选。然而，一旦不再受选票的控制，他就开始食言了。[②]

不过，他犯了一个关键的错误。他允许秘密情报部门于纳粹的掌控之外存在并迅速壮大起来。他命令阿勃韦尔负责收集与潜在敌对国家的经济和军事作战能力有关的国外情报；而党卫军保安局则负责国内情报的收集，目标是找出现行制度的批评者，次一级的任务则是收集国外的政治情报。卡纳里斯保证说这种职能划分会得到严格的遵守。

这样一来，卡纳里斯这个制度的潜在反对者，一开始却站在了希特勒一边。作为德国的高级情报主管，他直接对希特勒负责。不过，"长刀之夜"使他成为这个体制的秘密敌人。正如卡纳里斯进行密谋的核心圈子里的一位早期成员向美国审讯员所说的那样：

> 很长一段时间以来，阿勃韦尔一直是军队中所有反希特勒活动的重心。这种反抗情绪在战前很多年就存在了；它实际上始于 1934

---

① Walter Schellenberg, *The Labryinth: Memoirs of Walter Schellenberg* ,NewYork: Harper & Bros., 1954, 155. 雷德尔海军上将（Admiral Raeder）在提名卡纳里斯的时候，应该意识到了这层关系。

② 关于希特勒的政治策略，在当时有两份出色诠释，参见 Hjalmar Schacht, *Trial of the Major War Criminals Before the InternationalMilitary Tribunal*, vol. viii , 3 May 1946–15 May 1946 (Nuremberg:International Military Tribunal,1948)；以及 Franz von Papen, *Memoirs* ,New York: E.P. Dutton &Company, 1955.

> 年，也就是卡纳里斯上将被任命为阿勃韦尔负责人的那年。
>
> 1934年6月30日的事件向卡纳里斯证明，希特勒不仅当时是，而且将一直是个坚定的颠覆分子。对他来说，对信任、正直、真相的利用，不过是实现政策的工具而已。只要能为他的计划和目的服务，希特勒随时都可以否认昨天的誓言。[①]

于是，一场长达十年的针对体制的密谋和背叛之战打响了，每时每刻都需要各种智巧机变。面对这样的对手，哪怕一小步误算都是致命的。[②]

首先，一定要获取并维持住希特勒的信任。这就需要组建一个尽可能好的情报机构。没有边干边学的时间了，于是卡纳里斯退而求其次。他挑了一本书。他一战时期的前任，瓦尔特·尼科莱上校写了两本讲述自己经历的书，《情报机构》（*Nachrichtendiest,* 1920）和《秘密力量》（*Geheime Machte*, 1925）。只需要读第二本书就能充分理解为什么卡纳里斯会将尼科莱的照片挂在自己墙上了；这就是他在二战时期所组建的情报机构的蓝本。

奇怪的是，《秘密力量》一书在1924年就发行了名为《德国秘密情报机构》（*The German Secret Service*）的英文版，也就是说，阿勃韦尔的英国对头手边一直有这本卡纳里斯的谍报"圣经"。但实际上，英国情报系统中很少有人真的读过它。

尼科莱在1914年至1918年之间是德国情报机构的负责人。尽管他认为他的机构做得不错，但也不是没有重大缺陷的。他写道，问题在于德国政府并不理解，情报收集工作远不止是为了单纯满足作战部队的需

---

① Franz Liedig, "German Intelligence Branch and 20 July" reprinted in *Interim:British Army of the Rhine Intelligence Review* 14 (Feb. 1946). DHH 581.009(2). 这份文件较早的日期，以及李蒂希（Liedig）在被邀请加入阿勃韦尔之前就与卡纳里斯有密切联系的事实为这份证词增添了很多分量。这与说他直到1937年都在"元首的影响下"（Höhne, *Canaris*, 211–218）的论断相矛盾。当然，他不得不掩饰自己，假装是纳粹的信徒。他又能怎么办呢？他的继任，乔治·汉森，也是这样做的。豪内（Höhne）的证据说卡纳里斯是纳粹的同情者是不可信的。

② 他的前任，康拉德·帕齐格（Konrad Patzig）上将回忆起1937年底与卡纳里斯的谈话，当时他表达的意思是："所有罪犯都在努力迫使德国屈服。"当问到他为什么不辞职回到海军时，卡纳里斯回答说，这样党卫军就会控制阿勃韦尔，那就没有什么能阻止他们的了。他已决意"坚持到底"。见 Patzig, ONI Intelligence Report,23 Feb.1946, NARA, RG65, IWG Box 177, 66–56830.

要。他抱怨说，非常糟糕的是，德国领导人没有能够对战略决策所需的敌方政治经济信息提出需求。

宣传也是德国人没能利用的强大武器。他写道，更为聪明的英国人成功地将德国士兵描述为野蛮的“匈奴人”（Huns）。这种说法产生了强奸掠夺的即视感，使得中立国的人民疏远了德国，也坚定了敌方武装力量的战斗决心。更糟糕的是，敌人对德国国内的政治事件和舆论了如指掌，在大后方播撒了不满的种子，最终造成在1918年的时候，德国在战场上还未被击败，却输给了国内的哗变。

这种对宣传的批评得到了希特勒的重视，特别是在确保德国民众对纳粹的支持方面更是如此。1933年，他刚一上台的时候，所做的头一件事就是任命他最忠实的追随者之一，约瑟夫·戈培尔（Joseph Goebbels）来负责通过当时刚刚兴起的大众媒体，也就是广播和电影，来操控公共舆论。他获得了巨大的成功，以卓越的技巧将极端民族主义的观念推销到了国内外。普通的德国人在家中客厅收听广播或是在当地电影院收看新闻影片的时候，就能被纳粹忠实者规模宏大的集会以及希勒特的演讲广播深深感染。的确，纳粹的宣传已经渗透到了德国人的生活之中，到处都在推广这样的观念，即日耳曼民族是特别的，他们比其他民族都要优秀，是命运要求他们在欧洲和全世界居于统治地位。爱国主义大行其道。

接下来是犹太人的问题。作为达到希特勒政治目的一种手段，戈培尔宣扬了对犹太人的仇恨。这是个老把戏了，基于的是仇恨使人团结的道理，特别是当人们遭受苦难时更是奏效。[①] 1929年股票市场的崩溃引发了大萧条，没有国家比已经在一战赔款重压下步履蹒跚的德国受的 打击更大了。人们没了存款，丢了工作，眼见工厂闲置，于是要找人对此负责。犹太人是个理想的靶子，因为他们自己追溯的文化根基与德国人大为不同，这使他们如同外人一般。这一点，与纳粹所声称的、真正的德国人是某个北欧种族，即雅利安人（Aryans）的后裔的含混说法结合

① 在今天的社会心理学中，这被称作“敌对想象”。它的特点是对对立面进行扭曲的表现。

在一起，为仇恨创造了适当的化学反应条件。这种仇恨不用费什么力气就能被鼓动起来，因为犹太人看起来在各种社会位置上都很成功：商业、科学、艺术、电影、行政机构等等，他们也没少出现在社会和经济的底层，但忽略这些对纳粹来说是有好处的。

应该补充说一句，希特勒对犹太人的系统性攻击与基督教没什么关系。希特勒反对基督教的各种教派。他所提倡的是一个完全世俗化的社会。

当希特勒还在权力之路上的时候，他几乎将德意志民族的每一个问题都归咎于犹太人，因此一旦当了政，他就必须要对犹太人施以颜色。说来就来，1933 年，纳粹政府打响了抵制犹太人企业和产品的公开战役。在这样一场漫无目的的攻击之后，紧接而来的就是 1935 年的立法，以亲缘关系对“犹太人”进行了定义——在直系的祖父母辈中有三人以上信仰犹太教的就算做是“犹太人”，而只有一至两位是犹太人的，则被算作是“混血儿”（Mischling，英语是 half-breed，法语是 Métis）。而所有依此认定的犹太人都被施加了特别的限制。至于每个人实际的宗教信仰，则不在考虑范围之内：根据《纽伦堡法案》，一个人可以是天主教的信仰者但仍被认定为犹太人，自然在婚姻、投票、担任公职等各方面都要受到限制。

更恶劣的是，依法认定的犹太人在人口普查时需要主动登记这条法令又回来了。因此，政府记录上就有了每一个犹太人的名字和地址。这个措施使得几年之后对犹太人的集中和大规模灭绝变得更加容易。[①]

对犹太人的公开迫害和羞辱在 1938 年 11 月 10 日的时候达到了一个新的高度。这就是“水晶之夜”（Kristallnacht）。之所以叫这个名字，是因为在这场纳粹精心策划的破坏活动中，共有 7500 个犹太人店铺的窗户被砸，400 个犹太教堂被烧，91 名犹太人被杀，这标志着那场最后导致百万人遇害的屠杀的开始。普通德国人没怎么亲眼看见暴力活动的发生，但第二天在人行道和路面上，他们确实看到，在那些被砸开的、

① William Seltzer, “Population Statistics, the Holocaust, and the Nuremberg Trials,” *Population and Development Review* 24, No.3 (September 1998).

原来有玻璃的商店店面底下，大片大片的碎物在阳光下闪闪发光。恐怕已经有人因不祥的预感而感到毛骨悚然。就在几年以后，满地的碎玻璃就将会是在受到大规模轰炸的德国城市中常见的景象。

很显然，卡纳里斯想要尽量减轻“水晶之夜”的暴力程度，之后他收到了来自犹太社区领袖的私人感谢。从此以后，卡纳里斯在战争期间一直尽其所能地秘密帮助犹太人。①

与此同时，卡纳里斯对抗纳粹政权的最优策略就是尽他所能地建立起一个有效的秘密情报部门来。他照着尼科莱书中的做法，重新组织了阿勃韦尔，其主要任务之一是尽可能完整地构建一幅敌国的经济社会结构图景来，并通过秘密和公开渠道收集相关信息。他将一战时期成熟老道的老兵们安排进了阿勃韦尔机关内部，这些人于一战后进入了商界，具备管理和行政技巧。他也利用了有潜力收集情报的有海外业务的商业企业，并且从停靠于国外港口的德国商船上的水手和职员中有系统地招募了很多线人。

的确，在二战即将结束时缴获的阿勃韦尔文件显示，战前他们做了很大的努力去收集经济、社会工业方面的情报，特别是针对美国。尼科莱上校已经注意到，当美国人于1917年进入一战的时候，德国对美国巨大的战争能力感到惊骇，这是德军在战场上受挫的关键原因。尽管纳粹领导层希望美国人不要被拉进欧洲的第二次冲突，但卡纳里斯保证说如果美国干预的话，德国会有充足的信息。到1941年底为止，阿勃韦尔在美间谍所作的报告已经数以千计。②

卡纳里斯从头到尾通读了尼科莱的书。对于尼科莱抱怨前线情报收集无力的状况，他以建立“光明突击队”（Aufklärungkommandos）的方式作为回应。这是一支军事情报别动队，他们紧随在战场上推进的大部队之后，在军队越过敌方的军事要地后对敌方留下来的文件进行搜查。他还遵从了尼科莱的建议，全面利用航空以及无线电技术发展的进步，对英格兰南部海岸、德国与法国及低地国家边界地区进行了秘密空中侦

① “Lahousen,” III, 18.
② 例如，可参见以下微缩胶卷卷轴：NARA, RG242, 1360, 1444,1519, 1529, 1549等。

测，发展了可移动无线发报机，并在大体上推行了谍报设备的现代化。[①]希特勒对这些措施很支持，于是卡纳里斯就不用再另花经费了。

截至 1939 年，阿勃韦尔是世界上最先进最有效率的秘密情报机构。

德国秘密情报部门

不同于英国人分散在不同组织之下、各自对各自的内政或军事部门负责的秘密情报机构，阿勃韦尔要对大多数重要的安全和情报事宜进行处理。在战前，它只对陆军的最高指挥部——“陆军总司令部”（Oberkommando des Heeres，OKH）负责，而在战争开始后，则是对直属于希特勒的三军总指挥部——“国防军最高统帅部”（Oberkommando der Wehrmacht，OKW）负责。它由三个主要部门组成：一部（Abteilung Ⅰ），即谍报部；二部（Abteilung Ⅱ），即破坏部；三部（Abteilung Ⅲ），即反谍报部。

更小一些的部门有专门的职责，例如经济局（Abteilung Wirtschaft）负责经济情报。这些部门的名字几乎总是被德国人自己简写为：Abt Ⅰ，Abt Ⅱ，Abt Ⅲ，Abt Wi。或者，如果他们指的是位于柏林的部门总部时，就会被称为阿勃韦尔一、二、三部（Abwehr Ⅰ，Abwehr Ⅱ，Abwehr Ⅲ）等等。

阿勃韦尔外国事务署（Abw/Ausland）收集的公开的情报，大部分来源于阿勃韦尔在德国驻外使馆中任命的武官。中心事务署（Zentrale，Abwehr Z）负责行政、财务和记录工作，所谓记录工作，指的是一个档案库，里面有成千名间谍、线人、敌方特工、嫌疑犯的名字和个人生平大略。英国的对等机构是军情五处下面的中心登记处（Central Registry），但它同时为军情五处和六处服务。中心事务署由汉斯·奥斯特掌管，此人是坚定的反纳粹分子。

① Ladislad Farago, *The Game of Foxes* ,New York: David Mackay, 1972, 161; 及 David Kahn, *Hitler' s Spies: German Military Intelligence in World War II* ,New York: Macmillan, 1978, passim.

阿勃韦尔一部下属陆军司（Eins Heer，IH，负责陆军情报），海军司（Eins Marine，IM，负责海军情报），空军司（Eins Luft, IL，负责空军情报）。

阿勃韦尔三部也有一系列细分部门，最重要的是三部 F 局（IIIF，反谍报局的简称）。其主要任务是通过在敌方的秘密组织中渗透自己的间谍和线人，对其进行打击和破坏。终极目标是能够在敌方的情报系统中混入 IIIF 的特工。[①]

这些主要的部门往往在那些被称为“阿勃韦尔分局”（Abwehrstellen，或简写为“Asts”）的阿勃韦尔下属办公室中有所体现。于是就有了阿勃韦尔汉堡分局（Ast Hamburg）、威廉港分局（Ast Wilhelmshaven）、威斯巴登分局（Ast Weisbaden）等等，每一个分局往往都有一个 IH、IM、IL 的分处，以及反谍报局的分处。在纳粹德国征服邻国之后，这个模式也得到了复制，相应成立了布鲁塞尔分局（Ast Brussels）、第戎分局（Ast Dijon）、波尔多分局（Ast Bordeaux）等等。阿勃韦尔驻中立国的部门被称作“战争单位”（Kriegsorganisationen，KOs）。最重要的两个战争单位是里斯本的“KO 葡萄牙”和马德里的“KO 西班牙”。这些阿勃韦尔的分站点都是在德国大使馆的掩护下开展工作的。

每一个分局或战争单位都被鼓励招募和管理自己的秘密特工，它们之间的协作则是通过让柏林一直保持对情况的掌握而实现的。因此，汉堡分局和科隆分局都有可能同时往英国、法国或其他地方派遣特工。这种安排的好处是能够使特工网络相互之间保持分离，这样的话，如果一条线被渗透或破坏，其他的也不会受到影响。此外，由于在性格和能力上适合做谍报活动的人很难找，因此，如果每一个阿勃韦尔的分局及其下属单位［称为支局（Nebenstellen，原文有误），Nests］都进行寻找的话，那么，找到在语言能力、生活背景、动机等方面适合于某些任务的人的概率就会大得多。真正成功的间谍，也就是为数不少的那些英国和美国没有抓到的间谍，都是通过这种方式募集到的。

---

① PRO, KV2/266.

汉堡分局及其下属的不来梅支局（Nest Bremen）是两个主要的海外情报收集中心，因为两个城市都是大港，有很多公司从事船运和海外贸易行业。在国外旅行的商人们回国时会受到非正式的游说，让他们与阿勃韦尔的代表分享他们的见闻。船员们则被招募来进行更为直接的活动，如在他们停靠的港口拍照、收集明信片、收集关于码头和铁路方面的信息等等。他们也充当了阿勃韦尔在目标国家的常住间谍的信使。①

在战争结束时，不来梅支局的卡片索引上有400个左右的秘密特工。这也是当时文件得到复原的唯一一个阿勃韦尔下属机构。算上其他部门的话，在柏林的中心事务署中留有存档的间谍和线人一定会有几千名之多。②

纳粹秘密情报部门

纳粹秘密情报部门的组织结构也相当简单。二战前，主要部门有：海德里希下辖的安全部门（党卫军保安局），以及在希姆莱领导下各自独立的安全警察（SiPo）、刑事调查警察（Krimminelpolizei，Kripo）、秘密国家警察（Geheimestaatspolizei，即以其简称更为人所知，臭名昭著的“盖世太保”）。第一个部门一开始是为了收集纳粹党的政治对手们的情报而设立的，随着时间的推移，则被扩展成为监视德国人生活方方面面的机构。第二和第三个部门承担的是正常警察的职能，第四个则是为了绑架、刑讯逼供和谋杀而专门设立的组织。

盖世太保的首要任务是逮捕和除掉由党卫军保安局认定的“内部敌人”。这些人中的典型包括政客、犹太人、共济会会员、教会领袖，以

① Interrogation of Erich Pheiffer, NARA, RG319, 27018417/5, IRR Personal,Box 174A –Pheiffer.

② Order of Battle, GIS Hamburg, 20 Jan. 1946, NARA, RG65, FBI HQ file, IWGBox 133, 65–37193–EBF352, 15；“有大约400名不同国籍的特工的名字要递交。在这一数字中，有大约25%的人已被查明。”（来源不明的文件，有可能来自美国海军，ONI）。关于特工自己的名单，参见由ONI获得的特工卡片索引，保存于微缩胶卷NARA, RG242, T77, Reels 1568–1569.

及任何批评体制的人。随着时间的推进，盖世太保越来越按照自己的定义来肃清“不受欢迎的人”。在处理德国公民时，他们可能还会象征性地尊重他们的合法权利，而在被占领国，任何权利都是不被认可的。

党卫军保安局和这三个警察机构在战争开始的时候被合并到海德里希辖下的帝国安全总部（RSHA）。它成了与其他政府部门类似的一个官僚机构，只不过它的权责范围是全面压制人权和进行屠杀。

帝国安全总部的职责集中于几个部门。三局B处（Amt IIIB）负责公布“公共健康”（public health）方面的法令，这在纳粹的用语中指的是对被强迫劳动的女性实施强制性流产，不给被征服地区的孩子教育权，以及对少数族裔进行“重新安置”（resettlement）。三局C处（Amt IIIC）负责掌控教育并对有组织的宗教进行打压。他们任命大学教授，操纵科研，同时推动新异教信仰的节日和文化活动以取代基督教的节日。四局（Amt IV）是盖世太保，四局A处（Amt IVA）负责镇压各种形式的政治不满，四局B处（Amt IVB）负责迫害犹太人和其他少数族裔，四局C处（Amt IVC）负责管理集中营。六局（Amt VI）负责收集国外政治情报。①

使这些疯狂举措成为可能的是一局（Amt I），也就是人事部门。它的工作是给各个部门和不同的任务寻找合适的人员：为盖世太保以及在苏联境内的“别动队”（Einsatzkommandos）下辖的行刑队寻找精神变态者及施虐狂，为三局寻找有种族偏见的人和犯罪分子，并为其他部门寻找各种各样人格、情感有缺陷的人，这些人都可以在欺侮他们的人类同胞时找到用武之地。正如一位帝国安全总部的内部人员所描述的：“一个模范的盖世太保成员是没有任何道德顾忌的，甚至于连任何道德价值的概念都没有，极尽狡诈之能事，有施虐癖及绝对的病态倾向。”而一局的任务就是获取这些“原材料”。②

---

① Dr. Wilhelm Hoettl, Interrogation Report No.15,9 Jul.1945,3rd Army Intelligence Center (3 AIC), copy to FBI, NARA, RG65, IWG Box 61, 65-47821-232. 这是份63页的关于纳粹安全机构的描述，由一位奥地利的知情人士撰写。

② Hoettl, 22. 这里他写的是盖世太保的一个头目，党卫军上将海因里希·穆勒（Heinrich Mueller）。（穆勒军衔为党卫军中将，原文似有误。——译者注）

在这个恐怖金字塔顶端的是海德里希，时年 35 岁，他的头衔是“安全警察与党卫军保安局总监”（Chief of the Security Police and SD）。对于一个狂热的纳粹党徒来说，他不同一般，因为他是个知识分子，有教养，还是个有天分的音乐家，拉得一手高超动人的小提琴。但是，他例行公事般地挥笔签署命令，就会使成千上万的人流离失所，甚至是被谋杀。他是大屠杀（1942 年正式开始的系统灭绝欧洲犹太人的行动）最主要的设计者之一。他的内心和良知好像被一层毛玻璃与世界隔开了：他看不见的东西，他就感觉不到；他感觉不到的东西，他就毫不关心。

但是，海德里希也有正常人的情感。卡纳里斯迅速成为他的朋友，甚至当自己全家 1935 年搬到柏林时，还把房子买在了海德里希家所在的同一条街上。这两家人在一起社交：下午打槌球，晚上一起吃饭。海德里希经常对自己的下属表达他对卡纳里斯的怀疑，但是，他在之前作为学员所怀有的、对自己指挥官的敬意却从没动摇过。①

卡纳里斯是德国的间谍总头目。他的看家本领就是欺骗。他非常喜欢那句古老的格言：最危险的敌人是装成你朋友的人。对海德里希来说，他就是这样的朋友。

卡纳里斯正是打算利用这一点，而且利用得非常好。

英国秘密情报部门

就像老酒在地窖里存放的时间太长了一样，经过 20 年代和 30 年代糟糕的经济状况之后，英国的秘密情报部门军情五处和军情六处已经变得有些发霉了。没有什么新鲜的办法能够将他们基于过去的经验而得来的根深蒂固的看法一扫而净。

例如，双重间谍对于 30 年代晚期英国的那些屈指可数的反间谍官员来说，仍是一个新的概念。一战期间，政府的政策是，在英国被捕的

① Abshagan, *Canaris*, 102-104.

间谍无一例外地会被监禁，或被处死；对于弗农·凯尔（Vernon Kell）掌管的安全部门来说［开始是 MO5（g）[①]，后来是军情五处］，让那些被捕的间谍就像仍然那样自由地继续向他们的上司报告，就此来向敌人提供假情报——这种实验他们完全没有动机去做。二十年之后，情况也没什么改变。

不过，1938 年，在与法国的第二局会谈之后，军情五处决定还是试一下。一位名叫辛克莱尔的少校（Major Sinclair）被安排负责此项任务，但进展颇为有限，毕竟在二战之前，能用来发现间谍的资源一开始就很匮乏。和平时期的英国在很大程度上对出入境自由和个人隐私这些惯有规则还是尊重的。[②]

另一方面，秘密情报局（Secret Intelligence Service）的前身——曼斯菲尔德·卡明（Mansfield Cumming）掌管下的军情一处 c 科［MI1（c）］，也就是后来的军情六处——在一战时一直在广泛地使用双重间谍，特别是针对在法国和中立国荷兰运作的德国秘密情报机构。[③]在两战之间的岁月里，军情六处又继续使用他们对付一个新的对手：在西欧国家运作的苏联情报机构。军情六处的工作人员在国外大使馆的职位是护照管理员（PCOs），这样他们就可以利用一种简单却很聪明的原理来排查可能的间谍，即所有前往英国领土的外国人都需要首先在英国护照管理处登记。

护照管理员及其下属特工们在 30 年代所使用的加密密码和代码密码的情况我们不是很了解，但很显然，这些都不是什么高等级的密码。大多数情况下，部署在域外的间谍所收集的情报可以通过外交邮袋或邮寄的方式发回英国，其他国家也是这么做的。军情五处则把“加密密码”交给级别较低的女性助理人员来处理，因此可以比较确定地说，在 1939 年战争开始的时候，军情五处的官员们对这个问题基本上是一无

① MO5（g），军事行动局五处（Military Operation，Section 5）g 科的缩写。军事行动局是军事情报局的前身。——译者注。

② Curry, *Security Service*, 76, 245-246, and passim.

③ Henry Landau, *Secrets of the White Lady*, New York: Putnam, 1935.

所知的。[①]

军情六处有个优势。不像美国在20年代晚期解散了其战时密码破解机构，在外交部的关照下，英国海军部（Admiralty）具有类似功能而且非常成功的“40号房间”（Room 40），以及战争部的密码破解单位军情一处b科［MI1（b）］的两组原班人马基本上都被原封不动地保留了下来。他们被重组为政府密码学校（Government Code & Cipher School）——该掩护名称只暗示了对政府密码事宜的监管——而其真正的任务是在和平时期进行谍报活动，主要目标是破解被截获的外国外交官的加密电报。这恰好将这25位密码专家置于了军情六处及其（在1923年以后的）负责人休·辛克莱尔海军上将（Admiral Hugh Sinclair）的管辖下。[②]

英国情报机构——这个名词包括了所有已经或将会在国外情报收集方面发挥作用的政府组织——将其工作范围扩展到了所有国际通信活动上。截至1939年，在政府对私人企业施加的胡萝卜加大棒的政策压力下，除了少数几条线路之外，世界上所有的海底电报电缆都在某些个点上与英国或英联邦的领土相交。国际邮政的情况也是如此。从一个大陆寄往另一个大陆的大多数信件必须要穿过英国的某个咽喉点。这就让军情六处能够对几乎任何人的海外信件或电报进行截听和审查。这是一项了不起的成就。[③]

当然，军情五处也可以对国内的电报和信件进行拦截，但是随着战争的开始，军情五处的需求与军情六处以及军队情报部门的需求相比，重要性着实是次一等的了。战争部管辖下的军事审查局一处（Military

---

① 关于军情六处在战前的密码使用情况，参见John Whitwell, *British Agent London: William Kimber*, 1966, 131-132. John Whitwell是肯尼思·本顿（Kenneth Benton）的假名，他是从1941年起就在马德里的军情六处5科官员。也见Kenneth Benton, “The ISOS Years: Madrid 1941-3”, *Journal of Contemporary History* 30 (1995): n.p. 关于MI5，见Curry, *Security Service*, 369, 375.

② 关于这次调整的细节，参见Keith Jeffery, *The Secret History of MI6*, NewYork: Penguin Press, 2010, 208-211. 请注意，温斯顿·丘吉尔当时是战争和空军大臣，对这一安排有发言权。

③ John Bryden, *Best-Kept Secret: Canadian Secret Intelligence in the Second World War* ,Toronto: Lester, 1993, 17-18 and passim.

Censorship 1，MC1）与军事审查局四处（电报审查处）一起，将总部设在了以前的沃姆伍德灌木地监狱（Wormwood Scrubs Prison），军情五处的档案和图书馆部门——中心登记处也设在那里。首席军事审查官在1940年初的时候受到了指责，原因是军事审查局一处在检查信件和电报时过度着重于安全，却忽视了对情报的收集。[①] 实际情况是，军情五处是英国安全队伍中比较乏力的一员。从1917年俄国革命开始，它一直把注意力主要放在国内工人的不满上。在战争期间，它一开始关注的是军火工业内的工人，后来则更广泛地关注劳工阶级。苏联的布尔什维克没收了土地，消灭了贵族阶层，处死了英王的表兄弟沙皇尼古拉二世（Czar Nicholas II）。于是，同样浑身污垢的工人大军从英格兰的工业贫民区涌上街头、手执铁铲煤耙的可能图景，便一直萦绕在不列颠当权者们的心头挥之不去。这让从一战前就一直是军情五处负责人的弗农·凯尔，不得不把反外国间谍的任务放到一边，以将其在20和30年代的主要精力用在反对英国劳工运动中的共产主义颠覆活动上。[②]

的确，即便是在30年代中期，当纳粹德国和法西斯意大利越来越明确地威胁着英国利益时，军情五处的反应还是反颠覆而非反间谍。他们的主要力量被用于渗透本国具有同情德国和意大利倾向的法西斯组织。直到战争爆发的时候，只有一位官员，即W. E. 欣什利－库克上校（Colonel W.E. Hinchley-Cooke），全职负责对德反情报工作，而对意大利则干脆没当一回事儿。“英国打心眼儿里不重视来自意大利的军事威胁”，军情五处一位官员回首早先那些日子的时候如是说。[③]

军情五处的二十来个官员所使用的手段很基础：一组六人的便衣暗中跟踪嫌疑人；在内政部搜查令（Home Office Warrant，HOWs）提供的许可下打开信件，窃听电话内容；付钱的或者不付钱的线人；一大堆引起官方关注的人的文件，通常是因为他们做了某些事或说了某些话而

① Bryden, *Best-Kept Secret*, 18.

② 关于上述情况，参见 Curry, *Security Service*, 86-113. 在当时对这种“心态”精彩的戏剧化表现，可参见阿尔弗雷德·希区柯克的电影《阴谋破坏》。

③ Curry, *Security Service*, 140.

被认为是“布尔什维克分子”（Bolshi）。最后这项工作是由中心登记处的80位职员负责的。包括他们在内，军情五处总共有103名行政工作人员，这其中主要是女性，她们主要为那些领导着各个部门的官员们提供帮助。中心登记处存有上千个人名并附有其“个人档案”。它起到了军情五处和六处情报库的作用。[①]

军情五处没有机会与时俱进。1938年，随着希特勒对捷克斯洛伐克的威胁造成的紧张局势逐渐升级，阿德里安·辛普森中校（Lieutenant-Colonel Adrian Simpson）被任命为军情五处在无线电拦截方面的顾问。他曾任军情一处b科［MI1（b）］的负责人，这是一战期间军方（战争部）的密码破解机构。后来他又担任马可尼电报公司的（Marconi Telegraph Company）的高级主管。[②] 技术上的进步已经使无线发报机成为间谍们向母国汇报时的一种实用又可行的邮件替代品，辛普森提议军情五处设立一个无线电侦听部门，用以侦测敌方的发报信号。这个部门将由固定站点和可以靠近地方的移动单位组成。

军情五处拒绝了这个想法，坚信德国特工只会用邮件和信使来传递他们的报告。球又被踢回了战争部，他们回应说，建议设立军情一处g科［MI1（g）］，这是一个新的军事情报部门，由一位参加过一战的经验丰富的信号官员和两三个职员组成。他们也会在沃姆伍德灌木地监狱让出的一块地方，和军情五处与电报审查处（Telegraph Censorship Department）一起办公。他们正是在那里接收来自三个固定的邮政部（Post Office）无线电接收站的报告。这些站点都具有测向能力，并配有27名“志愿截听员”——也就是散布在全国各地的业余无线电报员。军情五处的角色是在当可疑的无线传输被定位之后去进行

① Curry, *Security Service*. 99, 124, 142, 375-379. 柯里说，到1938年末，共有30名官员和103名秘书和登记处职员。如果情况是这样的话，那么有“二十来个”参与安全任务的官员的数字应该是正确的。

② 关于辛普森上校的身份和背景，参见PRO,WO 201/2864；及Curry, *Security Service*, 177.

相应的调查，并且在得到授权的情况下调集警力。[①] 这是B3部门的职责，这个只有一个人的军情五处下属部门，也负责关注可疑光源和目击信鸽这方面的报告。

相比之下，经外交部的推动，军情六处则开始着手发展其自己的秘密无线电部门。这项工作在 1938 年被交给了一位前一战信号官员，理查德·甘比尔－帕里上尉（Captain Richard Gambier-Parry），他的首要任务就是为在国外关键外交岗位上的人员开发出快速安全的通信方式。他在开始时从商船队中招募了一些无线电报员。他让他们在苏格兰场的无线电部门指导下进行了额外训练，并给他们配备了当时最好的收发装置，大多数是美国货。当内维尔·张伯伦首相与希特勒达成割让捷克斯洛伐克领土的协议时，他在布拉格、巴黎和海牙的大使馆中派驻的电报员及时地将那些欧洲首都对此做出的反应通过无线电发回伦敦。[②]

军情五处与六处对有关无线电的建议所做出的不同反应，最终清楚地表明这两个机构在战争前夕的不同心态。

---

① Curry, *Security Service*, 124, 143–144, 177–178. 另见，Dick White on MI5,Jan. 1943, PRO, KV4/170. 关于 27 个发报员“调弄旋钮”的情况，参见 Liddell Diary, 2 Oct. 1939.

② Eric Curwain, “Almost Top Secret,”（未出版专著，1982 年完成）4-10, 62, 65. Curwain（这可能是个假名）于 1938 年被招进军情六处，整个战争期间都在为他们工作。这可能是从一开始就为甘比尔－帕里工作的人中仅存的一份回忆录了，写得很好。也见 Jeffrey, *MI6*, 318–319.

PART 2

那个“愚蠢的小个子男人”

1939年9月至1940年4月

阿瑟·欧文斯如黄鼠狼般狡猾。这点毋庸置疑。大多数人第一次见到这个有加拿大公民身份的、41岁的威尔士人时，都会马上产生反感。他面容枯干，皮包骨头，身材矮小，手指染有尼古丁的颜色，而且长着一双几乎透明的、左右大小不一的、奇形怪状的耳朵。“一个典型的来自加迪夫(Cardiff)的营养不良的威尔士人”，警方的描述得出这样的结论。[1]

英国情报机构被提醒说，当1939年8月中旬，欧文斯夫人来到苏格兰场告发她丈夫是个真正的德国间谍时，欧文斯听上去就是个道德败坏的人。没错，她对与她面谈的人说，她知道她丈夫假装为德国人刺探情报，可实际上是在为英国人工作。只不过，他确实是在为德国人当间谍。据他夫人说，这会儿他又出发去了汉堡，这次是和他的情人一起去的，但这并不是她决定举报他的原因。他试图将他们的儿子也拉进他的间谍集团，而当她反对的时候，欧文斯威胁说要拿枪打死她。所以她就来到了苏格兰场，尽了她的义务，揭露她的丈夫现在身在德国，手持最新的

① PRO, KV2/452.

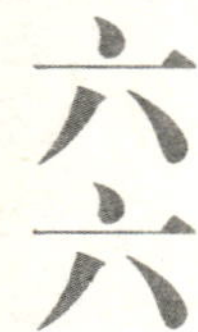

皇家空军密码簿。[①]

欧文斯夫人所说的一切都是真的。一开始，军情六处是在1936年时把他当作秘密特工招进来的。他首先是以一个经常去德国的电子工程师的身份来到英国海军部下属的海军情报局（Naval Intelligence Division），提出也许自己能不时地带回一些具有军事意义的珍奇趣闻来。海军让他去了军情六处，于是他们录用了他。

有那么几个月，一切看起来都很正常，直到一封欧文斯寄给某个已知的德国秘密情报机构掩护地址的信件被截获为止。它以开型代码写成，表面上是在说“牙膏”（鱼雷）和“剃须膏”（潜艇）。军情六处一位名叫维维安的少校（Major Vivian）与他的上级认真讨论了此事，他们认为也许欧文斯只是在耍德国人，他不久就会说明一切。[②] 六个月之后欧文斯果然这样做了。

欧文斯声称他在德国的一个名叫皮珀尔(Pieper)[③] 的主要线人其实是为德国秘密情报部门(阿勃韦尔)工作的,是此人建议他也一起加入的。在几次紧张的见面之后,欧文斯同意了。他认为,如果能够将德国人要求他做什么都进行报告的话,那就能让他更好地帮助英国人。他向军情六处的人打包票,说德国人只想让他做“正常的”间谍,没想让他当双重间谍。

当然，是欧文斯主动提出要给英国人当双重间谍的。尽管军情六处明面上拒绝了他，但其实还是把他当双重间谍来用的。接下来的两年中，他获准为德国人收集信息，只要他不时地将他的活动和往来情况向苏格兰场的反情报部门“特别分支”（Special Branch）报告即可。他的信件继续受到拦截，不过这些信中从没有什么重要的内容。[④]

---

① Report, Metropolitan Police, 18 Aug. 1939, PRO, KV2/446, Doc. 295a.

② Major Vivian, Note to File, 9 Oct. 1936, PRO, KV2/444.

③ 也许是阿勃韦尔一部某司的奥托·皮珀尔（Otto Pieper）上尉，见 Order of Battle Ast Hamburg,HQ 8 Corp Dist., 20 Jan. 1946, NARA, RG65, IWG Box 133, 65-37193-352.

④ Capt. J. Gwyer, “SNOW” case summary, 10 Aug. 1943, PRO, KV2/451, Doc.1624. 也见 Gwyer 对 SNOW 的审讯，10 Apr. 1942, PRO, KV2/451,Doc. 1474c; 以及 Mastermann, *Double-Cross*, 38. 关于 1937 前后兰曹博士和 JOHNNY（欧文斯当时的德国代号）之间被截获的信件，参见 PRO, KV2/445. 它们的内容看起来确实没有危害。

1939 年 1 月，欧文斯报告说，他从德国人那儿得到了一台发报机。这台机器被放在维多利亚车站行李寄存处的一个储物柜里等他去拿。他将其带到了苏格兰场，在那儿对其进行了检查。机器被还给了他，不过，他被截获的信件显示，他没法让这台机器工作起来。它也许是应军情五处的要求而被弄坏了，因为，这对英国情报系统来说是第一次掌握了“具体的”证据，表明德国人试图让他们的间谍用无线电手段进行通信，而军情系统并没有对这种可能发生的情况做好准备。①

接下来的六个月中没有什么大事发生。欧文斯继续偶尔地向“特别分支”进行报告，他的通信也继续受到监视，但并没发现有什么有害的东西。很长时间之后才发现，德国人给了他第二个掩护地址，欧文斯的孩子曾用这个地址将位于比根山（Biggin Hill）和肯利（Kenley）的机场草图发给德国人。欧文斯也有可能一直以来都在秘密地使用这个通信渠道。②

就是在这个时候，欧文斯夫人出现在了苏格兰场。在她所说的许多情况中，她提到她丈夫确实有一台能正常工作的发报机，并曾开车到乡下去使用过这台机器。她说他的密码是建立在“congratulations”（祝贺）这个单词基础之上的，每一个字母都被分配了一个数字。她又说，她丈夫之后就把这台发报机处理掉了，上一次见到他的时候，他喝得烂醉，为战争越来越不可避免而感到沮丧。他当时想就彻底投靠到英国这边算了。③

在听到这些以后，安排已经做出：欧文斯一旦出现，就将他逮捕。

9 月 4 日，在英国因德国入侵波兰而对德宣战之后的那一天，欧文斯给他平时在苏格兰场的联络人打电话说，他想要切断与德国人的联系。他们商定在滑铁卢车站见面，但这一次没有进行任何私人交谈。来

① Masterman, *Double-Cross*, 39，它和 PRO, KV2/451, Doc.1803a. 的内容是一样的。也见 Gwyer, 10 Aug. 1943, PRO, KV2/451, Doc. 1624a; 及 Curry,*Security Service*, 124. 有些作者提出，军情六处不知道如何让这台设备工作是一派胡言。无线电技术早已为人所熟悉，而且苏格兰场有自己的无线电发报员和技师。

② 关于 SNOW 在 1939 年有另一个秘密地址的情况，参见对 SNOW 儿子透露的情况的评论，ca. late 1941, PRO, KV2/451, Doc. 1624(b).

③ Report, Metropolitan Police, 18 Aug 1939, PRO, KV2/446, Doc. 295.

的不是一个探员，而是两个警察和一辆去往旺兹沃思监狱（Wandsworth Prison）的大巴车。当这个颇受尊敬的机构打开大门迎接他的时候，欧文斯主动供出了他情人公寓的地址来证明他的忠诚。他说，他的无线电设备能在浴室里找到。

辛普森上校和B3部门的托马斯·罗伯逊上尉（时年30岁，可能是军情五处最年轻的官员）和警察一道，在当晚来到了那所公寓。无线设备确实被发现了，但只是个接收机，很明显是欧文斯自己拼装的。不过房东报告说，他应欧文斯情妇的请求，之前在花园里曾经埋过一个包裹。他以为里面装的是与欧文斯破裂的婚姻有关的个人物品。等挖出来一看，里面是一台发报机。①

第二天，罗伯逊和J.S. 于尔（Colonel J.S.Yule）上校一起出现在旺兹沃斯监狱，对欧文斯发送摩斯电码的能力进行了测试。他对此不是十分擅长。几天之后，罗伯逊和军情一处g科的一位没有军方背景的无线电报员米金（Meakin）先生一起来了，带着欧文斯的发报机。欧文斯曾把它留给了苏格兰场进行检测，检测结果认为这台机器无法工作，但实际上它一直是在工作的。他在两个星期之前刚刚用它给汉堡发了消息。② 现在将它支在监狱里，是希望欧文斯能够用它来联系德国。欧文斯当时一定觉得自己完蛋了。当这台机器预热起来之后，他伸出手来，摸了摸它的基座，然后它就坏了。

面临电刑的风险，值得这样一试。罗伯逊上尉和米金先生不是无线

---

① Inspector to Superintendent, Scotland Yard, 6 Sep. 1939, PRO, KV2/446, Doc. 302a. 辛普森上校直到10月30日才又出现在这个卷宗中。他可能当时在其他地方，因为他似乎是军情五处的顾问而不是雇员。他的名字也许还曾出现在很多被从这个卷宗里移走的文件中。关于罗伯逊作为B3的负责人，参见Liddell Diary, 6 and 8 Sep. 1939.

② 关于欧文斯早期发出的信息，参见Va 1002 in England durch afu sender,28.8.39, NARA, RG242, T-77, Reel 1540. 这份文档中一则8月29日的信息表明特工号从“Va 1002”变成了“3504 I Luft”. 这些文件支持了战后尼科劳斯·李特尔少校所称的欧文斯是在8月发送第一批消息的，正好是在宣战前不久：Nikolaus Ritter, *Deckname Dr. Rantzau: Die Aufzeichnungen Des Nikolaus Ritter, Offizier Im Geheimen Nachrichtendienst* ,Hamburg:Hoffmann and Campe,1972, 150-151. 这也得到了Hinsleyand Simkins, BISWW, IV, 41的确认。

电技师。他们把机器拿去修理，第二天又拿回来再试。[①]

刚刚把自己从深渊边上拉回来，欧文斯就开始想办法给自己铺路了。他对罗伯逊上尉说，他要发送的第一个消息将是："一切就绪。无线电已修好。发送指令。等待回复。"在接下来的三天里，这个消息每隔一段时间就发送出去，但那是由米金先生而不是欧文斯来操纵电报按键。这可能仅仅是为了方便，因为欧文斯的牢房里如果放三个人，再加上发报设备和约 30 英尺高的天线的话，就太狭窄了。发报的尝试一定是在监狱中的开放空间进行的，而欧文斯很有可能一直待在牢房里。9 月 11 日，德国人终于回应了。[②]

但是，接收效果太差，以至于无法进行交流。于是第二天早晨，欧文斯被转移到泰晤士河畔金斯顿（Kingston-on-Thames）的警方看守所，发报机则被设置在城中一所位于楼顶、没有家具的公寓之内，以便于天线架在阁楼上。欧文斯说下一条消息将是："必须马上在荷兰见到你们。带来天气密码。向城里和宾馆发报。威尔士准备就绪。"他解释说，上一次在汉堡会面时，德国人让他在战争开始以后立刻开始每天都发送天气报告，并且去威尔士看一下是否能从威尔士民族主义者中募集到一些愿意搞破坏的人。

第二条消息在早晨和下午被重复发送，同样是由米金先生操作电报按键。德国人的回复来了，但太含糊，难以理解。在汉堡站不断发信号

① 资料来源不明（但可能是罗伯逊），Memo to File（标题被涂白并在上面写了"SNOW"），1-4，后文缺页，可能是 12 Sep. 1939, PRO, KV2/446, Doc. 303a，但也标了 Doc. 14A. 这表明它来自另一份当时已经开始归档的文件。欧文斯可能刚好切断了一个已建立起来的通信联系。

② PRO, KV2/446, Doc. 303a. 手写的"SNOW 键送"替代了原本应该是"欧文斯的键盘"的涂白文本，这是基于存留下来的一个引号、字母计数和欧文斯当时还没有得到 SNOW 这个代号这几个事实推断的。相应的这句话就成了："9 月 9 日周六，米金和我又去了旺兹沃斯，成功地在六点和七点四十五用欧文斯的键盘发送了电报。"关于与一位监狱看守进行的第一次接触的断言，参见"Notes written by a former MI5 officer from his personal experience," Hinsley & Simkins,BISWW, IV, Appendix 3, 311. 这份文件的作者显然是道听途说。米金可能采用了"了解摩斯电码的监狱看守"的掩护身份，这是为了在他和罗伯逊操作发报机时，隐藏自己是从战争部来的这个情况。操作发报机需要一根大概四十英尺长的天线。9 月 11 日，从旺兹沃斯与德国进行联系的情况在李德尔日记（Liddell Diary）中得到了确切地记载，"9 月 12 日，上午"。Nigel West 出版的这份日记忽略了表明一天之中"上午"、"下午"的符号，这是个要命的疏忽。

要求得到回信时，米金把通信切断了。但无论如何，终于实现了与敌人的真正接触。年轻的罗伯逊上尉对此一定感到非常兴奋。①

可胜利只是个幻象。每一个摩斯发报员发送信号的自然节奏——就像它们被称为“手迹”（fist）那样——都是独特的，难以模仿。训练过欧文斯的德军信号人员一定立即就发觉到控制发报按键的不是他，特别是他们最近才刚刚收到过他发送的几条消息。米金先生本应该对这个问题非常警觉，但他只是一个被派到当时还非常神秘的“情报机构”的非军方志愿者而已。在任何问题上，他可能都不想向罗伯逊强加自己的意见。②

这两次发报时所用的“congratulations”这个密码可能也让德国人警惕了起来。给欧文斯的密码实际上基于爱丽丝·霍巴特（Alice Hobart）的小说《中国油灯的油》（*Oil for the Lamps of China*），关键词取自消息发送日所对应页码的那一页书中的内容③。他们迟迟没有回应米金的第一次发报，也许是因为德国人在争论是否应该做出应答，因为很明显信息是敌人发来的。

第二天（9 月 13 日），罗伯逊向他的上司提议说，欧文斯应该被准许如约去荷兰会见德国人。他们同意了。④

---

① Robertson, Note to File, 14 Sep. 1939, PRO, KV2/446, Doc. 304a. 再一次进行发报的是米金先生，这个推论来自对第二行涂白部分的字母计数，表明作者使用的是“Owens”而不是“SNOW”这个词，这意味着第九行的空白应该是 Lily，欧文斯的女朋友，而不是 SNOW。请注意，在第十七行用了“曾作出说明”这个表达。如果欧文斯在场的话，就会用一般过去时。此外，有提到米金先生负责设备的“运作方面”（22 Sep. 1939，Doc. 311a），以及在 26 Sep. 1939, Doc. 320a 的发报时间段提到有一位无线电“发报员”。在能看到的文档中，之后的案例摘要缺少描写欧文斯第一次发报的段落，这份文件摘要来源的“无线电文件夹”已经找不到了。

② 1939—1940 年，汉堡分局有他们自己的无线电情报部门，Abt Ii，以沃尔多夫（WOHLDORF）著称，负责人是维纳·图曼（Werner Trautmann）。Richard Wein 是无线电通信讲师，是他教的欧文斯：NARA, RG65, IWGBox 133, 65-37193；及 Ritter, Deckname, 148-51. 两个人都是有经验的部队信号官员，应该肯定会注意到发报“手迹”的变化。Farago, *Game of Foxes, 149–150*, 提到德国无线电报员收到欧文斯第一批战前消息的时候，就认出了欧文斯独特的摩斯发报“指纹”。请注意，无论是米金先生还是监狱看守在替欧文斯发报，德国人都会立即知道这不是他。

③ Ritter, *Deckname*, 151.

④ Robertson, Note to File, 14 Sep. 1939, PRO, KV2/446, Doc. 304a. 这项任务得到了哈尔克和欣什利-库克的批准。又见 Dick White on MI5, Jan. 1943, PRO, KV4/170.M 部门的麦克斯韦·奈特也被咨询过。辛普森上校这次没有在任何讨论中现身。

这个决定一定让欧文斯深感震惊。一旦宣战，他其实没有别的选择，只能自首，因为他知道自己肯定会被捕的。但他几乎从没料到他把双重间谍这个借口用得这么成功，甚至得到允许可以孤身一人回到海峡对岸的敌占区。他马上就被从看守所释放了出来，并被允许和他的情人莉莉（Lily）一起搬进这间公寓。9 月 15 日，两个盯梢人跟着他们到了港区，进了轮渡码头。监视到此为止，军情五处的权限出不了英国国境。[①]（要记得，在 1939 年，欧洲只有德国、法国和英国处于战争状态。比利时、荷兰和丹麦都是中立国，因此跨海峡的常规轮渡还在运转。）

这看上去大获成功。欧文斯几天之后回来了，说及自己与上司兰曹博士（Dr. RANTZAU）见了面。他对兰曹编了个故事，说自己已经找到了一名威尔士分离主义者，此人迫不及待地想要为希特勒在英国安放炸弹。欧文斯说，兰曹（此人看起来像个美国人）和他的笑容被一颗金牙照得闪闪发光。他非常热情，希望那个威尔士人能够马上被带到欧洲大陆，以便他能够在德国受训后去威尔士闹出点儿动静来。欧文斯展示了兰曹给他的硬币，这将是那个威尔士叛国者的秘密标志。武器将通过潜水艇运送。从军情五处的视角来看，欧文斯这次作为双重间谍的测试任务非常成功。[②]

在战争中的这个时点上，军情五处对德国的秘密情报部门还几乎一无所知。卡纳里斯海军上将对他们来说不过是个名字，军情五处不知道他下属的那个机构有三大不同的部门，每一个都有自己所属的特工。[③]而且，如果军情五处的官员们读过战前出版的谍报文献的话，他们就会认识到，没有一个负责任的间谍头目会让在岗位上很成功的优质间谍冒

① PRO, KV2/446, Doc. 304a, 305b. 军情五处和六处之间的责任划分会要求让军情六处去追踪欧文斯在大陆上的行动轨迹。这个提议是由罗伯逊做的，参见 Curry, *Security Service*, 246.

② "Report on interview with "SNOW," 21 Sep. 1939, PRO, KV2/446, Doc. 309a.（"Owens" 被涂白，上面用手写体写的 "SNOW"。）报告提到，欧文斯声称他"周五晚上到达……"这与 Docs. 304a and 305b 一起，证明欧文斯是在 9 月 15 日离开，20—21 日返回。这就让 Liddel Diary1939 年 9 月 22 日条目的日期失效了，里面说"SNOW 已经被释放，正去荷兰，在那儿他要与一位德国特工接触"。他已经回来了。（在 Nigel 的 West 版本中，9 月 22 日的条目放在了 19 日下面。）以欧文斯为源头的汉堡—柏林报告的日期是 9 月 18 日：MARA, RG242, T-77, 1540.

③ Curry, *Security Service*, 128.

险投入到无足轻重的爆炸活动中去。

兰曹博士——其真实身份是尼科劳斯·李特尔少校——是阿勃韦尔一部汉堡分局空军处（空军情报部门）的负责人。和欧文斯见面的三天之后（可能是在鹿特丹的一个宾馆见的面），以下的电传电报从汉堡发送到柏林（A–3504 指的是欧文斯）：

> 致：国防军最高统帅部部阿勃韦尔一部空军司 E 处与一部 I 局 (OKW Abw I Luft/E and Ii)
>
> 39 年 9 月 18 日，3504 报告
>
> 战争部的联络工程师，以及荷兰的飞利浦公司（Philips）告知我以下事宜：一种新型超短波接收器已经建成，被安装在英格兰整个东海岸线上。有了此设备，就可以完美无缺地接收飞机引擎所发射出来的短波无线传输。有了此设备，就可以合理地确定［飞机］引擎的距离和数量……
>
> 汉堡分局 B 处 编号 1252/39（B Nr. 1252/39），一部空军司 geh[①]

欧文斯理解得不是十分准确，不过这就够了。与德国人见面时，他向他们泄露了英国当时最重要的军事机密：英国人研发出一种可以安装在海岸边上的无线设备，它能够很早对迫近的飞机进行预警。这个设备后来以它的首字母缩写词而闻名，这就是雷达（radar），意思是“无线侦测和距离测定”（radio detection and ranging）。

这是间谍活动的一次重大变化。[②] 雷达的工作方式是向远程目标发

---

① To: OKW Abw I Luft/E and Ii from Ast Hamburg B.Nr. 1243/39 I Luft geh.3504 meldet am 18.9.39. “Verbindungsingenieur des War Ministry nachPhilips in Holland erzahlt mir folgendes…” “/E”代表英格兰，所以这则消息直接去了柏林的英格兰空军情报组，并有副本发给阿勃韦尔科学技术组：NARA, RG242,T–77, 1540. 据 Farago(*Game of Foxes*, 160–161) 称，这则消息是这样开始的：“个人观察，以及来自荷兰飞利浦公司荷兰战争部工程师的……”他所引的剩下的“全文”与卷轴 1540 上记录的内容很不一样，后者大多数没有“利用传送或反射的无线电波”的说法。他说这是由 SNOW 经无线电发送的，但 Doc. 309a 确实认定 SNOW 9 月 18 日身在大陆。

② “Er meldete Deutschland die ersten Geheiminformationen über radarstationen,zunähst über deren Existenz überhaupt und dann über die genaue Lage der vier grössten Radarstationen in England”: Ritter, *Deckname* 167.

送可以反射回来的无线电波，通过反射的时间来测定距离。这则消息说它可以接收飞机引擎发射的无线电信号，但阿勃韦尔的技术部门（Abw Ii）应该能够发现其中的错误。重要的是，欧文斯的消息表明，英国人正在建造一种无线电射束系统，它可以让飞机被监测到，而且能对其进行远程追踪。德国人自己也在研究雷达，但是这个消息告诉他们，非常危险的是，英国人远远走在了他们的前头。如果德国空军与英国皇家空军进入空战状态的话，一个可以投入使用的雷达系统对英国人来说将是巨大的优势。这份报告和来自欧文斯的 17 份其他的报告一起在同一天被发送给了柏林。

应为这场安全灾难负责的不仅仅是罗伯逊一个人。他曾经向军情五处 B2 部门（反颠覆部门，包含了当时还不成熟的双重间谍部门）的麦克斯韦 · 奈特（Maxwell Knight）征询意见，并得到了后者的建议和批准。他也得到了 B 部门主管加斯帕 · 哈克尔准将（Brigadier Jasper Harker）及其副手盖伊 · 李德尔上尉的同意。尽管有可能是欧文斯自己得到的关于雷达的消息，但也有可能这是和别的一些本来就要透露给德国人的消息一起转给他的。在此阶段，军情五处自己没有任何“有技术和科学知识、或受过这方面训练的”人员。罗伯逊的老板们如果没有意识到一个电子防空系统实际已经在建造了，可能会认为这个消息没有什么价值，透露出来也不会有什么损失。①

对于德国人来说，尽管他们收集到了大量情报，但他们一定还是心存疑虑的。欧文斯返回英国时所做的报告有一丝嘲弄的意味。他说兰曹博士的罪恶计划是通过让秘密特工们在酒吧里贬低英国获胜的可能性来削弱英军的士气，并且要在西班牙搞一个“世界各地德国间谍大聚会”，要集结潜水艇攻击集中于泰晤士河口（Thames Estuary）与福克斯通（Folkstone）和多佛尔（Dover）之间的运兵船和其他船只——这种行动在这样浅的水域中无异于自杀。所有的这些内容，罗伯逊都先通过电话，而后再通过信件向军情六处、海军情报部和其他相关机构报告过。

① Curry, *Security Service*, 143. 作为电子工程师，欧文斯常常参观荷兰飞利浦（Ritter, *Deckname*, 19），所以他自己拿到的信息应该是可信的。

欧文斯还报告说，他被告知德国人正在以一天 60 万人的速度向荷德边界集结，目的是闪电袭击荷兰和比利时。这是撒了个弥天大谎。大多数德国军力还在波兰，德军总参谋部提心吊胆，生怕法国和英国觉察到他们的弱点而趁机发动攻击。①

因为兰曹博士坚持让欧文斯立即开始无线电传输，于是罗伯逊上尉受命负责跟进此事。他把发报机安装在欧文斯公寓里的一个可以上锁的房间中，像之前一样，安排米金先生进行操作。他们的想法是让欧文斯在场，这样就可以用他的话来进行回复。

欧文斯说兰曹博士想让他立即将本地的天气观测情况作为初始任务发送过去。罗伯逊要为此寻求必要的许可。这意味着要到空军部（Air Ministry）的情报副总监 A.R. 波义尔少校（Major A.R.Boyle）那儿去，而他则说这个决定可能得由战时内阁去做。总之，在等到 9 月 23 日的时候，罗伯逊让人传送了第一份天气报告，但故意将其弄得不准确。阿勃韦尔的记录显示，这份报告马上就被认为是假的。②

欧文斯所说的德国人交给他用作天气报告的密码，是德国人心存疑虑，没有把他的报告太当回事的另一个迹象：

> 天气报告
>
> 能见度（Visibility）：密码字母“V”
> 将包括 V1，V2，V3，V4 等标号。
> 云层高度（Height Clouds）：密码字母“H”
> 将以每 500 码③ 作为单位发送，例如：
> 1=500 码

---

① Interview with "SNOW," 21 Sep. 1939, PRO, KV2/446, Doc. 309a; and TAR to Colonel. Vivian (MI6), 23 Sep. 1939, PRO, KV2/446, Doc. 312a.“60 万一天”很明显是欧文斯第一次与兰曹博士会面时，兰曹博士对欧文斯提到英国在比利时边界大概有 20 万军队准备途经比利时和荷兰迎击德国这个说法的回应。

② PRO, KV2/446, Docs.311a, 313a, 314a, 316a. 也 见“Die erste Wettermeldungist irrtumlich…” Wettermeldung von 3504 aus London/Kingstonvom 25.9.39, Ast X, B.Nr. 1285/39: NARA, RG242, T-77, 1540.

③ 1 码约为 0.91 米。——译者注。

2=1000 码

风速（Speed of wind）：密码字母“W”

0 到 9 大致代表 0—50 英里每小时

雨（Rain）：密码字母“RN”

雾（Fog）：密码字母“FG”

雪（Snow）：密码字母“SN”

出于安全考虑，所有发出的密码都要加上字母“X”作为前缀，例如：

少云（Partly cloudy）是 X.P.C.

部分多云（Half cloud）是 X.H.C.

全阴（Total cloud）是 X.T.C.

温度（Temperature）：每晚发送密码字母“F”［华氏度（Fahrenheit）而非摄氏度］

代表数字的密码词：HAPPY CHRISTMAS[①]（圣诞快乐）

两个月之后，当德国人发现军情五处实际上对密码一无所知的时候，他们通过添加额外的字母（无意义的暗码），以及去掉一些“X”的前缀，把这些密码变得稍微又复杂了一些。[②]

欧文斯所说的他在间谍报告中使用的“密码”并不比这好多少。那是一种简单换位密码（single-transposition cipher），使用这种密码，需要用到一种像填字游戏那样的矩形盒子。每份电报在这个盒子里一个字母接一个字母地水平书写，写完后用垂直栏将信息取出来。正如欧文斯夫人所说的那样，关键字是“congratulations”，可以通过易位构词法[③]

---

① Interview with “SNOW,” 21 Sep. 1939, PRO, KV2/446, Doc. 309a.

② PRO, KV2/446, Doc. 492.“密码工作”当时是军情五处女性助理人员的职责：Curry, *Security Service*, 375. 李德尔试图要让 Worledge 上校和 Butler 上校在建立一个“密码”部门的问题上接触军事情报总监，同时提到一位名叫 Dew 的女士有大量很显然是密码形式的截获消息，“与一个叫舒尔茨的人有关”。见 Liddell Diary, 22 Jan. 1940.（不在 Nigel West 的版本中）军情五处在编码密码（code）和加密密码（cipher）中都使用了单词编码。

③ Anagramming，指将相同字母调换顺序变成另一个词或句子，如将 low 换成 owl。——译者注。

来破解，据当时的密码专家的意见，与其说这是个密码，不如说是个字谜。这表明，该密码是欧文斯从一本图书馆借的书里编造出来的，或者德国人是把它当作被捕时可以交代的密码交给他的。[①]

令人惊奇的是，罗伯逊竟然得到了发送天气观测报告的许可。9 月 26 日，他被告知空军部的主管和副主管对这个提议“没有意见”。这似乎很奇怪，因为云层的情况对于想要冒险飞过海峡的敌军飞机来说是很有用的信息。德军移动速度很慢的“斯图卡”（Stuka）俯冲轰炸机极易成为游弋的英军战斗机的猎物。但此时还是战争的最初阶段，英国和英吉利海峡上空大多数时候还没有战斗，比较平静。看上去有些奇怪的是，海军同意了发送天气报告，而战时内阁则没怎么同意。温斯顿·丘吉尔当时是海军大臣。[②] 他的确是本该拒绝此事的。

三周之后，欧文斯第二次去了欧洲大陆，这次他为德国人给他的问题清单准备了些答案。同行的还有一位前军情五处线人，格威利姆·威廉斯（Gwyllem Williams），他假扮成了一个反叛的威尔士民族主义者。[③]

三天后，10 月 22 日，汉堡分局通过电传打字机告知柏林说，根据 A-3504 的报告（出于安全原因，间谍的真名在这种信息中是不会给出的），德国人所询问的新式阻拦气球（barrage balloons），除去增加了可以令其在风中更加容易行进的稳定鳍（stabilizer fins）外，没有什么特别的。这是专门透露给欧文斯，令他传给德国人的消息。

欧文斯还主动提供了一个可能由他自己获得的消息。他暗示，在彭

---

① “congratulations”这个密码在 Michael Smith and Ralph Erskine, eds., *Action This Day* ,London; and New York: Bantam Press, 2001, Appendix I, 441-443 中也用了，复制了 PRO,KV2.453 的说法。关于对这种密码当时的评论，参见 Helen Fouche Gaines, *Elementary Cryptanalysis, 1939* ,Boston: American Photographic Publishing, 1943,10-11. 关于 SNOW 加密消息的例证，参见 Transmissionlog, 7 Oct. 1939, PRO, KV2/446. 使用固定密码本的换位密码是非常简单的。他所受到的来自德国人的实际指导包括从通俗小说中每天摘取一个密码表，这是个强多了的方法，见 Ritter, *Deckname*, 151-152.

② Robertson, Note to File, 26 Sep. 1939, PRO KV2/446. 他并没有指明这个许可是否是由波义尔传达的，或这个请求确实如波义尔所说的那样有必要送到战争部。如果在空军部的文档里发现一份能够为罗伯逊说法的作证的文件将会是很有帮助的。请注意，内维尔·张伯伦此时仍是首相，丘吉尔则是他内阁中的海军大臣。

③ 威廉斯是“M”，即麦克斯韦·奈特提供的人，所以他可能是军情五处 B2 部门派在威尔士民族主义运动中的一个告密者。参见 Unnamed to B3, 9 Sep. 1939, PRO, KV2/446,Doc. 311a 中提到的“M”。这份文件被大量删改过。

布罗克（Pembroke）和斯旺西（Swansea）之间停泊的“蓝钻航运”（Blue Diamond Line）的一艘大型船只很易于遭到破坏。这只可能指的是由“蓝星航运”（Blue Star Line）运营的跨大西洋邮轮中的一艘，甚至有可能指的就是“阿兰多拉星号”（Arandora Star），它在第二年 7 月时被一艘德国潜艇击沉，很多人因此丧生。由于邮轮具有运载部队的能力，因此在战时也是和大型军舰一样的目标。如果此则消息不是欧文斯编造的，那么了解到这点确实令人高兴。李特尔少校现在真的要开始加入这场较量了。[①]

欧文斯返回之后，有一个精彩的故事要对军情五处讲。在他和威廉斯所住的布鲁塞尔的宾馆中，德国人曾经联络过他们。他们还搭火车去了安特卫普。这次秘密会面是在安特卫普船修码头区一家船运公司的办公室中进行的。在场的有三个男人：兰曹博士；一个被介绍叫作“指挥官”（the Commander）的人；另一个人没有介绍身份，只是在一旁看着却没有说话。还有一个女人，“又高又瘦，浅色的头发，穿着一身墨绿色的裙子，披着外套，年龄在 38 到 40 岁之间，高 5 英尺 6 英寸”[②]。欧文斯脑子里想的可能是玛塔·哈里（Mata Hari），一战时期著名的蛇蝎美人和间谍，20 年代在书籍和电影中非常流行。这场会面可能是出自葛丽泰·嘉宝（Greta Garbo）和莱昂内尔·巴里莫尔（Lionel Barrymore）主演的电影《玛塔·哈里》（*Mata Hari*）中的一个场景。

他跟军情五处说，威廉斯在旁边的一间屋子里接受了“指挥官”的面试，欧文斯则和其他人待在一起。罗伯逊在报告中说，把威廉斯和欧文斯两个人的话放在一起，发现他们的故事对得上号。两人主要的印象是，兰曹博士和“指挥官”非常感谢他们二人对之前交给欧文斯的问题所提供的精彩解答，现在则想让他们尽快去威尔士煽动叛乱，造成混乱局面。据欧文斯判断，“指挥官”负责所有在英国的破坏活动，对威尔士南部海岸地区非常熟悉，这让他认为利用潜艇把炸药运到海岸附近没

① A-3504 reports, 22 Oct. 1939, NARA, T77, Reel 1540. 阻拦气球问题是与其他问题一起出现在一份手写的文件中的：PRO, KV2/446.

② 1 英尺约为 0.3 米，5 英尺 6 英寸约为 1.68 米。——译者注。

什么问题。有一些迹象表明，德国人已经在爱尔兰与爱尔兰的反叛分子爱尔兰共和军（IRA）取得了合作，这促使罗伯逊在括号里注明："情况非常有趣，因为这是个相当具体的例子，表明爱尔兰共和军是受德国人操纵的。"

兰曹博士又说，他们在英国空军部里有个间谍，海军部也有一个。为了让欧文斯能够在英国得到他工作的报酬，也许会再将另两名敌方特工也置于军情五处的视野中。德国人急于了解格洛斯特（Gloucester）附近机场的情况，也想知道埃文茅斯（Avonmouoth）码头（位于布里斯托）上正在发生什么，并且希望欧文斯能够速速安排回到加拿大，在那儿也组织个"类似的节目"。[①]

此外，德国人对于收到的天气观测报告非常满意，并给了欧文斯另一个问题清单。兰曹博士又给了他一张邮票大小的微缩照片，上面有带给另一个在英德国特工的消息。军情五处非常高兴地利用这个微缩照片作为德国间谍技术的一个例子，殊不知，德国在一战时的间谍头目瓦尔特·尼科莱上校的回忆录（1924 年曾在英格兰出版）中就曾说明，德国情报部门一直在用小到一毫米见方的微缩胶片。[②] 而这位作为消息传送对象的德国特工，是父母是德国人、出生于英国的 50 岁商人，名叫查尔斯·埃施博恩（Charles Eschborn），他在欧文斯归案的第二天就已经向警方投案自首了。

埃施博恩讲述了一个引人入胜的故事。他承认说，他前几个月中曾为汉堡的阿勃韦尔做过一点儿间谍工作，但这是应他年轻很多的双胞胎兄弟之一的请求而做的。这对双胞胎中的一个曾和他一起在曼彻斯特居住，另一个则在德国。甫一宣战，埃施博恩就后悔了，因此把自己交由英国当局处理。这个方法起作用了，特别是因为埃施博恩一战期间曾在英军服过役。而当他被释放时，他的兄弟却被拘留了。

---

① B3, Note to File, 30 Oct. 1939, PRO, KV2/447, Doc. 382a. 辛克莱尔少校很明显仍然负责着双重间谍的事务，而辛普森上校也出现在了这份来自欧文斯的报告中。这是第一次在 9 月 6 日之后的文件中提到辛普森上校。也许这段时间他离开了。

② Nicolai, *German Secret Service*, 214.

兰曹传给埃施博恩的消息提供了一个之前未曾想到过的良机：他可以充当另一名双重间谍。军情五处与他进行了接触，在施加了一定的压力以后，他同意给兰曹发出回复。军情五处非常热衷于这次接触，因为埃施博恩是一个业余的摄影师，德国人提议让他帮助他们开发制作微缩照片的技术。军情五处将此视作夺取敌方技术主动权的手段，但他们却忽略了这个事实：对于完成这项任务而言，任何一家商业摄影工作坊（无论在英格兰还是德国），比起埃施博恩来说，技术手段都要先进得多。①

大致就在这个时候，军情五处开始给他们的特工安排代号：欧文斯被分配的是 SNOW，这是打乱他姓氏字母而成的；格威利姆·威廉斯是 GW；查尔斯·埃施博恩简单地成了 CHARLIE。这些代号看起来准确体现了军情五处的高明程度。②

现在事情确实进行得快起来了。罗伯逊起劲儿地向他在陆海空军和军情六处的情报联络人发出请求，希望他们能多提供一些有说服力的材料好去满足德国人。欧文斯被从全面监视状态中释放出来，并被鼓励到英国各处去寻找有趣的材料，就如同他是个真的间谍的话会做的那样。罗伯逊让他尽量打入受限制的区域，这是为了给将来对兰曹博士讲的故事提供可信的目击材料。罗伯逊给了他相当于三十加仑的汽油券，对他说能去多少机场就去多少；当他在纽卡斯尔（Newcastle）的时候，罗伯逊还催促他能否亲自去确定一下第 13 战斗机大队（13 Fighter Group）总部的位置。他还建议欧文斯去哈罗盖特（Harrogate）附近进行秘密侦查，这座温泉小城为了防备对伦敦的空袭现在已被空军部接管。③

① Eschborn confession, 4-6 Sep. 1939, PRO, KV2/454, Doc. 6a. 这种微型照片的例子之一可以在 Doc. 73a 中看到。SNOW 档案中的其他文件称它们为“微型照片”，但是他们与当时阿勃韦尔使用的真正的微缩照片并不一样，后者是摄影胶片上铅笔尖大小的图像，而不是正片相纸。请注意，说服英国人去让 CHARLIE 制作微型照片就给了他借口拥有能够实际制作微缩照片的设备。他的兄弟埃尔温则在去加拿大受监禁的路上，他也是“阿兰多拉星号”的遇难者之一。查尔斯·埃施博恩在李特尔少校的特工名单上叫 A-3503。

② 这些代号何时被引入的，可以用数欧文斯卷宗中文件上涂白字母数位的方法来决定，在这些涂白上面写的是 SNOW 这个名字。

③ PRO, KV2/447: 16 Nov. 1939, Doc. 438a; 14 Jan. 1940, Doc. 563a; 24 Jan.1940, Doc. 576a; 27 Feb. 1940, Doc. 642a.

这对于身为A-3504的欧文斯来说，是非常好的机会。在战时的英国，一般的间谍哪怕只是接近了一个机场，一旦被抓，都有丧命的危险，所以他们都非常小心。而欧文斯则可以尽可能多地造访这些机场，绝对不用担心会招致这些基地的安保措施。这使得欧文斯可以放手收集信息，在这点上普通间谍是没法与他相比的。有一次，他说服了警卫，进了大门，开车绕着一个机场转了一圈，数了数里面停着的飞机数量。在哈罗盖特的酒吧里，他奉承飞行员们，向他们问了些足以让他被枪毙的敏感问题。罗伯逊上尉真是给李特尔少校的A-3504大开了方便之门。

为了更好地评估欧文斯所收集信息的准确性，罗伯逊再一次向空军部的波义尔少校寻求帮助。他们俩共同收集了大量皇家空军位于英格兰的战斗序列的信息，在军情五处新设立的地方安全控制员（security control officers, SCOs）的帮助之下，对波义尔提供的空军中队的“完整名单”进行了补充。[①] 集中收集这些资料增加了它们被整个儿泄露给敌人的风险，但对这一点，两个人似乎都没太上心。

至于欧文斯的欧洲大陆之旅中是否对敌人讲了些超出允许范围的内容，罗伯逊在记录上表明，他坚信欧文斯是完全可靠的：“他是个愚蠢的小个子男人，在古怪的关头摊上了荒唐的任务。但我完全相信，他交给我的材料和对我所提问题的回答都是坦诚的。”[②]

根据罗伯逊无法看到的汉堡与柏林间的电传信息，在这段时期中，这个“愚蠢的小个子男人”通过他一次次的跨海峡之旅，一直在不断地为德国人提供高质量的情报。其中的一些是由波义尔少校提供的，另一些则显然是欧文斯自己收集的。

---

① PRO, KV2/447, Docs. 548b, 584a

② Roberts, Note to File, 3 Apr. 1940, PRO, KV2/477, Doc. 718a.

也许有点儿太容易了？

1940 年 1 月至 3 月

时至 1940 年初，对于汉堡分局的李特尔少校来说，很显然，他的英国对手对如何运作一个无线电间谍所知甚少。当欧文斯对他说，军情五处发送 A-3504 报告的无线电报员是个不具备军事资格的非军方人士，而且想让他做双重间谍的那些人对于密码一无所知时，李特尔一定是摇头不止。这真是进行 Funkspiel（无线表演）的绝佳时机——而这正是展现出这位间谍头目技艺的典范之作。

一开始并没有李特尔想象的那么顺利。英国战争部的无线电侦听部门——之前的军情一处 c 科［MI1（c）］，现在改名为无线电安全处（Radio Security Service，RSS）——并没有在寻找间谍，而只是在搜寻非法信号，它们可以被用作无线电信标（radio beacon），引导德军轰炸机进入英国。只有英国境内可疑的传输才会被追查，但它们的内容却完全不受监控。

12 月的时候，随着战争部来了一位加拿大军队信号方面的官员，这种情况发生了变化。此人是来为一件事寻求建议的：如何处理由位于渥太华（Ottawa）的加拿大信号情报单位所截获的、很显然是秘密进行的无线通信？没过两周，一位牛津的教授、一战时的无线情报官员E.W.B.吉尔（E. W. B. Gill）便被派到那时还和军情五处一起设在沃姆伍德灌木地的无线电安全部门，不让他再进行无线电信标的搜索工作，转而侦听可能是德国敌特进行的无线电传输。加拿大人已经发现，实际上有很多可疑分子，但军情六处和政府密码学校对此却没有什么兴趣。[①]

当吉尔少校得知无线电安全处的一名志愿发报员正在负责操作军情五处下属的、一位代号叫 SNOW 的双重特工的无线电通信时，他开始着手研究在这些通信中德国方面的情况。不久就发现，SNOW 所属的汉堡站在与另一个间谍站交换信息。该站的信号在沿着挪威海岸移动——这是一艘船。他们所用的是类似于交给欧文斯的 congratulations 密码。吉尔少校在一名跟他一起来的，时年 26 岁，会讲德文的牛津学者休·特雷弗－罗珀中尉（Lieutenant Hugh Trevor-Roper）的帮助下，终于弄清了情况。

这艘船的名字叫“忒修斯号”（Theseus），一直在对驶向英国港口的中立国船只的情况进行报告。1 月 29 日，吉尔将这则消息发给了政府密码学校，但对方的负责人阿拉斯太尔·丹尼斯顿海军中校（Commander Alastair Denniston）非但没有表示感谢，反而指责说吉尔应该专注于侦听工作，密码破译的事儿应该让专家来做。吉尔没有气馁，继续命令监控“忒修斯号”的通信情况，并将监听范围扩展到海峡对岸其他可能也在交换着类似传输信号的间谍站。[②]

“忒修斯号”是一艘“间谍船”，正如这个词在冷战期间所用的那样，指的是在公海上巡弋，使用精密的无线电接收设备对外国无线电通信进行侦听的船只。间谍船可以被精确地配置在远程发报机的信号可以被最好地接收到的地方。

对于间谍们来说，一旦他们的信号被捕捉到并被复制以后，船只就

① Bryden, *Best-Kept Secret*, 14-17 引用了该卷宗中的文件，LAC, RG24,12,324, s,4/cipher/4D. 也见 Dick White, In-house MI5 Symposium, ca.1943, PRO, KV4/170.

② Bryden, *Best-Kept Secret*, 14-17 引用了该卷宗中的文件，LAC, RG24,12,324, s,4/cipher/4D. 也见 Dick White, In-house MI5 Symposium, ca.1943, PRO, KV4/170.

可以移动到能够向大陆上的站点转发信号的最佳位置。对于“忒修斯号”来说，这个站点应该是汉堡。反过来也是一样的。为SNOW发报的无线电报员也可以收听到“忒修斯号”的信号，这取决于这艘船是在什么位置进行传输。①

“忒修斯号”上的无线电报员的人选一定是经过深思熟虑的。他就是24岁的弗里德里希·考伦（Friedrich Kaulen），一位德国商人的儿子。浅色头发，长相俊朗，他的代号是R-2220，是不来梅支局的一位特工。就在成为“忒修斯号”的电报员之前，阿勃韦尔刚让他作为一局空军处（Abt I Luft）的间谍在英国干了两年。他曾因出色地完成了拍摄英国秘密空军机场、防空炮组和探射台的任务而受到过嘉奖。

一般来说，军舰上的无线电报员往往是海军士兵，或者就间谍船而言，可能是一名军方信号专家。但考伦却是一个没有军方背景的业余无线电爱好者，很像那些为无线电安全处做了很多监听工作的志愿电报员，为欧文斯发报的那个人就是其中之一。考伦的第二语言只有英语和法语，因此选择他来做一个要在挪威水域逗留数月的无线电报员实在是很奇怪。但从另一方面来说，要是德国人已经搞清楚代替欧文斯操作发报机的人是受英国指挥的话，那么，如果他们想对那个电报员搞一次无线欺诈，也就是所谓的“无线表演”的话，他们用了一个像考伦那样的人，而且是在船上进行工作，也就讲得通了。②

考伦理解英语的能力在确认他是否获得了欧文斯的信号时是很有帮助的，因为欧文斯只能讲英语。想找到正确的频率本也不是什么难事。作为不来梅支局的间谍，考伦的指挥官应该是阿勃韦尔一部汉堡分局空军处的领导人——李特尔少校。

① 1940年的某个时候，辛普森中校发表了一份报告，指出有一台非法无线电发报机在英国运作的信号可能没有被军情八处C科的固定接收中心接收到。报告还暗示，他们在固定地点监听的志愿监听员汉姆也都没有发现这个信号。参见*Curry, SecurityService*, 287-8。最明显的解答就是像德国间谍船那样，让接收者动起来。

② NARA, RG242, T-77, 1541, 1569 and Liddell Diary, 21 Sep. 1941. 也见Farago, *Game of Foxes*, 141-146. Farago较为详细地描述了考伦在英格兰的活动，有关他的信息来自他在不来梅支局的老板Pheiffer的一份报告。考伦9月2日离开英国，并在爱尔兰登上了“忒修斯号”，这是宣战的前一天。这艘直接开往挪威的船上有一个“特殊的Afu发报机”等着他。

在吉尔少校的催促下，伦敦的无线电安全处开始积极地收集新的通信信息，而且由于他和特雷沃－罗珀共住一套公寓，他们俩可以在晚上研究这些材料。通过利用简单的易位构词法，他们发现自己能够破解一些消息了，这些消息表明，汉堡与在比利时、荷兰和卢森堡的间谍们都有联系。[①]

3 月 20 日，在与吉尔和军情五处的罗伯逊上尉的会面后，政府密码学校的丹尼斯顿中校同意将他手下的一名密码破解员安排到无线电通信的岗位上工作。[②] 此人是 66 岁的奥利弗·斯特雷奇（Oliver Strachey）。他在与女权活动家雷切尔·康恩·科斯特洛（Rachel Conn Costelloe）结婚前，曾经在印度铁路系统中短暂任过职。夫妇俩在家庭中的角色与通常的相反，这种情况一直延续到他一战期间加入军情一处 b 科工作为止，这是战争部中由辛普森上校领导的密码破解部门。战后，军情一处 b 科与海军的“40 号房间”合并成为政府密码学校（GC&CS），他也一直继续在这里工作。此时他正在随政府密码学校的一个小组研究德国的海军通信。

吉尔和特雷沃－罗珀都相信他们已经找到了无线电安全处的崇高目标。他们认为它会为了解德国秘密情报部门的运作打开一扇窗。但丹尼斯顿仍是冷眼视之。在 4 月 14 日以前，斯特雷奇没有从新截获的消息中破解出任何内容，此时德国已经入侵挪威一周了。[③]

实际上，斯特雷奇除了有一支笔一张纸以外，不过是一位年迈的公民，给他的报告都被加上了听上去高端却充满讽刺性的抬头：情报部门（奥利弗·斯特雷奇）[Intelligence Service（Oliver Strachey），ISOS]。这一点充分表明了丹尼斯顿对他的轻视态度。丹尼斯顿持怀疑态度是有道理的。吉尔和特雷沃－罗珀为之感到如此兴奋的密码是一战

① Liddell Diary, 14 Mar. 1940; and Gill, “Interception Work of R.S.S.” PRO,WO208/5097.

② Hinsley and Simkins, BISWW, IV, 44; and White, MI5 Symposium, ca. 1943,PRO, KV4/170. 也见第五章，注释 9.

③ 到 1940 年 5 月 19 为止，他只破解到 ISOS 的 11 号文件：Canaris wireless trafficcompilation, PRO, KV3/3.

时期的产物，由于海军情报系统的一位前负责人处理不慎，德国人一定已经知道英国人可以轻易破解这种密码了。由此，丹尼斯顿可以确信，德国人不会在任何有真正价值的消息中使用这种密码。

上文提到的前海军情报系统负责人就是著名的雷金纳德·霍尔海军上将（Admiral Reginald Hall）。他在一战期间负责管理海军部“40号房间”的密码破解人员。很多人都认为是他暗中泄露了被截获的“齐默尔曼电报”（Zimmerman Telegram），它在1917年的时候促成了美国的参战。1919年，战争结束后，他在敌意笼罩下离开了海军，这可能跟他肩负重担时一直很难相处有关。他天性傲慢专横，在政府高层的圈子里有些人大概乐得见他走人，他们有些排挤他，不给他那些他可能认为自己应得的荣誉。他离开时带走了大约一万份德国海军、外交部的谍报信息的破解件，将它们藏在了自己家里。

1925年，一位美国民事律师与霍尔进行了接触，请霍尔为他手头的一个案子提供帮助，但没抱什么希望，该案的目的是让德国赔付1916年震动纽约港的“黑汤姆”（Black Tom）岛爆炸事件所造成的损坏。这个律师想要的是能将受到破坏的军火库和德国特工联系起来的过硬证据。霍尔带着阿莫斯·皮斯利（Amos Peaslee）来到堆放着破解文件的故纸堆，让他随便使用这栋房子，包括他的佣人在内，随后霍尔就启程去参加苏格兰的一个打猎节了。三天之后，皮斯利找出并复制了264份与德国一战期间在美秘密行动有关的有线和无线电报。

1927年，当这个案子在海牙被审理的时候，被破解的信息得到了公众的极大瞩目。德国政府可能曾经怀疑英国人掌握了一些情报，但对英国人对其秘密通信了解到了什么程度并不清楚，而且可能在当时依然如此。这一事件直接及持续的影响就是政府密码学校无法再破解任何德国外交部以及德国军方的通信了。德国外交部将密码换成了无法破解的一次性密码本（one-time pad，由随机字母构成的只能使用一次的便签，加密方式是将便签字母对应的数字加到消息中字母对应的数字上去），军方则换成了高安全性的转插板（plug board）密码机（近似于早期的电话总机，可以利用它来创造数以千计独特的电子电路）。[①] 理所当然的，德军的秘密情报机构阿勃韦尔也采取了类似的措施。

让这场泄密事件变得更糟糕的是（此事几乎已经不可能再糟糕了），被泄露的德国密码类型接下来在美国密码学家赫伯特·亚德利（Herbert Yardley）的畅销书《美国黑屋》（*The American Black Chamber*, 1931）中被加以描述，而海伦·福熙·甘尼斯（Helen Fouch é Gaines）的《基础密码分析》（*Elementary Cryptanalysis*，1939）一书写得更加详细。最易于攻破的就是换位密码，用易位构词法就可以对最简单的换位密码进行破解。

丹尼斯顿中校本来可以对吉尔和特雷沃－罗珀交代这些情况，但他没有。辛普森上校作为战时英国陆军与“40 号房间”等同的情报部门的前负责人，确实本来可以对罗伯逊上尉就此情况进行说明的，但他在一个月前被从军情五处调到了中东地区的韦维尔将军（General Wavell）麾下。[②] 至少就现有的文件记录显示，无线电安全处和军情五处都没有被直接告知，当时被拦截的阿勃韦尔消息所使用的那种密码已经被泄露多年了。

也许令丹尼斯顿完全意外的是，随着希特勒入侵挪威，“忒修斯号”被发现在利用同一种简单的密码将岸上间谍的报告回传给德国。一些被破解的消息被交给了时任海军大臣的丘吉尔，这无疑让他记起了“40 号房间”译解德国公海舰队（German High Seas Fleet）信号的光荣岁月。于是他命令不要干扰“忒修斯号”。等到尘埃落定，挪威沦陷时，吉尔再一次督促斯特雷奇赶快破译从海峡对岸，特别是从法国、比利时和荷兰那里的间谍发来的消息。可是斯特雷奇的成果寥寥，但吉尔还是给他提供了一名自己的手下帮助他继续将破译工作向前推进。[③]

同时，军情六处的秘密无线电部门逐渐成熟了。他们的领导人甘比

---

① “The Room 40 Compromise,” undated, NSA, DOCID 3978516. 很显然，这是内部对此事件做的一个历史考察。

② PRO, WO 201/2864.

③ Liddell Diary, 22 Apr. 1940, PRO (Nigel West version). 也见 Ewen Montagu,*Beyond Top Secret U* , London: Peter Davies, 1977, 34; 及 Curry, *Security Service*, 178-179.

尔－帕里曾是美国无线电与器具制造商飞歌（Philco）在英国的市场的经理，他从公司招来了一位名叫哈罗德·罗宾（Harold Robin）的无线电工程师，此人开发出了一套可移动的发报机，重量还不到十磅。这套装备，再加上新引入的超级安全的一次性密码来为信息加密，使军情六处可以开始将自己的秘密无线电观测员部署到野外，而不只是在大使馆中。其中的一支队伍在挪威危机时曾从山腰上发出过报告。这是军情六处现代化过程中的一个里程碑。[①]

甘比尔－帕里的执行总部设在布莱切利园（Bletchley Park），这是军情六处为了给扩张中的政府密码学校提供办公场所，在战争快开始时拿到手的一块豪华房产。他从陆军和海军那儿招募了有经验的信号工作人员。这个机构成长得极快，以致不久之后就不得不搬到了五英里之外位于威登庄园（Whaddon Hall）的新址。其官方的名称叫作军情六处 8 科（MI6, Section VIII）。[②]

无线电安全处那几个数得过来的信号工作人员靠的是邮政部和业余无线电监听爱好者，与此相比，军情六处 8 科则有一支更为专业化的无线电操作队伍。他们能够更好地追踪来自于德国邻国的秘密无线电活动。[③]也许正是出于这个原因，斯特雷奇为吉尔破译的密码才如此之少：因为所有他破解的内容都首先被发给了军情六处。

相比之下，在技术层面，军情五处对无线电技术的理解依然很迟缓。有人很好奇，为什么德国人不怎么担心英国人可以通过定位信号的方式来定位他们特工的发报机，于是欧文斯被叮嘱在与兰曹博士于 4 月初在安特卫普会面时问一问，他是否应该以别的频率发报。兰曹博士回答说，没有这个必要，因为很难对非法的无线源进行准确定位。他说威廉港地

① Curwain, "Almost Top Secret," 48–58, 97. 此种发报机是"three-valve"晶体管制式，"valve"是英式英语"电子管"的意思，有两个平行的 6L6 管，和一个输出用的 807 管。
② 同上。
③ 对此的间接证据是军情六处 8 科此时正在为海军做流量分析。Jeffrey, *MI6*,340.

区曾有一个发报源，但尽管费了很大劲，却仍然无法捣毁它[①]

这是简直胡说八道。无线信号沿着瞄准线的方向是最强的，这个特征使得只要将两台以上的接收机的天线朝向信号最强的地方，然后在地图上画出它们瞄准线的交点就可以定位一台发报机。这个方法叫作无线电测向（direction finding，DF），这是21世纪全球定位系统（Global Positioning System，GPS）的鼻祖，可以由远程或近程的无线接收器来完成。此项技术一战期间就问世了，在当时仍然被交战双方用来在海上定位敌方的军舰，在陆上定位敌方的陆军和空军单位。它也被像英国邮政部、加拿大交通部和美国联邦通信委员会（Federal Communication Commission）这样的政府机构用于对未经许可的无线设备进行定位。

很显然，对于间谍来说，为了在敌人的领土上生存，尽可能多地改变通信频率和呼号是有用的，但最重要的是从不同的位置发报。兰曹博士没有被问到最关键的问题：对于JOHNNY（这是李特尔喜欢给欧文斯用的名字）来说，总是从同一个地方发报安全吗？当英国的破坏机构特别行动执行处开始向欧洲沦陷区派遣特工时，德国人自己很快就对此给出了答案。英国人的无线通信被成功测向，他们的特工因此被捕。[②]

军情五处仅有的有技术影响力、可以质疑兰曹博士建议的官员辛普森上校已经离开了。[③] 由于他的离去，罗伯逊选择相信他的德国对手。让这变得更加讽刺的是，此时，丹尼斯顿给罗伯逊转发了一份法国测向部门的报告，里面说SNOW发报机的信号已被掌握，法方认为它们来自伦敦附近。罗伯逊写信给军情六处的考吉尔少校（Major Cowgill）说：“如果你能回复法国人，告诉他们‘这个情报站的情况尽在我们掌握之中，

① B3, Note to File, 8 Apr. 1940, PRO. KV2/448. Hinsley & Simkens, BISWW, IV, 44提到，此时的看法是，SNOW的发报机只有在“非常近和非常远”的距离上才能被检测到。这是对的，但并不意味着无法对其进行定位。英国邮政部已经使用了移动的无线电测向设备去接受当地发送的信号，而在荷兰和法国的德国人正在将这项技术发展到很高水平。关于汉堡对需要变换频率以躲避测向的特工提供指导的例子，参见U.S. Coast Guard decrypts: NARA, CG2-329,351, 357. 间谍可以通过改变设备中所装的晶体来改变频率。

② General des Nachrichtentruppe Albert Praun, “German Radio Intelligence,”（美国翻译，1950），200-04, NARA, Foreign Militart Studies, P-038. 也见DHH, SCR II, 324. 关于一网打尽SOE特工的情况在一系列出版过的作品中都有所记录。

③ Curry, *Security Service*, 287-288.

他们不必担心’的话，我会很高兴的。”[1]

但是，如果法国人能够监听到SNOW的发报机而且能确定其位置的话，罗伯逊确实本应该想到，德国人会认为英国人也能做到这一点。看起来他毫无这个逻辑。记录上也没有显示他是否曾询问过吉尔的意见。[2]

兰曹博士确实承认说，JOHNNY每次都改变呼号也许会是个好主意。据欧文斯说，李特尔出门买了两本乔纳森·拉蒂默（Jonathan Latimer）的《死者无动于衷》（*The Dead Don't Care*）回来，一本自己留下，一本给了欧文斯。他之后便解释说，他们两个人可以每天用这本书产生一个新的呼号来确定字母所在的页和行。[3]

实际上，李特尔少校给欧文斯提供的是暗中加密他自己消息的手段，这是一种不太可能被发现的方式。利用一个双方都同意使用的正式出版的文本（图书、杂志、报纸），可以使间谍和间谍头目们构建出来数量巨大的全新密码索引（cipher keys）。他们所需要的只是决定在哪一天从哪些页中寻找密钥字母或密钥单词。由于信息在之后是由替换方法（substitution method）而非换位方法加密，使得它们非常难以被破解。

欧文斯也许一直在敷衍了事。当他在战争开始前夕离开德国去往英国时，德国人给了他爱丽丝·霍巴特的小说《中国油灯的油》作为他的密钥书。他可能从没用过此书，因为这与他个人的阅读品味不符，而且在他的藏书之中太引人注目。可是，德国对荷兰、比利时的入侵迫在眉睫，很快他就真的需要有一套自己的密码了，特别是如果他得通过其他的间谍才能接触到发报机，或者他将自己的发报机藏起来了的话。

利用最近出版的流行小说作为加密密钥的好处之一，是间谍可以在目标国的图书馆或书店中就得到它的副本，这也使他不必冒带着这样一本可能会引起怀疑的书的风险过境。欧文斯告诉军情五处说，他是带着

① Denniston (GC&CS) to Gill (RSS), 19 Apr. 1940; Robertson to Cowgill,20 Apr. 1940: PRO, KV2/448. 吉尔对法国信息做何反应不得而知。也见 Liddell Diary, 21 Apr. 1940.

② 法国的报告抄送给了吉尔，但罗伯逊却没有义务咨询他。无线电安全处仅仅负责消息拦截；如何采取行动完全取决于军情五处。

③ B3, Report to File, 8 Apr. 1940, PRO. KV2/448. B3是罗伯逊少校。

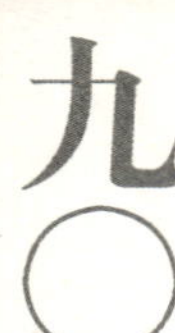

这本《死者无动于衷》来到英格兰的，而不是到这儿才买的，而且他把这本书公然摆在了他的公寓里。欧文斯实在是明目张胆地在英国人眼皮底下挥舞着他的秘密暗号。[①]

罗伯逊对李特尔

行文到此，有必要研究一下军情五处–阿勃韦尔对抗中两位主角的背景。我们从罗伯逊开始。

罗伯逊是苏格兰人，很显然，他对自己的文化传统非常自豪，喜欢把苏格兰式的格子呢紧身裤（trews）穿到办公室。他通常以自己姓名的首字母缩写 T. A. R. 行于世，这代表的是托马斯·阿盖尔·罗伯逊（Thomas Argyle Robertson）。据李德尔·哈特军事研究中心（Liddell Hart Centre for Military Studies）的生平简介记载，他是桑德赫斯特（Sandhurst）皇家军事学院（丘吉尔的母校）的毕业生，后来在锡福斯高地军团（Seaforth Highlanders）服役。他于 1931 年加入军情五处，“进行军事和政治领域的情报活动”，这可能意味着他曾渗透过左派组织。在战争开始时，他负责 B3 部门这个只有一个人的部门，任务是对目击可疑的无线电活动、光源和信鸽的报告进行调查。[②]

罗伯逊的德国对手欧文斯在汉堡的间谍上司则大为不同。他大约四十出头，是个一战战壕里幸存下来的老兵，那就是尼科劳斯·李特尔少校，也被称作兰曹博士。他在 1936 年返回德国之前，曾在美国做过超过十年的纺织业商人。他能够用英语流利地交谈、阅读和写作，就像美国人一样。他颇有教养，游历广泛，精明强干。他被卡纳里斯上将

① 关于上述内容，参见 Ritter, *Deckname*, 150– 151.

② “ROBERTSON, Lt.–Col Thomas Argyll (1909–1994),” Liddell Hart Centrefor Military Archives, King's College, London. 罗伯逊可以与 B3 部门建立起联系来是因为在《Liddell Diary》1939 年 9 月 6 日中曾提到过他。关于 B3 的职责，参见 Curry, *Security Service*, 144, 161, 177, 287. 他提到 B3 是在“辛普森中校”管理之下，但他也作为顾问与军情五处有联系。

亲自安排到了阿勃韦尔汉堡分局，并在1937年返回美国负责组织在那儿的阿勃韦尔间谍事务。这项工作让他和弗里德里克·茹伯特·杜肯（Frederick Joubert Duquesne）搭上了关系，这是个美国南方人，对英国人恨之入骨。杜肯的母亲在布尔战争期间（Boer War，1899—1902）死于英国集中营，于是，他以复仇作为毕生事业。他在一战期间曾是最成功的驻英间谍和破坏者，因此，李特尔少校并不缺个好老师。①

与杜肯提供的建议形成补充的是一本在纽约刚刚出版的、极为轰动的书，号称把德国从1915年到1918年期间在美国的谍报和破坏活动和盘托出。《内部敌人》（*The Enemy Within*）一书的作者是亨利·兰道上尉（Captain Henry Landau），他是英国驻比利时和荷兰的前间谍头目。该书详细记述了德国秘密情报机构在美国的人员和技术状况，对1916年纽约港的“黑汤姆”爆炸这样引人注目的事件也进行了生动地描写，在这次事件中超过一千吨的军火被点燃爆炸。这本书还写了这个时期恶名更甚的一些德国特工，例如库尔特·冉克（Kurt Jahnke）、弗朗茨·冯·帕彭（Franz von Papen）、弗朗茨·冯·林特伦（Franz von Rintelen）等等。这本书被宣传为一本“将会在华盛顿、伦敦、巴黎和柏林造成巨大反响”的书。对李特尔来说，当他正在美国执行为下一场战争组建间谍网络的任务时，读到这本书一定感到非常古怪。

李特尔对兰道上尉本人也有特别的兴趣，因为他战时的职权范围正是李特尔将要开展活动的那两个国家：荷兰与比利时。兰道还写过另一本关于战时冒险经历的精彩作品，名为《不择手段：英国秘密情报部门在德军后方的故事》（*All’s Fair: The Story of the British Secret Service Behind German Lines*）。这是一部经典，因为兰曹是在中立国荷兰指挥着在沦陷国比利时的几百名间谍开展的活动，他们的生命完全依赖于兰曹的准确判断和他对间谍技艺的熟稔。

如果李特尔把瓦尔特·尼科莱上校所写的《秘密力量》和赫伯特·亚

① Farrago, *Game of Foxes*, 40–48 ; and Benjamin Fischer, “A.k.a. ‘Dr. Rantzau: The Enigma of Major Nikolaus Ritter,”Centre for the Study of Intelligence Bulletin 11 (Summer 2000).

德利 1934 年所写的关于美国战时情报破译的回忆录《美国黑屋》加到他的背景阅读中的话（他确实这么做了），那么他对卡纳里斯交给他的任务就算是有了充分的准备了。确实，当他在 1937 年秋天回到德国的时候，他在美国留下了一个全面运作中的间谍组织，在两个美国最敏感的国防企业诺登公司（Norden Company）和斯派里公司（Sperry Corporation）中都安插了特工。万事皆顺，到 1939 年为止，工作效果都很好。

考虑到这个背景，李特尔一定认为欧文斯可以如此轻易地渗透进英国谍报机构简直是难以置信的。英国人派一个背景无瑕疵的特工到海峡对岸与敌人进行私人接触可能也还算是合乎情理，但他们绝不可能派一个他们毫不了解的人。这个小个子的威尔士人［李特尔以代号“琼尼”（JOHNNY）称呼他，实际上给他起了个绰号叫“小家伙”（DER KLEINER）］生活中多数时候都是在加拿大度过的。而这就是到 1943 年底为止，军情五处对他所了解的一切。[①]

罗伯逊好像对此不是很在意。在空军情报部门负责人 K.C. 巴斯准将（Commodore K. C. Buss）的疑虑的推动下，反对向德国人发送天气观测报告的意见在空军部势头越来越盛，但罗伯逊却没把这些疑虑当回事。在一本笔记中他曾写道，没有必要担心，因为德国人仅仅是拿到了“天气、风速、风向、云层高度和能见度”方面的细节，而对实际的天气情况（他指的是下雪还是下雨等）并无所知。这表明他对天气预报方面的无知程度令人难以置信。[②]

1940 年 2 月中，巴斯准将突然被降级，A.R. 波义尔少校接替了他的职务，晋升为空军准将。这就解决了天气问题。波义尔一直支持罗伯逊的观点，认为欧文斯应当被给予高质量的情报以保持德国人的信任。

① “关于 SNOW 早期的活动了解得很少，但据知他在上一次战争期间为皇家飞行队（Royal Flying Corps）工作过。在 1920 年前后，SNOW 移民到加拿大，他在那儿作为电子工程师搞了个生意。1933 他回到英国，成为一家金属公司的工程师”，见 Gwyer to B1, 10 Aug. 1943, PRO, KV2/454.

② Robertson, Note to File, 29 Jan. 1940, PRO, KV2/447 Doc. 590a.

于是，巴斯准将唤起的担忧逐渐消散了。[①]

这位 53 岁的、昵称“阿奇”（Archie）的波义尔看起来是巴斯的合格继承人。一战期间，他执行过一些飞行任务，到 30 年代晚期被调到空军部的情报机构任职。战争开始时，他是皇家空军的次长。罗伯逊第一次接触他的时候，他刚刚“被穿上制服”，担任皇家空军情报部的副总监。但是，尽管如此，波义尔有时却会令人意想不到地缺乏判断力。在一次会晤中，当罗伯逊向波义尔展示他建议埃施博恩给德国人发送的一些航拍照片时，有一名助手指出，照片里建筑物的天窗都被刷上了油漆，这是一个明确的标志，表明这些照片是战争开始后从空中拍摄的，因此埃施博恩本来是不可能拿到它们的。尽管如此，波义尔还是对此提议表示了赞成。于是他们俩把照片发了出去。[②]

对罗伯逊来说，至少根据他很多在档的笔记显示，用欧文斯作为双重间谍的真正目的是让欧文斯去抓住别的德国间谍。到当时为止，欧文斯通过与兰曹博士的接触所确认出来的那两个特工则不在此列。埃施博恩之前已经投案自首了。另一位特工，玛蒂尔德·克拉夫特（Mathilde Krafft）不过是一位同情德国的中年女士，她被汉堡要求去给欧文斯汇小笔的钱。与将欧文斯用作双重间谍的代价相比，他带来的回报太小了，罗伯逊指责他工作不力，因为没有其他被派驻英格兰的间谍与他进行过联系。[③] 当欧文斯对李特尔这样说过之后，后者一定会对这种抱怨感到惊讶，因为好的谍报工作的基本原则之一，就是被派到敌方领土内的特工们相互之间是不认识的，这样，当一个人被逮捕时才不会将其他人牵扯进来。不过，到目前为止，已经有太多的例子表明军情五处连基本的

---

① Liddell Diary, 23 Feb. 1940. PRO(NWV). Curry, *Security Service*, 247 对此也有所提及。巴斯从 1938 年 12 月起是空军的情报总监，之后被降职为维修副总监，又工作一段时间后即退休。1943 年他被重新任命为（安全）情报总监。

② PRO, KV2/454, Docs.66a–b.

③ Robertson, Note remeetings with SNOW, 15 Nov. 1939 and 24 Jan. 1940,PRO, KV2/447, Docs.438a, 576a.

规矩都不懂。[1]

军情五处的这种可以被察觉到的无能本身就是个有价值的情报。军情五处对待欧文斯的方式表明它的反间专业水平非常非常差。只有绝对的新手才会让欧文斯这样在战前自由行动的特工在其背景没有得到验证的情况下，在战争期间到地方上进行不受监视的漫游。罗伯逊在档案文件中这样写道：

> 我要他（欧文斯）靠自己收集信息而不是靠我们给他信息。我自然还有一个附带条件，就是他获得的任何信息都要立即发给我们。他显然有点开始回避这个问题了，因为他告诉我说，他曾去过克洛伊登机场（Croydon Aerodrome）和肯利。他说他很高兴他去了肯利，因为那个地方在他走了之后变化很大。他在机场中没有见到飞机，并提议之后找个日子编个好故事再发出去。[2]

然后他又一次令人不可思议地写道：

> 周一他去了哈罗盖特，从那儿又去了格兰瑟姆（Grantham）……第二天他去了纽卡斯尔，从那儿去了西哈特尔浦（West Hartlepool）……那天他又去了沃提夏姆（Wattisham）机场……他说他能够得到瑟斯克（Thirsk）、格兰瑟姆和沃利夏姆（Wallisham）机场附近，位于迪什福德（Dishford）的一座机场的一点儿信息……他没找到关于纽卡斯尔第13战斗机大队的任何情况……[3]

就好像罗伯逊从没想到过，欧文斯不会把他亲眼见到的东西全都跟罗伯逊讲，或者他可能有另一台隐藏的发报机，或者他和另一个没被发现的间谍有联系，或者他有可能把密信寄到军情六处不知道的国外的掩护地址。

① 30年代出版的一战谍报回忆录多次提到需要让间谍身份在互相之间保密。参见：Landau, *All's Fair*, 142 及 Richard Rowan, The *Story of the Secret Service* New York: Doubleday, 1937, 560, 567. 这是几个世纪以来一直遵循的既定原则，这也是为什么每一个阿勃韦尔下属办公室（汉堡分局、吉尔分局、威廉港分局等）都单独招募和派遣其间谍，协调工作则由柏林的阿勃韦尔总部来做。

② Robertson, Note to File, 16 Nov. 1939, PRO, KV2/447, Doc. 438a.

③ obertson to file, Jan. 24, 1940; PRO, KV2/447, Doc. 576a.

这些可能的情况好像对罗伯逊的直属上司李德尔来说也完全不存在。

另一方面，只要欧文斯能到海峡对岸亲自将他见到的东西向他的德国指挥官报告，他对以上这些计策也就没有什么需求。[①] 军情五处这种鲁莽的行径，再加上那些小儿科的代号——查尔斯·埃施博恩的代号是CHARLIE（查理），格威利姆·威廉斯的是GW——可能只会让德国人，特别是李特尔少校严重地怀疑他们的能力。

① A 3504 meldet 4.4.40 bei einen Treff in Antwerpen: “Hauptquartier der 10 und 51 Bomber Squadron in Dishforth. 51 erst seit kurzer Zeit dort.Ausrustung Whitney und Vickers Wellington.” NARA, RG242, T77, 1540. 这非常准确。所以他在去迪什弗斯的时候确实学到了很多东西。英国人没有发现寄密信的掩护地址。Ritter,*Deckname*, p. 150. B3 to file, April 4, 1940; PRO, KV2/477, 722a. 也见 Gwyer 10.8.43; KV/451, Doc. 1624(a).

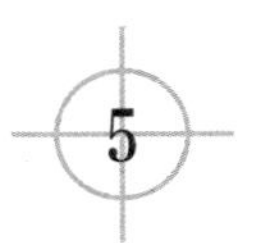

阿勃韦尔布下罗网

1940 年 2 月至 4 月

卡纳里斯上将反对希特勒30年代军事冒险和武力炫耀的原因之一，是担心大不列颠会被卷进某一场他引发的战争中去，这样美国就不可避免地会跟进。如果情况是这样的话，卡纳里斯认为德国并不能获胜，因为美国的经济规模是世界第一，而且其军事实力极强。可是，希特勒就是希特勒，与英美的对抗迟早都会发生。卡纳里斯的工作是搞清楚如何应对这种情况。

迟早中的“早”在 1940 年春天到来了。美国驻伦敦大使馆的一位 29 岁的密码员泰勒・肯特（Tyler Kent），认为罗斯福无视国会的意愿，怒从中来，开始盗窃美国总统和英国海军大臣温斯顿・丘吉尔之间秘密通信的复本。这些消息最为敏感，因为里面包含着总统热心于帮助英国的想法，尽管美国官方的政策是保持中立，但对英的援助有必要的话可以私下进行。肯特收集了大约 1500 份文件，他怀着一种模糊的想法准备有一天将其公之于众，作为总统背信弃义的证据。他将这些材料存在公寓里。

本来一切无事，除了他将秘密泄露给了一个名叫安娜·沃尔科夫（Anna Wolkoff）的白俄，此人很同情法西斯主义。她把从肯特那儿打听出来的信息和文件交给了意大利使馆（意大利当时仍是中立国），意大利使馆转而交给了柏林，这些材料在柏林不可避免地到了卡纳里斯手里。这是战争中最成功的谍报成就之一，因为美国和英国的安全防卫体系在最高层面上被打开了个缺口。[①] 卡纳里斯现在可以确定罗斯福是站在英国一边的，如果机遇到来的话，他会对德国开战。

应该说，军情五处通过麦克斯韦·奈特领导下的B2部门的一些出色的反谍报工作，确实发现了肯特的所作所为，但为时已晚。肯特和沃尔科夫被逮捕，但情报已经泄露出去了。卡纳里斯得到了有用的信息，也许他曾把这些信息和希特勒分享，希望能够阻止他的野心。不过，对于战争来说，更重要的是，卡纳里斯自己最终利用这些消息做了些什么。

那是未来的事儿了。他目前一直面临的问题是，面对希特勒不惜一战地在欧洲扩张德国国土的决心，如何才能遏止纳粹的行动。阿勃韦尔的这位负责人是怎么想的，从他如何对阿勃韦尔的外派机构（特别是驻西班牙和葡萄牙的机构）进行组织和人员调配中能够看出些端倪来，这些国家往往是英国与某个欧陆大国不和时的谍报战场。他主要的考虑似乎一直是要确保关键的位置上是反纳粹的、忠于卡纳里斯个人的官员。

葡萄牙的“战争单位”（KO里斯本）的头目是克雷默·冯·奥恩霍德（Kremer von Aünrode），化名为阿尔布莱希特·冯·卡尔斯特霍夫（Albrecht von Karsthof）。他是前奥地利总参谋部的一名情报官员。他来自的里雅斯特（Trieste），这是一战结束，奥匈帝国解体后从奥地利割出来给意大利的一座城市。这个身份让他绝非是纳粹，而且可能也不是意大利的朋友。他与卡纳里斯特别亲近。

西班牙“战争单位”（KO马德里）是最大，无疑也是最重要的阿勃韦尔中立国分支。它的负责人是一战时期卡纳里斯在海军的老同事威

---

① Richard Basset, *Hitler's Spy Chief: The Wilhelm Canaris Mystery* ,London:Cassell, 2005, 174-175; 及 Anthony Masters, *The Man Who Was M: The Lifeof Maxwell Knight* ,Oxford: Basil Blackwell, 1984, 76-106.

廉·莱斯纳上尉（Captain Wilhelm Leissner），化名为古斯塔夫·楞茨（Gustav Lenz）。1935 年，卡纳里斯复聘了退休的莱斯纳，请他在西班牙内战期间协助管理阿勃韦尔对国民军（Nationalists）的秘密援助事宜，并在德国自己滑向战争的时候，继续留用此人。莱斯纳的参谋先是卡纳里斯的侄子约阿希姆·卡纳里斯（Joachim Canaris），他负责对来自英国的间谍报告进行评估。不久之后，则是在西班牙内战期间为卡纳里斯工作的卡尔－埃里希·库伦塔尔（Karl-Erich Kühlenthal），他的父亲在被纳粹解职前曾任驻巴黎和罗马的陆军武官。①

可以比较有把握地认为，西班牙和葡萄牙的“战争单位”里的所有关键官员都是忠于卡纳里斯的人，荷兰的情况也是如此，在那儿，卡纳里斯在海军时的另一个老朋友特劳格特·理查德·普罗策（Traugott Richard Protze）掌管着在海牙的一个独立情报办公室，直接对柏林负责。直到 1940 年 7 月为止一直担任瑞士“战争单位”负责人的亚历山大·瓦赫（Alexander Wagg），则是通过他的妻子与卡纳里斯联系上的。②

英语国家秘密情报机构的大多数行动都会在这些国家开展，而如此的人事部署能够确保卡纳里斯以他认为适当的方式与他们打交道，而且可能是纳粹完全不能接受的方式。这样便有可能与敌方对等部门进行非正式的对话，可以不必那么担心是否会被纳粹发现，还能够互换信息，互施恩惠，用来让那些急于得到结果的政治老板们满意。与苏联和白俄 20 世纪二三十年代在巴黎进行的打打杀杀相比，在西班牙和葡萄牙进行的情报斗争全然是一场礼尚往来的台球游戏。

再加上挪威、瑞典和希腊的“战争单位”，卡纳里斯用一个反纳粹的间谍活动和情报收集网把德国包围了，用它可以控制输送到柏林阿勃韦尔总部，以及作为阿勃韦尔委托单位的陆海空军情报机构、陆军总司

① Farago, *Game of Foxes*, 513; and CSDIC interrogation of Major Sandel, 16 Sep.1945, NARA, RG65, IWG Box 130. 关于库伦塔尔作为卡纳里斯门生的情况，参见 HARLEQUIN interrogation, PRO, KV2/275.

② Traugott Andreas Richard Protze, PRO, KV2/1740–1; Colvin, *Chief of Intelligence*, passim; and Interrogation Report, Oberst Alexander Waag, 22 Aug.1945, NARA, RG319, Box 242, 68006380. 在法国沦陷和意大利宣战后，瑞士的重要性下降了，因为它被纳粹的领土包围，间谍不再能够轻易进出。

令部和希特勒总部（国防军最高统帅部）的海外情报流量。

只要陆军的情报总监［用的是“第四军需长”[①]（Oberquartiermeister IV）这个有误导性的名字］还不是总参谋部中反对希特勒的圈子里的一员，那么这个战术就是必要的。陆军情报总监库尔特·冯·蒂佩尔斯基希（General Kurt von Tippelskirch）将军是个守旧的、脑子不大灵光的官员，曾在一战期间被俘，在法国的一个战俘营中待了四年的时间。他不是纳粹，但反体制的事情不能信任他。

同样微妙的问题在于，尽管阿勃韦尔主要部门的负责人都忠于卡纳里斯，是反纳粹的，但柏林部分负责人的情况却未必如此。例如，负责阿勃韦尔一部空军司E处（Abw I Luft/E，E代表英格兰）的弗里德里希·布希少校（Major Friedrich Busch）就是个狂热的纳粹。[②] 德国空军（Luftwaffe）则总体上都是支持希特勒的。一旦布希少校（他可不是傻子）收到真正有价值的情报报告，卡纳里斯只能冒自家的风险去阻止他将情报转发出去。由于空军的情报非常珍贵，这造成了特别尴尬的局面。

轰炸机的研发让事情发生了变化。在一战期间，轰炸机用途有限，但在1937年西班牙内战时，轰炸机的效果在小镇格尔尼卡（Guernica）充分地显露出来，让20世纪30年代关注此事的人们认为，这可能比在战场上的胜利能更快更简单地征服敌国；这看起来就是完美的恐怖武器（terror weapon）。

对格尔尼卡的空袭是由一系列德国和意大利借给国民军的轰炸机进行的，目的在于辅助地面部队的进攻。轰炸机没有击中他们的目标，却炸毁了这个五千人小镇的四分之三。抵抗崩溃了，世界震惊了。格尔尼卡，在巴勃罗·毕加索(Pablo Picasso)的画笔下，成为一幅20世纪最有力、最著名的战争画的主题。所有的专家都同意，在下一次战争中，城市和

① 德军的军需长（Oberquartiermeister）并不负责军需，实为德军总参谋长下属的高级作战指挥官，职位在军需总长（Generalquartiermeister）之下，而军需总长实为德军的总参谋次长。——译者注。

② 关于布希这个空军司E处的“纳粹”，参见Lahousen, PRO, KV2/173, Doc. 5a. 布希说他在1940年6月接管空军司E处之后一直负责接收来自英格兰和美国的间谍报告，直到1943年3月：Report to Director on Friedrich Busch, 10 Aug. 1945, NARA, RG65, IWG Box130, 65-37193-307.

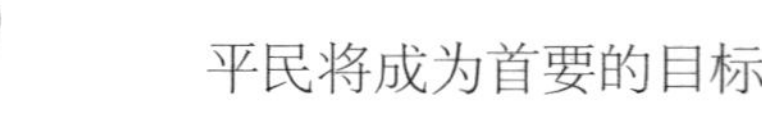

平民将成为首要的目标。

的确，国际联盟随后一致通过一项决议，宣布“对于平民的故意轰炸”是非法的，而且在战争期间，空袭的目标“必须是合法的、可以被识别的军事目标”。欧洲列强，再加上日本和美国，都在急切地寻求发展自身的防空和轰炸能力。这为谍报工作制造了一个巨大的市场，特别是在轰炸瞄准、飞机探测、备战、战斗机和地对空防御这些领域。阿勃韦尔的回应是将其军事情报收集的重点从海军转到空军，这个过程开始于1937年在阿勃韦尔汉堡分局设立的阿勃韦尔一局空军处（Abt I/Luft，空军谍报部门）的一个分处，负责的人是尼科劳斯·李特尔。他手下的第一个间谍就是阿瑟·欧文斯，是从海军部门转过来的，7月时他直接从卡纳里斯那里得到命令，要将他的谍报工作扩展到美国，其中特别强调要盗取由诺登公司设计的投弹瞄准器的图纸。很显然，德国空军想要改善其瞄准能力。[①]

1939年，李特尔接纳了一位没有军方背景的律师卡尔－海因茨·克拉默博士（Dr. Karl-Heinz Kramer）作为他的副手。克拉默通过当时还是中立的匈牙利发展在英格兰的间谍，看起来为汉堡分局做了很好的工作。可是，这些间谍可能从来就没存在过，因为战争开始后不久，克拉默就在斯德哥尔摩成为位于英格兰的约瑟芬（JOSEPHINE）和赫克托尔（HEKTOR）间谍网络的主管，它们给希特勒的指挥部提供了不少情报，但大多数都是误导性的，因为这两个情报网络根本就不存在。克拉默的间谍都是自己造出来的，他们发的消息都是他自己写的。克拉默很大程度上成为“反向活动”的一部分；而“反向活动”是阿勃韦尔反纳粹密谋的标志。[②]

卡纳里斯的推理是这样的。空军情报是下一场战争胜负的关键。他必须成为德国国内最了解邻国军用飞机及防空技术进展的人，这既是为了更好地评估来自外国的威胁，也是为了在偶尔必需的时候，掐断流向

① Ritter, *Deckname*, 19–20; and Farago, *Game of Foxes*, 40–41.
② Order of Battle, GIS Hamburg, 1946, NARA, RG65, IWG Box 133, 65–37193–EBF352.

德国空军和希特勒指挥部的这类情报。为了确保时机来临的时候能够做到这一点，他需要有类似想法的反纳粹人士负责阿勃韦尔一部空军司在汉堡分局的分处。李特尔和克拉默就是他的人选。

打一场地面战争所要做的准备要更为直接一些。法国是传统的敌人，希特勒的外交政策意味着早晚要与他发生冲突。这种可能性如果存在的话，那么最初的战场仍然会包括比利时和荷兰，因此卡纳里斯在战前往这三个国家派了大批的间谍，战争开始后派得更多。他们之中的一些人打着最巧妙的掩护。

举个例子。乔治·德尔凡纳（George Delfanne）是一位 27 岁的前比利时军人，在被阿勃韦尔招募前，他曾晃晃荡荡地做了很多奇怪的工作。他被派去尽可能地弄清比利时军队的部署，他是以一种很经典的方式开始这项工作的。他装扮成一个卖特殊吸墨纸的旅行商人，骑着自行车在比利时转了一圈，系统地察看了所有的军事设施和营地。他的吸墨纸是专门为军事用途设计的，卖得非常好；同时，德尔凡纳也在他的发票簿中匆匆记下了买家的名字和他们单位的位置。不久之后，他便能构建起一幅比利时军队战斗序列的完整图像来，作为补充的是，他还用铅笔画了要塞、桥梁、沟渠、炮台和任何其他有军事意义的设施。在 1940 年 5 月希特勒入侵法国和低地国家的前夕，比利时的防务状况已经被暴露无遗。

但让德尔凡纳成为阿勃韦尔内部的一个传奇的，是他渗透进比荷边境巨大的埃本－埃美尔（Eban-Emael）要塞的经历。这个巨大的建筑物是一座小山，里面满是连接装甲炮塔的隧道，俯瞰着阿尔贝托运河（Albert Canal）。这座完工于 1935 年、有 1200 人驻防的要塞是比利时防御体系的关键，被认为坚不可摧。但它却永远地与德国人的军事天才联系在了一起，因为它被攻占的方式非常出名。德国部队通过滑翔机在其顶部着陆，散开后利用锥孔装药的方式将其大型火炮掩体炸毁。仅仅 28 个小时之后，要塞就投降了。德尔凡纳的贡献是用他的彩色铅笔画出了从空中不可能被看到的要塞关键细节的草图。[①]

可以想象一下德尔凡纳是如何工作的：春天，碉堡入口外正是绿草盈盈，哨兵们享受着阳光的温暖。一个年轻人在附近斜倚在自行车上，抽着一根香烟。在他肩上背着一个帆布包，里面有一瓶喝完又灌上的本地葡萄酒、半条法棍面包、一些奶酪，和他的铅笔。他的吸墨纸样品装在一个人造革的公文包里，挂在自行车一侧的车架上。在某个地方，也许是帆布包里，他有一套学生用的制图工具，里面有尺子、三角板和量角器——所有他在对建筑的高度和深度做三角测量时所需的东西都在里面。在他的后衣兜里是写着名字和地点的发票联……

转眼到了 5 月 10 日，滑翔机从天空中像秃鹫一样盘旋落下。它们飘然落在巨大的要塞头顶，人们渺小的身影东跑西散，烟尘嚣然而起，里面乱作一团……

人们就此能够理解，为什么战时的通例是将间谍处决。

为联邦调查局工作的间谍

把自己推销给英国人当双重间谍，这似乎是欧文斯自己的想法，而且很显然，要花一阵功夫才能让李特尔少校相信他确实已经侥幸成功了。但他确实做到了，结果令人鼓舞。这也表明，阿勃韦尔的对手军情五处不过是虚构的故事和电影中那个无所不知、无所不能的英国安全局的拙劣模仿者而已。阿尔弗雷德·希区柯克的电影《阴谋破坏》（*Sabotage*，1936）描述了一个由一些身穿西装、眼神坚毅的英国人构成的组织，以无情但高贵的职业精神，悄悄追踪一个皮肤黝黑的布尔什维克破坏分子的故事。而在《三十九级台阶》（*The Thirty-Nine Steps*）中，一个极为狡猾、手段老辣的德国间谍则败在了英国特工的精明和英勇之下。李特尔一定认为，真实的生活不会堕落到这么缺乏想象力的地步，但情况

① Interrogation of Georges Delfanne, 8 Mar. 1947, U.S. Army G-2, NARA,RG65, IWG Box 189, 65-57115-5.

恰恰就是如此。

李特尔决定要在美国人身上尝试使用一下双重间谍之计。美国国内最接近安全部门的机构是联邦调查局（FBI）。1940 年 2 月 7 日，一个德国血统的美国人威廉·希伯德（William Sebold）乘船从德国来到纽约。联邦调查局的特工们在等着他，对他翘首以盼。上船之前，他曾用自己的护照丢了的借口在美国驻科隆领事馆寻求返境，在那儿，他对领事官员说，他有极为重要的消息要透露给美国当局的相应部门。于是，对方安排他一到美国就和他见面。

希伯德对联邦调查局所讲的故事与查尔斯·埃施博恩对苏格兰场所讲的类似。他说他在德国有一个兄弟，他们的祖父是犹太人，所以他在被问到的时候别无选择，只能同意当间谍。他从美国回德国去看他母亲，刚一到就有一个德国秘密情报部门的特工与他进行了接触。他在汉堡接受了间谍训练，但从一开始他就下定决心，只要一回到美国就会转而和德国人作对。现在他来了。

当他说他想要制作一部自己的发报机，使用自己的无线电报员时，联邦调查局很乐意地就为他做好了机器，并将其放置在了长岛的森特波特（Centerport, Long Island），并由其自己的电报员来负责操作。联邦通信委员会（FCC）被提醒说有这样一台非法发报机，当从它这儿来的信号被截获时不必采取行动。希伯德的消息用的是换位密码，每天会从雷切尔·菲尔德（Rachel Field）的流行小说《卿何遵命》（*All this and Heaven Too*）中获得一个新的密钥。与德国的无线电联系在 1940 年 5 月 2 日被建立了起来。

和军情五处一样，联邦调查局没有采取对运作一台秘密无线电发报机来说非常基本的防范措施。它总是从同一个地点发报，很显然，他们忘记了德国人知道联邦通信委员会本可以侦测到信号并对其进行突然查抄。实际上，加拿大海军和加拿大交通部的无线测向站迅速就将注意力集中到了这个信号上。[①] 德国人应该会料到，希伯德的发报机之所以还

① Bryden, *Best-Kept Secret*, 26, 46, 引用了加拿大通信安全局（Communications Security Establishment）发布的材料，以及加拿大国家图书馆和档案馆的材料。

在工作，唯一的可能就是被美国人控制了。

无线电安全处也忽略了这一点。加拿大人把他们的测向结果发给了英格兰，导致无线电安全处通知联邦调查局说，有一个可疑的发报机被探测到正位于长岛。联邦调查局回复说，他们已经知道了，而且有“准确的位置”。英国人鼓励美国人让这个秘密电台继续运作下去，直到将其全面调查并“弄清其背后组织的范围”。与此同时，无线电安全处对该电台的通信进行了复制，斯特雷奇的ISOS部门则偶尔地对其进行了破译，结果是得到了这样一些联邦调查局的“珍宝”：

> 1940年11月13日
>
> 邓恩（DUNN）说，美国情报部门通过把情报刻在银餐具和照相机零件等上面将其发送出德国。在刻好之后，他们可能会在上面喷涂上一种金属，等这些东西到了这里以后再将其去掉。

直到来年1月，联邦调查局才对军情五处透露，是他们自己编写的这些消息。[①]

希伯德所讲的这个躲避迫害的故事是个谎言。卡纳里斯鄙视纳粹的安全与情报部门，他也反对迫害犹太人，并且尽可能地帮助他们。的确，在希伯德之前，李特尔少校所派的一个间谍莉莉·施泰因（Lily Stein）也是个犹太人。一年之后当她被捕的时候，她也声称是因为出于对家庭成员的担心而做的间谍。如果情况真是这样的话，她本可以一在美国落脚就安全地联系相关当局。

有关希伯德一事，特别令人印象深刻的就是，那份他带来的、要展示给莉莉和其他要联络的特工看的问题清单。清单中询问的是关于以下等问题的详细信息：轰炸机通过测量无线电波的交点定位目标的方法，“电眼”[②]式近炸引管（“electric eye”proximity fuses），芥子气防护服，风媒细菌战以及自动封口飞机燃料箱。就确定德国战争科

① 第十组（希伯德）的消息发现于PRO, HW19/1-6. 这些文件表明，斯特雷奇是5月开始破译这些消息的。也见Liddell Diary, 13 Sep. 1940and 9. Jan. 1941. 第十组在消息文本中写为Group X。

② 指无线设备中的调谐指示管。——译者注。

学在当时的重点关注方向而言，这份问题清单就像“奥斯陆报告”（Oslo Report，该报告泄露了德国人在无人驾驶机和远程陀螺制导火箭方面的兴趣）一样具有披露性。那份报告在四个月之前被秘密地寄到了奥斯陆的英国使馆。①

希伯德的问题清单中关于利用无线电波将轰炸机导向目标的这一项特别值得注意：

> 1. 查明 ITT 公司（美国国际电话电报公司，International Telephone & Telegraph Co.）是否曾向法国和英国政府提供过一套新的轰炸流程。该流程如下：飞机由某种射线导向目标，在到达目标之前不久穿过第二道射线，之后投放炸弹。尽量搞到与建造此种设备有关的细节，查明它在测试中表现得怎么样，该公司是否与英法政府进行过关于出售它的谈判。②

以上所描述的是已经装备在德国轰炸机上的克尼克拜因系统（Knickebein System），而英国人直到第二年 6 月才靠窃听战俘对话、研究被击落的德国飞机上的神秘设备，以及无线电电文破解等方式推测出它的存在。这个技术一被发现，丘吉尔便命令要以研发反措施作为“绝对的重中之重”。③

至于问题清单中的其他事项，情况如下：英国没有严肃地考虑过细菌战，对毒气防护服的研发刚刚开始，英国科学家研发的近炸引管还在襁褓之中。④ 后者是战术武器方面的一大进步，后来在战争中盟军对其进行了有效的运用。这个技术的想法，是将一个微缩无线电发报机 / 接收机放进炸弹中，当它接近飞机或距地面一定高度的时候就会引发爆炸。这是战争中的一种制胜武器，因为它在接近或者掠过飞机的时候就能够

① 关于奥斯陆报告，参见 Hinsley, BISWW, I, 99–100, 508–512; 及 R.V. Jones, *Reflections on Intelligence*, London: Mandarin Paperbacks, 1989, 265–277,324–327. 两本书内都有报告的文本，读者可以自己判断希伯德的信息是否更有披露性。

② Ducase (Sebold, Sterin, et cetera), NARA, RG65, WWII, FBI HQ Files, Box11, “Espionage in World War II,” 224.

③ R.V. Jones, *Most Secret War*, London: Hamish Hamilton, 1978, 126, 135–137,145–150.

④ Bryden, *Deadly Allies*, passim; 英国的化学和生物研究主要是在加拿大进行的。关于提泽德使团（Tizard Mission）和近炸引管，见同上，51。

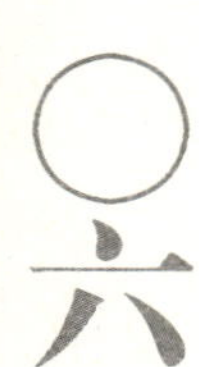

引爆防空炮弹，而不必真的击中它们。

如果在美国人和英国人之间有一个信息共享协议的话，联邦调查局本可以提供很多帮助。例如，他们本可以告诉对等机构军情五处，希伯德的问题清单采用的是在手表背面贴着的还没有“铅笔尖”大的四张微缩照片的形式。而军情五处又过了一年才对这些微缩照片有所了解。

但对于希伯德问题清单来说，真正令人好奇的却是，为什么他当初要将其写在微缩照片上？ FBI 中的一些人可能对此也曾经产生过疑问。这些问题本来是可以用脑子记住的。

正是如此

1940 年 4 月初与李特尔少校的会面将是欧文斯最后一次来到海峡对岸，而这也是对英国的安全最具破坏性的一次。汉堡—柏林间的电传机再次滴滴答答地传递起来自欧文斯的最新消息。第一则消息很长，描述的是皇家空军在英格兰的所有修理和维护设施，包括之后被轰炸了 12 次的圣埃森 (St. Athan) 空军基地的设施。据罗伯逊后来归档了的一篇笔记记载，他是得到了当时刚刚上任的空军情报总监波义尔准将的许可才将此信息发出的。[①]

第二则消息是对欧文斯早先关于英国开发远程飞机探测设备的报告所做的后续调查：

> 编号：汉堡分局 1252/39 阿勃韦尔一局空军处 21.9.39
>
> 特工 3504 号于 1940 年 5 月 4 日在安特惠普的会面中报告：
>
> 以上报告中所提及的设备现在安装在整个东部沿海地区，并于 3 月进行了第一次测试，据称获得了成功。飞机可以在 400 公里开

① A 3504 meldet 5.4.40 bei einen Treff in Antwerpen, NARA, T-77, 1540. 罗伯逊写道，他向波义尔询问，是否对德国人发出的希望得到皇家空军维护设施（包括圣埃森在内）的“准确位置和内含装备”的要求作出回应：B3, Note to File, 2 Feb. 1940 and 4 Apr. 1940, PRO, KV2/447,Docs. 643a,644a, 722a.

外被完美地探测到，据盼将来不会再有令人措手不及的空袭发生。

此种设备固定在木质塔架上，高20—30英尺，直径10—12英尺，有些是圆的，有些是正方形，有些是六角形。4月2日，我在格里姆斯比（Grimsby）和洛斯托夫特（Lowestoft）之间发现了六座塔架，其他的也相隔同样的距离。我无法把准确的位置告诉你们，因为这些区域有重兵把守。我们只能开快车路过这些塔架，想要接近是不可能的。我希望能以别的方式搞到更多的细节……[①]

看来欧文斯利用他的自由和移动能力做了不少事儿。这一次他关于雷达的信息几乎是完全准确的。他描述的是"本土雷达预警系统"（Chain Home radar system），详细准确地说明了这个系统能够侦测到飞机的范围。

这是战争中的制胜情报。如果在英格兰上空展开战斗，德国空军将会占有数量上的优势。电子预警系统会大大提升英国人获胜的机会。德国科学家们一直在就这个想法展开研究，但欧文斯的报告表明英国人已经捷足先登了。对大多数德国飞行员来说，事情很明显，如果德国空军想要在英格兰上空打一仗的话，这些塔架将是首先要被摧毁的目标。

这个由打字机打出来的条目出现在李德尔5月初的日记里："他（欧文斯）没能把太多这个国家的信息交给德国人，他提供的都是我们让他提供的东西。"[②]

如果军情五处中有人让欧文斯把本土雷达预警系统的情况透露给德国人，那可以肯定，这个组织一定出了令人绝望的大问题。

① NARA, T-77, 1540. 消息 Nr. 1252/39 上面的日期 21.9.39 指的是 A-3504 上一份关于雷达的报告。

② Liddell Diary, 19 May 1940.

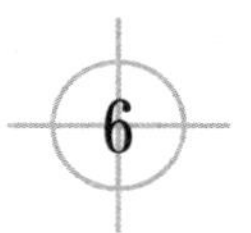

卡纳里斯背叛了自己的事业

1939 年 11 月至 1940 年 6 月

卡纳里斯在入侵和战胜法国的过程中所扮演的角色得到了希特勒的高度评价，这确实是受之无愧。如果没有他的话，入侵法国这个举动可能就不会发生。

对于德军领导层来说，1939 年 9 月初英法的宣战让前景看上去非常黯淡。唯有希特勒是个例外，他永远是个乐观主义者。法国本身有一支庞大的军队，当他们的部队和坦克在英国远征军的支援下，开赴比利时边界时，希特勒的将军们都很担忧。由于此时德国的大多数空军和地面部队还在波兰，敌方的一次迅速进攻有可能会带来一场溃败，这是他们所有人都不想看到的。[①] 无论他们有多么鄙视希特勒，他们都无法忘记，1918 年休战之后，法国人想尽办法羞辱德国，他们不想重蹈覆辙。

对于德国来说，幸运的是，法国和英国在德国人需要从波兰抽回军队的那段时间中什么都没做。双方都在德法边界集结，互相等着对方走先手。希特勒烦躁不安起来，开始催促他的将军们发动进攻。这让他们

① General Alfred Jodl, Nuremberg testimony, 5 Jun. 1946.

起了反心。

1938 年因希特勒入侵捷克斯洛伐克的计划而辞职的前总参谋长路德维希·贝克将军开始散发秘密备忘录，看低德国战胜英法的可能性，并预测将会迎来一场一战式的消耗战。很多军方领导人也和他有同样的担心，包括贝克的继任者弗朗茨·哈尔德将军。不过当贝克提议罢黜希特勒时，又出现了不少抵制的情况。可随着希特勒坚持德国采取进攻姿态，事情终于发生了变化。哈尔德开始说，要给元首安排一次“事故”了。

60 岁的贝克是一个思想守旧的普鲁士将军，对他们来说，军队的荣誉和帝国紧密交织在一起。他被德国将再一次破坏比利时中立的前景吓坏了，担心这会损害德国在世界上的形象。他还说，美国一定会像一战时那样站在英法这边，德国的战败因此不可避免。①

贝克与阿勃韦尔的汉斯·奥斯特上校，以及他的副手汉斯·冯·多纳依进行了合作，并提出一个计划。这个计划很容易就让人联想起 1938 年的流产政变。在该计划中，埃尔温·冯·维茨莱本将军辖下的柏林驻军被要求等希特勒一下达进攻法国的命令就包围政府区。贝克之后将成为临时国家元首，直到看守政府成立。除了维茨莱本和哈尔德，陆军总司令瓦尔特·冯·布劳希奇将军（General Walther von Brauchitsch），和副总参谋长卡尔－海因里希·冯·史图尔普纳格将军（Karl-Heinrich von Stülpnagel）都加入了进来。其中还有一些重要的文官，包括前帝国经济部长亚尔马·沙赫特博士（Dr. Hjalmar Schacht）在内。卡纳里斯也参与了进来。

正如拉豪森上校战后所描述的那样，阿勃韦尔的角色是利用他掌握的经过特殊训练的突击队，一举逮捕希特勒的侍从，如果有可能的话，逮捕希特勒本人。与此同时，在预料到这次政变的情况下，卡纳里斯准备伸出和平的触角。第一步是将教皇作为政变者和英法之间的调停人。一位杰出的巴伐利亚天主教徒和律师，约瑟夫·穆勒博士（Dr. Joseph Müller）在奥斯特和多纳依的指示下被派去接触梵蒂冈。穆勒在 9 月中

① Reynolds, *Treason*, 187-190. 贝克无疑从卡纳里斯那儿了解了很多东西，后者负责为军队收集美国的情报，并得出了如此结论。

旬到达了罗马，10 月中旬的时候得到教皇会进行帮助的承诺。①

卡纳里斯在荷兰使用的战术更为直接。10 月 17 日，军情六处驻海牙办公室接到了一位名叫泰希曼上校（Colonel Teichmann）的人的电话，他是代表格尔德·冯·伦德施泰特将军 (General Gerd von Rundstedt) 和古斯塔夫·冯·维特斯海姆将军（General Gustav von Wietersheim）打来的，他们刚刚结束了在波兰的指挥任务。泰希曼说，一个由军方主导的政变正在酝酿之中，两位将军想知道，如果能和英法停止敌对的话，需要开出什么条件。张伯伦政府在得知德国人的主动之举时非常高兴，回应说，从波兰撤军并尊重捷克斯洛伐克的自主权将是主要的条件。②

冯·伦德施泰特的加入是很重要的。他当时是德国最显赫的司令官，20 年代至 30 年代曾在和平时期的国防军中担任要职，英国人肯定知道他。1938 年，政变集团开始与他接近，但他拒绝了他们。不过这一次，当党卫军奉希特勒之命处决波兰平民中的领导阶级，以此来压制波兰人的反抗之后，伦德施泰特改变了主意。他和冯·维特斯海姆都对这种杀戮表示抗议，但希姆莱和海德里希的别动队（Einsatzgruppen）却无论如何也要将此贯彻到底。③

在张伯伦的允许和他的战时内阁指示之下，海牙的两位军情六处官员与两位将军的代表进行了初步会面，给了他们一套无线电设备和密码，这样，他们在德国国内也可以保持联系。11 月 3 日，德国人发报说两位将军原则上同意英国的条件，希望知道什么样的谈判代表可

① Deutsch, *Conspiracy*, 115-118. 其他的作者认为，穆勒赴梵蒂冈表达意向的时间更晚一些，但 Deutsch 为 9 月至 10 月这个时段提供了有说服力的证据。

② "Summary of Events"，出自 1939 年关于芬洛绑架事件的外交部档案，PRO, FO/371/23107. 标识为直到 2015 年才可公布。这些是当时关于芬洛事件最真实的文件，也是第一份和唯一一份提到冯·伦德施泰特直接参与的文件，与哈尔德将军战后的说法相冲突。这份文件中的"Widerscheim"拼写错误。请注意，卡纳里斯被报告说曾造访冯·伦德施泰特，劝他支持这项密谋。见 Abshagen, *Canaris*, 154. 另请注意：Liddell Diary 的 1939 年 10 月 11 日条目的内容和日期与外交部档案对不上号。这个条目确实值得怀疑，因为军情六处的史蒂芬斯不太可能将密谋政变者的消息与军情五处共享。此外，在绑架过程中被击中的荷兰情报特工的姓氏是克罗普（Klop），看起来李德尔混淆了他与军情五处的"克罗普"——乌斯蒂诺夫（Ustinov）。这些牵涉到英国广播公司（BBC）的情节似乎是贝斯特战后所写内容的一个讹本。

③ Erwin Lahousen, Nuremberg testimony, 17 Apr. 1947, PRO, WO 208/4347. 拉豪森是 1939 年 9 月 12 日在希特勒专列的会议上得知这项命令的。也见 Abshagen, *Canaris*, 145-146.

以被接受。[①]

11 月 4 日，一切看起来都没问题。哈尔德给政变集团的成员们发布了秘密的待命通知，让他们做好准备。第二天，一切却都成了泡影。冯·布劳希奇将军擅自决定给希特勒最后一次机会，劝说他放弃进攻。希特勒像一条疯狗一样对他大骂起来。

布劳希奇个性不是很刚强。希特勒大发雷霆(他的这种举动很有名)，这通常意味着在屋子里踱来踱去，用拳头猛捶家具，砸墙，之后时而声嘶力竭，时而屏住呼吸，直到脸色发紫。这场表演最后以大骂投降主义的“措森精神”（spirit of Zossen）而达到高潮，直指位于措森村的总参谋部。布劳希奇大为沮丧。这时，希特勒停了下来。他放低了声音，眼睛盯着这位陆军负责人说：“你们在策划什么？”布劳希奇颤抖着离开了房间。

当布劳希奇对他说了事情的经过后，哈尔德慌了。他打电话要求立即停止此次密谋，命令所有参与人员立即销毁相关的证据。如果希特勒想要在西线发动进攻的话，那就随他去吧。密谋集团别无选择，只能把他们的计划先放在一边，集中精力于打败法国。[②]

这可没有那么容易。进攻法国人在卢森堡和瑞士之间修筑的马奇诺防线（Maginot Line）上的一连串要塞看起来是不可能成功的，正如贝克所料，经由比利时直接突入法国的军队早晚会止步不前，接着就来了熟悉的战壕对峙。流血、痛苦，这究竟意味着什么，对经历过一战的人来说记忆犹新。但总参谋部仍然尽职尽责地继续研究进攻比利时的计划，就像 1914 年做过的那样。这次荷兰也要牵扯进来。

---

① Summary, PRO, FO/371/23107. 据贝斯特的回忆录《芬洛事件》（*The Venlo Incident*,London: Hutchinson, 1949, 10）所述，10 月 21 日与他会面的德国人是“冯·塞德利茨上尉（Captain von Seydlitz）和格罗施中尉（Lieutenant Grosch）”。前者可能是瓦尔特·冯·塞德利茨（Walther von Seydlitz），他在斯大林格勒被俘后参与了反纳粹的广播。后者可能是在 PRO, KV2/1333 中提到过的阿勃韦尔官员。

② Deutsch, *Conspiracy*, 227–34; and Reynolds, *Treason*, 194–96. 哈尔德邀请卡纳里斯刺杀希特勒，他愤怒地拒绝了。见 Abshagen, *Canaris*,393. 关于希特勒脾气发作的情况，参见 Thomas Fuchs, *A Concise Biography of Adolf Hitler* ,New York: Berkley Books, 2000, 41. 在《大独裁者》(*The Great Dictator*, 1940)中，查理·卓别林(Charlie Chaplin)对希特勒大发雷霆的状态进行了令人捧腹的模仿。

希特勒意识到军方有顾虑，这让他气不平。在他眼里，法国不过是一个只要摇一摇就会掉下来的烂苹果，但他也确实看到了1914年的方案有问题。这种情况让他在10月底提出，利用装甲部队在驻守于卢森堡的英法军队右翼上打开一个孔道，也就是说，经由阿登森林地区进入色当（Sedan）附近法国的开阔原野。[①] 在纳粹看起来快要被推翻的时候，陆军总参谋部对这个想法没什么兴趣；但眼见密谋搁置，他们又仔细研究起这个方案来。这回轮到卡纳里斯再次登场了。

由于汉堡分局的间谍A-3504（在英格兰叫阿瑟·欧文斯）和阿勃韦尔在法国北部边界地区撒下的间谍网的努力[②]，截至1939年年底，卡纳里斯十分有信心地向希特勒保证，英法军队正集结于比利时一带的西部前线，他们打算在德军通过低地国家进行攻击时立即推进迎击德军。但在阿登森林的另一侧，敌军则分得很散。希特勒被告知，如果重击此处，敌军的前线有可能被彻底撕裂。这时，再将部队突然转到突破口的西面并向英吉利海峡一直推进下去，“敌人的整个北方军团便会被围歼”。[③]

11月12日，希特勒单方面命令两支装甲师和一支摩托化步兵师归属当时由冯·伦德施泰特指挥的A集团军群，让他们保持住面向阿登森林的战线。冯·伦德施泰特和他的参谋长埃里希·冯·曼施坦因（Erich von Manstein）有一段时间一直在向陆军总司令部要求更多的兵力，但没有成功。现在他们被告知将作为强攻法国的第二主力——利用装甲部队从阿登森林穿越而出，并跨越过色当的默兹（Meuse）河。[④]

这个想法很快就得到了推动。上一年夏天，英国军事理论家李德

---

① Helmuth Greiner, “Direction of German Operations from 1939-1941 ”, USFET special report 01-SR/43, 17 May 1947, APO 757,U.S. Army, LAC, RG24, 20518, 981SOM(D105-6).

② 欧文斯第一次到海峡对岸（1939年9月15-20日）时告诉德国人，在英格兰，英国军队集结于比利时边界一线的事不是个秘密：NARA, RG242, T-77, 1540. 关于在法国的间谍，参见NARA, T-77, 1549, 1569.

③ Greiner, “Direction of German Operations from 1939—1941”. Greiner没有专门提到卡纳里斯，不过阿勃韦尔的首脑亲自负责对希特勒的简报。他俩每天都会进行正式的交谈，至少也要打电话。请注意，Jodl提到“来自卡纳里斯的无数份报告”；Jodl, Nuremberg testimony, 5 Jun. 1946.

④ Mungo Melvin, *Manstein: Hitler's Greatest General*, New York: St. Martin's Press, 2011, 146-7.

尔·哈特（Liddell Hart）出版了一本新书，内容似乎是尽人皆知的东西：如果德国进攻法国的话，上策是通过比利时。哈特认为，阿登森林是最差的选择，因为那里道路狭窄、沟渠纵横，易守难攻。哈特被认为是装甲战争的主要理论家，而这在当时还是个新概念。他写于 20 和 30 年代的作品给德军总参谋部和其他欧洲国家的军队留下了深刻印象。如果李德尔·哈特说阿登森林不利于摩托化部队的话，那么德国人可以认为英国、法国也持同样的看法。出奇制胜的诀窍正在于此。①

当最受德国人尊敬的运动战战略家海因茨·古德里安将军（General Heinz Guderian）宣称阿登森林是能够通过的，而且进攻应该全力以赴的时候，策划便开始认真地进行了。甚至连哈尔德也被说服了。在法国防线的心窝部位来上重重的一击，能把敌人打得无还手之力。由希特勒调配给冯·伦德施泰特的三个师被增加为一个军团，之后又变成三个，这占了所有可用装甲编队的三分之二。通过荷兰和比利时北部进行的攻击不是主攻，而是佯攻，卡纳里斯再一次发挥了作用。确保进攻方享有关于敌方部署最新最好的信息，这是阿勃韦尔的工作，同时，阿勃韦尔还要隐藏真正的战略意图。卡纳里斯两者都成功做到了。②

但首先，卡纳里斯有一个紧急的问题要解决。哈德尔突然取消了政变的计划使得与英国在荷兰的谈判悬而未定。事情已经进展到了这一步：两位参与其中的军情六处官员，理查德·史蒂芬斯少校（Major Richard Stevens）和 S. 佩恩·贝斯特上尉（Captain S. Payne Best），他们已经做好准备，无论什么时候，只要维特斯海姆将军能亲自到来的话，就把事情敲定。现在整个事情都泡汤了。下一次尝试可能要几个月之后，时间拖得越久，将军们的和平提议就越有可能会被多多少少地走漏给纳粹。冯·伦德施泰特和冯·维特斯海姆都身在致命的危险之中。

① B.H. Liddell Hart, *The Defence of Britain* , London: Faber and Faber, 1939,217-19. 李德尔·哈特的书影响了德国将军一事是我的推测，但我认为不可避免地会得出此种结论。另见 Len Deighton, Blitzkrieg, London: Triad/Panther Books, 1985, 173; 及 Reynolds, *Treason*, 104-06.

② 关于这段时期由阿勃韦尔不来梅支局派到低地国家和法国的间谍名字和简述，参见 NARA, T-77, 1568-9. 和其他的阿勃韦尔中心一样，不来梅的很多记录都已丢失，本应该有更多的材料。

卡纳里斯在亲近他的人中以解决疑难问题时展现出来的创造力而闻名，这一次也得到了证实。他和德国最危险的人、纳粹安全机构的负责人莱因哈特·海德里希关系很密切，两人就像眼镜蛇和獴的关系一样。他们在社交场合和工作中关系都很紧密，年轻的对年长的抱有敬意。有可能是卡纳里斯对海德里希说，他手头有一桩钓鱼行动，可以绑架两名英国情报官员。海德里希手下的党卫军保安局正处于和德国警察部队（包括盖世太保在内）合并的过程之中，目的是成立帝国安全总部——也就是德国的国家安全部。卡纳里斯给这位新的纳粹安全与情报部门的掌门人主动提供了一次展露实力的机会。[①] 当然，这次计划没有笔头记录，但可以从事件之后的结果中对其加以了解。

哈尔德于 11 月 5 日叫停了这次密谋。但两天之后，史蒂芬斯向伦敦报告说，维特斯海姆将军准备与他进行简短的会面。之后，11 月 8 日晚上 9 点 20 分，在慕尼黑著名的贝格勃劳凯勒（Bürgerbräukeller）啤酒馆中正在举行纳粹党忠实信徒们的一次联谊会，一枚炸弹爆炸了，炸死 8 人，炸伤 63 人。希特勒是晚上的演讲嘉宾，刚刚离开不久。

元首被这一有惊无险的事件所震动。他的专列刚刚在纽伦堡车站停车，两位表情严峻的官员就登上车来。希特勒在走廊里会见了他们。

“怎么回事？”他问道。

“我的元首，我刚刚接到慕尼黑的一份报告，在那儿有人企图刺杀您。您离开贝格勃劳凯勒之后一个小时左右，那儿发生了一次很大的爆炸。当时还在那儿的人都被塌下来的天花板给埋在下面了。”

希特勒面色发白。他喘了口气后要找希姆莱。旁人回答说，党卫军的首领在慕尼黑。希特勒激动起来。他命令希姆莱驻扎慕尼黑，直到抓到罪犯为止：“跟他说，他应该无情地处理此事，要把他们连根带叶地彻底消灭。”[②]

---

① 见第二章。

② Henrik Eberle and Matthias Uhl, eds., The Hitler Book: *The Secret Dossier Prepared for Stalin from the Interrogation of Hitler's Personal Aides* ,NewYork: PublicAffairs (Perseus Books), 2005, 49–50.

第二天，也就是 11 月 9 日，史蒂文斯给伦敦打电话说他和贝斯特正在会见“大人物”的路上。但他俩再没回来。

当天下午，贝斯特与史蒂文斯满怀热情与希望地来到了德国与荷兰边境的一座小城——芬洛（Venlo）。一位荷兰情报官员和一位司机陪着他们。与维特斯海姆的接触定在道口屏障间的路上。载着英国和荷兰人的汽车停下的时候，德国人正等在那里。于是两边的人都从车里出来了。

突然间，德国人向贝斯特和史蒂文斯扑了过去，两个人被活生生地塞进了德国汽车。枪声响起，荷兰情报官员随之倒地。德国汽车迅速开回边境。

这次绑架事件上了德国报纸的头条。贝斯特和史蒂文斯的照片被德国报纸纷纷转载，和约翰·格奥尔格·艾尔策（Johann Georg Elser）的照片登在一起，后者是一个当天刚被逮捕的、有些共产主义倾向的失业木匠。爆炸发生之前，他在德国瑞士边境上被拘押了几个小时，原因是他被发现身上带着一些关于如何制造炸药的笔记，一张贝格勃劳凯勒的明信片，以及一些可疑的金属零件。当慕尼黑爆炸的消息传到边哨的时候，官员们心里清楚他们已经抓到了嫌疑人。报纸的报道将贝斯特和史蒂文斯描绘为艾尔策懦夫行动背后的“邪恶天才”，他们一举被新合并的纳粹警察和情报部门擒获。[①]

海德里希心花怒放，神气活现。英国政府则大丢面子。德国广播大肆宣扬说，贝斯特和史蒂文斯是被这样一个子虚乌有的故事诱进了圈套：一批心怀叵测的将军们正在策划一场政变。在白宫的圆桌会议上，斯图尔特·孟席斯替军情六处打圆场，一再坚持说从冯·伦德施泰特和维特斯海姆那儿得来的消息是真实的。一位外事官员事后郑重其事地说：“我们必须得出这样的结论：多方证据比较表明，我们收到的‘触角’根本

① Deutsche Allgemeine Zeitung, 22 Nov. 1939, 由 Peter Koblank（2009）复制到互联网上。作者感谢 Koblank 为他查找 FO371/23107 指明了方向。参见 www.venlo-zwischenfall.de.

就不是希姆莱先生所策划阴谋的一部分。”[1]

换句话说，张伯伦及其政府（包括海军大臣丘吉尔在内）事实上确实搞明白了真相如何。他们拿不准的是，到底什么地方出了差错，并仍然对将军们成功政变寄予希望。

在这场乱局之中，纳粹警察和情报人员并没有搞清哪些将军参与其中。英国人也没有公布他们的名字。

至于格奥尔格·艾尔策，尽管他罪行巨大且引发公众关注，但他却从没受到审判。只有纳粹方面的消息源表明，他于 1945 年 4 月在达豪（Dachau）集中营被秘密枪决，这是希特勒下的命令。但我们无法证实这一点，就像无法确切地证实他从始至终不过是海德里希和卡纳里斯导演的闹剧中的一个配角那样。[2]

欺骗盟军

空中侦察、间谍报告、拦截敌人的无线通信，这些都是了解英法军队在面对德国时如何进行部署的重要情报来源，到了 4 月底，负责对各种来源的情报进行分析比对的敌情署（也就是军队总部的情报机构），已经对法国北部边界沿线敌方军队的位置和军力有了全面的了解。他们在措森的一幅巨大的西欧地形图上将这些内容都标了出来，并不断更新。这段时间潜心于研究即将到来的战斗的哈德尔将军，据说低头看过这幅地图之后，指向阿登森林地区说：“这是他们最薄弱的地带。我们必须要穿过这里！”

负责地图维护的是 40 岁的上尉阿列克西·冯·霍纳男爵（Captain

① Summary, PRO, FO/371/23107. 贝斯特和史蒂芬斯在战争后来的时间里都待在战俘营。
② 纳粹外国情报头目瓦尔特·舍伦伯格（Walter Schellenberg）对盟军审讯官说，他认为策划啤酒馆爆炸事件的是党卫军保安局，目的是提高他们的名望：Information obtained from Schellenberg on the ‘Venlo’ Incident, ca. 1945, PRO, KV2/98. 至于艾尔策是怎么在舞台中心的一个实心木头柱子上打了个洞，并将定时炸弹放到里面，却没有引起啤酒馆顾客和纳粹保安的注意的，仍有很多说不清的问题。

Alexis Baron von Rönne）。他后来因试图阻止希特勒 1944 年在诺曼底取得胜利而死。[①]

就卡纳里斯而言，除了他已经安插好的间谍外，他还在目标国家的边境地带部署了一些携带无线电发报机的特工。他们的特殊任务是对任何最新的军事调动或其他情况进行汇报。安德里亚斯·福尔莫（Andreas Folmer）可能是阿勃韦尔搞渗透的这些特工中的典型。

福尔莫是一个 32 岁的卢森堡人，在去比属刚果（Belgian Congo）寻找发迹的机会之前，他曾在比利时军队里待过 14 年。在发现刚果那里只有酷热和疾病之后，他回到了比利时，搞了些非法的货币买卖，结果很快就进了监狱。1938 年，比利时第二局把他招来沿着卢森堡边界秘密拍照，调查德国人的防御工事。这个任务他执行得非常成功。第二年年初，他秘密地转投了德国人。他的新上司是奥斯卡·海勒少校（Captain Oscar Reile），他来自阿勃韦尔三局 F 处（Abt IIIF，反谍报工作）在威斯特巴登分局的分处。海勒给了他一台发报机，将他以"E-Mann"（这是阿勃韦尔术语，指的是已经渗透到外国谍报机构内部的间谍）的身份派回布鲁塞尔。到 5 月 9 号为止，福尔莫通过无线电发送了很多关于比利时第二局活动的报告，当天，海勒让他立即进入德国。第二天入侵开始。[②]

阿勃韦尔的另一项更为重要的任务，是为侵略计划设计出一种欺骗性的假象来。出其不意在此次行动中非常重要，因为阿登森林是个树木丛生、道路逼仄的噩梦般的迷宫。步兵和装甲单位通过时将会很慢，如果法国人过早地领悟到究竟发生了什么，那么德军有可能会被困在那里，乱成一团，轻易就成为空军和炮兵攻击的牺牲品。

卡纳里斯解决了这个问题，为战役胜利做出了决定性的贡献。他采取了两个步骤。首先，1939 年秋天时，军情五处的明星双重间谍，阿瑟·欧

① 关于这位堪称情报天才的人，参见 the Abwehr card files in NARA, T77,1549, 1568–9. 最有创意的是一位空中飞人演员，他与一个马戏团一起在前线巡回演出。关于英军当时缺乏有效无线电安全手段的情况，参见 Curry, *Security Service*, 295–6.

② U.S. 15th Army, TIC Case No. 865, Final Interrogation Report, Andreas Folmer, 28 Jun. 1945, NARA, RG65, IWG Box 210, 65–56014.

文斯（对德国人来说是A-3504），多次往返于海峡两岸会见他阿勃韦尔的上司并带回报告说，德国人打算从比利时进攻法国。这些报告是真的，但是对于战争的头两个月来说影响不大，因为卡纳里斯预计希特勒会被推翻。随着密谋流产，新的作战计划是进攻阿登森林，那么只需让英国人和法国人在心中彻底认定他们之前获得的情报确实是真的就可以了。[①]于是，在允许吉尔少校和特雷弗-罗珀中尉如此重视的军情八处c科（无线电监听机构）接收到阿勃韦尔派驻在法国和低地国家的间谍们所发出的、碰巧用非常易于破解的密码加密的报告以后，卡纳里斯成功地给英法两国留下这样的印象，即低地国家才是德国人的注意力所在。[②]

其次，卡纳里斯允许通过教皇的和平接触继续进行。到新年之前，这个姿态让教皇私下通知英国驻梵蒂冈公使，一次经由比利时的"猛烈"进攻近在眼前，如果他们认为能拿到合理的议和条件的话，几位身处高位的将军正准备推翻希特勒，避免交战。英国外交部由于仍未确定芬洛到底发生了什么，于是表示了谨慎的兴趣。

与此同时，奥斯特一直在警告驻柏林的荷兰陆军武官海斯伯图斯·萨斯少校（Major Gijsbertus Sas）说，即将到来的一场进攻会经过荷兰。从秋到冬，奥斯特不断向他暗示可能的进攻时间。入春以后他依然如此，殊不知进攻的焦点已经转移到了阿登地区。荷兰政府将信将疑，因为德国在一战期间尊重了荷兰的中立地位，而英国人和法国人在听说了警告

① "1月8日，哈利法克斯对比利时的外交大臣说，我们有一些从意大利和其他秘密方面来源的信息表明，侵略荷兰与比利时的计划并没有被放弃，可能会在2月发起进攻。比利时人很明显有类似的……"见Liddell Diary, 13 Jan. 1940, PRO. 两天之后，李德尔写道，一架被击落的德军飞机的飞行员身上有一些文件，上面说比利时和荷兰是攻击目标。见F.H.Hinsley, et al., *British Intelligence in the Second World War*, Vol. I Is Influence on Strategy and Operations ,London: HMSO, 1979, 128。书里断言，计划的泄露是希特勒转向"主攻"阿登森林的决定性因素。

② Major Gill, Interception Work of R.S.S., 19 Nov. 1940, PRO, WO208/5097. 吉尔少校断定，从威斯特巴登截听的信息表明了"主攻"的路线，但他一定是想说，这些信息意味着攻击将经由比利时/荷兰/卢森堡而不是阿登森林，因为没有证据表明英国或法国收到过指向阿登地区的无线截听情报，见Hinsley, BISWW,I, 131. 明明有更安全也很方便的密码，而阿勃韦尔给货真价实的间谍们的却是简单换位密码，这是拿他们的生命来冒险，太愚蠢了，摆明是在使诈。国防军最高统帅部密码局的密码专家们是不会错过赫伯特—亚德利关于破解换位密码如何导致一位德国间谍被处死的描述的，Pablo Waberski: Herbert Yardley, Secret Service in America: The American Black Chamber , Indianapolis, IN: Bobbs-Merril, 1931, 140-171.

以后则留心起来。①

5 月初，对奥斯特和贝克来说，在他们通过梵蒂冈进行的努力成熟之前，西线的进攻恐怕就要开始了，他们试图为“正派的德国人”开脱责任。他们授权穆勒将以下短函发给教皇陛下：

> 我方首长令我不得不遗憾地通知您，我们的协商无法继续进行下去了，因为我们在成功占领挪威后，无法劝服将军们加入行动。进攻即将开始。希特勒可能要破坏比利时与荷兰的中立地位。②

他们请求将信息发给比利时、荷兰、英国和法国。教皇答应了。

两天之后，5 月 9 日，发动进攻的前夕。晚上很晚的时候，纳粹的无线电侦听机构空军部研究局（Forschungsamt）窃听到从萨斯那里打给荷兰国防部当值官员的电话。“明天拂晓，”他说道，“抓紧了。你能重复一遍吗？你当然明白我什么意思。”③ 他什么意思毋庸置疑。在罗马，比利时公使也得到了警告，他给政府所发的电报同样被截获了。电文复本被送给了卡纳里斯、希姆莱和希特勒。后者据说非常愤怒。

第二天早晨，德军侵入比利时与荷兰，英法快速向前推进进行迎击。正在此时，德国装甲部队突然穿出阿登森林，跨过默兹河，通过色当，从英法部队背后全速向英吉利海峡推进。一切进展完美。盟军消耗了大量燃料，艰难后退。英国人仓皇抵达敦刻尔克（Dunkirk）海岸，在那儿被德军包围。5 月 20 到 21 日，英军大多数撤回英格兰，但武器和运输工具只能丢弃不顾。德国人随后转向巴黎。法国 6 月 22 日投降。

世界为之震惊。希特勒欢呼道，这是历史上最大的胜利。之前泄露警告消息的事只被无关紧要地追查了一下。这表明卡纳里斯已经告诉希

---

① Deutsch, *Conspiracy*, 92–98, 326–41; Abshagen, *Canaris*, 169–78; Liddell Diary, 5 Apr. 1940；Hinsley, BISWW, I, 114—5; J.G. de Beus, *Tomorrow atDawn* ,W.W. Norton & Company, 1980, passim. 奥斯特是阿勃韦尔总部中心事务署的负责人，这不是一个行动部门。常规的内部安全措施应该会使他不能得知计划的变动。可能是卡纳里斯命令他不断警告萨斯。贝克对进攻阿登森林的计划应不知情，因为他已经不在位了。

② Reynolds, *Treason*, 206.

③ De Beus, *Tomorrow*, 140. 关于最后时刻送到英国手中的警告，参见 Liddell Diary, 4–5 Apr., 10 May 1940.

特勒，泄露的消息不过是一种欺骗手段。[①] 确实如此。可以想象，希特勒拍着卡纳里斯的肩膀笑道："干得好！"

黑暗笼罩欧洲

英国秘密情报局（军情六处）受到了重挫。在两战之间，他们将主要精力投入到通信情报之中，这在一战时非常有用。政府密码学校则致力于跟进密码学方面最新的进展，因此它能够破解外国外交官的有线和无线电通信，如果一切顺利的话，还能破解战时德国武装力量的无线电通信。除此以外，传统的谍报方式也一如往常地继续进行着。

军情六处所掌握的这些由间谍和线人构成的海外网络，大体上利用的是英国驻外大使馆和领事馆的外勤人员，通常是以名义上的护照管理员作为掩护。但军情六处也有一些独立的间谍网络。如果大使馆和领事馆一旦突然被迫关闭，人员被迫撤离，那么他们对接下来会怎么样并没有什么准备。军情六处的秘密无线电网络在德国进攻之后甚至崩溃了，他们的人员不得不把发报机装箱之后往海岸撤退。[②] 当希特勒的军队停驻在多佛尔对面的海峡沿岸时，英国人实际上对德国在西欧的活动两眼一抹黑一无所知。

这样一种可悲的局面证明了谍报技巧在军情六处手中是如何彻底衰落的。在这里，运作间谍是一项消极的活动，依靠的是在国外旅行的英国人，或者在当地招募的、直接向英国大使馆内军情六处官员汇报的特工。他们之前没怎么考虑过，一旦某国被占领，如何在敌人后方组织起

① 虽然他们收集到了很多针对奥斯特的要命的证据，但阿勃韦尔内部调查和纳粹安全机构的调查却在没有特别原因的情况下终止了。比起这种观点来说（Höhne, *Canaris*, 415–22），上面的说法更可信一些。在后来的一份不完全的回忆录中，萨斯写道："是卡纳里斯自己下令给我送信的。"据 Deutsch 的观点，卡纳里斯亲自介入此事有效地证明了，奥斯特一直在尊其命令行事．见 Deutsch *Conspiracy*, 326.

② Curwain, "Almost Top Secret," passim. 也见，Jeffrey, *MI6*, 314–16, 378–85; 及 Nigel West and Oleg Tsarev, *Crown Jewels: The British Secrets at the Heart of the KGB's Archives*,Harper Collins, 1998, 302–3.

间谍网络，通过秘密无线电、秘密信使，或隐形墨水信件等方式继续向英国进行汇报。[①] 荷兰、比利时和法国的战败彻底切断了英国主要的国外情报来源。英国正面临入侵，政府和各机构的长官们大声叫嚷着要求得到关于德国人意图的情报，可军情六处却什么都拿不出来。

军情六处的一位官员被从海外的职位上驱逐回国之后，表达了他对事态绝望的看法：

> 当我听说求神问卜在某些圈子里已经成为流行时尚的时候，我几乎不能相信自己的耳朵。但这却是真的。一位有进取心的算命先生成功说服了某些高官，相信他的水晶球可以预卜未来的时间，还能够对当下的形势提供建议。有那么一段不长的时间，他垄断了西欧情报领域，甚至得到了情报部门长官的庇护。有人说，由于没有信息进来，任何方式都比一无所知强；因此水晶球值得一试。我只能寄希望于我们的行动不要受这种幼稚观点的影响……[②]

这位“水晶球占卜师”实际上是一位匈牙利的占星家，他名叫路易·德·沃尔（Louis de Wohl）。他在1935年后曾在柏林待过，在某些上层社会女性圈子中有一定的追随者。利用这层关系，他在英国的危急时刻，成功地挤进了出席者包括英国外交大臣哈利法克斯勋爵（Lord Halifax）在内的一次晚宴。

平心而论，在接下来的几个月中，哈利法克斯和英国情报机构之所以听信了沃尔，是因为他说了个不是很高明的谎。他声称至少可以告诉英国人，希特勒的占星家可能对他说了些什么，这可能能对希特勒什么时候想或不想采取重要行动提供一些线索。[③] 这个建议有一定的吸引力，但实际上希特勒很厌恶占星家，认为他们的技艺是危险的江湖骗术，并

---

① Jeffery, *MI6*, 311.Curwain 的作品和 *Crown Jewels* 也进一步地提到这些问题。也见 John Whitwell, *British Agent*, London: William Kimber, 1966.

② Whitwell, British Agent, 165. 写这话的人无疑就是肯尼思·本顿（Kenneth Benton），他1941年时成为马德里军情六处5科的官员。Kenneth Benton, “The ISOS Years Madrid 1941-3,” *Journal of Contemporary History* 30, No. 3 (July 1995): 359-410.

③ Louis de Wohl, *The Stars of War and Peace*, London: Rider and Company,1952. 也见 PRO, KV2/2821. 这本书很少见，比军情五处的德·沃尔档案要有趣得多。

将他们的支持者关进了集中营。希特勒是个精明的实用主义者，他无暇理睬组织化的宗教，对于故弄玄虚的占星术更是嗤之以鼻。令人惊讶的是，英国外交部竟然对这一点毫无了解。

德·沃尔被给了个上尉的军衔，在伦敦最时髦的宾馆之一格罗夫纳别墅饭店（Grosvenor House）的一间办公室里办公，还被允许在这里开业搞了个只有一个人的战争部心理战部门（Psychological Warfare Department）。于是，他继续出版描述纳粹领导层星座方面特点的小册子，特别强调了那些吉星当值时期出生的领导人。关于德国是否会乘胜渡过英吉利海峡发动攻击，沃尔这样说：

> 我能看到的有利于联合作战的第一个利好面是5月的最后十天，此时木星的位置将会与海王星连在一起，在希特勒生日那天出现……[①]

他的解释是这样的：

> 如你所知，我们太阳系中的每一个天体都与某一个领域的事物“相互联系”。火星与“所有尖的东西”、“所有锋利的东西”，与铁、钢、武器、进攻等这些东西相联。海王星则与“所有隐秘的东西”和“所有无序的东西”，与混沌的、直觉的、秘密的东西相联或有关系。就像火星与铁有关那样，海王星与燃料、化学品、油和大海有关……

这些“天上大事”的接收者之一是海军情报总监，约翰·戈弗雷海军上将（Admiral John Godfrey）。他是个有名的不靠谱官员，想象一下他是怎么看待这些说法的就会感到很好笑。[②]

不过，除了这些不靠谱的事情外，并不是一切都无可救药了。英国确实具有其他国家无法相比的世界邮政和电报通信的优势，世界上大多数信件和电报都要经过英国控制的咽喉点。此外，军情六处的老总监辛

---

① De Wohl, *War and Peace*, 27.

② 他做的事有一样倒是真的：他派了身边一位下级官员去到其他占星家那儿去比对一下他们对天象的看法。共有六个占星家受到询问，六人看法都不同：Montagu, Top Secret U, 29.

克莱尔上将由于癌症已于上一年的11月病逝，接替他的是颇有才干、能讲德文的精明人物斯图尔特·孟席斯，他从1923年之后就一直在情报部门工作。他和丹尼斯顿是辛克莱尔最重要的两个副手，丹尼斯顿负责对外国密码进行秘密攻击，而孟席斯则负责外国谍报活动和反谍报事宜，在20至30年代中，他的大多数工作针对的是布尔什维克的威胁。

孟席斯50岁，热衷于俱乐部活动，热爱打猎，是包括国王和王后在内的最上流社会中的一个"人物"。一战期间，他是军队情报部门和曼斯菲尔德·卡明掌管下的新秘密情报机构军情一处c科之间的联络官。在两战之间的年月里，他在秘密支持流亡白俄与苏联进行殊死搏斗的工作中，证明了自己的精明和想象力。他是伊顿公学的毕业生，是权势集团的一员；共产主义者对他来说是比德国人天然得多的敌人。[①]

无论如何，希特勒现在是敌人，而且他刚刚征服了西欧的大部分地区。孟席斯手中唯一一张有分量的牌，是波兰的密码学家在几个月前赠予的礼物：他在理论上破解了德军恰如其分地称之为"谜"（Enigma）[②]的密码机的工作原理。丹尼斯顿的队伍已经狂热地投身于对此问题的研究之中，并开始研读德国空军的通信，但随着法国的沦陷，这个情报来源便枯竭了。眼下，孟席斯至多希望能得到沦陷国流亡秘密情报机构的协助，并且让他的特工们在剩下的中立国（特别是西班牙与葡萄牙）的社交圈、宾馆、酒吧这些地方仔细寻找线索。

这样一种情报困境一定让温斯顿·丘吉尔愤怒不已。从希特勒进攻西欧的那一天开始，丘吉尔就接过了英国联合政府的领导权，担任首相。作为1914—1918年战时内阁的老资格成员，他一直迫切要求一个有活力的、积极的情报部门，并从一开始就支持秘密对私人邮件进行拦截，支持"40号房间"有开创性的密码破译尝试，总体上鼓励谍报活动。记录表明，他相信"一战战前和战争期间的英国情报机构与任何其他国家相

① Stephen Dorril, *MI6: Fifty Years of Special Operations*, London: Fourth Estate, 2000, 3–4, 189; 及 Jeffrey, MI6, 198.
② "Enigma"，字面意思为"谜"。"Enigma Machine"通译为"恩尼格玛密码机"，是二战时期德国使用的著名密码机。——译者注。

比，无论敌友，都要组织得都更为精密，并更为大胆地追求自己的目标，从而取得了更为重要的成果。”[①] 可在1940年时，他发现情况已不是这样。

军情六处正处于困境，而军情五处的情况更是糟糕得没边。二十年集中精力于对付国内布尔什维克的颠覆，军情五处既没有手段也没有智慧去对付国外一个精明的谍报机构。在战争的最初八个月中，英国通往挪威、葡萄牙的轮渡服务一直在正常运行，这实际上使得他们对大陆门户洞开，军情五处能够拿来显示自己追捕间谍的努力的只有一个中年女子。她被抓到给一个战前就已经暴露身份的德国特工寄了五英镑。他们手上的其他所有间谍都是自己自首的。

的确，除了欧文斯在他的跨海峡之旅后报告的那些情况以外，正如军情五处自己所承认的那样，他们对于阿勃韦尔依然缺乏“在实际工作中可以应用的知识”。这种局面持续了一整年。[②]

作为英国首相，丘吉尔有权了解军情五处的表现，也许这是他所提要求中的头一项。他是一个论功行赏的战争领袖，但却无功可赏。[③] 他也读了由一战时期德国间谍总监瓦尔特·尼科莱上校所著的《德国秘密部门》一书，从书中应该能推断出希特勒已经开展了一场针对大不列颠的、规模宏大的间谍战。[④]

丘吉尔解雇了军情五处从一战以来的负责人弗农·凯尔及其副手埃

---

① Winston Churchill, foreword to *I Was A Spy!* by Marthe McKenna,New York: Robert McBride, 1933, 5.

② Curry, *Security Service*, 128.

③ 关于军情五处在1939年9月到来年5月间没有捕获到间谍的情况，参见军情五处的出版物，“The German Secret Service”, Aug. 1942, NARA, RG65, IWG, Box 124, 65-37193-17. 关于战前抓到的一些情报员，参见PRO, KV4/170. 那个名叫泰勒·肯特的美国使馆职员，不应包括在内。他是盟国破坏安全条例的例子，而并非进行了谍报活动。

④ 丘吉尔读过尼科莱书的证据，在1946年丘吉尔使用“铁幕”（iron curtain）这个比喻来描述苏联是如何切断自己与世界其他部分的联系中能够找到。这是个著名的比喻，其源头难以确定。这个词自身与明焰灯照明时代，剧院舞台上的防火垂幕有关。这个比喻在其他语言里也出现过，但尼科莱上校是已知唯一个在二战前的英语里用过它的人。尼科莱写道：“……越来越明显，在战争期间，敌对集团将像一幅铁幕一样把德国隔离在世界其他部分之外”；Nicolai,*German Secret Service*, 59. 此书于第二年用德语出版，名为《秘密力量》（1925）。也见：Curry, *Security Service*, 77-8. 这样看来，军情五处仅读过尼科莱的第一本书《世界大战中的情报机构、出版与民众心态》（*Nachrichtendienst, Presse, und Volkstimmung in Weltkrieg*, 1921）。

里克·霍尔特–威尔逊（Eric Holt–Wilson）。军情五处大为震动。这对组合已经在一起30年了。时年68岁、面如土色的凯尔收拾办公桌走人了。“我被贺拉斯·威尔逊解雇了”，凯尔在他6月10日的日记中痛苦地写道。威尔逊是文官队伍的头目。①

凯尔在拥有诸多国家机密的中心位置待了太久的时间，他对自己像一般官员那样说被解职就被解职感到极度愤怒。在1942年3月，他骤然去世。②

丘吉尔将军情五处的最终控制权交给了一个高层的专家小组，这是他在就任首相之后一周内建立起来的。国土防御执行小组（Home Defence Executive）被委派的任务是协调战争部、内政部与国土警卫队总司令（Commander–in Chief, Home Forces）之间的安全行动，后者的工作是为英格兰遭到入侵做准备。丘吉尔挑选了斯温顿勋爵（Lord Swinton）担任小组的主席。勋爵受封前名为菲利浦·坎利夫－李斯特（Philip Cunliffe–Lister），是英国国会议员。他曾于1935年担任空军大臣，负责监督英国防空体系的秘密构建，并于1938年离任。他将自己的新职权视为直接负责军情五处，于是开始以任命自己人的方式对其进行改革。行政上的混乱仍在继续。

一位名叫克罗克先生（Mr.Crocker）的人与盖伊·李德尔一同成为B科（Division B）的联合负责人，后者是在哈克尔准将升任替代凯尔之后接替他的。在新成立的“W支部”（W Branch）中，罗伯逊则成为弗罗斯特（Mr. Frost）先生的助手，W代表的是“无线”（wireless）一词。在从运作SNOW发报机获得的经验基础之上，这个新部门的职责是通过截获的通信信息（除了无线电信息之外，还包括非法信件、光源、信号、信鸽等）来侦测敌方特工。不涉及无线电传输的双重特工仍归属于辛克莱尔少校负责下的一个单独部门。

机构的扩张超出了控制范围。新招进来的人不过是因为他们是朋友

① Christopher Andrew, *The Defence of the Realm: The Authorized History of MI5*, Toronto: Viking Canada, 2009, 227.

② 本书作者没有发现他去世的相关情况。

的朋友，有的在招进来之前并没有与行政人员商讨过，甚至在之后都没有主动告知。没有训练，没有可以分享的组织记忆，没有必须阅读的书目。每一位官员都有他自己的部门。行政系统中的条块协作是象征性的，或者干脆就没有。

在1941年由经验丰富的前印度治安官大卫·佩特里（David Petrie）进行重组之后，军情五处最终确实是恢复常态了。但从1940年剩下的时间到来年的前几个月中，它是一个机能失常的臃肿组织，如同一盘散沙。而这正是我们考察军情五处下一步的行动时将要面对的背景。①

德国方面的情况则正好相反。阿勃韦尔干得非常好。卡纳里斯在他一战时的前任瓦尔特·尼科莱上校的建议基础之上，建立了一个比其在秘密情报领域的任何对手都要更狡猾、更强大、更出色的组织，无论对方是比利时人、荷兰人、法国人还是英国人。这是彻底的胜利，甚至连在前进的德军后面部署阿勃韦尔的特别侦察单位，将占领的敌方总部单位丢弃的文件一扫而空这样的细节都照顾到了。它确实辉煌，但又是个悲剧：因为卡纳里斯背叛了自己的事业。

卡纳里斯为希特勒带来了胜利，这是无法回避的。他并不必非要对希特勒说，阿登地区前沿的敌人力量很薄弱；他本可以说敌人很强。他为希特勒提供了优质的情报，元首据此做出了决定。

可以想象，在看到希特勒沉浸在荣耀中时这位阿勃韦尔负责人的不快。德国人现在拥戴他。无论何时，只要他出现在公共场合，都会得到欢呼。年轻的女孩子们向他投掷花束，在他面前晕倒。大多数对他心怀疑虑的将军们现在承认，他可能是一个军事天才，或者至少认为他有着高超的直觉，这是普鲁士军人阶层心目中伟大统帅的标志。与他类似，意大利的独裁者贝尼托·墨索里尼（Benito Mussolini），以及日本的主战派们，都在希特勒的成功中看到了自己野心的未来。墨索里尼在法国投降前几天对法宣战。让这一切成为可能的条件便是卡纳里斯决定帮助希特勒。

---

① Curry, *Security Service*, 168–74; and David Petrie, “Report on the Security Service,” Feb. 1941, PRO, KV4/88.

最要命的是，普通士兵和德国军队的年轻军官现在都崇拜起希特勒来了。他们自愿地、盲目地为他而死。现在对于卡纳里斯来说，已经没有机会利用勃兰登堡团来实施政变了。这支由憎恨纳粹的海因茨上校严加训练的阿勃韦尔精英突击队，现在为他们在敌后的英勇事迹和占领荷兰运河重要桥梁的成就而感到骄傲。反对希特勒的行动命令是不会被遵守的。推翻一个罪恶的制度突然变成了一件难于上青天的事。

卡纳里斯与哈尔德和其他心怀不满的将军们无疑觉得他们别无选择了。希特勒仍是国家和政府的合法领袖。他们可以逮捕他甚至杀死他，但只要他是由帝国议会多数票通过的元首和总理，他们就有军人的道德责任去服从他。一旦哈尔德将军放弃了策划好的政变，那就别无选择，只能尽力争取对法作战的成功。再怎么说，军队的领导人对普通德国士兵负有责任。胜利是拯救生命，失败是放弃生命。

卡纳里斯是一个有着正常情感的人。当他为了希特勒的胜利而利用了忠实的奥斯特和诚实的贝克时，一定感到于心不安。当跟随着德军横扫法国北部时，贝克曾感到不可思议，难以置信。他的整个想法都基于进攻会很快中止这个前提。他完全被搞糊涂了。“贝克面对英法两国的粗心大意和无能领导，就像碰到了一个无法解答的谜题”，他的一个同谋这样写道。①

这道谜语的谜底就是卡纳里斯。让这一切发生的就是他。

现在，卡纳里斯只能盼望希特勒对他取得的战果还算满意，而密谋者们只能另起炉灶重新对付他。也许用暗杀的方式？倒是不乏志愿者。消灭希特勒，消灭纳粹，一个负责任的德国就能比之前更强大地重新登场，英国人也可以再次被拉到谈判桌前。

但他们能吗？

芬洛和梵蒂冈，英国人会记住它们的。英国人之所以不信任德国人提出的和议方案，这是其中两个很好的理由。

① Reynolds, *Treason*, 207.

E-186：内部的间谍

1940 年 5 月至 8 月

这一年早春，在希特勒入侵低地国家之前，汉堡分局的尼科劳斯·李特尔少校（也称兰曹博士）在考虑一个问题。他知道，如果占领比利时与荷兰这近在咫尺的事儿一旦发生，阿瑟·欧文斯将不再可能轻易地来到海峡这边。可这个“小家伙”是不可替代的。他不但是第一个警告阿勃韦尔英国雷达技术进展和英国海岸雷达网存在的人，而且，李特尔还能想出他的其他很多成果：

> 他报告了船只的活动，皇家空军在英格兰和法国集结的情况、美国运送战争物资的情况、强化海岸防御、阻拦气球的部署、商船护送队的编组情况、油库的伪装地址。他也对每日天气情况（通常早晚都有）进行了汇报……[①]

欧文斯比所有其他间谍都要强的原因有三条：他是一个在英国情报机构内部受到信任的间谍；他被允许不受监视地在英国旅行；军情五处

① Ritter, *Deckname*, 167.

在原则上接受一个双重间谍可以单独到大陆上去与德国间谍头目会面。即使能获得一部秘密发报机（欧文斯可能有一部）也不能与最后一个条件相比。对李特尔来说，这一年春天要解决的难题就是找到一个方法，可以让欧文斯继续进行这种亲自会面。

在海上见面是一种可能性，他们4月会面时讨论了这个想法，欧文斯提到他有一个威尔士的渔民朋友可能愿意提供帮助。他们也谈到要欧文斯拿到某些“机场秘密文件”的问题。一个月之后的5月8日，A-3549给汉堡发送无线电报：“已经在进行离境（赴荷兰的）申请。有秘密文件。皇家空军的战斗序列。何时可以见面。”[①]

两天之后，希特勒开始进攻法国和低地国家。看来会面要在海上进行了。

军情五处搞到了渔船和船员，似乎也弄到了答应要给李特尔的皇家空军文件。他们还在欧文斯身边安插了一个和他同行赴约的人，此人是军情五处长期以来的线人，名叫萨姆·麦卡锡（Sam McCarthy）。[②]

之前有一段时间，欧文斯说兰曹博士一直在催他找一个可以在英国替换他的人并加以培养，此人可以到德国去接受相应的训练。军情五处面前呈现出了一个有诱惑力的前景，于是他们鼓励欧文斯找一个也许愿意冒这个险的社会底层人士。接下来，麦卡锡被安排在酒吧里装成一个不起眼的罪犯，愿意为钱做任何事。欧文斯被骗了，喝了几杯之后，开始吹嘘他是个德国的双重间谍，为军情五处工作。他问麦卡锡是否愿意做这一行。报酬非常丰厚。

麦卡锡很快就将此情况报告了罗伯逊上尉，这造成了很大的慌乱。罗伯逊不得不跟他的老板李德尔和哈克尔说，欧文斯似乎是个两面骗子。于是他们满怀焦虑地争论与德国人的会晤是否应该继续，谈到是否应该派出一支武装渔船或潜水艇将兰曹博士抓获，“就像他们在芬

① Ritter, *Deckname*, 199; Robertson, Note to File, 4 Apr. 1940, PRO, KV2/447;and NARA, RG272, T-77, 1540.

② 他是从麦克斯韦·奈特的B2部门调来的，在那儿他的代号是“FRANK”（弗兰克）。参见“Frank,” third to last line, B3x, 20 gr May 1940, PRO, KV2/448,Doc. 853c. 也见下一条注释中，文件 Doc. 855x 提到奈特先生的地方。

洛干的那样”。

最后，他们决定克服这个难题，让麦卡锡和欧文斯一起去，与兰曹博士的碰面还要继续。5月19日，在与麦卡锡一起乘火车去格里姆斯比的路上，欧文斯大谈军情五处有多么“烂”，他多么鄙视罗伯逊，以及为极好的德国人工作有什么好处，他们德国人此时凭击溃了荷兰人、挺进比利时腹地和法国的新闻上了世界各大报纸的头条。欧文斯将火车上的见闻记了下来。等到达的时候，麦卡锡偷偷溜开，在电话里把听到的一切都跟罗伯逊讲了。罗伯逊让他继续盯住。接着，渔船第二天早晨载着自鸣得意的欧文斯和已是满怀敌意、也许极为惊恐的麦卡锡出发了。当天夜里，一架飞机在他们身边盘桓飞行，闪起信号灯。麦卡锡再也受不了了。他对船长说把船上的灯调暗，返回格里姆斯比，并把欧文斯锁在了舱里。欧文斯被搜查时，发现他身上有军情五处的秘密文件，还有被授权带出的皇家空军文件。

罗伯逊急赴格里姆斯比，并于第二天赶到。欧文斯在他仔细的审问下颇感不安，声称他所讲的关于罗伯逊和军情五处的坏话都是为了试探麦卡锡。至于秘密文件——军情五处的“要人俱乐部名单”（IP Club List）——他说他是从前军情五处的官员威廉·罗尔夫（William Rolph）手里得到的，此人是军情五处作为掩护而为他设立的皮包公司的合伙人。他说罗尔夫希望能从中得到2000英镑。[①]

这本应足够证明欧文斯的背叛行为。2000英镑是很大一笔钱，无论罗尔夫可能跟他说了什么，他都应该把这个情况报告给罗伯逊。既然他没有报告，那么一切就应该就此结束了。但事情却不是这样，这里有个更深层次的问题：罗尔夫不是一个普通的叛徒。

1916年，一战正酣，与欧洲其他地方一样，劳工骚乱席卷了英国。

---

① 此处提及的大部分情况，参见Robertson, “Note to File”, 23 May 1940, PRO,KV2/448, Doc. 855x. 这个记录大约4300字长，但罗尔夫的名字被删掉了。不过，利用PRO, KV2/451 Doc. 1803a. Doc. 提到的“W. N. Rolph”，可以将他的名字恢复出来。不过，文件1803a不能被完全相信，因为它与文件Doc. 855x在几个重要的地方对不上号，包括它提到欧文斯一直认为麦卡锡是军情五处的雇员。在文件Doc. 855x中，被涂掉的名字上面是草书书写的BISCUIT（饼干）七个字母，但实际空间占的是五个字母的FRANK的位置。也见Liddell Diary, 22 Apr. 1940.

这本是对工业革命和资本主义兴起的一个不可避免的反应，但随着成千上万的年轻人稀里糊涂地死在法国和弗兰德斯的泥沼中，这个过程被极大加速了。领导阶级（那些凭出身和财富的人）已经不怎么被群众信任，这在1917年的俄国演变成为布尔什维克革命和第一个社会主义国家的建立。类似的不满情绪蔓延在西欧的街道和工厂中，英国也包括在内，在那里，政治和社会上的权势集团更害怕的是劳工代表，而不是德国皇帝。1916年2月19日，一个名为军需部劳工情报局（Ministry of Munitions Labour Intelligence Division，MMLI）的以军情五处官员为核心的特别反颠覆小组组建起来了。表面上，它的任务是在军需工业中打击由敌人煽动的破坏，但它的实际工作是寻找并摧毁革命的种子。

军需部劳工情报局成为英国在20世纪中第一个以搞卑鄙伎俩为己任的机构。它下属的间谍和线人遍布在工厂之中，但不是去搜寻德国人的渗透活动，而是为了通过煽动不满、提倡暴力，甚至建议煽动叛国，来获得可以被逮捕的受害者，就此打击劳工运动。当有关这些活动的报告开始被泄露给公众时，军需部劳工情报局将名字改成了不太起眼的国会军事安全二部（Parliamentary Military Section 2[①]，PMS2），但并没有改变其行动模式。当他们被发现资助了一起刺杀英国首相劳合·乔治（Lloyd George）的劳工阴谋后，在国会下院和媒体引起了骚动，导致此机构于1917年被解散。其部分官员被军情五处吸收，罗尔夫就曾是PMS2的一名高官。[②]

但PMS2并没有消失。在凯尔的领导下，PMS2成为军情五处的一个旁支，而且仍然得到政府高官和很多有权有势人的默默支持。它属下的忠实而又不择手段的特工们是顽固的右翼分子，遍布各处，大多从事民间职业。可以确定的是，凯尔曾秘密地利用他们在20到30年代间从

① 全称为 Parliamentary Military Security Section 2。——译者注。

② Carl Williams, "The Policing of Political Beliefs in Great Britain, 1914-1918," www.lse.ac.uk/collections, 特别是引用了1917年内政部的J.F. Moylan给MMLI/PMS2的罗尔夫的一封信（PRO, HO45/01809/3 425/18）. 也见 Nicholas Hiley, "Counter-Espionage and Security in Great Britainduring the First World War," *English Historical Review* 101, No. 400 (July 1986).

事反共活动。IP俱乐部名单（IP可能指的是“Important Persons”，即要人）一定指的是这些人的名字。如果这份名单已经走漏到纳粹情报机构那里的话，他们会在上面发现与自己志趣相投的人，而其中有一些仍位居高位。[①]

在受到欧文斯的指控后不久，罗尔夫据说被发现已经死在他的公寓里，脑袋扎进了煤气炉——自杀和谋杀在当时都很流行使用这种方法。这样更好。起诉罗尔夫是件棘手的事情：法庭自然想要知道他试图拿去卖钱的情报是什么。[②]

那天是5月22日。除了在敦刻尔克刚刚被营救的英国军队和依然在奔逃中的法国军队，余下的还能有什么？英国人决定不起诉欧文斯，尽管有足够的证据可以绞死他。据罗伯逊的另一则归档笔记所记，欧文斯被归在“严格监视”的类别，并被警告说，如果他再想要耍花招的话，可以走罗尔夫的路。[③]

现在直接要面对的问题是，如果兰曹博士想要继续见面的话，该对他说些什么。他也确实想继续见面。那架闪着识别信号灯的飞机上确实坐着李特尔少校，但在黑乎乎的海面上转了几圈一无所获之后，德军的飞行员掉头回去了。李特尔回到汉堡，一则来自A–3504的无线电消息（英语）已经在等着他了。“抱歉。没能离开英国海岸，那里监视严密。”几天之后，A–3504建议说，他和那个一起去北海的同伴这次去葡萄牙见李特尔。5月31日，他发送了如下信息：

> 开始焦虑。南非何时进行援助？我的人与你在葡萄牙见面较安

① Curry, *Security Service*, 72. 他说这些人以军情五处a科［MI5（a）］的形式继续运作着。也见，Robertson,Note to File, 22 May 1940, PRO, KV2/448, Doc. 853x. 这些“要人”绝对不是同情纳粹的右翼俱乐部成员，因为这帮人的政治意向是公开的；同样他们也不大可能是军情五处和六处的高级雇员，因为史蒂芬斯和贝斯特已经将他们的作战序列交给了绑架他们的纳粹：Schellenberg, *Invasion 1940*, 126–137. 罗尔夫与PMS2的关系由于罗伯逊曾提到过而可以得到确认。

② 关于罗尔夫“用煤气自杀”的讨论，参见Nigel West, *MI5: The True Story of the Most Secret Counterespionage Organization in the World*，New York:Stein &Day, 1982, 4–5. 其中没有给出来源，但所谓自杀的情况至少得到了Farago (*Game of Foxes*, 218)的确认，Farago也没有给出来源。罗尔夫想要自杀是件很奇怪的事儿，因为他能确定军情五处不想让他受审。他更有可能是被谋杀的。

③ PRO, KV2/448, Doc. 870c.

全，带来文件。我在加拿大时他将代替我……我能试试把所有的内幕消息带到葡萄牙吗？[1]

6月14日，单枪匹马的欧文斯头一个来到里斯本。李特尔少校正在等他。[2] 对这个德国人来说，这段路程可不短。由于法国境内还在打仗，他不得不经过瑞士、意大利和西班牙再飞到葡萄牙。这给了他很多思考的时间。

李特尔认定，欧文斯说单靠他自己就这么快地得到了离境许可和葡萄牙签证，这不可信，特别是在法国大难临头、英国来日无多的关口。他质问了一下这个矮小的威尔士人，结果欧文斯立刻就垮了。他承认说自己在逼迫下告诉英国情报机构，他一直在为德国人当间谍。英国人没有逮捕他，而是打算以其人之道，还治其人之身。但他一直说，他心里真是站在德国人一边的。如果李特尔少校愿意的话，他会很高兴继续为他工作。作为他忠诚的证明，欧文斯称他找了个人，以前是个飞行员，因为缺钱，愿意与德国人谈谈。

欧文斯说他是在酒吧里见到的这个人，闷闷不乐，沉默寡言。那人稍微放松了点以后，就过来对欧文斯说，他被很不合理地从空军部的技术部门解雇了。他找了个工厂的活儿，但给的钱不够。他有个老婆，还有个情人给他生了个小孩儿。工厂的工作引起了李特尔的兴趣。欧文斯

---

① Ritter, *Deckname*, 200–2; 及 3504 messages Nos. 125 and 126 of 31 May,NARA, T77, 1540.

② Ritter, *Deckname*, 201–16, 242. 由于法国刚刚沦陷，他不得不经由这些国家飞抵葡萄牙，因此他的记忆尤为鲜活。这次会面在 CDIC 对 Julius Bockel 的审讯中得到证实，见 20 Dec. 1945, PRO, KV2/1333. 李特尔最初也是以英语撰写他的回忆录的，与欧文斯会面的摘录，包括6月12日—17日的日期记录，可以在 Charles Wighton and Günther Peis,*Hitler's Spies and Saboteurs: Based on the German Secret Service Diary of General Lahousen* ,New York: Henry Holt, 1958, 164–70 中找到。其中还有这样一个消息"朋友十五号离开"，见 Frame 0335 on Reel T–77/1540 (NARA). 从这份文档中相关消息的情况来看，似乎阿勃韦尔的安全习惯是不写名字，因此这应该指的是欧文斯。6月9日的消息"朋友代表请喝酒——待一周"应该也是指欧文斯，因为麦卡锡直到7月才去葡萄牙。在 0327 那一帧上对信息有所裁剪。另外，在能查到的军情五处"SNOW"文件中没有关于当年春天欧文斯去葡萄牙的档案，尽管不连续的数字序列意味着很多内容缺失。应当注意的是，德国人仍在接收 A–3504 的天气报告，因为欧文斯虚构的无线发报员在他出去做间谍工作时，仍然照常观察天气。

说这话时放低了声音："布朗先生在军情五处谋了个差事。"① 李特尔过了几秒钟才反应过来。英国情报机构！每一个间谍头目的梦想都是在敌方的情报机构中安插一个特工。

李特尔一开始很生气、很失望，现在逐渐冷静下来。他说他准备相信欧文斯说的话。之后，他们各自回到汉堡和伦敦。不过，李特尔"心情沉重"，决定将欧文斯从他可信任的特工名单上除去，尽管他还会继续和他打交道。如果欧文斯能让那位"布朗先生"去葡萄牙的话，他也打算看看此人如何。

6 月 22 日，汉堡分局将一系列新的间谍报告发到柏林，大多数都与皇家空军的战斗序列和英国防空力量的构成有关。这些信息据说来自 E-186 的口述，此人是汉堡阿勃韦尔三局 F 处（Abt IIIF，反情报部门）的特工，看来有很大的价值。此人报告说，英国空军部已将一些部门移出伦敦，搬入北部一个温泉小城哈罗盖特的宾馆。此外，伦敦阻拦气球的防御状况也得到了细致的描绘。所有这些里面最珍贵的是那些指明了战斗机轰炸机指挥部（Fighter and Bomber Command）总部位置的情报：

> 致：柏林阿勃韦尔一部空军司 E 处
>
> 消息来源：E-186 V-mann 汉堡分局阿勃韦尔三局 F 处
>
> 在哈罗（Harrow）东北的斯丹摩尔（Stanmore）地区，郊区铁路线的终点站西北 200 至 300 米的位置，有皇家空军的兵营。这是南方轰炸机指挥部（Southern Bomber Command）的所在。所有从南英格兰对国外进行的轰炸行动都是由这里指挥的。常能在斯丹摩尔见到国王……
>
> 战斗机指挥部，之前在阿克斯桥（Uxbridge），现在很明显已经搬到了白金汉郡（Buckinghamshire）的海威科姆（High Wycombe）附近……

① Ritter, *Deckname*, 201-02, 211-15. 李特尔回忆录英文版的摘录（也许写于他做战俘期间）也能够在 Wighton and Peis, *Hitler's Spies and Saboteurs*, 166-71 中看到。

返至 阿勃韦尔一局空军处在汉堡分局分处 B.Nr. 1522-23/40 ①

这份报告所描述的地点是正确的，但却弄反了，尽管对于德国人来说不是太大的问题。因为两个地点都会被德国空军的分析师认定为主要目标。②

从欧文斯和李特尔的会面结束到 E-186 的报告被发送之间有五天的间隔，这暗示这份报告是李特尔回到汉堡后自己准备的。E-186 的“E”代表“嵌入”（Eingebauter），指的是打入敌方谍报机构中的间谍。这与欧文斯对李特尔所说的那个在军情五处工作，心怀不满、准备主动叛国的前皇家空军军官的情况正相符。看起来，那些 E-186 信息，实际上是欧文斯提供的他所能搞到的那类情报的样本。

柏林快速做出了反应，非常热情。尽管李特尔随后给欧文斯发送消息的记录没有找到，但还是可以从欧文斯第二天用英语给柏林的回复中大致了解李特尔对他提了哪些要求。由于欧文斯再一次处于了军情五处的控制之下，以下的话都是来自军情五处的：

致：国防军最高统帅部部阿勃韦尔一部空军司 E 处

亲手交给布拉策少校（Major Brasser）

来自 A-3504 的消息 142，1940 年 6 月 23 日发，6 月 24 日收——零点 2 分

秘密文件安全。无法推荐任何人。你能等到麦卡锡好转吗？我自己的签证要一周到十天——可能更长。

① NARA, T77, 1539. 这些转送柏林的情报信息分别编号为 1522/40 and 1523/40，日期为“1940 年 6 月 22 日”。这不是通常的格式，因此有可能它们是当天准备好但是通过信使送达柏林的，因为内容很重要。由于搞渗透的间谍通常由阿勃韦尔的反谍报部门运作，李特尔肯定说过 E-186 隶属于阿勃韦尔三局 F 处。

② 此项情报的内容非常新。轰炸机指挥部是那年 3 月才搬到海威科姆的。斯坦摩尔在伦敦的哈罗区（Borough of Harrow），战斗机指挥部在斯坦摩尔一座 16 世纪的建筑物本特利小隐修院（Bentley Priory）内。斯坦摩尔情报中某一条的开端是这样一个验证串：“Quelle: engl. Ing. der R.A.F. Bekannter des E 186.”意思是：“皇家空军的英国工程师。E-186 的联系人。”

返至 阿勃韦尔一部汉堡分局空军处 B.Nr. 1542/40[①]

后来，语调有些凄惨：

3504 于 1940 年 6 月 26 日告知

你所要的详细情况散布在全国。我尽力给它们定位。出于新军事区和条例的原因，很困难。

返至 阿勃韦尔一部汉堡分局空军处 B.Nr. 1560/40

阿勃韦尔一部空军司 E 处是专司英格兰事务的空军情报部门，位于柏林总部。布拉策少校是这个部门新领导人弗里德里希·布希少校的化名。

很显然，欧文斯对带着麦卡锡将要拿来的文件重返葡萄牙这件事毫不热衷，这些文件可能就是欧文斯在 5 月初许诺给李特尔的皇家空军的战斗序列。或者，也许是因为军情五处不想再冒险将他一人送去里斯本了。他有可能有去无回。7 月 24 日，饱受折磨、一度疑心重重的萨姆·麦卡锡（代号 FRANK）现在大概平复了下来，到达了里斯本。他随身带着第二批 E-186 的情报报告，有些出自欧文斯之手。[②]

军情五处再次指望着德国人能上个大当。希特勒在短短一个多月的时间里征服了法国，震惊了世界，但在麦卡锡乘水上飞机从普尔来到里斯本时，顽强的英国政府公开且轻蔑地拒绝了希特勒议和的"最终"提议。战争将要继续。在法国北部海岸，希特勒在之前就已经开始进行的入侵

① NARA, T-77, 1540. 一段用铅笔写的德语笔记命令将麦卡锡在打字版中改为"朋友"。"可能多于十天"表明，欧文斯不急于再次踏上旅程，或是军情五处不想再一次去冒让他有去无回的险。（对此次通信的如上解释根据的是 3504 和 E-186 的报告被发送给柏林的日期。）

② 孤零零的一页摘录，出自 1940 年 8 月左右军情五处一份关于李特尔的默默无闻的文件，PRO, KV2/85, Doc. 8Aa. 也见 PRO, KV2/451, Doc. 1433B, 以及没标日期的"SNOW, BISCUIT, CHARLIE, CELERY, SUMMER"的案例摘要，里面记载麦卡锡从 7 月 24 日到 8 月 21 日待在里斯本：PRO, KV2/451, Doc. 1803a. Farago, *Game of Foxes*, 274 中也记载是 7 月 24 日。Masterman, *Double-Cross*. 44 将他在里斯本的时间提前到了 4 月。Liddell Diary 给出的日期是他于 8 月 20 日返回。他最终被认定是 7 月 30 日从里斯本进行汇报的 V-Mann 3554，in NARA, T-77, 1569, 他那一个星期的报告记录在 Reel 1540 上。E-186 的第二批消息记录在组 1884-91/40 中，标记为 1940 年 7 月 29 日送达：NARA, T77, 1540. 这些消息似乎是对德国人提问的回复。

英国的准备，现在还要继续往下进行。在这种情形下，任何普通人都是不可能临时飞往葡萄牙的。

希特勒是于8月19日在柏林的一次向全世界广播的演讲中做出的这些和平提议的。丘吉尔的反应很经典："我认为对希特勒先生的演讲不要做任何回应，对他不必礼尚往来。"外交大臣哈利法克斯勋爵替政府做了回复。①

麦卡锡一回来就讲了个似曾相识的故事。德国人立即就相信了他是个叛国者，并渴望在英国开始破坏活动。如果他和SNOW能找一个合适地点的话，炸药和雷管可以通过降落伞送过去。一位南非的特工在比利时等着来帮助他们。SNOW情报的质量最近下降了，兰曹博士希望他能够更加努力。兰曹给了麦卡锡一台替代发报机，这是SNOW一直想要的，兰曹还给了他另一份问题清单。他在汉堡的间谍登记名单上是特工A-3554。②

这台发报机是阿勃韦尔手提箱机型中的一台，德国人似乎完全信任麦卡锡能够顺利通过英国海关，这一点军情五处竟没感到疑惑。③ 麦卡锡在兰曹博士笑的时候也没有看见金牙，这是欧文斯一开始描述他时关键性的特征。的确，麦卡锡给出的是一幅相当不同的图景。据罗伯逊说：

> FRANK对博士的描述如下：
>
> 41岁，身高5英尺8英寸，圆脸，面色红润，高颧骨，胡子刮得很干净，浅色头发分在头的右侧，牙齿不齐，没有发现金牙（这是SNOW提供给我们的他最显著的标志）；左边有一颗牙从嘴里突出，所以在他笑或加强语气时，龅牙将他的上嘴唇推到牙龈的位置。他一口纽约口音，嘴里骂骂咧咧，喜欢讲黄色故事，是个极为平

① John Colville, *Fringes of Power: Downing Street Diaries 1939–1955*, Hodder& Stoughton, 1985, 200.

② PRO, KV2/451, Doc. 1803a.

③ "BISCUIT带着一台手提箱装的全新无线设备和L950从里斯本回来"：Liddell Diary, 20 Aug. 1940 (NWV). 似乎很难相信李德尔认为此事属实：一个普通英国公民可以带着这种东西通过英国海关，而德国人竟然未加怀疑。关于从普尔到里斯本，及A-3454的情况：U.S.Navy spy card index, NARA, T77, 1568–9 and actual messages on Reel 1540.

凡的人。[①]

罗伯逊写道，他认为这是同一个人，但是很难想象他是如何解释金牙上的出入，以及 FRANK 提到的兰曹表现得像个丑陋的美国人的事。在战后的回忆录中，李特尔提到他在 1940 年只去过里斯本一次，那是 6 月见欧文斯的那次。看起来麦卡锡见到的是李特尔的代理人。

此时，军情五处正处于谷底：各个层级的人员都处于一种消极反抗的状态之中；接替弗农·凯尔的加斯帕·哈克尔准将与他的新主管们在工作上无法取得任何进展；成千的难民涌入，让安全处理能力岌岌可危。很多有经验的官员都准备离开了。罗伯逊小小的双重反间工作是即将到来的行政管理崩溃大潮中为数不多的几个平静之处。埃施博恩、欧文斯，现在还有麦卡锡，他手头有三个双重间谍在对德国人进行汇报：CHARLIE，SNOW 和 FRANK（重新起名叫 BISCUIT），再加上 DRAGONFLY，这是一个正在发展中的双重间谍，也与汉堡分局有联系。

战争已经开始十个月了，这样的表现确实很糟糕，但有丘吉尔在一旁随时咬着他的雪茄，督促着斯温顿勋爵，总算还有点儿什么指望。

SNOW 在 7 月发送的无线电消息中，包含有一定数量的有关英国防御入侵的假情报，不过主要内容还是对伦敦天气的精确观察报告。但是也有几条普通情报。在通过汉堡电传到柏林的 A-3504 的天气报告中，有这样一则：

> 机密
>
> 交国防军最高统帅部阿勃韦尔一部空军司 E 处
>
> 3504 于伦敦，7 月 29 日 23：30 发送
>
> 螺旋桨轮船“布列塔尼亚号”（SS Britannita）在利物浦的哈斯基森码头（Huskisson Dock，原文有误），载有美国军火。“田园诗号”（Georgic）在加拿大码头。[②]

① 孤页，无日期，PRO, KV2/85, Doc. 8Aa. 此页好像并不属于这份文件。

② NARA, T-77, Reel 1540. 这条消息一定得到了罗伯逊的许可，除非欧文斯在别的地方有一台秘密发报机。

“布列塔尼亚号”是一艘中等大小的客轮，属于锚索（Anchor Line）航运公司。根据当时的战争伦理，如果客轮被认为运载了战争物资的话，敌方攻击它所造成的惨重的无辜平民伤亡可以免于承担道德责任。这在1940年是常识，因为这是德国人在一战时为击沉“卢西塔尼亚号”（Lusitania）所做的辩解。

六个月之后，“布列塔尼亚号”在西非海岸遇上了以汉堡为基地、专门袭击商船的“雷神号”（Thor）。“布列塔尼亚号”被炮火击沉，127名船员和122名乘客遇难。幸存的一些人划着救生船到了1600英里[1]外的巴西海岸，这是人类忍耐力的壮举。

还有一些影响更直接的情报。在麦卡锡去里斯本的时候，他还随身带着一些应该是从欧文斯那儿得来的报告。他把这些报告和他自己的，以及E-186的报告都一起交给了德国人。欧文斯的一份报告相当详细地描述了轰炸对南安普敦（Southampton）造成的破坏。接着是这份报告：

> 交国防军最高统帅部阿勃韦尔一部空军司E处
>
> 3504于伦敦经由里斯本，7月30日发送
>
> 皇家空军的部分行政人员已经被转到兰贝斯桥（Lambeth Bridge）附近的泰晤士大楼（Thames House）。远处能看见，是一座大型白色建筑。

麦卡锡也提供了自己的版本：

> 一部空军司的新V-Mann（3554）亲自发送
>
> 所有飞机生产的总部，以及比弗布鲁克（Beaverbrook）的办公室，位于兰贝斯桥附近的泰晤士大楼内。大型白色建筑。不要搞错。

据罗伯逊说，波义尔准将实际授权发送的内容是：“飞机生产部位于泰晤士大楼，据信正在搬往哈罗盖特。比弗布鲁克是部长。”[2]

---

[1] 约合2575公里。——译者注。

[2] Robertson, Note to File, PRO, KV2/448, Doc. 900A. 这些消息的编号是NARA, T-77, 1540, under 3504 and 3554.

如果这些消息确实存在的话，那的确是对德国轰炸机发出的邀请，而它们是如何从罗伯逊那儿传出来的却还是个谜。但希特勒尚未同意轰炸岛内的城市目标。[①] 甚至当他同意时，德国空军也没有按照这些情报来做，泰晤士大楼才得以幸免。当然，麦卡锡是无法预料到这些结果的。

出于偶然的原因，德国秘密情报部门（纳粹和阿勃韦尔）有很好的理由不想摧毁泰晤士大楼。从对史蒂芬斯和贝斯特（在芬洛被绑架的军情六处的那两个人）的审讯中，德国人得知泰晤士大楼是军情五处的总部。[②] 如果情况属实，那么阿勃韦尔和海德里希的盖世太保将有希望在不远的将来见到他们的敌人同行们，这比起将他们杀掉来说是个更好的选择。原因何在？因为希特勒已决定入侵英国。

时值 8 月 1 日。到目前为止，德国空军的攻击目标都仅限于船只和英国南部的港口。但丘吉尔已经下令血战到底，确实也会是如此。德国人在沦陷国的沿海地带征集各种小型船只，并将它们集中于英吉利海峡法国一侧的港口中。德军的计划制订者开始评估穿越海峡需要何种后勤保障，以及一支由几个师组成的登陆部队在岛内打向伦敦的时候，其补给如何维持。希特勒起了“海狮行动”（Unternehmen Seelöwe）这个名字，这将是继八百年前征服者威廉（William the Conqueror）之后，第一次有人跨英吉利海峡入侵英格兰。不过，首先需要在空中打败英国。

丘吉尔创造了“不列颠战役”（Battle of Britain）这个说法，它逐渐被用于指代从 8 月第二周开始，直到 9 月中旬期间，皇家空军的年轻飞行员们与德国空军之间进行的英勇斗争。双方在力量、士气、勇气和能力方面势均力敌。他们的飞机，特别是战斗机，在武器和作战表现上旗鼓相当。著名的喷火战斗机（Spitfire）与德国的 BF-109 式战斗机相比，也许略占优势。英国的一个额外优势在于他们的飞行员是在自己国家的领空上战斗，如果被击落的话还能被营救。当然，这里还有雷达。这种

① Michael Korda, *With Wings Like Eagles: The Untold Story of the Battle of Britain*, Reprint , Harper Perennial, 2010, 197-8.

② 此时，纳粹安全机构相信，军情五处位于泰晤士大楼。而今天这里确实是军情五处的所在地。

电子眼能够发现集结于法国的德军轰炸机编队，使防御方能够集中足够的战斗机，让白天袭击英格兰的德军付出巨大的代价。

这是这场战争中最大的神话之一。德国空军领导人赫尔曼·戈林（Herman Göring）确实以进攻英国雷达预警系统作为战斗的开端，无线电报塔从空中能够清楚地看到。英国没有给现场的工作人员提供掩体，因此伤亡立现，有些站点因此而无法工作。然后，出于某种原因，戈林放松了进攻，转而把精力放在机场和皇家空军的基础设施上。如果他一开始就毁掉皇家空军的眼睛，他将会赢得这场战斗。

英格兰东南地区天空上的战斗机大战在麦卡锡 8 月 20 日回到伦敦时到达高潮。而他也完成了他的职责。A-3554 成为从布里斯托地区向德国进行报告的间谍，一开始是靠他自己，后来通过 A-3504。FRANK 被改名为 BISCUIT，不久便成为一名空有其名的双重间谍，因为 A-3504 发送的信息包含了 A-3554 的报告，这种情况下也就不需要麦卡锡再动手写它们了。

关于那些泰晤士大楼消息的源头，麦卡锡也许有他自己的想法。在他返回后的那些天，伴着敌军飞机在英国东南部晴朗的田野和城镇上纵横交错的轨迹，麦卡锡时不时地一醉方休，趁着酒劲给欧文斯打电话，跟他说自己准备过来宰了他。[1]

① 无落款文件，27-28 Aug. 1940, PRO, KV2/448.

姓名付之一炬

1940 年 9 月至 10 月

1940 年 9 月初，因为没能在英格兰击败皇家空军，德国空军领导人赫尔曼 · 戈林将重点转向轰炸城市，并逐渐转为夜间轰炸。英国人称之为“Blitz”[①]。伦敦、伯明翰（Birmingham）、考文垂（Coventry）和其他工商业中心整个秋天都在遭受燃烧弹和烈性炸药的狂轰滥炸。

11 月 14 日，500 多架轰炸机的突袭对考文垂造成了严重破坏。伯明翰在 11 月 19 日也遭受了野蛮的攻击。平安夜，526 人在曼彻斯特的大火中丧生。德国轰炸机仍然在奉命轰炸英国与战争相关的工业设施。按照 1937 年国际联盟的决议，轰炸应仅限于军事目标，但因为工厂不可避免地处于都市地带，这就一定会对平民人口造成大量的破坏和伤亡。不过，公众对于这场战争的支持非常坚定，这让丘吉尔大受感动。他年轻的助手约翰 · 科尔维尔（John Colville）在日记中写道：

> 1940 年 9 月 20 日，星期五
>
> 他（首相）对德国人越来越不手软，因为他看到德国人在旺兹

① 德语“Blitzkrieg”的简写，意为“闪电战”，中文称为“伦敦大轰炸”。——译者注。

沃斯的恐怖行径后被深深震动：一枚地雷给当地造成了极大的破坏。他不停地说要把德国人全阉了。他说，这里不会有关于“公正的和平”的废话。我确实感觉这是错误的态度——不仅不道德而且不明智……[①]

但轰炸的效果确实可怕。据旺兹沃斯区幸存下来的一些人说：

炸弹落地时，先是一次向外的爆炸，然后等其再次向内爆炸，又会造成一次同样大的破坏。你经常会发现很多地方的墙都倒了。这就像你往玩偶之家里看时没有后板一样。你能看见所有东西。楼梯还在，床和所有的家具也还在……

如果炸弹投到一些地方炸死许多人，他们会告诉我们说，找到了多少具尸体，多少四肢，多少脑袋——就像这样可怕的事情……[②]

不过，对戈林来说，城市比机场更加有利可图。城市很大，建筑很多，如果炸弹没有击中预定军事目标，它们也没浪费。

戈林也有一些转而在夜间轰炸伦敦的动机。8 月 12 日，A-3504 发了这条消息：

1940 年 8 月 12 日，机密 致：国防军最高统帅部阿勃韦尔一部空军司 E 处

探照灯的位置被查明位于伦敦证券交易所（Stock Exchange）、英格兰银行（Bank of England）和大理石拱门（Marble Arch）附近的塞尔福里奇百货公司（Selfbridges）楼顶上。[③]

如果这个消息是真的，那么轰炸机飞行员只需要根据光的情况来给自己定位，便能获得在英国的一些重要的历史遗迹上投下烈性炸药的机会：也许是威斯敏斯特议会大厦（Parliament at Westminster，实际上炸到了），或是圣保罗大教堂（St.Paul’s Cathedral，街对面的建筑被毁），

① Colville, *Fringes of Power*, 245.

② www.wandsworth.gov.uk/info/200064/local_history_and_heritage/122/wartime_voices/4.

③ NARA, RG242, T-77, 1540. 请注意，德国空军尚未开始夜间轰炸。

或是特拉法尔加广场(Trafalgar Square,有弹坑,但纳尔逊纪念柱还完好)。如果这些建筑被毁，将对英国士气形成巨大的打击。

很难解释这条消息。此时，在英国上空的战斗主要在白天进行，德国人的目标仍是用消耗战打垮皇家空军，消灭他们的基础设施。对城市区域的攻击和大规模的夜间轰炸直到秋天才开始。

奇怪的是，罗伯逊继续让欧文斯像之前那样在全国漫游，造访空军基地，去看看他能看到什么。在欧文斯还能去欧洲大陆会见他的德国上司时，这可能还讲得通，但当两方仅限于无线电联系时，这就几乎没有必要了。

而且，甚至在1940年的夏天和秋天，当英德飞行员在英格兰上空鏖战之时，欧文斯仍在机场数飞机：

> 1940年8月27日
>
> ［军情五处职员，身份不详］
>
> 我问道，SNOW下午出去看看他能否搞到机场或空袭破坏状况的信息，此事可行吗？罗伯逊上尉说，他按这种方法能搞到的所有东西都可以发送出去。
>
> 我给伯顿（Burton）打了电话，告诉他SNOW要出去，可能要去诺斯霍特（Northolt）或其他他能去的地方。我也让伯顿尽力调查一下昨晚的破坏是什么样的。
>
> 从辛克莱尔少校那儿得到两条没什么价值的信息——一条是关于从机枪里发射金属丝所形成的新式飞机陷阱；另一条是有关一种新式的砰砰炮（pom-pom gun，一种皇家海军使用的2磅快击炮）。把它们转给了伯顿，他说他们见到了33架喷火战斗机、3架飓风战斗机（Hurricane）、2架布伦海姆战斗机（Blenheim）、1架无法确定型号的双翼飞机。所有的上面都有YD标记，全都进行了伪装，停在诺斯霍姆的隐蔽地点……
>
> 由于诺斯霍姆的这个消息似乎包括不少很好的内容，我询问了辛克莱尔少校，他觉得我应该给D of I部门（空军情报部门）打个

电话，确认发送这条信息没有问题。我给空军中尉巴林（Baring）打了电话，解释说罗伯逊上尉在休假。因为与 SNOW 的情况有关，我想知道，将上述我方特工在路上观察得来的消息发送出去是否妥当。

他征询了 D of I 部门空军的意见以后回电话说，任何情况下都不能发送这种信息，如果想对一开始的安排进行任何变更，罗伯逊上尉或其他官员一定要亲自来找 D of I 部门进行确认。我说我知道 D of I 部门对罗伯逊上尉说过，任何普通情报员在路上看到的任何信息都可以发送，但巴林中尉好像对此并不认可……[①]

但是，这条消息最终还是发送出去了，而且准确地出现在汉堡—柏林的往来消息文件中，除了日期是 9 月 18 日，这已经是大概三周之后了。另一方面，很明显来自“无线陷阱”的假消息，是在第二天转发的。

7 月，当麦卡锡与德国人在里斯本会面时，对方事先通过无线电要求他带上他的身份证（他的证号是 KRIY 272-2）和配给簿（正好是粉色的旅行者款）。当汉堡给 A-3504 发报索要一些在身份证上使用的、“可作为样本的人名和号码”时，麦卡锡还在里斯本。军情五处马上就提供了样本，让 SNOW 回复了 20 个，包括威尔逊（Wilson）、威廉斯（Williams）、威廉姆逊（Williamson）和伯顿（Burton）这些名字，以 CNSO、PNAJ、BFAB 为前缀的序列号，以及 318-1、141-1、141-2 这些后缀。[②]

大约六周之后，在 1940 年 9 月 6 日清晨的昏暗晨光中，一个战前

① 来源不明，似乎出自某一日志或日记中的一页，27-28 Aug. 1940, PRO, KV2/448. 与飞机陷阱（一个明显不太合理的想法）有关的消息在次日的汉堡—柏林文件中出现，而关于喷火式、飓风式和其他诺斯霍特的情况则在 1940 年 9 月 18 日的汉堡—柏林消息中出现，此时该信息已经过时。辛克莱尔少校是当时双重间谍事务的实际负责人。见 Curry, *Security Service*, 161. 请特别注意，这意味着罗伯逊没有得到上级授权就将消息发送了。这与迈斯特曼在《双十系统》中认定只有得到许可的消息才能发送的说法相矛盾。

② 1942 SNOW 案例分析（缺页），PRO, KV2/451, Doc. 1433B.SNOW 将有身份证信息的几条消息发送了出去，它们以编号 Spruch Nr. 174 为起始。见 NARA, T77, 1540. 请注意，有一条消息也发送给了 IG Berlin，这是阿勃韦尔负责伪造文件的部门，还抄送给了柏林阿勃韦尔一部空军司 E 处。另一份副本抄送给了李特尔，他当时在布鲁塞尔分局。威尔逊、威廉斯和伯顿都是军情五处官员的姓氏，最后两位当时直接负责 SNOW 事宜。见 PRO, KV2/451, Doc. 1075a.

为德国人在英国做间谍的瑞典纳粹党人约斯塔·卡洛里（Gösta Caroli）在北安普顿郡（Northamptonshire）的登顿（Denton）附近的一片田野上跳伞着陆。青天白日，他被发现在一个农场工人身边睡着了，这位工人于是通知了当地的治安官。被捕后，卡洛里被发现携带了一台发报机、几张地图、200 英镑现金，和一张序列号为 CNSO 141-1 的身份证，很显然，这与军情五处之前提供的序列号是可以对上的。①

在对其审讯期间，卡洛里表示，另一名跳伞间谍跟着要来，他们俩要在诺丁汉的一所酒吧会面。果不其然，两周后，一名持丹麦护照、名为"伍尔夫·施密特"的人被警察抓获。他被发现有一张英国身份证，名字是威廉姆斯，序列号为PNAJ 272-3。名字、字母、号码又是如此接近，这不可能是巧合。最终，这些事件与欧文斯的联系被以下情况所证实：两人都有写着阿瑟·欧文斯名字和他当前地址的纸条。② 六个月之前，罗伯逊上尉还在痛斥欧文斯没能招来其他可供逮捕的间谍。现在他终于有了两份新奖品，而真正的阿瑟·欧文斯却已经不用做任何事了。

卡洛里和施密特除了被抓别无可能。在卡洛里到达前的几周里，德国人发送了好几条秘密信息询问欧文斯，能否为一位降落伞间谍建议合适的着陆地点，并许诺说其他的间谍将在德国人所称的"丽娜行动"（Unternehmen Lena）中陆续赶到。按照军情五处的理解，德国人打算通过"丽娜行动"在英格兰散播一批携带无线电设备的间谍，在跨海峡入侵开始以后，他们便会对英国部队的调动进行报告。③ 这个看法有根有据，特别是皇家空军在夏天大部分时间里都看到了小型舰船在法国北

---

① RO, KV2/451, Doc. 1075a; and Stephens, *Camp 020*, 138—139.

② 施密特也带着一张签有麦卡锡的身份证号 KRIY 272-2 的配给卡，见 PRO, KV2/451, Doc. 1433B. 如果施密特是一个合法被捕的真正间谍，这就会是汉堡分局极为无能的例证，因为这可以让警察直接找到 A-3554。关于卡洛里和施密特两人都携带欧文斯姓名和地址的情况，参见战略情报局关于汉堡分部的文件：NARA, RG319, IRR XE010158, Box 6. 战前的间谍文献中会讲到德国人是如何让他们的间谍相互间不发生联系的，如果英国人读过的话，本来肯定能发觉以上行动都是刻意为之的。

③ PRO, KV2/451 ; and Liddell Diary, 6 Sep. 1940. 丽娜大婶是海伦娜·斯克罗德茨基（Helena Skrodzki）的昵称，她是战前阿勃韦尔驻荷兰、比利时的反情报头目理查德·普罗策的秘书，见 Farago, *Game of Foxes*,101. 卡纳里斯十分信任这两个人，李特尔在比利时境外指挥丽娜行动的特工时，联络人可能是普罗策。

部港口里大量集中的情况。

无线电安全处拦截到的阿勃韦尔无线电通信，看起来为这些与汉堡之间的交流提供了令人信服的支持。他们还发现，汉堡站与瑟堡（Cherbourg）、布鲁塞尔、巴黎等几个分站都有联系，发送的是与“忒修斯号”间谍船所使用的密码类似的简单密码。吉尔少校和特雷弗—罗珀中尉没有把这些往来消息交给政府密码学校，而是再一次靠自己破译了密码。令他们很高兴的是，他们发现，在德国特工被派遣之前，他们就已经能窃听到阿勃韦尔关于“丽娜行动”的讨论了。实际上，军情五处甚至在施密特到达英格兰之前就已经给他起好了“TATE”这个代号。①

这些降落伞落地的时候，军情五处正处于行政混乱的顶点。否则的话，总会有人能意识到，敌方在法国北部和比利时的秘密情报分支在通信电缆完全可行的情况下，不太可能通过无线电的方式进行相互交流，或以此种方式联系汉堡。实际上，阿勃韦尔的官员们只要拿起电话来用简单暗语进行交谈，就完全可以既容易、又安全地讨论他们的“丽娜行动”了。

相关的军情五处官员也曾谨慎地向一些具有基本军事知识的人士咨询。他们被告知，9 月中旬对于考虑征服英国的希特勒来说，时间太过近于冬天。实际上，希特勒在 9 月 14 日将入侵计划无限推迟，而施密特则是在 9 月 19 日才落地的。②

“罐头眼”（Tin Eye，得名于他经常带的单片眼镜）史蒂芬斯上校负责主持对卡洛里和施密特的审讯。他是一位四十岁左右的、没有任何治安或调查经验的前印度陆军军官，在两个月前刚刚被任命为军情五处

---

① White, PRO, KV4/170; and Liddell, Diary, 8 Sep. 1940. 我无法找到他所说的第一组（Group 1）拦截消息，它们不在所研究这个时段的文件 HW191/1 中，可能是因为 HAW19 仅仅包括了由斯特雷奇在政府密码学校所解码的 ISOS 系列文件。关于在汉堡的第一组，参见 Bob King, “The RSS from 1939 to 1946” ,www.zamboodle.demon.co.uk/rss_old/box25his.pdf; 及 Trevor-Roper, Sideways. 这些密码应该是吉尔和特雷弗-罗珀所破译的简单换位密码。

2 卡洛里登陆两天之后，国防军最高统帅部签署了一份将入侵推迟到 9 月 21 日的命令，而入侵命令要最少提前十天下达。9 月 14 日，入侵曾被无限期推迟。参见“12 Top Secret Directives” of OKW, U.K. Air Ministry translations, LAC, RG??,981.013(D29). 这表明卡纳里斯是在知道入侵命令不太可能被下达以后，才将两个间谍派了出去。也见 TATE 案例摘要，15 Jun. 1942, PRO, KV2/61.

审讯中心的负责人。该中心设在位于伦敦南部的拉契米尔庄园中，这是一座 19 世纪的大宅，一战期间曾是一座医院。他们俩对斯蒂芬斯来说，是第一批有些重要性的犯人。他后来将此二人称作“英国反情报机构在战时最为令人瞩目的成功”。两个人都同意改换门庭。卡洛里成了双重间谍 SUMMER，施密特成了双重间谍 TATE。

所有因北海惨败而笼罩在军情五处人们心头的关于欧文斯的疑云已经褪去。涵盖了英国主要港口轰炸损失以及船只目击情况的 A-3504（欧文斯）报告成倍增长，A-3527（埃施博恩 /CHARLIE）和 A-3554（麦卡锡 /BISCUIT）汇报的观察记录也对其构成了补充。罗伯逊规模不大的无线电双重间谍行动，从一台发报机为一个双重间谍发信，发展到三台发报机为五个人发信。[①] 这确实让当时正盯着军情五处、磨刀霍霍的政府要人们印象深刻。

这种情形让李特尔少校的工作变得很容易，他一定非常高兴。这场身份证的骗局让英国人对欧文斯信心满满，而且在英格兰替李特尔多安插了两个无线电特工，而他也知道他们会在英国的控制之下。他的对手很明显在原则上接受了这种看法：汉堡分局和其他阿勃韦尔中心会通过无线电而非有线的方式，用任何新手都能够破解的密码，来讨论他们间谍的状况。当 A-3719 卡洛里和 A-3735 施密特的发报机都开始工作时，他一定感到高兴而又惊异。在容易上当的英国人那儿安插更多的三重间谍看起来是大有希望的。

到 10 月中旬为止，卡洛里和施密特都一直与汉堡有联络。两个人都是合格的电键发报员，所以都是自己发送消息。卡洛里是从伦敦北部的很多不同地点，就好像他是个移动中的间谍；施密特则一直从巴尼特（Barnet）发报，这是伦敦东北部的一个小镇，无线电安全处和军情五处的无线电支部（也许和罗伯逊一起）在一个月前搬到了这里。11 月 1

① PRO, KV2/451, Doc. 1433b; and *Camp 020*, 137—40. 李德尔版本的卡洛里登陆在有些细节上有所不同，见 Liddell Diary, 7 Sep. 1940. 军情五处关于卡洛里的文件（至少三百份文件）有 90% 以上都遗失了。关于 A-3504 的报告，以及 A-3527 和 A-3554 通过他发送的报告，参见 NARA, T-77, 1540.

日，他们第一次同时将他们在下午 5 点进行的天气观察报告发送了出去。卡洛里是在离剑桥不远的地方采集的，包括气压数据在内。汉堡一收到就直接发送给了德国空军的天气部门。[①]

军情五处在 1940 年秋天和冬天时为德国飞行员的安全做了不少好事。它通过 SNOW、SUMMER 和 TATE 发送的每日天气报告，通常包含当前的天气情况、能见度估测、云量和云层高度等信息，从 11 月开始，又加上了气压信息，后者成为德国空军天气机构编订天气预报时的重要助力。[②] 甚至那些关于何处将会下雨、何处将会放晴的半天预报都在德国空军规划人员安排攻击哪些城市的时候带来了巨大帮助，也给那些考虑要冒险冲过比斯开湾（Bay of Biscay）的 U 型潜艇（U–boat）指挥官们带来了抚慰。

当然，德国空军还是最大的受益者。臭名昭著的 11 月 14 日考文垂空袭发生以后，A–3504 欧文斯在罗列空袭中被毁掉的工厂和基础设施时得出结论，认为喷火式和飓风式战斗机的月生产量几乎被减掉一半。这对于戈林的轰炸机组来说是个鼓励，因为他们知道，他们的目标应该是英国的战争工业，而不是进行随机轰炸。[③]

---

① L–502 Spruch–Nr.17 Ort in der Nahe Cambridge; Wettermeldung von L–503aus London. 关于巴尼特的 L–503，参见 Message 25, 30 Nov. 1940, NARA,T–77, Reel 1540. 关于巴尼特和军情八处 c 科，也就是后来的无线电安全处，见 Curry, *Security Service*, 289.

② SNOW 于 1940 年 10 月 13 日开始发送气压情报，他的信息之后被发送给空军第十一区域指挥部的天气部门（Luftgaukommando XI Wetterdienst），见 NARA, T–77, 1540. TATE 只发送了此时的云层高度和云量情况，但当 SNOW 于 1941 年 4 月被军情五处弃用后，TATE 开始向德国提供气压情报。Ibid., 1541. SUMMER 从一开始就报告了气压信息。

③ Von 3504, 25.11.40, NARA, T–77, 1540. 不要将这个关于考文垂被毁工厂的大规模列表与被认为是 TATE 发送的类似列表相混淆。TATE 列表的复本也见于 Hinsley and Simkins, BISWW, IV,Appendix 8, 331–33. A–3504 报告的是 1940 年 11 月 14 日的著名大空袭；TATE 报告的则是 1941 年 4 月 8 日的一次空袭（而非 7 月 14 日）。不同在于，第一次空袭损害的情报是在没有得到高层授权（除罗伯逊或波义尔外）的情况下发送的；第二次报告则得到了无线电理事会的批准，并且是在芬德拉特·斯图尔特爵士（Sir Findlater Stewart）的要求下进行了改写之后才发送的。

英国总参谋部并不知道都发生了些什么。他们在 9 月曾被问到是否想要对欺骗计划进行详细的了解，但他们说不用。于是就只能留由空军情报负责人波义尔准将来对 BISCUIT、CHARLIE、SNOW、SUMMER 和 TATE 给敌人提供的那些“赠品”来把关了。[①] 从现有的军情五处文件上来看，当时的空军总参谋长纽维尔勋爵（Lord Newell）及其继任者波特尔勋爵（Lord Portal）都不知道己方一直在将最新的天气信息发送给德国空军。德军的轰炸在这个秋天和冬天越来越密集，那三名无线电双重间谍也继续一天一次或有时两次地发送着他们的观察报告。

罗伯逊上尉和他在无线电支部的老板弗罗斯特不是完全靠他们自己在提供这些珍贵情报的。凯尔和他的副手霍尔特-威尔逊都走人了，加斯帕·哈克尔准将则急着想与一直插手其间的斯温顿勋爵角力，于是，轻声细语的前苏格兰场官员盖伊·李德尔就成了那个实际上掌控一切的人。作为 B 部门的唯一负责人（克罗克先生已于 9 月退出），一切与军情五处双重间谍有关的事务理论上都在他的监督范围内，包括天气报告。他在日记里说，这些情报是准确的，“但很有限”。[②] 考虑到很多细节实际上已经被包括在这些报告里，特别是气压信息，很难想象德国人还会再要什么更多的东西。

出于另一个原因，李德尔在这段时期内有特别的重要性。

大家还记得，军情五处在 20 和 30 年代间，曾将大部分精力放在防止可疑的共产主义者和左翼分子的颠覆活动上，这是在一战时期曾经让英国权势集团心惊肉跳的布尔什维克留下的遗产。它的活动包括拦截信件和电话、控制线人、跟踪嫌疑人，以及最为重要的，对“相关”人等进行追踪。而这就是中心登记处的任务，军情五处和六处的秘密档案由一个姓名卡片索引体系构成，背后是成千上万的个人文档（PFs, personal

① 关于波义尔作为对发送给德国人的信息进行审查的情报官员的唯一负责人，参见 The W-Board, 无署名内部摘要，无日期，PRO, KV4/70. 又见 Liddell Diary, 10 Sep. 1940.

② Liddell Diary, 2 Feb. 1941. 又见，16 Sep. 1940. PRO. Masterman, *Double-Cross System*, p. 66. 非无线电双重间谍是与罗伯逊的无线电特工分开运作的，因此不能认为迪克·怀特，菲利克斯·考吉尔和弗罗斯特先生了解天气状况被发送出去的情况，尤其是，这些报告还不是在巴尼特完成的。

files）。中心登记处是两个秘密情报机构的主要记忆存储器，但由军情五处管理。在 1940 年时，登记处和其他安全机构一起被安置在了 19 世纪时曾是监狱的沃姆伍德灌木地。[①]

在伦敦大空袭刚开始的时候，9 月 29 日晚间，登记处着了火，很显然是被一枚德军汽油弹击中了。这是一种燃烧弹，在集中目标时会将易燃液体喷撒得到处都是。它是如何穿透沃姆伍德灌木地监狱屋顶的，我们不得而知。军情五处依然没有公开过与此事相关的文件。[②]

李德尔在他的日记中提到了空袭：

> 我和安东尼·布朗特（Anthony Blunt）、盖伊·伯吉斯在革新俱乐部（Reform Club）吃晚饭。正当我在晚上 11：30 分准备离开时，一枚莫洛托夫面包篮（Molotov Breadbasket）落了下来。三枚燃烧弹正落在蓓尔美尔（Pall Mall）街上，各色人等全都四处乱跑起来，身上穿着浴袍，手里提着沙袋。当我进到林荫路的时候，整个圣詹姆斯公园（St.James Park）就像被罗马焰火筒照亮了一般。[③]

他在第二天的日记这样写道："今晨来到办公室的时候，我发现登记处的一部分已经被燃烧弹烧毁，卡片索引也被毁掉了。好在我们已经留了照片。几千份文件也被毁掉了。"[④]

那天晚上与李德尔一起吃饭的安东尼·布朗特，当时 33 岁，是一名剑桥毕业生和艺术史学家。战后，他被令人心痛地发现是一位一直为苏联工作的搞渗透的特工。他和伯吉斯都是声名狼藉的"剑桥五人组"（Cambridge Five）的成员，是属于特权阶级的英国人，他们在 50 和 60

---

① Curry, *Security Service*, 56, 77, 375—380. 在 Jeffrey, MI6, 165, 327, and 626 中提及，军情六处的"登记处"在 1941 年前是个小摊子，人员不多于 20 个。据 Curry 的观点，为人员姓名"全面编卡"实际上是由军情五处登记处完成的。

② 关于起火的日期，参见 Curry, *Security Service*, 176, and 378; 及 Andrew,*Authorized History*, 231. 后者说中心登记处特别脆弱，因为它位于之前监狱的洗衣房中，是玻璃顶，但没有给出来源。不过这似乎是不可能的，因为登记处到当时为止都是军情五处最有价值的财产，而那里有足够的空房间可以提供安全可靠的储存空间。玻璃顶的解释除非有来源，否则应存疑。

③ 苏式 RRAB-3 型炸弹的俗称，内装很多小燃烧弹，空投后分散落下。——译者注。

④ Liddell Diary, 24 Sep. 1940.

年代被揭露出来曾经将西方最珍贵的情报送给了斯大林。团伙里的其他人有金·费尔比（Kim Philby）、唐纳德·麦克林（Donald Maclean），第五个人的身份还在争论中。和布朗德与伯吉斯一起，他们渗透进了军情六处、五处、外交部和政府密码学校。他们在冷战期间弄到手的材料包括与原子弹有关的机密和英美针对苏联的反情报部署。这是 20 世纪最了不起的谍报成果。

布朗特、伯吉斯和麦克林在剑桥上学的时候就摆明了是共产主义者，伯吉斯与麦克林更是高调。费尔比要低调一些，但在 30 年代中期作为志愿者参加维也纳的工人反抗运动时也公开过表示对共产主义的支持。他后来作为《泰晤士报》的通信员负责报道西班牙内战。这四个人的名字应该都在登记处的卡片索引上，那里也应该有他们所有人的个人文档。[①]而这场火毁掉了能够指向这些卷宗的卡片索引。[②]

对那些相信阴谋论的人来说，关于此次事件还有其他令人感兴趣的情况：

·1940 年 9 月，政府里的大多数人都将斯大林作为希特勒的盟友，相信苏联有可能站在纳粹一边介入战争。[③]

·李德尔当时是军情五处（因此也是英国的）反情报方面的头目。那么，他怎么会在他的俱乐部里，与两个在战前就几乎众所周知的出自剑桥的共产主义者亲密地共进晚餐、一起聊天呢？而阅读这些

① 关于前三个人的作为，以及费尔比在维也纳的情况，参见 Phillip Knightly,Philby: *KGB Master Spy* ,London: Andre Deutsch, 2003, 32–3, 46–7. 即便军情五处没有掌握费尔比在维也纳的活动情况，他们也一定有关于他作为记者的档案，特别是因为西班牙内战被看作是法西斯主义与共产主义的一场斗争。关于记者的档案，特别是那些在海外工作的记者的档案，这段时期里在最先进的国家中通常由安全情报部门掌管，可能现今也是如此。

② 柯里声称这场火“几乎毁掉了一切”文件见 Curry, *Security Service*,176 ，这比 Andrew, *Authorized History*, 231 中所说的登记处“受到了严重损害”的提法在程度上要深得多。

③ 这个情况让所引的军情五处 / 六处负责人迪克·怀特（Dick White）对共产主义者在当时是如何进入秘密情报部门的解释听起来态度并不诚恳：“我们感觉战争中任何反对德国的人都是站在正确一边的”，见 Barrie Penrose and Simon Freeman, *Conspiracy of Silence* , London:Grafton Books, 1986, 248. 所有重要的苏联特工都是在德国人令人惊讶地于 1941 年 6 月入侵苏联之前渗透进入英国情报机构的。这让他们成了愚蠢的背叛者。

人的档案本应是他的职责。

·只要登记处的索引中有一张姓名卡，那么就无法让相应的那份个人文档（PF）不露破绽地消失掉。

·大多数卡片都被毁掉了。

·据说登记处的位置在之前监狱中的玻璃顶洗衣房内，但这个房间无法上锁。[①]

·维克多·罗斯柴尔德（Vicotr Rothschild），四个月前被李德尔亲自招来的剑桥科学家，在这场大火之前刚刚被安排将索引卡片制成了微缩胶卷，因此它以某种方式被保存下来了。

·但这次复制完成得不好。重建卡片索引的工作直到 1941 年 6 月才完成（希特勒此时侵略苏联，斯大林成了盟友）。[②]

·火灾发生以后，就不可能知道是不是有些文档及其索引卡在拍照之前就已经被去掉了。

不过，卡片索引在布伦特 6 月加入军情五处时，其实还是存在的。因此，即使考虑到当时安全部门正被行政混乱所影响，但是，作为他们的反谍报负责人以及苏格兰场对付共产主义颠覆的前专家，李德尔竟然没有亲自在登记处查找布伦特的名字，这实在是随意且极不负责的。他怎么能没做这些就已经开始和布伦特在他的俱乐部里打成一片了呢？[③]

看起来他把审查的事留给了罗斯柴尔德，而一开始恰恰就是罗思柴尔德向他介绍的布伦特。在布伦特 1943 年发给他苏联上司的秘密备忘录中，他回忆说，加入军情五处的时候他的共产主义经历竟然不是个问题，这令他非常吃惊：

> 不过有件事很神秘。当我最终加入军情五处时，我的名字在罗斯柴尔德那里以很普通的方式就通过了登记处的调查。他对我说，

① Miranda Carter, *Anthony Blunt: His Lives* , London: Macmillan, 2001, 253;Andrew, Authorized History, 231, 书中说道（没有来源）门是上锁的。

② Curry, *Security Service*, 176, 378.

③ 着火之前，军情五处官员的惯例是通过登记处对新人的背景进行调查：Montagu, *Beyond Top Secret U*, 48. 李德尔自己承认，“每一个共产主义者都必须被当作敌人的特工”：Liddell Diary, 21 Mar. 1940 (NWV).

仅有的记录是从莫里斯·多布（Maurice Dobb）那里发给《左派评论》（*Left Review*）的一张被截获的明信片，上面建议他们应该刊登一篇我的文章，并且在一份 1935 年访问苏联的名单上提到了我的名字。”①

人们会觉得，单单访问苏联这一件事就足以让布伦特在 1940 年时没有资格进入英国秘密情报部门。但如果可以相信布伦特的话，李德尔确实是把审查他个人文档的事交给了罗斯柴尔德。

很显然，李德尔也没有读过任何关于伯吉斯的材料。布伦特的剑桥好友在 1939 年 1 月就成功地进入了军情六处（D 部门），而今已经代表莫斯科跟英国的秘密情报机构打情骂俏了两年。本来应该有很多关于他的资料，因为他对于他在大学时的共产主义活动一直非常公开，而且 1935 年，他也和布伦特在同一条去往苏联的船上。尽管如此，军情六处同样接纳了他。可以说，李德尔这样对他已经足够好了。

另外，军情五处是同时为这两个机构来运作中央登记处的。如果一份档案是被李德尔的办公室经手的，他就可以暂时地将其洗白。而对他来说，世界上最自然的事莫过于在替军情六处的维维安少校取档案时，在档案一出一进的时候简单地拿走和放回一些内容。的确，完全有可能是李德尔在一开始把伯吉斯介绍给的维维安。

因此，“油弹”当晚，是布伦特、伯吉斯与李德尔在革新俱乐部吃的晚餐。布伦特刚刚加入军情五处，伯吉斯为军情六处工作则有一年多了。人们可以想象，这两个人摘下眼镜，波特酒喝得满脸通红（两人都很喜欢），默默地向两人共同的朋友金·费尔比和托马斯·哈里斯（Thomas Harris）祝酒，这两人都是在伯吉斯的举荐下最近加入军情六处的。几个小时之后，烈火将使他们所有人战前的经历不再为人所知晓。②

---

① West and Tsarev, *Crown Jewels*, 138. 莫里斯·多布是一个知名的出自剑桥的共产主义者，也为苏联招募了不少特工。关于他应该也有一份重要的卷宗在案。

② 关于确定登记处不再有伯吉斯和麦克林的姓名和卷宗：“布伦特是战前吸引了安全部门注意力的唯一一人”，见 Andrew, *Authorized History*, 268. 很显然并非如此。请回忆一下，李德尔的日记对此事件的日期记录也是错的。这份日记是两孔装订起来的，因此之后写下的页面可以在任何时候插进来。

对于费尔比的未来而言，这次销毁十分关键。苏联叛逃者瓦尔特·克利维茨基（Walter Krivitsky）年初从美国过来接受军情五处的询问。他在讲苏联情报机构时曾提到，苏联情报机构有一名“年轻的英国人在西班牙替他们工作，以记者身份为掩护”[①]。由于只有数目有限的英国记者在报道西班牙内战，而且军情五处、六处按照常规都会有他们每个人的档案，李德尔不可能对费尔比的档案没有印象。这场火确保了没有别的人再会想起此事来。

对于布伦特的艺术经销商朋友托马斯·哈里斯来说，情况可能也是如此。克利维茨基提到“一位为西班牙共和国购买过飞机的知名画家，也可能是一位雕塑家”是苏联特工。哈里斯确实画画，也买卖被抢来的西班牙艺术品。这可能指的就是他。[②]

五个月过后，布伦特成了李德尔的私人助手。在接下来的几个月里，他利用这位置接触到了由李德尔处理的秘密文件、中央登记处遗留的材料、破解了的外交密电，以及军情五处完整的双重反间计划。尽管李德尔自己没有直接接触过苏联人，但苏联人对军情五处的渗透已经比任何一个苏联情报头目所想象的都要更彻底。

1941 年 1 月，布伦特将军情五处关于克利维茨基审讯的最终报告传给了他的苏联上司。1 月还没结束，克利维茨基就被发现死在了他华盛顿宾馆房间的血泊之中，手里握着一把 0.38 英寸口径的手枪，太阳穴被射穿。他之前曾对他妻子说，如果他被发现死了，绝不是自杀。

但那里却有三份遗书。

① Knightly, *Philby*, 57, 181, citing David C. Martin, *Wilderness of Mirrors*, New York: HarperCollins, 1980, 56. 又见 Andrew, *Authorized History*, 267, n. 26; 及 Liddell Diary, Jan.–Feb. 1940.

② Andrew, *Authorized History*, 266.

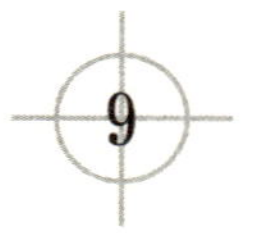

伯明翰在燃烧

1940 年 11 月

当李特尔少校打算再一次布下身份证这个圈套时，他从卡洛里那儿得到了消息，但施密特还是没有联系上。9 月 30 日上午 7 点 30 分，一个男人和一个女人出现在苏格兰海滨小镇戈登港（Port Gordon）的火车站。他们似乎迷了路，不得不向人打听自己身在何方，还问买什么样的票才能到爱丁堡（Edinburgh）。他们穿得很好，不只是与这个小城比，而且与全国比也是如此。火车站站长注意到男人的鞋是湿的，裤子一直湿到膝盖。女人讲的是一种陌生的口音，男人则几乎不会说英语。他们在站台上等候时，火车站站长给当地治安官打了电话。

治安官的名字叫格里夫（Greive），有充分的理由认为他在当地住了一辈子。那个女人声称她是丹麦人，男人是比利时人。两人说他们都是在英国待过一段时间的难民。治安官格里夫要求检查他们的国民身份证。他本来没有经验也没有眼力能看穿做得很真的假证件，但他突然注意到，男人身份证上的数字 1 是一种英国很少用的花体字，而且证件上没有盖移民章。他让这两个人（也许是以当时英国治安官有名的非常亲切的方式）跟他去一趟警局。搜查男人后发现，他兜里有 19 发子弹，一只手电筒上印着“波西米亚制造”。他的手提箱被强制打开，里面有和子弹配套的左轮手枪，还有一部无线发报机。①

与此同时，巡查小镇附近海边时，发现了一艘空的橡皮艇。之后又在铁路沿线做了调查，爱丁堡车站行李寄存处的一位搬运工报告说，那天早晨有个人将一个湿的手提箱放进了储物柜中，晚上准备来拿。便衣警察于是对此区域进行了监视。有个男人出现并打开了储物柜，这时警察突然扑了过去。这人在兜里也有一支左轮手枪，一开始想要去拿，之后又转念放弃了。他的手提箱有另一台发报机、几张地图和一个密码盘。他的身份证上的数字 1 也同样是用非英式的风格写的。他被逮捕了。

当这三个人被移交给军情五处时，人们马上注意到，他们身份证和配给簿上的序号和名字完全出自 SNOW 之前提供的信息。② 身份证上的错误被认为是由德国人的愚蠢所致。

如果军情五处自己有一个制作假文件的部门，或者他们的官员读过一战时期美国人赫伯特·亚德利或德国间谍长官尼科莱上校的回忆录，他们就不会认为阿勃韦尔有可能做不出来合适的假证了。实际上，每一个阿勃韦尔分局，包括汉堡在内，都有技术专家，柏林还有为生产各种假文件配备的一整套实验室。③ 军情五处没有类似的设施，考虑到在过去二十年中这个组织内部严重缺乏科学技术方面的头脑，因此在伪造文件的理论和实践方面他们根本还不上道儿呢。军情五处以为这个拙劣的错误正是他们想要的东西。

---

① Lord (Earl) Jowitt, *Some Were Spies* , Hodder & Stoughton, 1954, 32–4. 他是审讯这两人的检察官，因此他所讲的细节特别可靠。

② Gwyer to Robertson, 30 Sep. 1942, PRO, KV2/451, Doc. 1497b. 也 见 PRO, KV2/451, Doc. 1433B.

③ 战前一位“犯罪化学”专家 Fritz Künkele 对他在 1939—1940 年间在柏林 I-G 工作的情况作了以下描绘：他是某种意义上的质量控制员，负责“对伪造的文件进行检验和评估，例如，改换护照照片，改换特工护照的页面，伪造额外的签证和签字等”。他的工作还涉及管理与外国文件上所用的签封、印章与签名相关的文件，包括外国驾照在内：Ayer to Director re Künkele, 12Sep. 1945, NARA, RG65, IWG Box 184, 65–56228. 军情五处与此最接近的是 S.W.Collins 先生的秘写文件检验设施，见 Curry, *Secret Service*,371.Collins 是一战时遗留下来的人：Herbert Yardley, *Secret Service* in America, 1st British Edition London: Faber & Faber, 1940, 28–42. 关于德国一战时期的文件造假能力，参见 Nicolai, *German Secret Service*, 213.

以我们的后见之明，以及李特尔少校至少从 6 月开始就意识到欧文斯是在英国人的控制之下[①] 这两点来看，我们可以有些把握推断究竟发生了什么事。这个女人叫薇拉·埃里克森（Vera Eriksen），也叫绍伯格（Schalburg）或维德尔（Wedel），长期以来有一层神秘面纱笼罩着她。实际上，以上这些都不是她的真实身份。在拉契米尔庄园，经过史蒂芬斯上校亲自仔细盘问之后，她承认她的真名是薇拉·斯塔里茨基（Vera Starizky）。她生于俄国，是个犹太人，从 17 岁开始就是间谍。她当时 28 岁，身材苗条，一头乌黑亮发，面庞如雕塑般优雅。她会讲俄语、英语、法语、德语和丹麦语，无疑，如果她想的话，她便能成为顶尖的"卧室间谍"。

薇拉曾在巴黎待过五年，在那儿，她的主要目标是外交官群体，后来从她苏联的上司手下逃出来，到了德国人那儿。战前她主要是在英格兰活动，并在那儿遇到了夏铎-蒂耶里公爵夫人（Duchess of Chateau-Thierry）。她当时的任务是继续保持战前的关系往来，与飞行员发展关系并通过无线电进行报告。起初她拒绝了，但（据她说）当他丈夫，一位德国官员在车祸中被杀后，她在一阵失望之余就接受了这项任务。她说当她来到伦敦后，经常想要向英国人自首。

这是个很棒的封面（编造）故事，尽管史蒂芬斯上校对她严加审讯，但她始终坚持这是实情。罗伯逊和李德尔宣布说他们自己被说服了，准备让她做另一名双面特工，但史蒂芬斯还不死心。他觉得其中好像有诈，尽管他一直坚持审问可能是出于"瓦解"一个女人抵抗力的新鲜感。他没能成功，薇拉被交给了克罗普·乌斯蒂诺夫（Klop Ustinov），军情五处最有能力的审讯官之一。结果是，她在整个战争期间都处于监禁中。[②]

对于英国人来说这是侥幸脱险。薇拉是经典的渗透特工，如果她能混进英国情报机构或战争部的任一个办公室的话，她的智力、美貌和经历都能让她有大搞一番破坏的潜力。和她一起的两个人很显然是作为牺牲品的纳粹党人，因为一个女人要通过海上飞机在夜间登陆，不能指望她一个人划着橡皮艇靠岸，这也是那些人的必要性所在。他们一个是荷

① Ritter, *Deckname*, 216.
② PRO, KV2/14–16, 85.

兰人卡尔·德吕克（Karl Drüke），另一个是瑞士人维纳·瓦尔第（Werner Walti），他们被抓对于德国人更有好处，而他们身份证上的错误确保了他们一定会被抓的。

薇拉在审讯中所受的磨难记录留存于英国国家档案馆中，值得注意的是，她尽力将德吕克和瓦尔第描绘为受雇于这次行动的无辜者，他们唯一的任务是让她安全登陆。她做好了被枪决的准备来救他们的性命，尽管她做出了努力，但她活了下来而那两个人却没有。他们在第二年 8 月被处以绞刑。

布鲁塞尔分局也在同一个月向英格兰派了间谍。他们也很快就被抓了。9 月 3 日，夜色笼罩之下，两艘载着三个荷兰人和一个法裔德国人的划艇从海峡对岸被拖了过来，距海边 1 英里左右松开了拖索。这四个人都是纳粹积极分子，他们被告知要带着发报机藏匿几天，然后在德军猛攻海岸时，对英国军队的调动情况进行报告。

这些想要成为间谍的人都没有身份证件，只有一个人的英语说得过去，每个人都配着左轮手枪，他们的装束都是德国式的，食物（甚至连香肠在内）也都是德国式的，而且他们没带水。在那天早晨寻找淡水的时候，其中一人被海岸巡警逮住了；另一个人则因为在当地的一间酒吧还没开门之前就想找杯苹果酒喝而引起了怀疑。另外两个人则被渔网给网住了。[①]

当彭斯（Pons）、基鲍姆（Kieboom）、迈尔（Meier）和瓦德伯格（Waldberg）这四个人被关在拉契米尔庄园的时候，军情五处邀请军情十四处（MI14）来看守他们。军情十四处是战争部内负责尝试确定德国人意图的机构，运用的方法是利用各种来源的情报拼贴出德国人在想什么。领头的是能力极强的肯尼思·斯特朗上校，他和每个犯人都亲自进行了交谈。军情五处的盖伊·李德尔在日记中记下了斯特朗的反应："斯特朗对德国人的效率很是尊重，无法让他自己相信他们会如此愚蠢，竟

① Jowitt, *Some Were Spies*, 18–31; 及 Stephens, *Camp 020*, passim. 布鲁塞尔分局陆军处的森斯伯格少校（MajorSensburg）因向英格兰派遣了未受训练或资质不足的特工而在阿勃韦尔内部名声很臭，他们中的有些人送了命了：PRO, KV2/275.

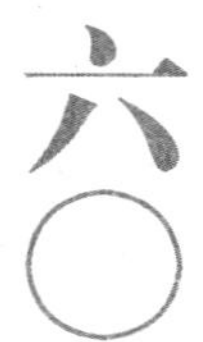

然在没有好好训练这些人，也没有制订可以让他们真正发挥作用的计划的情况下，就把他们派到了这里。”[①]

这些人都是精心策划下的被牺牲者，不可能有其他的解释。他们是些非德国籍的纳粹狂热分子，因此对阿勃韦尔来说是可以被牺牲掉的。迈尔与一个拥护荷兰德国合并的组织有所关联，瓦德伯格曾是一名在比利时和法国的间谍，彭斯和基鲍姆属于荷兰的纳粹组织。如果这种人被抓住甚至被绞死的话，忠于卡纳里斯、反对希特勒的布鲁塞尔分局负责人是不会为他们掉眼泪的。于是四个里的三个都被绞死了。

那年秋天派出的其他人包括 1 个瑞典人和 2 个比利时人在 9 月 23 日乘船登陆，3 个古巴人、1 个丹麦人、1 个荷兰人和 2 个法国人在 11 月 12 日乘船登陆。所有这些人的装备都严重不足，迅速就被逮捕了。[②]

安德里亚斯·福尔莫，那个成功渗透到比利时第二局中的卢森堡人，也受到招募，踏上了一次旅程。比利时投降之后，德国人把他送回比利时，他就开始告发他在比利时秘密机构的同事，并帮德国人抓捕他们。干完这些事之后，他被介绍给了一位名叫克鲁克少校（Major Klug）的人，这人对他说他的下一个任务是从海路到英国登陆，有两个随从，目的是在德国入侵之前设立一台秘密发报机。这三个人（福尔莫，一个比利时人和另一个卢森堡人）准备扮成难民，从布列斯特（Brest）乘船出发。

经过福尔莫认为仓促得令人吃惊的准备之后，任务开始了。可是船陷到港口的滩泥里，船立即就搁浅了。他们第二周再次进行尝试的时候，一位一身制服的德国官员过来监督他们出港，每个在视野里的人都知道这明显意味着什么。福尔莫非常非常紧张，如果当时在场看到情况的法国人中，有任何人与英国有所联系的话，那么他们简直是去鬼门关送死了。不过让他高兴的是，船的引擎坏了，这次又泡汤了。福尔莫后来又礼貌地给克鲁克少校写了一说明信，说任务受挫无望，他不想再参与了。

---

① Liddell Diary, 8 Sep. 1940.

② “阿勃韦尔一部的官员是从勃兰登堡 800 部队（Regt 800）、战俘、占领区的囚犯及亲纳粹分子中招募他们的特工的”，见 USFET interrogationof Ast Brussels Leiter I Major Kark Krazer, 12 Jul. 1945; reprinted in John Mendelsohn, ed., *Covert Warfare* ,New York: Garland Publishing, 1989.

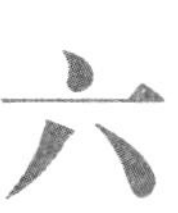

令他意外的是，他突然被捕了，之后的9周时间里被关在布鲁塞尔的一座监狱里。[①]

这些可笑的花招想要达成什么目的只能靠猜测。无论如何，它们的效果是让军情五处产生了这样的印象：阿勃韦尔这个对手无能到了无可救药的程度。这让军情五处大为放心，以至于自满起来。

福尔莫的运气好得翻了番。他不仅躲过了一场会让他脑袋搬家的航行任务，而且他之前的老板、阿勃韦尔反情报部门三部F局奥斯卡·海勒把他放了出来，带他去了巴黎。接下来的四年中，他在这里暗中从事破坏法国抵抗组织的工作，这对后者的打击是破坏性的。

至于克鲁克少校，他继续在做类似的勾当，派了8个出生在德国之外的纳粹狂热成员去破坏瑞士的机场，他们假装是放假徒步旅行。他们几个穿着一样的宽大灯笼裤和棕色鞋，披着德国空军灰色斗篷，在阿尔卑斯山里的这身打扮就像是在戏仿冯·特拉普[②]（von Trapp）家。他们被拦下时没带身份证件，每个人手里有一张崭新的100法郎纸币，背包里有为徒步旅行准备的饮料和小食品、左轮手枪和爆炸物。这几个人都被投进了监狱。[③]

克鲁克少校（他的名字在德语里是“聪明”的意思）似乎曾参加过一些反对纳粹的徒劳无功的恶作剧。

大陆花体

所有在1940年9月到来年3月间被英国人捕获的间谍都直接或间接地与李特尔有联系，除了布鲁塞尔分局派出的几个小组是例外。他们

---

① 安德里亚斯·福尔莫的审讯报告, TIC No. 865, 28 Jun. 1945, NARA,RG65, IWG Box 210, 65-56014.

② 冯·特拉普，电影《音乐之声》主人公的家庭。——译者注。

③ Gunter Peis, *Mirror of Deception* ,London: Weidenfeld and Nicolson, 1977,138-9. Peis采访了当时还在监狱里的这八个倒霉蛋中的一人。

都持明显有错误的身份证件，都可以追溯到 SNOW 提供的材料上去。[①] 错误有很多种，但都非常明显。1942 年的一份英国情报对它们做了以下描述：

1. 国民身份登记卡（National Registration Identity Card）通常是伪造的，以下的几种错误最为明显：

a. 地址是以大陆而非英国方式书写的。

b. 身份证的日期都是 1940 年 5 月 1 日之前的，而 5 月 1 日则是正式规定的身份证件的完成日期。

c. 使用名字首字母而非全名。

d. 名字被放在姓前。

e. 身份证右手页的两部分被认出是用同一只手写的，但真的卡上是用不同的手写的。

2. 配给簿通常是伪造的，他们喜欢伪造的类型往往是发给旅行者的配给簿。

3. 有一种情况是，护照不仅填写错误，而且上面没有英国签证和移民官的章。

4. 所持英国现钞的序号往往是连续的，而且在不同特工手里发现了连续的钞票序号。[②]

这都是由阿勃韦尔文件部门制造出来的小儿科的错误。这个部门有一个包括欧洲每个国家的身份证件信息在内的图书馆，有能力模仿每一种墨水、纸张和印章。[③] 此外，李特尔在美国住过很多年，他的副手卡尔·克

① PRO, KV2/451, Doc. 1433B. 其他被发现携带的证件可以追溯到 SNOW 提供的信息的人包括：Joseph Jacobs （1941 年 1 月登陆），Helga Moe 和 Tor Glad (MUTT 与 JEFF, 1941 年 4 月 7 日)，以及 Karel Richter。又见 Masterman, *Double–Cross*, 53.

② Curry, *Security Service*, 430. 这是迄今为止对军情五处反情报进展的权威性总结，尽管它没有提“德国人安插在我们这里的特工”。这些人很显然是指艾伯纳（Eibner）、卡洛里和施密特——RAINBOW、SUMMER 和 TATE。关于 SUMMER 和 TATE 与埃里克森的联系，和 Edvardsen、Lund、Joost 三人组的关系，参见 Stevens,*Camp 020*, 141–9.

③ Ayer to Director, Interrogation of Fritz Künkele, 12 Sep. 1945, NARA, RG65,IWG Box 184, 65–56228. Künkele 为阿勃韦尔在柏林的文件伪造部门工作。

拉默则在英国住过很久。他们会意识到英国和欧洲大陆书写风格的差异，绝不会让大陆的花体字数字 1 出现在显然是英国的文件上。他们也意识到，如果想让英国乡村的一个普通警察认出一份假证件，那么错误必须要明显。[①]

诱人的目标

卡洛里和施密特在 1940 年 9 月中旬和 10 月中旬分别开始发送他们的消息。当时，对所有人来说，预期的跨海峡入侵显然不会发生了，至少本年内不会。本来需要他们报告部队的调动和地面防御情况，现在也没有必要了，尽管这从来不是他们正经的任务。他们对抓了他们的英国人称自己是德国入侵的先锋。两人都受过训练，但不是受汉堡分局空军或陆军处的训练，训练他们的是专门搞经济情报的阿勃韦尔一部经济局。[②]

理由不难发现。卡纳里斯不想让希特勒打败英国[③]，因此他需要对在飞机轰炸和北大西洋持久的潜艇封锁下的英国人民的士气有所判断。如何进行衡量呢？阿勃韦尔需要当前消费价格以及食品、燃料短缺方面的数据，还要了解公众对于因轰炸和沉船造成的死亡有什么反应。这就是确定英国是否有持续战斗意愿的方法。SNOW 在汉堡的请求下，开始在 8 月中旬发送这些消息；它们和天气观察情报一起，成为 1941 年中期之后 TATE 情报消息的主题。[④] 军情五处的一位电报员从 1940 年 11 月开始接手了施密特的发报。上文曾提到过，德国人不会没有注意到

---

① 李德尔似乎对此表示怀疑，但却什么都没做。Liddell Diary,2 Feb. 1941.

② Interrogation of Major Julius Böckel, CSDIC(WEA), 8 Nov. 1945, PRO,KV2/1333. 又见，Interrogation of Dr. Friedrich Praetorius, Oct. 1945,40, NARA, RG65, IWG Box 169, 65-56466-3.

③ Richard Bassett, *Hitler's Spy Chief* ,London: Cassell, 2005, passim. 尽管有误导，这位作者还是拿出了卡纳里斯反对希特勒的有说服力的证据。

④ 欧文斯首先是在 8 月发送了这类商品信息。参见他关于食品价格和短缺方面的消息，见 Hamburg to Berlin, 12 Aug. 1940，NARA, T-77, 1540.

发报风格发生了变化，所以就连他们也会知道这不是施密特。

很自然的是，汉堡分局的特工头目们不断要求得到军事信息，因为这可以满足军情五处认为德国人相信欧文斯、卡洛里和施密特仍是自由身的幻想。他们也知道任何由这些特工提供的信息都有可能是英国人捏造的。但出乎意料的是，他们总是能得到准确、珍贵的策略性信息。罗伯逊在李德尔的支持下，脑子里想的是手下的双面特工一定要送出质量尽可能过硬的情报，这样才能维持德国人的信任。信息越好，质疑越少，德国人越会被愚弄。

首先是轰炸损失报告。被毁的工厂和受损的通信网络的长名单，通过无线电传送给了汉堡，这对戈林来说一定是个巨大的鼓舞。里面对伦敦、利物浦、考文垂、伯明翰和曼彻斯特大空袭导致的巨大破坏都详细地进行了报告。

其次，SNOW 和 TATE 志愿去做目标识别工作，这好像是在打擦边球。柏林的阿勃韦尔一部空军司 E 处收到了下面两条消息：

> LENA 3725 于 1940 年 10 月 17 日 0 点 44 分报告，编号 14
>
> 位于萨里郡(Surrey)托尔沃斯(Tolworth)的纳什和汤普逊(Nash and Thompson)工厂离金斯顿支路（Kingston Bypass）很近，在那儿胡克路（Hook Road）/ 尤厄尔路（Ewell Road）和金斯顿支路相互交叉。这座工厂守备严密，有伪装。无法知道这里在制造什么东西，因为人们拒绝对此进行谈论。
>
> 3504 于 1940 年 10 月 23 日报告
>
> 纳什和汤普逊工厂位于金斯顿支路南约 100 码[①]，正好在胡克路、尤厄尔路与金斯顿支路交叉路口的中间。在那儿生产炮塔。[②]

---

① 约合 91.4 米。——译者注。

② NARA, T–77, 1541, 1540. 一份 1939 年的街道目录和一份 1940 年由工厂合伙人之一 Frazer Nash 提交的专利申请都将纳什和汤普逊工厂定位在了奥克罗夫特路（Oakcroft Road），可以由金斯顿支路进入，在胡克路与尤厄尔路与金斯顿支路交叉的半途上。阿勃韦尔可能已经有相关信息了，但由于消息直接到了位于柏林总部的阿勃韦尔一部空军司 E 科，那儿的负责人是狂热的纳粹弗里德里希・布希少校，卡纳里斯无法避免让德国空军得到这些信息。

SNOW 的消息是对的。但欧文斯仍然不是消息的作者，作者是军情五处。这个工厂是多管火炮（一种英国轰炸机上用的液压炮塔）和雷达旋转台的主要生产厂家。

德国空军拍了航空照片，接着进行了空袭，大部分没有击中这家工厂，但对附近的小镇瑟比屯（Surbiton）造成了不小的破坏。

纳什和汤普逊工厂确实在战前是一家有名的空军零件制造商，适合被列入空袭目标。这家工厂可能已经把他们的生产转移到别的地方了。不过，如果军情五处确实允许将这则消息发出去了的话（罗伯逊可能从高层得到了许可），那么很难理解为什么他们想把轰炸机专门引到这个目标来，特别是它位于一个房屋密集的区域之中。

SNOW 同时发送的另一条消息更难解释：

> 致：阿勃韦尔空军司 E 处
>
> 1940 年 10 月 23 日来自 3504 的消息
>
> 埃及没有喷火式。不过有些布伦海姆式。有些飞机在去往埃及的路上。细节很难获得。

这是有价值的情报。希特勒此时正在安排向北非派遣援助，在那里，意大利空军和他们过时的飞机被从埃及飞来的皇家空军打得一败涂地。德国的 BF-109 式战斗机被认为除了喷火式之外，胜过英国所有其他的战斗机型。德国飞机在当年 4 月到达利比亚，这对德国人的反击来说恰逢其时。在喷火式于 1942 年被用于中东战场之前，大约 1400 架英国战斗机被 BF-109 式击落。①

军情五处档案的记录应该对这些信息是如何准备的、发送它们是否得到了波义尔准将许可等情况有所描述，但相关内容却没有被发现。只有德国人版本的消息存留在不来梅支局的记录中，战争结束时被英国人缴获并简要地与美国海军进行了分享。②

---

① Christopher Shores and Hans Ring, *Fighters over the Desert*, London: NevilleSpearman, 1969, 217-20, 255. 此书是对西部沙漠空战交战双方的权威性研究。作者没有给出 BF-109 的损失情况，但看起来它们与对手相比，受的损失小得不成比例。

② 同上书。

不过，已知的情况是，卡洛里带在身上的问题清单在他一上岸的时候就在军情五处和军队情报总监之间引发了一场争论。德国人想让卡洛里报告肯特郡新罗姆尼（New Romney）区域的某些陆上防御的情况，这种情报如果不向本土部队（Home Forces）总司令下属的情报机构申请的话是不可能得到的。此事引起了军事情报总监（DMI）的注意，他直接的反应就是不同意。他想让卡洛里传递的是假情报，而不是真情报。

能够反映这场争论的当时的文件还是没有被发现，因此人们必须依靠军情五处一份没有签名、没有日期的内部说明来了解其中的细节。很显然，这份说明是多年之后由这些事件的参与者之一写下的。看来他们对于目标和方法都没有达成共识："这些官员倾向于从他们想要告诉敌人什么的角度看问题，而不是从特工实际能从中了解到什么的角度来看的……或者进一步说：……如果他确实打算看到官员们想让他看到的东西的话，那么是否同时也被迫清楚地看到了些别的东西……"[①]

军事情报总监认为，英国面临入侵的威胁，这让英格兰成了"军情行动的剧场"（theatre of opeations），他试图说服同事的其他情报负责人建立一个名叫"无线小组"（Wireless Section）的特别联合委员会，用来管理双面特工发送的假情报。军情五处这份说明的无名作者评论说：

> 很搞笑的是，无线小组的功能被定义为"收集、处理和散布假信息（F.I.，False Information）"：军事情报总监没弄明白，为了让特工们能够清楚地送出假信息，他们这个机构应把更多的时间用在"收集、处理和散布"真信息上。

在这一点上，军情五处得到了空军情报总监波义尔准将的支持，他

① U.S. Navy Advanced Base Weser River to British Army of the Rhine, 19 Jan. 1946,recaptured German documents, PRO, KV3/207. 美国人将这些文件借来并对其拍摄了微缩胶片。它们是 NARA, RG242, T77 文档中的核心部分。没有在克尤（Kew）的国家档案馆发现它们。

“勇敢地冒了次险”，赞成可以发送与其他机构有关的信息。[1] 他提出了一个与军事情报总监相反的建议，主张由情报系统自己的负责人组成一个非正式的委员会，也就是无线理事会（Wireless Board），它将为一个由情报官员组成的行动委员会提供授权和一小部分指导，后者对何种情报会被提供给敌人提供实际上的监督，这就是“双十委员会”（XX Committee，两个X代表罗马数字里的20）。[2]

为了让无线理事会的目标和内部讨论都能够成为“超级秘密”，他们决定让情报负责人在需要向他们各自的参谋长通报会议讨论和决定的事宜时，都只能用口头的方式。会议记录可以有，但只有委员会主席戴维森将军（General Davidson）能得到一份复本。除了特殊情况外，不会分发文件。

> 空军准将波义尔坚持认为，无线理事会不应该正式发号施令；对他来说，将真实的信息发送给敌人显然是很必要的，或者是为了树立特工们的形象，或者是为了维持他们的可信度。如果这些工作不得不被交给其他人的话（比如参谋长，他们不能指望自己熟悉间谍艺术），要么会被拒绝，要么会被耽误很久，最后造成非常糟糕的结果。另外，双十委员会和无线理事会将不得不做些“奇怪的事”，例如让情报首脑们自己授权自己做职责范围内的事。

迈斯特曼在《双十系统》一书中说得更为简洁：

> D of I（空军情报部门）的态度是，对双十系统的了解应该只限于军情五处、六处和三位情报总监的范围内。只有在他（波义尔？）认为有可能能得到很大收获的前提下才会冒险，而且这个系统不应该被允许成为高层的玩物，他们不会让它物尽其用的，而且可能还

① The W-Board, 无签名影印摘要（无日期，但从提到迈斯特曼的《双十系统》的一条注释上看来，应该是1972之后完成的，作者可能是某个供职于委员的人），PRO, KV4/70. 除非另作说明，下面关于无线理事会的引文和描述都来自于这份文件。

② 英语“double-cross”一词除了“双重反间”的意思外，字面上也指两个X。因此双十委员会负责的就是双重反间系统。——译者注。

会为相关职责问题而犹豫不决。[①]

看起来迈斯特曼好像对英国军事领导人不怎么信任。

双十委员会的规矩与无线理事会类似：他们可以见面、讨论、作出决定，但只有军情五处和六处会留有书面记录。供职于委员会的委员们不会与他们的上司分享任何信息，他们收到的所有文件都只由自己保存。委员会可以对发送何种信息给德国人提出建议，但最终决定权和发送什么内容，都以军情五处 / 六处的专家的意见为准，这也就意味着主要是由军情五处来决定。负责每一个双面特工的专员们掌管着消息的编写和发送。[②]

双十系统的目的和前面一样：

· 通过让敌人相信他们的特工已经成功就位的方法来限制敌人情报活动的扩展；

· 从敌人的问题清单中了解他们的意图；

· 使用特工得到的密码来打入敌方通用无线通信网络。[③]

为了抚慰军事情报总监，有人提议新的委员会可以尝试搞些诈术，将德军引诱到特别地点，在那儿对他们进行“热情的款待”。

波义尔的建议得到了李德尔的支持，于是便按此实施。无线理事会在参谋长们不知情的情况下诞生了，而且是在军事系统管辖之外运行。它没有权威，没有预算，在书面上并不存在。最初由三位情报主管组成，再加上军情五处的李德尔和军情六处的孟席斯。只有当其中的一名成员要求开会时，他们才会会面，而且只有在无线理事会认为有必要听取双十委员会建议时，前者才会从后者那里收取报告。它的存在不是为了下达命令，而是仅仅意在提供指导。它想通过在官方不存在的方式来保持“超级秘密”的状态。

李德尔和波义尔准将是此项高级情报官员“疯狂的帽子”的主要设

---

① Masterman, *Double-Cross*, 61.
② Ibid, 62.
③ 参见 Curry, *Security Service*, 250.

计者，他们不对任何人负责，但却得到了大力支持。军情六处的首脑斯图尔特·孟席斯在每一个阶段都参与了讨论。他当时正在对他的反情报部门第五科（Section V）进行改革，以便当军情五处的双重间谍在国外执行任务的时候能够直接管理他们。孟席斯直接对丘吉尔负责。[①]

无线委员会于1941年1月8日举行了第一次会议[②]，会议决定有必要引进文官代表，结果本土防卫执行小组的芬德拉特·斯图尔特爵士秘密地被劝说加入。他在2月的第二次会议上说他确有此意，但他不知道如何能够在不跟相关大臣通气的情况下，做出对很多政府部门都会产生影响的建议或决定。有人建议他将自己的忧虑告诉英国战时公共部门的首脑约翰·安德森爵士（Sir John Anderson）。

约翰爵士与丘吉尔进行了探讨。他们的讨论内容如下：

> 两人都对种种担忧有所了解，他们对芬德拉特爵士说，从体制的角度来讲，他们都无法授权让他去处理与其他各部有关的事务，但很显然，确实需要有人做这件事，他应该继续工作。如果有人对此进行批评，那么芬德莱特爵士不能说他在做他要做的事时是“得到了授权”的，但约翰·安德森爵士和首相都对此表示了“非正式的同意……

换句话说，其中的意思是:“你提议去做的事是违法的，但还是干吧。”

芬德雷特·斯图尔特爵士接受了这些条件。战争部、内政部和外交部暗中加入了参谋长们在做的工作。

① B.2a, Memorandum on the Double Agent system, 27 Dec. 1940, PRO,KV2/63.B2是麦克斯韦·奈特的部门，不是他就是辛克莱尔少校写了这份备忘录，后者直到这个时期为止都在负责双重特工事务。Masterman, *Double-Cross System*, 8-9是从这份文件上剽窃的。当时罗伯逊还在B3部门，见Curry, *Security Service*, 287.

② Howard, BISWW, V, 7-8. 也见W-Board, PRO, KV 4/70. 但在Masterman, Double-Cross *System*, 61中说：“从更高层的角度来讲，无线委员会是在1940年9月成立的，从第一次会议记录（1940年9月30日）来看……”很显然，通过与其他来源的比对，这个说法是错误的，很有误导性。

卡洛里（也称 SUMMER、A-3719）并没有做很长时间的双面间谍。他被军情五处用作漫游间谍，在英格兰中部地区观察他能观察到的一切，并对天气情况进行即时观察。11 月初，发现他轮番在伯明翰和考文垂东部进行天气报告。他的观察对伦敦的 SNOW（欧文斯）构成了补充。他的报告是在早上被接收，11 月 9 日之后，里面还包括了气压读数。

卡洛里在 11 月 14 日（考文垂大轰炸那天）做过的报告在不来梅支局的 A-3719 卷宗中是缺失的，它本来位于英国人 1945 年缴获的文档之中。欧文斯那天的报告还在，但下面的四分之三被剪掉了，只剩下日期和德国空军天气部门的地址。①

根据卡洛里档案里的其他信息，11 月 16 和 17 日他在伦敦，但到了 19 日晚又在“伯明翰附近”，时间正好在对这座城市开始进行大轰炸之前。欧文斯那天早晨报告说，天气晴朗，能见度两英里，6000 英尺② 高度云量 90%。卡洛里晚上 7 时 30 分送出消息说，现在多云，能见度差，但有可能无云。

对伯明翰的袭击整晚都在进行，轰炸机如潮水般涌来，大概有四百架。结果令人震惊。建筑物被毁，街道被炸出坑来，火势四处蔓延。最糟糕的是英国轻武器工厂被直接击中了。值夜班的人去了地窖而不是去空袭掩体进行躲避，而这座建筑便倒在了他们头顶。53 个被埋的人中，52 个在被找到之前都死了。其他在空袭中丧生的人则是零零散散的。德机的目标是工厂，但炸弹和燃烧弹也击中了住宅。当天晚上，伯明翰成了第二个考文垂。

卡洛里目睹了这一切，也许是从城市外面的某片田野中看到的，在那里他和监视他的人一道发送了消息。就好像从远处看一场焰火一样：

---

① NARA, T77, 1540. 在这卷胶片上的这些文件以及其他同一系列的文件都由美国海军于 1945 年进行了拍照，底本则是从英军那里借来的，是他们在不来梅缴获的。这表明对文件进行剪切的是英方的人。

② 约合 1.83 千米。——译者注。

云幕上一阵火光交错，闷响声起，火光如一道道闪电一样，接着一片橘黄色从地平线上升起。第二天下雨了，但雨停了之后，这座城市又受到了攻击。

军情五处当时的惯例是派他们的双面特工去实地查看要在消息里写些什么内容。由于卡洛里被安排发送轰炸破坏报告，他应该会被带进城去。他会见到被瓦砾覆盖的街道，尸体被集中起来。他肯定路过了被炸平的英国轻武器工厂大楼，在那儿，疲惫的救援人员仍在倒塌的混凝土和砖石堆中奋力挖掘。卡洛里随后将一份关于空袭破坏的很长的报告发了出去，但没有对城市的悲伤之情进行描绘。他再没有发送过别的天气报告。

卡洛里是一个教区牧师的儿子，有可能是被希特勒承诺的平等世界所吸引，成为纳粹。他身材高大，意志坚定。1 月上旬的一天，在乡村某地，他打晕了监视他的人，从那人身上抢了 5 英镑，把他绑了起来，上了一辆偷来的摩托车，拖着他藏在附近一个谷仓里的“独木舟”。他朝海岸方向而去。在高喊的捉拿声中，卡洛里被捕了。他被交还给了拉契米尔庄园拘押，他作为双面特工 SUMMER 的短暂生涯彻底结束了。[1]

卡洛里很幸运。丘吉尔下令，被捕的间谍如无他用，应被处死。这本应该会让卡洛里丧命的，但他逃跑时的大胆和激情（他试图抄近路从围绕拉契米尔庄园的铁丝网内逃出去）为他在抓捕他的人中赢得了同情者。法律上的一个漏洞为他提供了规避首相命令的机会。卡洛里活到了战后。[2]

那个名叫约瑟夫·雅各布斯的人就没那么幸运了。卡洛里发送最后一次无线消息一周多之后，雅各布斯被空投来到了亨廷顿郡（Huntingdonshire）的兰姆塞（Ramsey）。他着陆时摔断了脚踝，这个 41 岁的德国人别无选择，只能向空中开火寻求帮助。审讯期间，他承认他的任务是发送天气观察情报。他也称是在帮助犹太人而被捕后，被盖世太保逼迫当了间谍的。在他

① Liddell Diary, 13 Jan. 1941; 及 Stephens, *Camp 020*, 138–9.
② Hinsley and Simkins, BISWW, IV, 96–7.

的口袋里有一个他想要联系的犹太女人地址。

由于他“很明显没什么用处”，而且因为“让他活着也没什么好处”，史蒂芬斯上校，这位吃了不少苦头的拉契米尔庄园的主审讯官，心满意足地看着他被伦敦塔的行刑队枪毙了。史蒂芬斯承认，这是个勇敢的人。“他的遗言是让‘英国兵们’赶紧开枪。”[①]

① Stephens, *Camp 020*, 155–6.

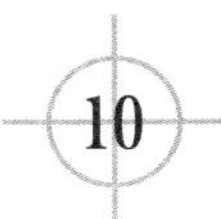

CELERY 中了头彩

1941 年 1 月至 7 月

军情五处的双重反间计划最核心的五个人在桌子两侧闷闷不乐地对坐。时为 1941 年 4 月 10 日。到那时为止，军情五处一直用代号称呼他们的双重特工。SNOW（也就是欧文斯）已经被揭穿了，和他一起的双重特工中，除了一人之外，都还在与德国保持着无线联系。“大家都同意，博士（兰曹）对于我们控制的双重特工，有可能和 SNOW、CELERY[①] 了解得一样多，”其中一个人写道，“他希望让这群人继续进行活动，而这也正是我们要阻止他们的重要原因。”[②]

SNOW 暴露的后果是很严重的。这个大有希望的反情报项目，反映的是各方对军情五处的信心，这次似乎受到了无可挽回的打击。一年前，军情五处还在努力赢得人们对“转化”被俘间谍、借此进行反击这

① 英语，意为“芹菜”。——译者注。

② J.C. Masterman, Conference notes, 10 Apr. 1941, PRO, KV2/86, Doc. 39a. 他通过列席者的首字母缩写表明了他们的身份——李德尔、罗伯逊、怀特、迈斯特曼和马里奥特（Marriott）。这份文件上标注复制于 1944 年 7 月，原件在卷宗 PF 66315 CELERY, Vol. 3, serial 124a 中。这份文件在英国国家档案馆中找不到。不过，迈斯特曼的入档备忘录在李德尔的日记中得到了逐字逐句的复制，就像是他自己写的一样，见 Liddell Diary, 10 Apr. 1941.

个观念的认同。随后，通过欧文斯和他的德国联系人之间的无线交流，抓到了十几个经空投或海运在英国登陆的间谍，还包括另两个带着发报机的人。现在一共有十个人在军情五处的控制之下向德国发送消息。最近还有两个在苏格兰乘橡皮艇登陆的挪威人被加到了双面特工的花名册上；以及一个嘴很甜的南斯拉夫人，他此时身在里斯本，目的是欺骗葡萄牙的德国间谍头目。

同样幸运的是，这些间谍得到的密码很简单，而且用得很广。来自无线安全处的吉尔少校的一段很有说服力的请求激发了政府密码学校更大的工作热情，而去年 12 月他们的密码学家们破解了似乎是阿勃韦尔主要手工密码的东西——例如，一种可以用纸和铅笔写成并破解的密码。[①]从最早的破解结果，有可能了解到德国人对安插到他们那里的双面特工有什么样的看法。

总而言之，英国情报机构负责人他们被充分地打动了，同意成立一个由军情五处主导的委员会，独立负责给德国人发送信息。这就是所谓的双十委员会，它于 1941 年 1 月 2 日在沃姆伍德灌木地监狱的一个房间内举行了第一次会议。四个月之后，委员会想通过一个名叫“迈达斯计划”（Plan Midas）的方案将所有尚未被发现的间谍追捕到手，之后再说服德国人让他们的特工 A-3504（也就是欧文斯或 SNOW）成为所有在英阿勃韦尔间谍的负责人。

可是这个美丽动人的计划很快就灰飞烟灭了。这也是军情五处的五位官员那天坐在一起的原因。他们有可能面临行事太过外行的指责，尽管他们事实上的确很业余。军情五处 B 科的主管盖伊·李德尔是一个经验丰富的调查员，但他战前的经验都是在反颠覆而非反间谍方面的，更何况对手是一个狡猾的外国势力。他 35 岁的副手迪克·怀特在 1936 年被征调来之前是个老师，他全部的实地经验就是在德国待过两年，在那儿培养与他年龄相仿、出身相近的人。比他小三岁的“TAR”[②]罗伯逊

① Michael Howard, BISWW, V, 14, 47.
② “TAR”字面意思是“柏油”，这里是罗伯逊姓名首字母的缩写，也成了他的代号。——译者注。

是直接负责无线双面特工的官员，他在 30 年代的主要精力放在追踪国内的布尔什维克分子而非间谍事务上。

剩下的两个人是最近才来的：詹姆斯·马里奥特（James Marriott）是伦敦的金融中心伦敦城[①]里的一个事务律师；J.C. 迈斯特曼（J.C. Masterman），一个 50 岁的牛津学者，曾在一战期间舒舒服服地在德国人的战俘营里待过。迈斯特曼曾是怀特在牛津的历史学导师，来到这里刚两个月，他就被任命为双十委员会的主席。但他没有实际工作的经验。[②]

毁灭的种子是在 2 月份，想在兰曹博士那儿安插另一个双面特工时种下的，到此时为止，兰曹博士对于大多数在英国落了脚的间谍来说都是汉堡分局的间谍主管。军情五处的无线情报专家瓦尔特·迪基茨（Walter Dicketts）被选派担负此任务，代号叫 CELERY。他打算假装成一个老牌飞行员，因为皇家空军拒绝授予他一个职位而准备背叛他的祖国。欧文斯将会在里斯本把他介绍给兰曹，欧文斯乘坐水上飞机出发，迪基茨几天之后坐船走。[③]

这两个人在葡萄牙待了将近一个月，这时军情六处五科派到大使馆的人向伦敦报告说，欧文斯已经和他见过面，说德国人已经发现他的情况了，而且兰曹毫无保留地指责欧文斯是在为英国人工作。为了尽可能地挽回局面，欧文斯说他承认了兰曹对他的指责，但声称英国人只是在几个月之前才察觉到他身份的。兰曹让他返回英格兰，假装一切都没发生过。[④]很显然，德国人想要转败为胜。

如果只是一个双面间谍被揭穿了，情况还没有这么糟，但失掉 SNOW 是场灾难。参与会议的五个人都同意，最糟糕的是，SNOW 与 CHARLIE、BISCUIT、GW、SUMMER、TATE 和 RAINBOW，以及

---

① 伦敦城（The City of London），音译“西堤区”，是大伦敦地区的核心地带，与周边其他的自治市行政级别相同，但具有一定独立性。——译者注。

② Andrew, *Authorized History*, 255. 也见本书第十九章。

③ PRO, KV2/451, Doc. 1803a. 这份战后匿名的事后报告写于 1946 年，大致是对迈斯特曼《双十系统》的逐字复制。

④ 军情六处官员（名字无法辨认）致罗伯逊，见 21 Mar. 1941, PRO, KV2/449. 军情五处的双重特工在海外执行任务时通常都向军情六处派在英国大使馆的官员进行汇报。也见 Liddell Diary, 22 Mar. 1941.

与最新的杜斯科·波波夫（Dusko Popov），也就是 TRICYCLE，和两个他虚构的下线双重特工 BALLOON 和 GELATINE 都有联系。[①]

失掉波波夫是个极为严重的损失，因为德国人指出，他们想把他经由美国送到埃及去。总的来说，欧文斯造成的损失让军情五处只剩下一个有意义的双面特工了，而他刚刚和他的德国上司进行过无线联络。[②] 罗伯逊一开始的反应是欧文斯一定是在说谎。简直太可怕了，想都不敢想。

这种情况原本是可以避免的。军情五处从没觉得让 CHARLIE、GW 和 BISCUIT 通过 SNOW 发送他们的报告有什么错，但既然 SNOW 完蛋了，他们会是什么结局也很明显。通过迈达斯计划，SNOW 已经向 TATE 付过了钱，所以他就暴露了。TATE 名义上把一些钱转给了 RAINBOW，所以他也完了。TRICYCLE 也暴露了，因为他当时正在里斯本与德国人约定把这笔钱交给和他一起去美国的特工，到了那儿会把钱存起来，让 SNOW 去取。对他的怀疑，也导致了对 BALLON 和 GElATINE 的怀疑。

军情五处在间谍管理方面犯了最基本的错误：让他们的间谍在名义上相互间都有联系。[③]

这又是一次军情五处官员不知道要读读战前间谍文献的例子。如果他们读过理查德·罗文（Richard Rowan）的《秘密部门的故事》（*The Story of Secret Service*，1937）的话，他们就会知道，一战期间，德国人便充分地意识到让他们的秘密特工相互间隔断联系的必要性，于是在间谍学校中，学生们都有自己的房间，有区别的只是房间号，而且他们被

---

① Tricycle、Balloon 和 Gelatine 分别意为三轮车、气球和明胶。——译者注。

② JHM, Extract of memo, ca. Apr. 1941, PRO, KV2/849, Doc. 218b. “唯一”剩下的是 DRAGONFLY（蜻蜓），他是一个英国商人，是通过汉堡分局招募来的，但向巴黎的阿勃韦尔分局进行报告。他在 1941 年 3 月 1 日进行了无线联络。也见：PRO, KV2/451, Doc. 1330c.

③ 关于暴露了身份的特工的名单，参见 Partial memo, ca. 1 Apr. 1941, PRO, KV2/449,Doc. 1075a. 对迈达斯计划的分析及其对这些点出名字的特工的影响，以及 BALLOON 和 TATE 的情况，参见 J.M. Gwyer, memo.28Oct. 1941, PRO, KV2/849. 关于迈达斯计划的时机，参见 R.G. Fletcher, Dusan Popov, Brief Synopsis of the Case, 15 Jan. 1944, NARA, RG65, WW II FBIHQ Files, Box 11(17), Dusan Popov.

要求在能互相看见的距离内要戴面具。德国人绝不会同意迈达斯计划的实施方法，除非他们知道相关的间谍都在英国人的控制之下。

欧文斯回到英格兰，受到了痛苦的折磨，但他坚持他的说法。他指责迪基茨已经投靠德国人了，还说如果质询迪基茨的话，他一定会称欧文斯是在为德国人工作，而且一向如此。这应和了萨姆·麦卡锡九个月之前的说法，但这一次的后果要糟糕得多。它表明，军情五处的整个双面特工计划彻底暴露了。

这很难令人接受。欧文斯讲的是真话吗？德国人真的知道他在英国的控制之下吗？为什么他们又把他送回来了？他们真的相信他会假装没被发现吗？[①] 欧文斯飞回了英国，当一周之后迪基茨乘船回来的时候，人们对他说欧文斯指控他，他表现得很惊讶。

迪基茨第一次被军情五处注意是在一年之前，也就是 1940 年 4 月，希特勒入侵法国前一个月。他是个不知出处的陌生人，从这一点上看，好像比欧文斯要强些。一开始认为他是个德国间谍，但被捕后，迪基茨解释说，他无意中听到欧文斯在酒吧里可疑的谈话。作为一名前空军情报官员，他决定进行调查。他悄悄朝吧台上的欧文斯溜过去，过了一会儿从他口中得知，他是个为英国人工作的双面间谍。[②] 一名前情报官员和一名现任的双重特工，在英格兰的千万人之中在同一间酒吧偶遇，这实在太巧了。可军情五处却接受了这个说法。

迪基茨说，他急着在战争期间要为国尽力。他曾向空军情报总监波义尔准将恳求任用，但却没有得到职务。这一点很容易就得到了确认。军情五处发现他的话属实，尽管他们不怎么喜欢他，还是决定录用他。苏格兰场和美国都有迪基茨的警察档案。他一定程度上是个骗子，美国人正在悬赏他，因为他曾骗了田纳西州查塔努加（Chattanooga, Tennessee）社会服务局的人员一笔钱。当决定让欧文斯通过里斯本再向

① Marriott and Gwyer, Dr. RANTZAU's meeting with SNOW and CELERY in Lisbon, 17 Nov. 1941, PRO, KV2/451, Doc. 1360b. 这是一份七页长的分析报告。
② B3 (Robertson), Note to File, 9 Mar. 1940 and 4 Apr. 1940, PRO, KV2/447;Liddell Diary, 7 Apr. 1940; and W-Board meeting re Dicketts, 5 Apr. 1941:PRO, KV2/70.

德国安插另一名双面特工时，这个任务被交给了迪基茨。[①]

当时的惯例是，从国外回来的双面特工要向秘书口述一份他活动的“年表”。迪基茨回到伦敦就做了这件事，这是在他被告知欧文斯对他进行指控之前。他说一切进行顺利。他和兰曹博士会了一面，对方提出让他来德国进行全面评估。他被带到汉堡。在那儿，“一个像是德国空军方面的人”对他进行了详细的盘问。他通过了测试，在被正式地接受为阿勃韦尔间谍之后，他被带着在汉堡转了一圈儿，又被带去了柏林，让他见识见识这些城市虽然受到英国的轰炸，但造成的损失极小。他在离开三周之后回到了里斯本。

迪基茨又说，他在动身去德国之前，德国大使馆的一名叫作汉斯·鲁泽（Hans Ruser）的馆员开车送他去了巴塞罗那附近的一个机场。此人是德国前经济部部长亚尔马·沙赫特博士的外甥。鲁泽在沿着西班牙狭窄的道路上开着那辆黑色的福特 V-8 轿车时，称自己是纳粹制度坚定的反对者，试探迪基茨想不想在德国的时候会见沙赫特博士和一位“X 男爵”，他们想与英国进行一场秘密的和平谈判。迪基茨回答说，他愿意见，只要兰曹博士了解情况并表示同意。鲁泽点头了。[②]

迪基茨与沙赫特博士和“X 男爵”进行了会面。他们提出让迪基茨作为阿勃韦尔最新的间谍回到英国后，在英国情报机构和其他政府圈子中寻找有没有官员可能会有心进行秘密和平谈判。在之后由军情五处进行的质询中，他被问到如何能将结果传回德国。迪基茨回答得磕磕绊绊。他没能给出一个可信的说法。

对迪基茨的逼问更狠了。他承认，不是鲁泽，而是兰曹博士安排他

① RO, KV2/674（as of 2008）. 也见“CELERY 被提名做这项工作，不过在此之前，SNOW 曾对他略有了解”，见 KV2/451, 1803a. 这则记录以及紧接着的说法清楚地表明，他最初是因为空军谍报经验而被招来的。

② 由 CELERY 口述的“年表”报告，28 Mar. 1941; KV2/86. 这是 1944 年 7 月 26 日，从 CELERY 原始档案中截取的一份“摘录”：Vol. IIIPF 66315，没有在军情五处 2008 年开放的档案中找到。这是由“RB”给 PF 62876“VON RANTZAU”所做的摘录，RB 是 B1A/B1B 下面的一个分析部门，由 Gwyer 上尉非正式地运营，见 Curry, *Security Service*,297–99.KV2/86 是尼科劳斯·李特尔在英国国家档案馆的档案号。据拉豪森说，“X 男爵”是卡纳里斯最亲信的人，见 PRO, KV2/173。鲁泽对此可能知情，但迪基茨不知情。

在德国与议和派见面的，而且是迪基茨本人促使他这么做的。[①]

迪基茨解释说，兰曹博士并不是他预料要见的人。第一次会面时，兰曹博士并不像麦卡锡描绘的那样满嘴脏话，反而他像个“非常精明的美国商人”，他讲流利的英语，有很重的美国口音，他的下属对他相当敬畏。迪基茨反应必须要快。这个人可不是迪基茨只需要说自己是个不得志的前飞行员这种天方夜谭就能够蒙混过关的。迪基茨突然灵光乍现。他说他是英国情报机关的人。他被派到里斯本，是为了试探德国情报机构是否有秘密和平谈判的可能。

他说兰曹博士当即就表示了兴趣。他仔细地询问了迪基茨，但迪基茨是个惯骗。兰曹说会把他送到柏林与一个高官谈谈。鲁泽在西班牙开车的一路上知道了他的任务后，只是建议他也见一下沙赫特博士。[②]

军情五处接受了这个说法，但之后的几个月里，对此的争论仍很激烈。阿勃韦尔的李特尔少校（此时兰曹博士的真名已经被知晓了）真的相信迪基茨是英国情报机构的特工吗？这场争论一直在继续，双十委员会的主席J.C. 迈斯特曼是仲裁者。

当迪基茨在德国时，欧文斯向当地大使馆军情六处的官员报告说德国人知道他的身份了。由于他回到英格兰后咬定情况如此，军情五处分别对他进行盘问的两位官员不得不对他重视起来。大家勉强同意叫停SNOW、CHARLIE 和 BISCUITT 的活动。TATE、GW、TRICYCLE 和 RAINBOW 则暂时保留。对欧文斯则严加看管。SNOW 的无线发报员发送了 A–3504 的最后一条消息，说他精神崩溃了，无法继

① PRO, KV2/86, Doc. 37a. 这份摘录上有手写注解“怀特先生所写”，似乎是要表明是他进行的审讯。对此应谨慎对待，因为它可能是后来才加上的。除此之外，这份文件中没有任何地方表明是谁进行的审讯。

② 参见同上。请注意大概在这个时候，军情六处停止将军情五处的登记处作为唯一的图书馆 / 档案馆，并开设了他们自己的“登记处”，见 Curry, *Security Service*, 56–7, 202. 这些摘录完成于 1944 年 7 月 26 日，见 PRO, KV2/86. 这意味着原件可能在军情六处的文档里，而且仍在封存中。

续发报。[①] 军情五处双重反间项目的头目苦于不知道下一步该如何是好。

一个大问题是，无线理事会和双十委员会是为了监督由罗伯逊上校属下的无线双面特工发送给德国人的信息而特别设立的，在年初惊心动魄的卡洛里逃跑事件后，这些特工中的主力便是 SNOW 了。从 1 月到 2 月，SNOW 名义上收到了 CHARLIE 和 BISCUIT 发来的信息，将令德国人高兴的关于曼彻斯特、布里斯托和南安普敦大空袭之后的一批破坏报告被发了出去。

TATE 好像也维持住了德国人的信任。随着 SNOW XXX“停止运营”（因为 SNOW 的无线单位是 XXX），发送天气观察和轰炸破坏报告的重担就落在了他的肩上。德国人继续正常地回复他的消息。由于形势太好，不像真的，于是英国人决定检验一下他到底受到多大的信任：他要向德国人紧急索要一笔款项，并威胁说如果拿不到手的话，将会停止发送报告。德国人对此要求很认真，提出用飞机空投一捆英镑现钞。当这个办法证明不切实际之后，他继续抱怨。德国人则想要抚慰他，对他说他被授予了令人垂涎的德军铁十字勋章（Iron Cross）。

接下来，德国人又采取了上一年 9 月卡洛里和施密特被派来英国之前，对英国人提前进行警告的战术。德国人给施密特发送无线电报，让他等着不久之后会到来的一个特工，他会给施密特带过去钱和一块他在发报机上用的备用晶体矿石。另一个间谍之后跳伞登陆，这是 29 岁的苏台德地区的德国人卡莱尔·里赫特（Karel Richter）。身份证件上的常见错误让他几乎立刻就被捕了。搜查后发现，他带了两沓钱，分别为英镑和美元。他的身份证和配给簿是基于 SNOW 提供给德国人的序号假造的。在 020 营进行了 17 个小时的审讯后不久，里赫特带着审讯官

① R.T. Reed, Ruser interrogation, 20 Dec. 1943, PRO, KV2/451, Doc. 1660; 及 Report on Dr. Friedrich Karl Praetorius, 20 Aug. 1945, 39, NARA, RG65, IWGBox 169, 65-56466-5. 在这些文件中，CELERY 提到 SNOW 时，称他为那个“小个子男人”，这表明他知道德国人叫他“小家伙”。A-3504 发给汉堡—柏林的常规天气报告结束于 4 月 13 日，NARA, T-77, 1540. SNOW 的“最后一条消息”不在这份文件汇编中。胶卷 1540 上的消息之间有很多序号上不连贯的地方，可能是因为李特尔没有在跟下属间谍交换信息时抄送柏林。

去了他藏设备的地方，包括两块无线电用晶体矿石。里赫特是个被德国人公开宣布的间谍。

里赫特是战争中无数不起眼的悲剧人物中的一个。他是德国人，但却不是出于自愿的——希特勒吞并了捷克斯洛伐克西部之后，他自动获得了德国公民权。这意味着强迫兵役，所以他加入了德国商船队，战争开始不久后开了小差，结果被盖世太保捉住投进了集中营。悲惨的几个月过后，有人联系他说，如果他愿意做间谍的话，可以得到宽恕。尽管他和德国并没有真正的联系，但他面对 020 营的审讯官时很勇敢，极不情愿地讲出了他的任务细节，并拒绝转换阵营受英国人控制。这将会要他的命。

与此同时，德国又采取了其他给施密特送钱的措施。德国人最终安排他在公共汽车上会见一个日本大使馆的官员，在车上他会收到官员放在一份《泰晤士报》里的钱。这两个人误了该上的车，有一小会儿时间，他们互相找不见了，尽管出了这个小岔子，他们还是成功地见了面。施密特带着 200 英镑“崭新的连号钞票”回去了。[①] 自然，就像往常一样，这些都是假钞。

这是为了要安慰双十委员会的成员和军情五处的上线情报专员们，让他们知道，欧文斯—迪基茨发生的意外完全没有暴露军情五处这些珍贵的双面特工。但军情五处还是感到不安。

将迪基茨派回里斯本。这个建议来自无线理事会，很显然是军情六处的首脑斯图尔特・孟席斯唆使的。他应该读过了质询迪基茨的报告，特别是提到沙赫特博士的那一点一定吸引了他的眼球。迪基茨从德国经由里斯本回来时，带着一份阿勃韦尔的议和的提议；沙赫特博士以将德国财政事务安排得井井有条和公开批评纳粹而闻名，他的名字给这个和

① Liddell Diary, 23, 25, 27, 29 May, 1941, PRO. 李特尔在他战后对此事件的说明中有略为不同的记述：“在汉森（施密特）收到的报纸里有一份礼物：价值 2 万马克的英镑现钞，一部分确实是伪造的——足以供汉森在战争剩下的时间里使用”，见 Ritter, *Deckname*, 241. 也见 Masterman, *Double-cross System*, 93; Stephens, *Camp 020*, 164-66; 及 TATE case summary for B1A, 15 Jun. 1942, PRO, KV2/61, Doc. 306a.

平提议增加了分量。孟席斯似乎秘密地给沙赫特发送了一份回复。[1]

迪基茨乘坐水上飞机来到里葡萄牙，里斯本战争单位的反情报官员克雷默听说他来了，反应很冷淡。汉斯·鲁泽在1943年叛投盟军之后在020营受盘问的报告披露了下列情况：

> 大约在1941年5月或6月的时候，迪基茨又回来了，还拜访了鲁泽。此时鲁泽身边有德国海军武官梅耶-都讷（Mayer-Dhöne）。因此迪基茨和梅耶—都讷就见了面。
>
> 迪基茨对鲁泽说他要再去一次德国，是为了一项和平任务，德国人还特别安排了一个陪同人员。鲁泽对克雷默说了此事，克雷默说："嗯，这次他别想从德国出来了。"等鲁泽回到迪基茨身边，他明确地建议后者不要去德国了，并说这个时候和平协商是不会有希望的。迪基茨从梅耶-都讷那儿得到了机密信息：德国打算对苏联宣战。迪基茨马上追问此事，问他的意思，让他不要去德国的原因是否[由于]苏联，但鲁泽什么都没再跟他说。[2]

迪基茨可是中了头彩：这对于任何一个秘密特工来说都是个重大消息。如果德国进攻苏联，这意味着对英国的入侵不是当务之急了。梅耶-都讷因为告诉了迪基茨这个消息，自己都快被行刑队找上门了。

这样一个独家消息到手，迪基茨本可以返回英国，到处享受人们的赞扬和感谢。但他却无视鲁泽的警告去了德国。这是一个极富勇气的举动。他的"陪同"是格奥尔格·泽斯勒（George Sessler），一个25岁的

---

① 沙赫特战前就通过出使英国的私人代表明确表达了他反对希特勒的立场。Fest, *Plotting Hitler's Death*, 74. 关于这点孟席斯应该意识到了。他写道，他催着把CELERY派回里斯本，希望能他能劝泽斯勒倒戈。这是不合理的。孟席斯和无线委员会的情报主管们不会觉得让一个迪基茨那样的王牌间谍为了一个23岁的德军中尉冒险是值得的，后者在阿勃韦尔的工作无非是保镖和跑腿儿。日记的这个条目得到了清楚的支持，见THE W-BOARD, undated and unattributed, 10.PRO, KV4/70. 第8页的内在证据表明这是战后写的，可能写于70年代晚期。作者也许参考了Liddell Diary。

② R.T. Reed, B1A, Report, 12 Dec. 1943, PRO, KV2/451, Doc. 1660a. 对字符的计算结果确认了被涂改后的地方和"迪基茨"的字符长度相吻合。"梅耶"在这份文件中拼错了，应该是Kurt Meyer-Döhne上尉。这位使馆武官得到了卡纳里斯的个人同意，因此他得到指示把这个消息泄露了出去。在我的行文中，为了读者理解方便，把代号JUNIOR直接改成了Ruser（鲁泽）。

前足球流氓，现在是阿勃韦尔的保镖。很多年之后，泽斯勒回忆：

> 我们动身去德国前的那晚，一起出门去了埃什托里尔（Estoril），当晚很愉快。我们吃了龙虾，出门兜风，体验了里斯本的夜生活。我们遇见了令人心动的葡萄牙女孩，喝了酒，听了音乐。但这些似乎都没怎么打动迪基茨。尽管他一直愉快地微笑，但人们能够从他的眼睛里读出疑惑来：旁边这个人会要把我活着带回来吗？对于这个我几个小时前刚刚见到的英国人来说，我不过是行刑人的助理而已。
>
> 我记得从一间酒吧里走了出去，走到夜色里，他突然停步对我说："你很年轻。我只能靠我对你的印象判断。但我认为你是真诚的。格奥尔格，我的命在你手里！"
>
> 我握着他的手说："我会把你安全带回来的。你靠我是靠得住的！"
>
> 那个时候，迪基茨大约 40 岁。他身穿一套英式西装。当我凌晨 3 点把他带回他的饭店，对他说再见时，他的眼睛和声音里都显露出恐惧。[①]

这两个人坐火车经过了葡萄牙、西班牙和法国，泽斯勒记得他们到达汉堡时，迪基茨在一扇紧锁的大门后头受到几个阿勃韦尔高官的询问，其中包括李特尔少校，他那段时间在北非，但飞回德国来开会。[②]

无论迪基茨说了些什么，反正他让审讯官很满意。他被允许返回葡萄牙并接着回到英国，6 月 12 日到达伦敦。第二天，孟席斯提醒说德国人有可能在下个月底入侵苏联。丘吉尔命令向苏联人和罗斯福总统发出警告。"从我手头的种种信息来源来看（包括有些最可信的来源都表明），

---

① Peis, *Mirror of Deception*, 67. 关于确认泽斯勒确实陪着迪基茨（CELERY）去了德国的情况，参见 CSDICinterrogation of Georg Sesslor,ca. 1945, PRO, KV2/528. 由于有证据表明（注释 14）鲁泽和迪基茨在 2 月到 3 月间一起去了德国，泽斯勒所回忆的一定是后来的一次旅程。

② Ibid., 70. 也见 PRO, KV2/528. 李特尔少校当时在利比亚，6 月 5 日飞回了柏林。Saul Kelly, *The Hunt for Zerzura* ,London: John Murray,2003, 173 citing HW19/8 No. 6299-6301. 军情五处可能没有看到这份被拦截的消息，因为当时考吉尔对斯特雷奇 ISOS 的禁令还有效。

德国好像马上就要对苏联发动一场声势巨大的猛攻"，英国首相对美国总统这样说道。[①]

至少这些"最可信的"来源之一肯定是迪基茨。直到他动身前往葡萄牙之前，战争部和外交部一直在对如何理解德国部队和空军编队在东欧的大规模调动问题上相持不下。陆军情报部门军情十四处，以及联合情报委员会（Joint Intelligence Committee）认为苏联会被攻击。外交部则说这不过是虚张声势，因为对希特勒而言，在打败英国之前又招惹一个新的敌人是不合理的。此外，德国正从苏联接收大量战争的关键物资，如果战事一起，这些物资的运送将会被无限期地中断。这是合乎逻辑的，但迪基茨却证实希特勒并不总是依逻辑行事。[②]

这个事件似乎也标志着军情六处在信息方面刻意对军情五处有所保留的开始。根据这两个部门之间严格的责任分工，当军情五处的双重特工离开英格兰去往他国时，他们将向派驻大使馆的军情六处五科的人员报告，并从他们那儿得到指示。如果迪基茨按照他的常规的指令办，应该把这个消息立即报告给军情六处五科驻葡萄牙的官员拉尔夫·贾维斯（Ralph Jarvis），他会把消息转给伦敦。

一般来说，尽管有规定，但军情六处还是会让军情五处了解他们的某一个双面特工在海外时的情况。但这次却没有。显然没有人告诉李德尔说迪基茨透露了德国即将攻打苏联的消息，他也绝对不知道还有第二次德国之旅，直到1943年他才知道此番旅程，那是鲁泽叛变之后的事了。甚至战争结束后，军情五处仍然试图从对犯人的审讯中证实是鲁泽向迪基茨泄露了消息。事情很清楚，迪基茨被命令对他军情五处的上司就说

---

① 关于丘吉尔（艾登）6月13日致电斯大林：David E. Murphy, *What Stalin Knew: The Enigma of Barbarossa* ,New Haven, CT: and Lonon: Yale University Press, 2005, 148–49. 关于丘吉尔致罗斯福：Foreign Office to Washington, no. 3281, 14 Jun. 1941, PREM3/230/1, PRO. James Barros and Richard Gregor, *Double Deception: Stalin, Hitler and the Invasion of Russia* ,DeKalb, IL: Northern Illinois University Press, 1995, 196 中引文对此进行了引用。

② Gregor, *Double Deception*. 又见 F. H. Hinsley, BISWW, I, 459–79，特别是 472, 476, 479。Hinsley 提出，日本大使馆一份关于希特勒意图的报告被破译，这可能是决定性的。流亡中的捷克情报部门也称获得过他们在阿勃韦尔的间谍 A–54 泄露的消息。Frantisek Moravec, *Master of Spies* ,London:Bodley Head, 1975, 204–06.

这么多，不要再多说了。①

至于李特尔少校，战争的危险终于还是找上门来了。6 月 17 日，柏林见面后载他回北非的飞机在利比亚德尔纳（Derna）附近的海面上被迫降落。李特尔的右上臂严重骨折，被疏散到雅典的医院。② 五天之后的 6 月 22 日，希特勒开始巴巴罗萨行动。从波罗的海到黑海一线，450 万德国和轴心国军队和数千辆德军装甲车向苏联突进，目标是莫斯科。

苏军被打了个措手不及。斯大林忽视了丘吉尔的警告。就像英国外交部的官老爷们一样，他以为希特勒是按逻辑行事的人。

重组军情五处

与此同时，1941 年春天，人们做梦也不会想到希特勒会如此愚蠢地攻击苏联。在这种情况下，军情五处终于让一切恢复了秩序。新的总监人选、62 岁的戴维·佩特里于 1 月到任，并开始进行全面整顿。他曾在印度待了 40 年，其中的 20 年是在犯罪情报部（Department of Criminal Intelligence），最近则短暂地领导过军情六处在中东的行动。他是个很有能力的行政官员，等到他 3 月正式履职的时候，迅速将军情五处过剩的特别部门和次级部门裁掉，将其整合成了一个有着紧密设计的组织。但不利的方面是，一战时期他与国际间谍活动的接触非常少。他大多数时间是在印度做压制叛乱的工作，主要针对锡克人。

---

① 在李德尔的日记里没有提到第二次去德国的事，但后来军情五处关于 CELERY 的文件表明，军情五处被蒙在鼓里。1943 年，020 营对鲁泽的审问（PRO,KV2/451, Doc. 1660a ，上面曾引用过）第一次显示出迪基茨可能第二次去过德国的迹象，尽管鲁泽没法说他确实去了。战后这个问题还是疑云重重，因为曾短暂担任过汉堡阿勃韦尔一局主管的 Praetorius 博士曾被问过他是否能回忆起“迪基茨是否第二次来会过面，还是他没来过……”，Praeterious 说他记不清了，见 CSDID report on Dr. Friedrich Karl Praetorius, 20 Aug. 1945, 39, NARA, RG65,IWG Box 169, 65-56466-5.

② Kelly, *Zerzura*, 174, citing PRO, HW19/8, no. 6861. 请注意，在李特尔的军情五处文档中，有一份记录他对联邦调查局说 7 月 17 日是飞机落水的日子，而且那时他是从北非回来而不是正要去。HW19/18 的文件证明是 6 月 17 日，而且他实际上是往北非去的，见 Re. MajorFritz Adolph Ritter, 2 Sep. 1945, PRO, KV2/87. 如果能看到联邦调查局的档案中是否也有这些同样错误将会是很有意思的。

佩特里最富戏剧性的举措，是在他任期刚开始的时候支持将无线安全处转交给军情六处，在理查德·甘比尔－帕里的领导之下，他的秘密无线部门在规模和复杂程度上都有实质性的增长。吉尔 / 特雷弗－罗珀小组被解散了，前者突然被安排到一所培训学校任职，从此被遗忘了，后者则当了军情六处自己的 ISOS 通信分析部门——军情六处五科 w 组［MI6（Vw）］的领导，w 代表无线。从此之后，军情六处单独负责获取和分享从阿勃韦尔那儿截获的消息（也就是 ISOS），也单独负责决定军情六处之外有谁可以看到这些破解消息。[①]

这件事也很令人惊讶，就算由陆军、邮政部和军情五处联合负责的无线安全处也从来就不是个令人满意的机构。这三个单位都对现代军事无线通信的领域缺乏专业了解，战前的皇家海军是个远胜于它们的技术领先者，这是通过海军在测向和敌军无线操作员识别方面专设的“Y”部门达到的。另一方面，陆军（战争部）在不具备测向能力的情况下就进入了战争，这就是无线电安全处为什么基于邮政部的固定接收站和民间“志愿截听员”而建立的原因。军情五处不是唯一一个总是没有遵守与秘密无线电台运作相应的基本安全步骤而应该承担责任的机构。

不过，人们会感到好奇的是，军情六处接手无线电安全处有没有更深层的原因？佩特里和孟席斯两个人都是有能力、经验丰富的情报官员。也许对他们来说，很显然，随着中央登记处的卡片索引被毁，军情五处不能再被信任了。前一年的行政混乱和快速扩张，与损失了超过 20 年的嫌疑人卷宗联系在一起（大多是共产主义者），没什么可怀疑的，军情五处是被间谍渗透了，无论是被苏联人还是被德国人，被哪边渗透结果都一样糟糕。

军情六处此时也建立起了他们自己的反情报登记处，将中央登记处排除在外。迪基茨准备的关于第二次去里斯本和德国的报告就被送去了军情六处的登记处，而当杜斯科·波波夫在葡萄牙和美国时，他的报告也是如此。军情六处也开展了他们自己的对敌方人物的情报汇集工作，

① MI5 Symposium, ca. 1943, PRO, KV4/170. 也 见 Jeffrey, *MI6*, 359; 及 Curry, *Security Service*, 179.

这些人物正是出现在被截获的阿勃韦尔的消息中。[①]

接手无线电安全处，并将 ISOS 的成果进行分享，这让军情六处的反情报部门五科获得了新的活力。反情报部门五科由瓦伦汀·维维安上校(Colonel Valentine Vivian)领衔，它实际上是由部门副主管菲利克斯·考吉尔来负责的，他也是前印度情报官员。他很快就在驻葡萄牙和西班牙的大使馆里设置了校级武官，给他们发去截获的消息，能够帮助他们识别即将要从这两个国家登陆的阿勃韦尔间谍。这些特别的五科官员直接对考吉尔负责。现存的军情六处各外派站主管，也就是护照管理员们，将不会与 ISOS 发生任何联系，甚至干脆不知情。[②]

至于军情五处，他们在失去了无线电安全处，特别是吉尔少校后，与无线双重特工项目，以及这个部门中对于敌方无线通信多少有所了解的军事专业人才的联系都被切断了。无线分支解散了，给了罗伯逊一个自己的部门——B1A“特别特工处”（Special Agents， 1 和 A 的序号使它很光荣地成了 B 科反情报名单中顶头的一组）。尽管这种重组在纸面上看起来不错，但实际的效果却是将罗伯逊和他运作无线双重特工的方式与军情五处的其他部分，以及英国情报部门的主流进一步隔绝了。

结果当罗伯逊（现在是罗伯逊少校）决定让一个最近从 BBC 招来的无线电技师负责双面特工的无线通信时，没有人对此进行质疑。25 岁的“罗尼”里德（“Ronnie” Reed）也是一个业余无线电热爱者，但这只是就他与秘密无线电运营的相关经验而言。如果军情五处想要与汉堡分局李特尔少校的技术后援——德军信号人员正面交锋的话，这还远远不够。

与此同时，设立于布莱切利园附近的军情六处八科，也就是甘比尔-帕里的秘密无线通信部门一直在成长、壮大、繁盛之中。

① Curry, *Security Service*, 56, 333. 请再次注意，这个“登记处”不要和军情六处在战争开始时的 8 个人的登记处混淆。
② Benton, "The ISOS Years," passim.

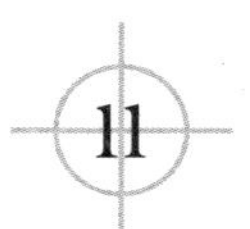

孟席斯想知道

1941 年 1月至 8月

1941 年春天，杜斯科 · 波波夫一手造成了 SNOW 网络的崩溃，这对于军情五处双重特工的管理者来说，实在是糟透了。他曾许下诺言，要成为一个超级间谍，能在暗中为安全部门赢得国家对他们的感谢，还能让他们有缘爵士封号。这一切现在都岌岌可危。

英国人给这个 29 岁的南斯拉夫人一开始起的代号是 SKOOT，后来则叫 TRICYCLE，德国人则叫他 IVAN。他常常面带轻松的笑容，懂得讨女人欢心的技巧，注定将成为战争中最有名的间谍之一。他作为双重特工的事迹成为一段传奇，因为他在很大程度上将谍报和胜利、美食、性、美好生活这些东西联系在了一起。波波夫在战争结束大概三十年之后开始写他自己的历史，这就是著名的《间谍 / 反间谍》（*Spy/Counterspy*，1974）一书，被英国战时一个最重要的情报官员评价为“真实”。在这本书的导言中，伊文·蒙塔古海军少校（Lieutenant-Commander Ewen Montagu）这样写道：

> 但他也有钢铁般的性格，他的无情和冷血的勇气，让他能够很

多次回到德国秘密情报机构设在里斯本和马德里的指挥部，那可是在他好像已经“暴露”了的时候；他的脑袋好像就放在狮子的嘴里。勇敢又冷血，他冒着遭受酷刑和送掉性命的危险重新赢得了德国人对他的信心，这样他便能够为盟军的胜利做出巨大的贡献。

蒙塔古进一步说道：

> 从杜斯科·波波夫（当时对我来说是特工 TRYCYCLE）来到战事频仍的伦敦起，我们就一起工作。我以饱满的兴趣读了他是以什么视角看待我所了解的种种事迹……一开始读，我就被他的人格、真诚、开朗和勇敢迷住了。我相信对所有读过这本书的人来说，他也有这样的魔力。

后来的证据证明，波波夫实际上是李特尔少校手下的另一名三重间谍：从多年以后仍然蒙在鼓里的对手口中发出对他的由衷赞叹，还有事例能比这更好地证明他的成功吗？

德国人对波波夫即将抵达英国发出了警告，其操作方式后来成了派出间谍的标准模式。下列消息被截获和破解时，政府密码学校刚刚破解了“阿勃韦尔主要的手写密码”：

> 1940 年 12 月 13 日—里斯本致柏林。
>
> 波波夫从贝尔格莱德（Belgrade）报告。他声称受雇于 Schloss（柏林）的欧施莱格和耶布森，为 Golfplatz（大不列颠）服务。我请求加急信息。波波夫也需要钱。

> 1940 年 12 月 18 日—柏林致里斯本。
>
> 无线告知我们的特工波波夫何时能够动身去往 Golfplatz（大

不列颠）。他的 Jebsen 电报已到，但无法识别。报销他的花费。[①]

波波夫于 1940 年 12 月 20 日飞到惠特彻奇（Whitchurch）的时候，军情五处的一位官员正在等着他。后来的十天里，他接受了多位军情五处官员的一系列严密审讯，罗伯逊少校和奥莱斯特·平特上校也包括在内，后者是荷兰流亡政府的王牌间谍捕手。这些审讯他都通过了，因为拦截下来的无线信息用一个酝酿了几个月的虚假故事确认了他的说法。[②]

波波夫开始受到注意是在几个月之前，他给驻贝尔格莱德的英国大使馆官员打电话说，他是杜布罗夫尼克（Dubrovnik）的一个律师，有一个他在德国学习时的朋友找到他，让他替德国人做间谍。军情六处在贝尔格莱德的工作人员鼓励他增进和德国人的联系，所以波波夫就回复他的朋友约翰·耶布森（Johann Jebsen）那儿，表明了他对此有兴趣。这个举动令阿勃韦尔一名叫作欧施莱格少校（Major Ölschlaeger）的官员将他招到麾下，安排他去英格兰，伪装为一名从事货运生意的商人。这些情况波波夫都报告给了军情六处的官员。在截获的电文中提到了欧施莱格和耶布森，这确认了他所讲故事的真实性。[③]

在他到达英格兰受审查期间，军情五处的审讯员确实发现了一桩怪事。有人给了波波夫一种“原始程度”令人吃惊的隐形墨水，是基于一种名叫匹拉米洞（Pyramidon）的头痛药开发的。他准备发送给葡萄牙掩

① Popv aka IVAN collection of intercepts, PRO, KV2/860, Doc. 1040b. 最初发送进来的消息是 Nos. 1361, 1422, Group 2, PRO, HW19/2. 第二组包括到 1940 年末为止，阿勃韦尔驻奥斯陆、里斯本、马德里和波尔多小组发送的内容。这些破解的消息被发给了蒙塔古、波义尔、登曼（Denman）、李德尔、罗伯逊、福斯特、维维安、考吉尔和吉尔，也就是说，转给了国家情报总监（DNI）、空军情报总监［DI（Air）］、军情八处、军情五处、军情六处和无线电安全处。

② Summary of the case ［SKOOT （波波夫最初的德国代号）］, 4 Jan.1941, PRO, KV2/866.

③ “中立可靠的证据表明，1940 年 12 月 18 日，柏林德国当局提到 SKOOT 是一个“Vertrauenmann”（值得信任的人），当时正要离开里斯本去往英格兰。同一消息源也确认 SKOOT 曾给耶布森发电，并告知德国驻里斯本公使馆耶布森与他自己和欧施莱格有联系。” Hart, Case Summary, B2, 4 Jan. 1941,PRO, KV2/845, Docs.13b, 14a.“应该补充一句，SKOOT 给我们留下了极好的印象。他的作风朴直，我们都认为他无疑讲的是实话”，见 Marriott to B2A, 21 Dec. 1940, PRO, KV2/846, extract from Doc. 2a. 也见下一条注释。

护地址的写在信纸上的秘密消息受热就能显现出来，所有战时邮政检查机关都会进行这种针对密写的常规检查。英国人将他们的发现告诉波波夫后，他巧妙地解释说，他与耶布森的最后一次会面时，对方拿走了一开始交给他的墨水，用耶布森所说的更好的一种取而代之，但很显然并不算更好。这个解释被接受了。①

据大约三十年后，波波夫在《间谍/反间谍》一书中的回忆，耶布森不是把他介绍给了一个名叫欧施莱格的人，而是一个名叫穆辛格的少校（Major Munzinger），“他直接从卡纳里斯那里接受命令”。波波夫也让耶布森解释说，他加入阿勃韦尔是因为他是亚尔马·沙赫特博士的崇拜者，沙赫特“与卡纳里斯关系十分密切”。耶布森也提到，他是由卡纳里斯的助手奥斯特上校亲自介绍给卡纳里斯的，“他的政治观念与世界观都与我的非常一致”。这些说法如果是真的，就会将耶布森牢牢地定位于军队/阿勃韦尔反希特勒密谋集团之中。② 波波夫在这本书中暗示，他在当时对此并不知情。

如果波波夫在1940年的审讯中报告了沙赫特—奥斯特之间的关系的话，那么军情五处一定没能理解其中的意义，但军情六处是明白的。由于阿勃韦尔在1939年秋时做出了秘密和平姿态，英国人已经得知沙赫特是纳粹真正的敌人，也知道奥斯特向荷兰人和比利时人泄露了希特勒1940年的入侵计划。这可能就是为什么波波夫在通过了军情五处的审查之后，受到了来自军情六处首脑斯图尔特·孟席斯的邀请，在他兄弟位于萨里的宏伟住宅中和他一起共度周末。他们可以在那儿进行商谈。

① Memo（部分文件）, ca. Jan. 1941, PRO, KV2/845, Doc. (no. unreadable). 也见PRO, KV2/846, Doc. 69a. 好的隐形墨水配方很难弄到手，受到严密的保护。德国人不会冒险把好的隐形墨水用在有可能被捕的特工身上。匹拉米洞浸入酒精后，名字叫作“波纳尔”（PONAL）, 这在阿勃韦尔I/G部门最不安全的隐形墨水中排第二，他们很少用这个配方，只会用到彻底要被牺牲掉的特工身上，见Ayer to Director, interrogation of Fritz Künkele, 12 Sep. 1945, NARA,RG65, IWG Box 184, 65-56228.

② Dusko Popov, *Spy/Counterspy* ,New York: Grosset and Dunlap, 1974，见 22-3,32. 由于提到穆辛格，这就成了证明耶布森的轶事属实的强有力的证据，因为此人的名字在当时还没怎么出现在德国抵抗运动的文献当中。他是1945年初因被怀疑是7月20日阴谋的同党而被党卫军杀害的人中的一个。战后对威廉·库巴特的审讯也将波波夫联系到了穆辛格身上，线索是被认为是他的兄弟的Ivo（DREADNOUGHT）。沙赫特卷入到1938和1939年未遂政变中的情况在波波夫写这本书时是详细记录在案的，不过没有提及他与卡纳里斯的联系。

这真是不可思议。孟席斯是英国秘密情报局的首脑。这让他成为这个国家中最有权势的人之一。他和丘吉尔几乎每天都在一起，国家最深的秘密他私底也下知情。波波夫只是从阿勃韦尔间谍慢慢转成双重特工的。他与孟席斯发生过的最密切的联系是他的名字曾出现在后者经手过的一份文件中。

他们俩单独在这所房子的图书馆中待了几个小时。波波夫在讲述这段故事时，把孟席斯描绘成一个头发斑白、如父亲般慈爱的人。他全身陷在一个扶手椅中，眼望壁炉中的火焰，平静地给这个年轻的间谍以鼓励和建议。然后——

> “现在，”孟席斯停了一会儿，将一根火柴划向他的烟斗，很显然是在整理思绪，“言归正传，我们已经有很多关于阿勃韦尔官员的信息了，包括卡纳里斯在内。但我想知道多得多的有关与卡纳里斯亲近的每个人的消息，以及与多纳依和奥斯特亲近的人的消息。我想你能够通过耶布森得到这些消息。”
>
> “他可能会知道”，我表示同意。
>
> “如果我解释一下他的请求背后的原因，这也许会有帮助。我们知道，卡纳里斯、多纳依、奥斯特都不是彻头彻尾的纳粹。他们也许可以被界定为忠实的官员，或者日耳曼爱国者。1938年，丘吉尔与卡纳里斯进行了一次会谈。这次会谈是非官方的，因为他不是政府官员。丘吉尔得出结论说，卡纳里斯是德国反纳粹异议分子的一剂催化剂。这就是我为什么想对他所吸引的人有更多的了解。归根结底，我可能想要继续进行丘吉尔发起的对话。如果是这样，我必须处于一个能评估卡纳里斯身边人力量如何的位置上。”
>
> 我点头示意自己明白了。孟席斯想与卡纳里斯或那些希特勒身边想罢黜他的人进行一次对话。
>
> “我亲自处理此事，”孟席斯强调说，“你采集到的所有信息都是直接送到我手里的，没有中间环节……”[①]

① Popov, *Spy/Counterspy*, 76.

没有发现可靠的证据能够表明卡纳里斯和丘吉尔在战前有过会面，尽管有一条诱人的线索。1938 年 8 月，卡纳里斯派了一位密使去英国，代表德军总参谋长贝克将军寻求英国做出允诺，一旦希特勒入侵捷克斯洛伐克，英国会进行干预。“给我一些捷克斯洛伐克一旦受到攻击英国会进行战斗的证据，我便会让这个体制走向终结”，据报告，贝克这样说道。这位密使是一个名不见经传的地主和政客，名叫艾瓦尔德·冯·克莱斯特－施曼岑（Ewald von Kleist-Schmenzin），他在与张伯伦政府官员的交涉中没有取得任何进展。不过丘吉尔接待了他，对此表示好感，并给了他一封信，同意说如果德军进入捷克斯洛伐克，一场世界大战将会到来。作为一位持对立意见的政治家，当时的丘吉尔无法做得再多了。[①]

碰巧的是，克莱斯特－施曼岑见的这些官员不知道卡纳里斯长什么样。伪造一份护照对阿勃韦尔来说易如反掌，卡纳里斯喜欢以伪装身份巡游，这也是很多人都知道的。用上一点儿头发增白剂和戴上假胡子之后，卡纳里斯便能看起来很像克莱斯特－施曼岑了。[②]

波波夫没有向任何人提到这次与孟席斯的会面。对军情五处而言，他只是另一个变节的间谍，他的到来时机正好，因为双十委员会刚刚建立起来。委员会最初的委员由 J.C. 迈斯特曼（主席），军情五处的罗伯逊少校和空军上尉 C.C. 科尔蒙德雷（C.C. Cholmondeley），军情六处五科的菲利克斯·考吉尔，海军大臣、空军部和本土部队的情报官员，以及安全（防御）执行小组的某个人组成。伊文·蒙塔古，当时是海军后备队的少校，代表海军情报机构参与其中。

双十委员会在 1 月 2 日举行了第一次会议，讨论很快就转到如何利用波波夫欺骗德国人的问题上面。[③]

---

① Colvin, *Chief of Intelligence*, 59–69; 以 及 Peter Hoffmann, *The History of the German Resistance* 1933–45 ,Cambridge MA: MIT Press, 1977, 60–62. 他对此事件进行了有价值的分析。

② 两个人的照片有着同样轮廓（互联网上能找到），不禁引人用铅笔涂抹后进行比对。冯·克莱斯特－施曼岑在 8 月 19 日结束了与英国的商谈，所以他有可能很快就回国了，而不是等到下个周二，正如 Vansittart 所暗示的那样，见 Hoffmann, *Resistance*, 62 n. 54. 只是因为 Vansittart 评论的力度让人认为他是在 8 月 24 日向卡纳里斯报告的。

③ PRO, KV2/63. 从内部证据来看，这份文件貌似是 70 年代创建的。

战争这时进行到了第十七个月。军情五处正在经历一场巨大的、很大程度上不受控制的扩张，将严格的警员类型的人员和自以为无所不知的学院派及律师们混在一处。业余主义甚嚣尘上，这在选择新委员会的名字方面就表现得很明显：双十委员会（在口语里就是“二十委员会”）。尽管这对想出这个名字来的人来说好像是神来之笔，但对敌方情报分析师来说，不用费力气就能注意到数字二十在罗马数字中是XX——也就是双重反间的意思。之后又有一个三十委员会（Thirty Committee），XXX，意味着三重反间。

波波夫仓促上马，军情五处即刻就给了他一些吸引人的情报，让他带给他在里斯本的德国上司。不过，在他启程前，还给了他足够的机会让他自己去收集其他有用的情报：

> 比尔（Bill，负责波波夫的上线情报专员）频繁地陪我出行，我被迫去采集要提供给德国人的信息。双十委员会决定我实际上应该自己做这件事，这样我在接受德国人审讯时，不容易露出破绽。理论上来说，这个想法是明智的。但在实践中却没有那么好。
>
> 意外的障碍来自于我的图像记忆。并不是所有我看到的东西都是可以告诉德国人的。一个专家理事会来决定我能够对德国人说什么。这意味着我不得不从记忆中清除好大一部分我看到的东西。比起要记住我能对什么进行报告来说，我要花更多的时间学习我不得不忘记的内容……[①]

这个“想法”根本就不明智，而是极端愚蠢。很难想象，有任何举措能比让一个刚转换阵营的敌方特工去观察有价值的内容，然后郑重地对他说当他再次处于敌人控制之下时不要泄露这些内容更幼稚的了。但这正是波波夫到达英国前所截获的阿勃韦尔消息所具有的强大说服力。

的确，1939年阿瑟·欧文斯的情况又出现了，这一次唯一的区别不是去比利时、荷兰面见兰曹博士，而是去葡萄牙会见古斯塔夫·冯·卡

① Popov, *Spy/Counterspy*, 79–80. 关于向他展示空袭损害的情况，参见Minute sheet, Doc. 65a, 14.3.41, PRO,KV2/846. “专家理事会”可能就是双十委员会。

尔斯特霍夫（Gustave von Karsthoff）[①]，此人是阿勃韦尔驻里斯本办公室的负责人。波波夫回来时说，冯·卡尔斯特霍夫对他提供的东西感到很高兴，急忙带着它们去了柏林，带回来“一位克拉默先生”（李特尔少校在汉堡分局的副手，卡尔·克拉默博士），他有一份问题清单，密密麻麻地写了九页纸，52 个问题中的 46 个都与空军情报有关。波波夫被告知，他们计划把他从英格兰送到美国，然后再去往埃及。[②]

一切进展完美。波波夫，现在的代号是 TRICYCLE，被允许将他的旅行范围扩展到英国各处——考文垂、伯明翰和伦敦[③]，然后又被派回里斯本，3 月 15 日到达。几天之后，沟通汉堡与柏林的电传机又发送了下面这则来自阿勃韦尔一部空军司的内容：

> A-3570 在 1941 年 2 月 14 日到 3 月 15 日间的亲自会面报告。
>
> 主题：议会新建筑
>
> 这座建筑位于威斯敏斯特区的小史密斯街（Little Smith Street）和马山街（Marsham Street）之间，在维多利亚大街以南 150—200 码、朝向威斯敏斯特修道院（Westminster Abbey）的位置。这栋建筑有五层，几乎是新的，占地约为 100x80 码。上面几层没有用，它们受到沙袋和钢板的严密保护。外层墙壁有 4 英尺厚、8 英尺高的保护砖。正门在小史密斯街上，正对着 U 分局，它是威斯敏斯特辅助部门（消防）最大的一个分局。温斯顿·丘吉尔的私人入口在马山街上。国王在同一栋建筑中履行他正式的职责。我是 1 月末从上述分局的副局长那里得到这个消息的。[④]

A-3570 没有搞对，但很接近了，这极危险。他倒没怎么将德国空军导向议会成员聚集的地方，但却导向了丘吉尔的地下掩体，那儿也是

① 此人名似应为路德维科·冯·卡尔斯特霍夫（Ludovico von Karsthoff），原书疑有误。——译者注。

② PRO, KV2/845, Doc. 21c and surrounding docs. 问卷中关于 Speke 机场的问题关系到 CHARLIE，因此也关系到阿勃韦尔一部汉堡分局空军处。

③ Memorandum to S.I.S. re TRICYCLE, 15 Mar. 1941, PRO, KV2/847, 69a.

④ NARA, T-77, 1540. A-3570 不可能是 CELERY/ 迪基茨，因为他当时在葡萄牙和德国。由于阿勃韦尔一部汉堡分局空军处派在英国的所有其他间谍当时的情况都有说明，这个人一定是波波夫或者另一个从没被发现的间谍。也见下文。

内阁战时办公室（Cabinet War Room）的所在。这个区域中，维多利亚大街的北边而不是南边，正是英国武装力量的大脑和中枢所在，屋顶建得潦草匆忙。如果被德国的重型炮弹直接炸到这里，那这场战争的历程和结果会变得非常不同。[①]

这是 TRICYCLE 吗？无疑就是。IVAN（波波夫在阿勃韦尔的代号）在战后的审讯中是以属于阿勃韦尔一部空军司[②]（阿勃韦尔空军情报部门）而被记住的，这份间谍报告的日期（2 月 14 日至 3 月 15 日）则与波波夫两次里斯本旅程之间身在英格兰的时间相符。这里所说的“亲自会面”一定是指通过某个中立国（或是瑞典或是葡萄牙）进入欧洲的间谍。波波夫在这个阶段是受李特尔少校庇护的人之一。

A–3570 发送的其他消息也与空军情报有关，尽管这些信息对于德国空军分析师来说好像是真的，但大多数都不是。里面给出的飞机生产数字差得不远，但对英国双人无畏式战斗机（Defiant Fighter）特性的精细描述却是无用的，因为这种机型被认为是失败的设计，已经停飞。有更多类似这样的材料，包括较早时候[③]的一则消息，暗示说“丽娜行动”的空投间谍如果被发现拥有德军身份的话将不会被英国人处决。当然，这是不可能的。

这些情况都表明，尽管军情五处希望通过消息误导来让德国人相信一个几乎不能讲英语的南斯拉夫人能够获得高等级的空军情报，但这似乎有些勉为其难。[④]将德国轰炸机吸引到丘吉尔地下掩体的消息是另一件事。其实没有人想要干掉丘吉尔，至于提到“议会新建筑”，这有可能是因为专门负责波波夫的官员带他在伦敦转过后，他偶然放进去的。

但讽刺的是，正是这则信息被转到柏林之事证明了它被认为是假的。

---

① 丘吉尔的地下掩体非常接近“议会新建筑”这个情况，说明这则消息肯定不是出于双十委员会使诈。因为德国人的轰炸瞄准得不够精确，所以英国人敢把一个诱敌目标放在真正关键的目标旁边。

② 威廉·库巴特在战后于联合审讯中心受审时，他回忆说耶布森的根据地是柏林，波波夫则属于空军司，见 Extracts from Camp 020 Report on Oberstleutenant Wilhelm Kuebart, CSDIC,PRO, KV2/860. 在相关段落旁边有人写了“属实”。

③ NARA, T–77, 1540. 从上面的日期来看，这则消息似乎是通过隐形墨水信件或类似的手段传递的。

④ 关于波波夫英语不流利的情况，参见第十三章。

卡纳里斯不想看到丘吉尔或国王受伤。而除非李特尔少校认为这则消息是假的，否则他不会想把它发送出去。幸运的是，德国空军没有因为这则消息而有所动作。他们的政策瞄准的仍然是与战争有关的基础设施，在可能的情况下则放过了民事机构和军事、政治指挥中心。

到此时为止，卡纳里斯一直在非常用心地照顾着英国的利益。李特尔少校能够过滤出那些汉堡分局经手的真正有危险性的情报，而冯·卡尔斯特霍夫（他也是卡纳里斯特别信任的亲信）则能够盯住葡萄牙战争单位的事儿。他马上会得到另一位卡纳里斯特别信任的特工保罗·菲德尔穆克（Paul Fidrmuc）的帮助，他就是后来对盟军来说臭名昭著的OSTRO。

菲德尔穆克是最棒的。他从1934年之后便是阿勃韦尔的间谍，战前曾在加拿大、美国和英国活动。德军进攻丹麦时，他正在这个国家受监禁，因间谍行径而等候审讯。他43岁，狡黠，阅历丰富，英语和德语的写作能力都强。他是在波波夫接触贝尔格莱德的军情六处的时候来到里斯本的。

当然，这一切也许是出于偶然，但如果波波夫要从里斯本进行反英活动的话，他需要一个上线情报专员（case officer）。尽管军情五处可能满足于相信冯·卡尔斯特霍夫会亲自管理手下的间谍，但阿勃韦尔的惯例（就像所有地方的谍报组织一样）是让各个分局或战争单位的工作人员来管理他们的特工。看来菲德尔穆克是以这个身份被派到里斯本与波波夫一起工作的。[①]

确实，这三个人（冯·卡尔斯特霍夫、菲德尔穆克、波波夫）有很多共同点。头两个是一流的奥地利人，是一战和奥匈帝国崩溃后的遗民。这涉及奥地利国界的重组和创造匈牙利、捷克斯洛伐克和南斯拉夫这几个国家的问题。奥匈帝国解体之后，菲德尔穆克发现自己突然成了捷克人，冯·卡尔斯特霍夫如果在特列斯特被割给意大利之后还待在那里，

① Walter Brede少校说菲德尔穆克因为对英国飞机生产进行常规报告而受到高度重视，他的报告是从1941年3月开始的。他据说会从英格兰一个特工手里收到秘密消息，见Extract of CSDIC(UK) interrogation of Brede, 9 Aug. 1945. PRO, KV2/197.

他将会成为意大利人。两个人都不是纳粹。

就波波夫而言，他对英国人说，他生于塞尔维亚的蒂泰尔（Titel），但当军情五处对他的语言流利程度进行检验时，发现他除了会讲塞尔维亚－克罗地亚语和德语之外，还能讲一点儿英语。他法语很流利，意大利语说得也很好，有威尼斯口音，这对于从一个巴尔干落后国家来的年轻人来说是很了不起的了。他的语言能力，特别是他的威尼斯口音，倒是更像一个来自杜布罗夫尼克的克罗地亚人，德国人就是这么认为的。如果是这样，他有可能也因为这一点而极为愤怒：克罗地亚没有取得独立，而是在新南斯拉夫国中被和塞尔维亚人分在一起。这会让他更亲德，而非亲英。[①]

无论如何，没有打算让波波夫长时间在葡萄牙进行对英工作。李特尔少校打算将他的语言天赋付诸使用，让英国人带他去埃及，作为双重间谍隶属于当地的反谍报机构——中东安全情报局（Security and Intelligence Middle East，SIME）。[②]

到 1941 年初为止，北非都是战争各方中的偏僻区域，由于阿奇博尔德·韦维尔将军（General Archibald Wavell）指挥下的印度和英国军队的出现而突然撞入了人们的视野，他们重创了三倍于他们的意大利人。意大利有约 11 万 5 千人被俘，剩下的人被从埃及门口几乎逼退到了的黎波里。这是英军在战争中取得的最辉煌的成就。

墨索里尼被打得大败。这位意大利独裁者以他浮夸的言辞而出名，但这一次确实没有什么可吹嘘的。这支 40 年代的新罗马军团被羞辱了。

---

① Unsigned, undated memo, PRO, KV2/846, Doc. 69a; and Wilson, Note to File,18 Jul. 1942, PRO, KV2/849. 关于波波夫号称来自杜布罗夫尼克，参见 Peis, *Mirror*, 116 中冯·卡尔斯特霍夫秘书的回忆。南斯拉夫是第一次世界大战的胜利者的创造，希特勒开始侵略时，克罗地亚站在德国人一边，因为德国保证他们独立。

② 波波夫的语言能力表明他一开始是为了在北非从事活动而受训的。除了西属摩洛哥和埃及例外，北非地区不是法国就是意大利的殖民地。李特尔此时直接在埃及控制着几个间谍，见 NARA, T-77, 1549.

希特勒表示同情，派了一支不大不小的德国军队去支援意大利人。德国部队和装甲车 1 月开始在的黎波里登陆。然后希特勒一方的某人（也许是希特勒自己）有了个非常好的主意。德国人非常尊敬韦维尔。两战之间的时候，他是机械化战争原则的卓越理论家。他是个坦克战高手，派他的装甲部队四面夹击击败了意大利人，利比亚的平原成了一场运动战的完美战场。要对付这样一个指挥官，必须要派一个势均力敌的人。希特勒选择了埃尔温·隆美尔将军。

这是个令人振奋的选择。50 岁的隆美尔曾指挥希特勒的私人卫队，在侵略法国时赢得了他的名声，那时他的装甲师是第一个跨过默兹河向英吉利海峡出击的。希特勒注意到了他，从表面上看，他是元首的忠实追随者。

这次见证了卡纳里斯行动的迅捷程度：在希特勒任命隆美尔非洲赴任的几周内，他就部署波波夫以埃及为目标。如果波波夫能够被妥当地安插为位于开罗的中东安全情报局的双重间谍，他就可以寻找隆美尔和韦维尔方面的情报了。

1941 年 4 月 13 日，军情五处停止了 SNOW 的无线传送，李特尔少校花了大量精力替波波夫在埃及铺路，并且在东地中海大力发展阿勃韦尔的谍报能力。如果放弃欧文斯意味着军情五处正在对其他双重间谍失去信心的话，这有可能也会对波波夫产生影响。隆美尔如果集结起足够的军队对英国人发起攻击的话，几个月的谋划和准备就要泡汤了。对李特尔少校来说，这可是关键时刻，毫无疑问，德国人此时继续表现出对 TATE 一贯信任的原因就在于此。[①]

就双十委员会而言，当波波夫 5 月初从他第三次葡萄牙之旅返回时，他们一定集体舒了一口气。他被告知，由于他获得了优质情报，大家都对此表示祝贺。他报告说，向冯·卡尔斯特霍夫推销迈达斯计划没有遇到困难，而且他的两个影子下属特工，BALLON 和 GELATINE 都会被登记在阿勃韦尔发薪名册上。正如联邦调查局后来怀疑的那样，“卡尔

① 一定得是 TATE，因为德国人的意图似乎是要说服军情五处相信他们的双重间谍仍在愚弄德国人。

斯特霍夫对波波夫在英格兰的活动、对他如何进入并离开这个国家以及对他的下属特工都没什么兴趣，给人的印象是一切都在他的掌控之中”。[①] 波波夫被给了 300 英镑，这是给 BALLOON 和 GELATINE 的经费，他自己则得了 2000 美元。

到 5 月底为止，轰炸机已经不怎么来英格兰了，因为希特勒将他的空军力量转向了东侵苏联。英国那些被炸得废墟遍地、烟尘滚滚的城市，总算得以喘息。不用担心即将到来的侵略了。无线理事会、双十委员会和罗伯逊少校的无线双重间谍（现在只剩下 TATE 和 DRAGONLY）没有理由继续存在了。特别是对于双十委员会来说，有点别的事去做是很重要的。

把重点转到各种欺诈活动上是答案。RAINBOW，以及一些其他由辛克莱尔少校单独管理的非无线双重特工，都被转到了罗伯逊手下新创立的 B1A 特别特工部门。与此类似，双十委员会也将它的权限扩展到所有的双重间谍身上，尽管其职能仍然是咨议性的。罗伯逊则保留了实权。这意味着如果他和迈斯特曼要想在他们的新角色上为自己挣得名声，波波夫是他们最好的赌注， 他种下了能在美国和埃及大大欺骗德国人的希望果实。

李特尔少校退场

对李特尔少校而言，1941 年 6 月本是一个黑暗的月份，结果更加黑暗了。当他的飞机在地中海迫降、摔断他的胳膊十二天之后，他失掉了在美国的三重间谍任务，连他在阿勃韦尔的工作也泡汤了。他的错误在于，以为自己在英国玩得转，在美国便也可如此。并不是这样的。

威廉·希伯德［他对德国人来说是 TRAMP，对美国人来说是哈里·索耶（Harry Sawyer）］，已经轻松工作一年多了。FBI 在纽约森特波特给

① Dusan Popov: Brief Synopsis of the Case, 15 Jan. 1944, NARA, RG65, WWII,FBI HQ Files, Box 11 (17). 基于军情五处提供的信息。

他派的发报员将他所提供的一切材料都忠实地发给了汉堡，用的是易懂的或不易懂的密码；也代表他每日发送天气报告，包括气压在内，甚至联邦调查局都承认这对在大西洋潜行的德国U型潜艇来说是非常有用的。

但李特尔自己承担了过多的责任。在FBI负责发报机的同时，他允许希伯德成为一个小的间谍网络的核心，他们将信息以真实文件的方式偷运到去往欧洲的船上。为了支持这个行动，联邦调查局被怂恿着让希伯德干一桩假买卖。倒霉的是，不像军情五处和阿瑟·欧文斯在英国那样，联邦调查局没有给希伯德自行其是的权力。当希伯德手下的间谍们给他的办公室打电话时，墙上双向镜后面的FBI相机把一切都拍了下来。

一开始好像没什么风险。美国人不是交战方，所以即使李特尔的特工最后被捕了，至多也就是在监狱里关上几年。就算FBI察觉了，他们又何必要搅黄这“你好我好大家好”的局面呢？英国人多年来一直让欧文斯收集情报，并从下属特工那里获取信息，并未进行干涉。不过，联邦调查局局长J. 埃德加·胡佛（J.Edgar Hoover）已经靠禁酒时期壮观的审讯表演让他自己和FBI得了大名。那些电影和照片是为了给法庭看的，同时也是给媒体用的。

有迹象表明有事情要发生。当年初春时节，在一片公众的喧哗声中，联邦调查局将被破获的“Joe K”间谍网送上了法庭，这是一个由纳粹安全机构掌控的间谍组织，当英国在百慕大的邮政检查机关开始详细调查他们用隐形墨水写的一封信后，逐渐被暴露了。幸运的是，发生了一场车祸，几个优秀侦探的工作导致库尔特·路德维希（Kurt Ludwig）［也用乔·凯斯勒（Joe Kessler）这个名字］和他的同谋们被捕。

1941年6月29日，联邦调查局再次发动了突然袭击。在一场闪电般的围捕中，29个与希伯德有联系的特工被捕。这些消息上了美国和世界各国报纸的头条，耸人听闻，里面还有很多奇妙的电影镜头中会有的间谍对峙的情节。这都是些激动人心的内容，连续数周吸引着美国公众，但却是希特勒最不想看到的。他在一周前刚刚进攻了世界上最大的国家，并不想同时招惹最强的国家。柏林将为此受到严惩。[①]

这对卡纳里斯来说极为尴尬。暴怒的希特勒对任何解释都听不进去，包括希伯德是被巧妙地安插到 FBI 这一点在内。李特尔少校不得不对此负责，惩罚很快就来了。他被踢出了阿勃韦尔，阿勃韦尔一部空军司汉堡分处也关闭了，人员被遣散。李特尔最终在一个防空单位中度过了战争剩下的日子。[②]

联邦调查局在双重特工问题上获得了一次胜利，但这却没让军情五处高兴起来。联邦调查局很在行，将他们的调查细节交给了英国安全协调处（British Security Coordination），这是军情六处在纽约的办公室，他们把这些转交给了他们在伦敦军情五处的同事们。[③] 军情五处却没有这样拿得出手的东西。他们迄今为止逮捕的那些微不足道的德国特工和纳粹同情者们并没有供出他们的间谍网络。所有被捕者都是单人独骑，或是打算发展成团体却在一开始就失败了。但正在打仗的是英国人，不是美国人。

军情五处仅有的还击是提升他们双重特工的表现水平。因此波波夫（也就是 TRICYCLE）不久就被安排途经美国去往埃及，把他作为超级明星间谍向联邦调查局进行宣传，说他是个老谋深算的职业间谍，渗透进了德国秘密情报机构在葡萄牙和西班牙的核心部分，[④] 但却没有给美国人提供任何细节，也没有告知说他们担心波波夫的身份经欧文斯事件后可能被暴露了。

之后发生了真正激动人心的事儿。RAINBOW（也用乔治·艾伯纳这个名字，他是个年轻人，随一支伴舞乐队在英国各地漫游，偶尔会在辛克莱尔少校的指示下与德国人交换秘密墨水所写的信件）收到了一封

---

① 德国外交部部长冯·里宾特洛甫（von Ribbentrop）特别沮丧：Friedrich Busch interrogation, 5 Sep. 1945, NARA, RG65, IWG, Box 130.

② 关于李特尔被解职和空军司汉堡分处解散的情况，参见 Ast Hamburg,NARA, RG65, IWG Box 133,65-37193-350-2. 关于卡纳里斯告诉希特勒希伯德被安插的情况，参见 Farago, *Game of Foxes*, 461-2. 他可能是从与李特尔的会面中得知这个情况的。

③ 但很显然没告诉军情五处希伯德是自愿做双重间谍的，见 Hinsley & Simkins, BISWW, IV, 131n.

④ P.E. Foxworth, "MEMORANDUM FOR THE DIRECTOR," 7 Jun. 1941,NARA, RG65, FBI HQ File, 65-36994-1.

来自葡萄牙、写在一份底片上的指示，好像是一句话的结尾的分句。这很惊人。一年多了，埃施博恩一直在努力将间谍照片缩小到邮戳的大小。眼前的这项新技术可远远超出了他费尽力气所达到的水平。罗伯逊少校对此印象极为深刻。①

这并不新奇。想对此有所了解，罗伯逊只要去读尼科莱上校的《德国秘密部门》一书第214页即可。这位德国一战期间的间谍总负责人写道：

> 最后值得一提的是，谍报机构中使用了照片缩影技术。这是将打字纸那么大的一页纸缩小到一毫米见方的小页上。通过这种方式，特工们可以接到几乎无法辨认的指示命令，他们可以在放大镜的帮助下进行阅读。②

但罗伯逊并没有读过这本书；FBI也没有对他们英国的对应机构说希伯德是在16个月之前来到美国的，而且他的手表上贴着四张微缩照片。FBI甚至在继续为他制作微缩照片。③

8月初，在离开里斯本去往美国的几天之前，波波夫向军情六处递交了一份很长的函件，里面有这样的内容：

> 最近的几个月中，德国人不再经常用秘密墨水给他们的特工写信了。他们使用了“全句号”。这都是些缩小到一个句点“.”大小的信件。可以用一台显微镜来阅读整封信。因为美国之旅，我收到了六张微缩照片。我要给J看。我正在力所能及地安排用这些句点将来与IVAN II进行通信。这些句点粘在信封的里面。我在这个信

① Liddell Diary, 6 Aug., 10 Oct. 1941. 关于罗伯逊的反应，见 Ibid., 14 Aug.1941. 此处提及的是 RAINBOW 的微缩胶片，而不是由波波夫带到美国去的那些胶片，罗伯逊直到8月19日才知道它们的存在。也见 Montagu, *Top Secret* U, 72–3.

② Nicolai, *German Secret Service*, 214. 据这份回忆录的德国版本说，微缩照片有0.25毫米见方，见 Nicolai, *Geheime Macht*, 147. 这本书也以法语出版为 *Forces Secretes* (1932).

③ 关于第二次世界大战中的谍报，见 Sebold, ca 1946, NARA, RG65, FBI HQ Files.

封上做了记号，这些句点都是我在场的情况下粘上的……[1]

J 代表拉尔夫·贾维斯，他是军情六处五科驻葡萄牙的官员。他在伦敦的老板是菲利克斯·考吉尔，孟席斯的反情报副手，不大容易相处。他正在期待着贾维斯的报告。

---

① CX/####/Y to Robertson, 12 Aug. 1941, 附有无日期、被认为属于波波夫的附件，见 PRO, KV2/849. 波波夫的这份函件是翻译件，因为文笔超出了波波夫的英语流利水平。注意说明页上用钢笔插入的话：“TRICYCLE 昨天坐 Clipper 动身去了纽约。”这个消息的可信度要打折扣，因为很显然，这份函件及其无法认读的签名都是后来非作者的某个人加到文件上的。其他用同一钢笔笔迹写的插话出现在周围的文件以及 SNOW 卷宗中的各处。也见 PRO, Minute Sheet for Doc. 196b.

阿勃韦尔的首脑威廉·卡纳里斯海军上将（左），战前与纳粹安全机构党卫队保安局的头目莱因哈特·海德里希（右）在晚宴上。尽管卡纳里斯对他表面上很热诚，但却认为海德里希是德国除了希特勒和希姆莱之外最危险的人物。

阿勃韦尔文件，日期为11.2.40：李特尔少校向柏林报告，阿瑟·欧文斯在1940年2月安特卫普会面时，声称是从“某个他在军情五处认识的人”给了他信息。正文下的注释“三部汉堡分局f处”表明，这则信息被交给了阿勃韦尔的反谍报部门，他们负责在敌军情报部门中经营渗透特工的事务。电传机将「打成了」.

阿勃韦尔文件，日期为18.9.39：汉堡分局向柏林递交了一份来自A—3504（阿瑟·欧文斯）的报告，报告指出，英国人已经完善了一种超级短波设备，它能够从很远的距离之外探知飞机的到来，这就是雷达。阿勃韦尔一部空军司E处是阿勃韦尔总部中的空军情报机构，专门负责英格兰。

阿勃韦尔文件，日期为3.8.40：德国空军被引导轰炸泰晤士住宅，据A—3504发送的这份消息说，这座建筑非常壮观、显眼，皇家空军的工作人员在里面。德国情报机构认为它是军情五处的总部，但决定不对它进行轰炸。

NARA

阿勃韦尔文件，日期为9.5.40：欧文斯提出在荷兰再次会见李特尔少校，但希特勒在这份消息发送两天之后入侵低地国家，打破了原计划。两人在北海上安排了另一次接头。

1940年德国入侵之前的间谍。自左起第一排：Diaz，Martinez，迈尔，Krag；第二排：Jazequel，基鲍姆，瓦德伯格，彭斯；第三排：Coll，埃里克森，Hackverria，Van Dam；第四排：Walti，DeDeeker，Robles，Evertsen。

薇拉·埃里克森，化名冯·绍伯格

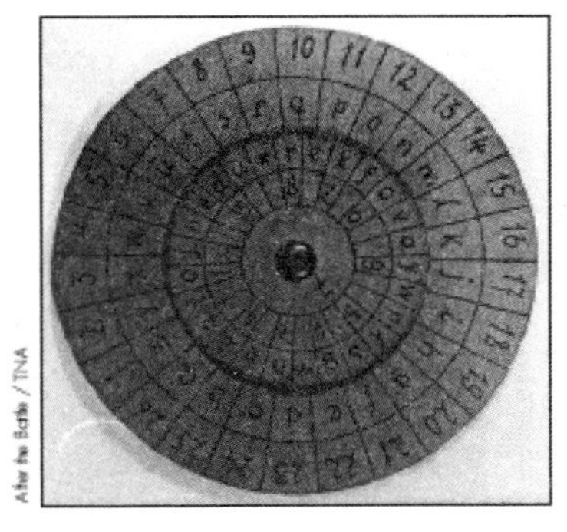

一份令人获罪的物品。像这样一件在瓦尔第身上发现的密码盘是永远不会配给真正的德国间谍的。密码盘的携带者被证明有谍报企图，如果目标国对间谍实施死刑的话，有这么一件密码盘足以让被捕者掉脑袋。英国就是如此，瓦尔第便遭此运。

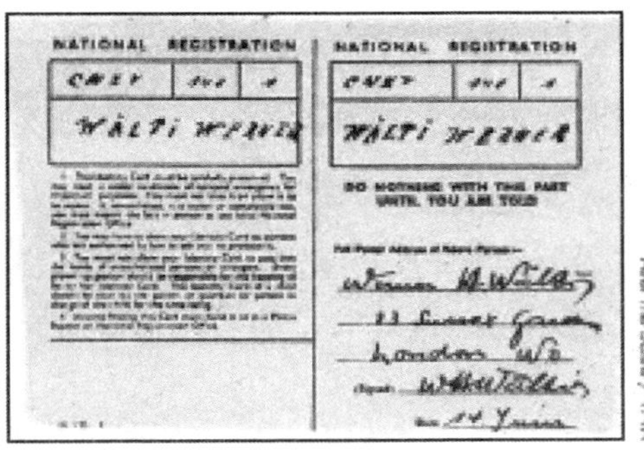
NATIONAL REGISTRATION

NATIONAL REGISTRATION

WALTI WERNER

WALTI WERNER

DO NOTHING WITH THIS PART UNTIL YOU ARE TOLD

书写数字1时，如果出现向左的回勾（见卡顶），这便是书写者为欧陆人而非英国人的确证。这不是阿勃韦尔假文件部门会犯的错误。这个身份证上也没有加盖合适的图章。可以肯定，瓦尔第一出示他的证件便会遭到逮捕。

1940年8月：罗斯福和丘吉尔在纽芬兰的“威尔士亲王号”上展开他们历史性的“大西洋会晤”。左后为乔治·C.马歇尔将军（General George C. Marshall），右后是哈罗德·R.史塔克海军上将（Admiral Harold R.Stark）。

史塔克海军上将冒着在海上丢掉整个太平洋舰队的风险，不让珍珠港海军司令金梅尔海军上将（Admiral Kimmel）了解日本人的意图。如果金梅尔在这场令人震惊的袭击之前将舰队部署在了海上，将会有至少1万水手随之葬身海底。

1941年12月7日，被日本炸弹和鱼雷击中后，从美国“西弗吉尼亚号”战列舰（USS West Virginia）和“田纳西号”（USS Tennessee）战列舰冒出的巨浪般的黑色烟雾。

Honolulu Star-Bulletin 1st EXTRA

HONOLULU, TERRITORY OF HAWAII, U. S. A., SUNDAY, DECEMBER 7, 1941

WAR!

(Associated Press by Transpacific Telephone)

SAN FRANCISCO, Dec. 7.—President Roosevelt announced this morning that Japanese planes had attacked Manila and Pearl Harbor.

OAHU BOMBED BY JAPANESE PLANES

SIX KNOWN DEAD, 21 INJURED, AT EMERGENCY HOSPITAL

Attack Made On Island's Defense Areas

CIVILIANS ORDERED OFF STREETS

ANTIAIRCRAFT GUNS IN ACTION

Hundreds See City Bombed

Names of Dead and Injured

Schools Closed

Editorial

丘吉尔和罗斯福快要如愿以偿了：希特勒加入了他盟友的行列，于12月11日向美国宣战。

PART 3

红日升起

1941 年 7 月至 8 月

丘吉尔一直想看到美德两国之间开战，到 1941 年夏天的时候他终于想到一个好办法——让罗斯福刺激日本人去进攻美国。

这攸关英国的存亡。希特勒 6 月对苏联的闪电入侵已经降低了他发动跨海峡进攻的可能性，英国城市所受到的轰炸也已经得到缓解；可是，一旦希特勒再次将他的全部注意力投入到英国，所有这些威胁都会一起回来。鉴于斯大林的军队已经迅速崩溃，这有可能就会发生在年内晚些时候。实际上，以德国 U 型潜艇对英国的大西洋航运所造成的严重破坏衡量，可能都不需要希特勒入侵，英国这个国家就会在封锁下毁灭。

在这种情况下，美国成为唯一的希望。在过去的一年中，罗斯福总统一直表现出对英国的同情；但是这种同情是谨慎的。孤立主义情绪在美国第一委员会[①]（America First Committee）和参议员伯顿 · K. 威勒（Burton K. Wheeler）领导的国会游说团体的煽动下在美国国内深入人心。

① 美国第一委员会（America First Committee）：AFC 是反对美国介入二战的最重要的不干涉主义压力团体，于 1940 年 9 月 4 日成立，并在 1941 年 12 月 10 日——珍珠港事件发生后的第三天解散。该组织人数最多时曾有 450 个分会，80 万付费会员，是美国历史上最大的反战团体之一。——译者注。

民意测验显示，88% 的美国人反对介入欧洲战事；[①] 再加上总是要顾及自己在即将到来的国会中期选举中的前景，罗斯福必须在对英国提供援助时小心谨慎。同时，德国也在竭尽全力避免引起争端。

这样一来，日本就成为唯一的变数。如果丘吉尔想看到美国被拖入与德国的战斗，这场战争就必须上升到全球层面。[②]

仅仅三代之内，日本就从 19 世纪中叶的一个封闭的封建的国家，转型成为一个现代军事强国，这是现代社会的奇迹之一。它先是与中国开战；随后，在 1905 年，又使用从欧洲引进的战术、武器和技术，以及英国建造的战列舰，在对朝鲜半岛控制权的争夺中决定性地击败了沙皇俄国。到 20 世纪 30 年代末的时候，日本已经拥有庞大的陆军，并再次处于与中国的战争中。它还拥有一支配备了航空母舰的全面现代化的舰队。日本人认为，他们的海军已经可以与任何国家的海上力量相匹敌；而且，除了在绝对数量上仍处于劣势外，已经能在其他各方面与英美并驾齐驱。

作为一个岛国，日本大力发展一流海军军备与英国需要其皇家海军的原因完全相同：为的是维持、控制一个依赖殖民地和附庸国向其宗主国提供原料资源及商业贸易的帝国。但问题是，日本渴望在远东建立的帝国，其领地早已在很大程度上被英国人以及法国人和荷兰人所控制或占领。

相比之下，美国并不是日本的天然敌人。除了菲律宾以外，美国在夏威夷诸岛以西的远东地区并没有重要的属地；而夏威夷对于日本来讲又太过遥远，根本无暇觊觎。另外，日本的工业严重依赖从美国进口的铁屑、石油及其他资源。而且日本人对于美国人始终充满了尊敬和感情，

① Robert Stinnett, *Day of Deceit* ,New York: Free Press, 2000, 33, citing NYT,31 Jan. 1941. 实际上，只要美国在西半球一直没有竞争对手，一般来说，美国人并不觉得德国支配欧洲、日本在远东取大英帝国而代之有什么不对。

② 关于丘吉尔想通过刺激日本参战而使美国加入对德作战的大量证据，请见 Richard Lamb,*Churchill as War Leader* ,New York: Carroll & Graf, 1991, 147–162。

因为是他们最先帮助这个国家打开了国门。①

另一方面，日本人与法国人、荷兰人和英国人的仗都迟早要打；当法国和荷兰被希特勒占领以后，日本人觉得他们的机会终于来了。英国此时正在防御德国对其本土的空袭，并同时在中东及北大西洋与敌人进行着殊死搏斗，根本无暇再派遣有效的海空军力量去防守其远东的领地。在这场不可避免的冲突到来之际，丘吉尔只能寄希望于美国和德国也能多多少少卷进来。②

希特勒自己似乎一度送上了个机会。1940 年 9 月，他说服日本签署了《三国同盟条约》（*Tripartite Pact*），其中就包含了这样的条款——当德意日三国中的某国被任何一个还未进入欧战的国家攻击时，其他两国须给予援助。③ 在接下来的八个月中，丘吉尔试图与美国方面达成类似的协议——即当英国为防卫其远东属地陷入与日本的冲突时，美方须自动参战。这是一个不可能实现的愿望。罗斯福解释得很清楚，没有一个总统能期望通过向国会推销战争来挽救大英帝国，而只有国会在宪法上有宣战的权利。

在 1941 年 6 月希特勒入侵苏联之后，日本向英国方面发起进攻的可能性看起来越来越小。从西伯利亚进攻苏联这个庞然大物的背后，为日本的扩张计划提供了临时目标，而且这对于已经部署在中国北方的军队来说非常方便。整个世界，特别是英国，都在等待日本做出这个显而易见的决定。

8 月初，就在英国的双重间谍杜什科·波波夫（Dusko Popov）将要

① 但是，在 20 世纪 30 年代，日本对中国的侵略以及美国对于亚裔的种族歧视也造成了美日关系的紧张。详见：Henry L. Stimson, *The Far Eastern Crisis* ,New York: Harper & Bros, 1936; 和 James A.B. Scherer, *Japan Defies the World* ,New York: Bobbs-Merril, 1938.

② James Rusbridger and Eric Nave, *Betrayal at Pearl Harbor: How Churchill Lured Roosevelt Into WWII* ,New York: Summit Books, 1991, 123. 对于这一“不可避免的冲突”的背景，可以参看英国自治领事务大臣与加拿大对外事务大臣在 1940 年 12 月至 1941 年 12 月之间的通信，其中就涉及当日本方面的敌对行动出现时所应采取的措施，见 LAC, RG25, 2859, 1698-abcd-40. 在澳大利亚和新西兰的国家档案馆也可以找到相同或类似的文件。

③ 这样的措辞使它成为一个单纯的防御性盟约。当三国之一是攻击者时，其他两国并不需要提供援助。

离开里斯本前往美国的前夕，他的德国上线交给他一长串印在微缩照片上的问题，其中许多与美国太平洋舰队所在地——夏威夷珍珠港的海空防御有关。

仅仅八个月之前，英军破旧老式的"费瑞·剑鱼式"（Fairey Swordfish）鱼雷轰炸机从"光辉号"（Illustrious）航空母舰上起飞，对位于塔兰托的意大利海军基地进行了非常成功的突然袭击，击沉三艘战列舰并造成了大量其他的破坏；这是整个战争中英军最英勇且最具原创性的战绩之一。而此时的日军有六艘航空母舰，每一艘都比"光辉号"有更大的载机能力，他们的舰载战斗机和轰炸机也更先进。

当双十委员会的成员及军情五处的其他官员最终看到这份问题清单的时候，他们很清楚地意识到，日本人正在考虑对珍珠港发动类似的袭击，并正在寻求阿勃韦尔方面的协助。

三十年后，这段被称作"三轮车问题清单"（TRICYCLE questionnaire）的小插曲在J.C. 迈斯特曼（J.C. Masterman）所著的《双十系统》一书中被首度披露；他在书中痛批了美方，原因是波波夫一到纽约就立即移交了微缩照片，可他们对此却置若罔闻。他这样写道："这张问题清单非常清楚地表明，一旦美国进入战争，珍珠港将是第一个被攻击的点；在 1941 年 8 月的时候，有关这一袭击的计划就已经相当成熟了；因而这是一个相当合理的推论。"① 在迈斯特曼的著作出版两年后，波波夫自己在《间谍 / 反间谍》一书中描述了愚蠢的 J. 埃德加·胡佛（J. Edgar Hoover）是如何让警示总统以及能使美国免于"国难日"的机会从他自己手中溜走的。在那一天，也就是 12 月 7 日的突然袭击中，美国太平洋舰队遭到了沉重打击，8 艘战列舰中的 4 艘被击沉，其余几艘也受到了不同程度的损伤。

其他战时英国情报系统的成员也反复这样批评道："如果不是因为

① Masterman, *Double-Cross*, 80. 关于嘲讽战时 FBI 没有能意识到波波夫所提供问题清单之重要性，详见 D. A Wilson, Memo re. double agents to B1A, 26 Mar. 1943, NARA, RG65, FBI HQ Files, "Dusan Popov". 而其在 FBI 档案中存在的事实意味着 FBI 确在当时就已经得到了这一英国方面的文件。而这必然使胡佛对军情五处的态度大受影响。

胡佛没能把‘TRICYCLE’带来的信息交上去的话，结合日本对于塔兰托突袭的特殊兴趣来看，珍珠港竟然未能对此类打完就跑的空中突袭进行防范，这实在难以置信。”皇家海军在双十字委员会的代表，海军少校伊温·蒙塔古如是说。

军情五处的双重间谍主管“TAR”罗伯逊的责难则更加尖锐：“我们所犯的错误在于没有把有关珍珠港的信息挑出来直接发给罗斯福。谁也没有想到胡佛会是个如此无可救药的蠢货。”[①]

这些激烈的言辞深深刺痛了美国情报系统的同僚。胡佛从来不是个可爱的人，但他对宪法和总统的忠诚程度一直令人肃然起敬。而英国方面却将他描述成一个腐败且愚蠢的人。

应该说，FBI 是为了保护他们所被托付的机密而成为自身责任感的牺牲品。1989 年，一位退休 CIA 官员托马斯·特洛伊（Thomas Troy）在一篇论述严谨的题为《英国方面对胡佛的攻击：三轮车案例》（*The British Assault on Hoover: The Tricycle Case*）的文章中替胡佛辩护时，他只能依赖已经被大规模重新编写过的 FBI 案卷文件，其中所包含的来自英国情报机构的引文已经被全部移除。特洛伊的推理虽然合理且令人信服，但是严重受制于证据不足。[②]

特洛伊，以及早些时候英国的批评家大卫·缪尔（David Mure）也对军情五处的双重间谍们的夸大其词表示了质疑。他与特洛伊都提出了同样的问题，如果波波夫的问题清单所暗示的威胁是如此明显，那为什么英国官方没有人来直接提醒美国方面呢？为什么只是让一个间谍来传递如此重要的信息，而且为什么要把信息交给一个公共行政机构而不是交给军方，或者，就这个问题来说，直接交给美国国务卿、国防部长或者海军部长？胡佛的英国批评者们完全对这些问题视而不见；但无论是

① Montagu, Beyond Top Secret U, 75. 关于罗伯特森的引言，请见 Philip Knightly, *The Second Oldest Profession* ,London: Andre Deutsch, 1986, 150. 他大概是从某一次采访中获得的此信息。

② Thomas Troy,“The British Assault on Hoover: The Tricycle Case”, *International Journal of Intelligence and Counterintelligence* 3, No. 2 (1 Jan. 1989).

特洛伊还是缪尔，也都无法提出令人满意的理论。[1]

两年之后，当相关文件达到了 50 年解禁期限时，FBI 将其内容恢复原样后予以开放，但已为时过晚：对相关问题的兴趣业已消退。但是，在大约 25 年之后，随着英国政府对某些军情五处文件的解密，所有这些信息加在一起能够令我们拼接出一个绝对不同寻常的故事。

这一切要从丘吉尔说起。很多年以来，他一直都是秘密情报的热心推崇者和使用者，特别是在第一次世界大战期间。他醉心于谍报故事，并且是编码 / 密码破解在英国最早的提倡者之一。他相当乐见间谍部门的最高长官直接为国家首脑——在中世纪是君主，在 20 世纪则是首相、总统和独裁者们——效劳的悠久传统。而这正是在他成为首相后一定不会错过的事情；事实上，代号为“C”的军情六处处长——斯图尔特 · 孟席斯每天都要向他报告，而且通常是当面汇报。

孟席斯将他为丘吉尔提供的私人情报服务命名为 BONIFACE，这一工作基本上涵盖了由政府密码学校所破译的截自敌方的无线电通信。在 1941 年，最精选的解译电文会首先提供给首相，接下来会在适当的时候传达给陆军、海军和皇家空军。美国方面与之相对等的则是旨在破译日本外交通信的 MAGIC 计划；其任务由总部同在华盛顿的美国陆军信号情报局（SIS）和海军作战通信部（Op-20-G）共同承担。MAGIC 计划解译的电文只提供给一些高层人士：如总统、国务卿、国防部长、海军部长、陆海军参谋长，以及情报机构的高级长官和战地指挥官等。

BONIFACE 和 MAGIC 取得了密码学上的两大杰出成就：即英国方面对德国空军的恩尼格玛密码机的破译和美国方面对日本的紫色密码机（Purple machine）的破译。在这两个计划中，英国方面还破译了来自阿勃韦尔、德国警察以及党卫军的无线电通信中经过手工编码的信息和代码；美国方面则破译了 LA、J、PA 及类似的日方外交代码或密码。是信息的重要程度而不是其编码方式的类型决定了一条信息是否会进入

---

① David Mure, Master of Deception ,London: William Kimber, 1980, 170–77. 缪尔曾经在中东的安全情报机构任职。他的理论认为英国情报系统中来自苏联方面的影响造成了对该警告的忽视。

BONIFACE 或 MAGIC 的文件夹。[①]

孟席斯每天向丘吉尔提交的报告也可能来自其他渠道，比如军情五处的双重间谍们在海外获得的、实际上属于军情六处管辖范围内的那些情报。对于特别有价值的内容，孟席斯可能会将其扣住，在给丘吉尔看过之后再交给军情五处。这也解释了为什么当瓦尔特·迪基茨听到德国即将在 6 月份入侵苏联的风声后，丘吉尔是最先得到这个消息的，而其他所有人，包括军情五处在内，都是在一天以后或更晚的时候才知道。同样的情况看上去对波波夫和那张有关珍珠港的问题清单也适用。[②]

在启程去美国之前，波波夫秘密会见了他在里斯本的军情六处五科的联系人拉尔夫·贾维斯，并给贾维斯看了他的微缩照片以及照片上所提问题的英德双语打印副本。在伦敦的军情六处五科——确切地说，在菲利克斯·考吉尔那里——获得了通报；波波夫得到的回复是——他应继续完成他的任务并在抵达纽约时将信息交给美国方面。波波夫在 8 月 10 日启程。[③]

问题清单的纸质副本立刻就被发往了伦敦，最迟 8 月 7 日就已运抵。鉴于这些问题显示了德国方面与日本方面在最高层面上的合作，其英语版本的文件应该立刻就引起了孟席斯的注意；而他也应该很快就将该文

① Hinsley, BISWW, I, 295–6; II, 4; 和 Rushbridger and Nave, *Betrayal at Pearl Harbor*, 80. 关于 BONIFACE 对党卫军信息截译的例子，详见 Gluck to SS OGruf Martin, 1945 年 4 月 16 日，抄送 CSS，同时在边缘处有绿色墨水的“Boniface”标记，军情六处处长的标记，见 PRO, HW1/3713. 绿色墨水说明这份文件是孟席斯（CSS）本人经手并发送给丘吉尔的。此时 BONIFACE 已经在很大程度上被代号 ULTRA（超级机密）的计划所取代，但是很明显，它依然会在孟席斯直接向首相发送译文时被使用，见 PRO, HW1/1–30.

② 见上章。

③ Masterman, *Double–Cross*, 79; 和 Popov, *Spy/Counterspy*, 149, 153. 从“几天之后”离开及 8 月 10 日离开，这些说法可以确定会面日期最晚是在 8 月 7 日。在这里需要指出的是，军情六处五科在里斯本和马德里的代表是独立于军情六处的情报站长官而活动的。后者不被允许知晓任何双重间谍管理事宜，见 Kenneth Benton, “The ISOS years Madrid 1941–43,” *Journal of Contemporary History* 30, No. 3 (July 1995). 这也解释了为什么军情六处在葡萄牙的情报站长官菲利普·约翰斯（Philip Johns）会宣称他对“TRICYCLE”及微缩照片毫不知情。

件转交给了丘吉尔。[①] 这一简单推理的重要性在于，此时丘吉尔正在公海上搭乘“威尔士亲王号”战列舰赶赴与罗斯福总统的会面。[②]

这是一次紧急安排的秘密会面。在7月15日，或那之后的一两天，一个29岁的西班牙人来到英国驻里斯本的大使馆，宣称自己是德国人的间谍并想改换门庭。他的名字叫胡安·普约尔·加西亚（Juan Pujol Garcia），也就是后来的嘉宝（GARBO）；他提供了几张微缩相片来证明他的使命，上面有一系列德国人希望能得到解答的问题：

· 在1941年中期的时候，英国会预料到日本对英国或荷兰在远东的属地发动侵略吗？

· 这一侵略的最终目标是什么：中国香港、新加坡、印度、荷属东印度，还是澳大利亚？

· 有哪些可供考虑的选项来保卫中国香港？

· 一旦与日本发生战争，英国方面预计进攻会来自哪个方向？新加坡、暹罗，还是荷属东印度？

· 英国预计会怎样抵抗日本的侵略？一旦与日本发生战争，英国方面希望从美国获得何种帮助？

· 英国有条件在远东提供并调度海军力量和武器吗？[③]

这些问题所暗示的意义重大。日本人可能会不选择追击苏联，却转而攻打英国和荷兰在远东的属地。而看上去，他们已经在请求德国方面来判断英国对此的态度了。

---

① 这份问题清单的原始德语副本可以在Doc. 204b后的PRO, KV2/849找到。贾维斯显然也将英语副本发给了军情六处，可能并不是出于别的原因，而仅是因为波波夫不想冒风险在百慕大中转时携带它通过海关。但不论怎样，他都依然持有原始的微缩照片。

② “威尔士亲王号”于8月4日起航，8月9日抵达普拉森夏湾（Placentia Bay），并一直停留到8月12日。

③ 引自Tomas Harris, *GARBO: The Spy Who Saved D-Day*,1945/2000, 51-3, 61中普约尔的原话。哈里斯（Harris）并没有明确说普约尔设法让里斯本的英国大使馆官员们看到了这份问题清单，但看上去这样的假设是合理的，因为PRO中有关“嘉宝”的卷宗KV2/40的描述开始于1941年7月15日；这意味着，军情六处关于普约尔的卷宗最早开始于此。还可参照在军情五处1943年的内部反间谍讨论会上呈交的有关双重间谍开始时间的卷宗列表——“GARBO”是7月，PRO, KV4/170.

这似乎印证了早先的情报。在5月22日，一条神奇的解译电文就已经为罗斯福提供了日本正在计划征服东南亚和南太平洋的"积极证据"。接下来，7月24日，另一条被破解的电文显示，日本已经命令其商业运输退出印度洋和西南太平洋。这样的行动通常是在公海上开始武装冲突的经典前奏。日本方面新近还从维希法国那里得到了在法属印度支那建立空军基地的许可，这使他们获得了对于马来亚和新加坡领空的控制。很明显，日本已经做好了在远东随时进攻英国的准备。丘吉尔和罗斯福当晚就通过跨大西洋保密电话进行了通话，并一致同意他们必须面谈。①

在他们心里还有一些其他事情亟须紧急磋商。英国科学家刚刚得出结论，一种基于重元素铀的超级炸弹在理论上是可行的。这并不是个好消息，因为德国科学家在战前一直在核子物理领域处于世界领先水平。②

两周之后，白宫向华盛顿的新闻界佯称罗斯福将要乘帆船去度假；但刚驶出地平线，他便登上了"奥古斯塔号"（USS Augusta）战列巡洋舰启程前往阿森夏（Argentia）；那里有新建成的美国海军航空基地，俯视着纽芬兰岛的普拉森夏湾（Placentia Bay）。就在那里，两位领导人搭乘着两艘战舰于8月9日会合；随行的还有一些他们身边最高级别的

---

① 在1944年4月29日发布的哈特调查报告(Hart Inquiry)中，海军的主解码员——A.L.F·萨福德（A.L.F. Safford）上尉的证词暗示了，在5月22日和7月24日，各有一条可作为"积极证据"的电文被从日本的"官方高层"处破译。实际的译文从未被公开，但萨福德见证了整个MAGIC计划，而且1941年发生的事件应该在他心中仍记忆犹新。他还提到，总统每天会通过A.D.克莱默（A.D. Kramer）少校获得他所需要的"信息"。鉴于在该调查报告发布的时候，战争依然在进行中，证人们都对实际提到解码一事非常谨慎。但是，调查委员会的主席——海军上将哈特知道萨福德在说些什么。在敌对状况爆发之前，他就已经开始接收MAGIC计划的译文了。关于丘吉尔在7月25日与罗斯福通话确定秘密会面的情况，请见Colville, *Fringes*, 419, 421。

② Richard G. Hewlett and Oscar E. Anderson, *The New World 1939/46: A History of the United States Atomic Energy Commission*, Vol. I ,University Park,PA: Pennsylvania State University Press, 1962, 41–45. 国防研究委员会（The National Defence Research Committee）在7月中旬收到了一份来自英国MAUD委员会（MAUD Committee，全称为"铀爆炸军事应用委员会"，Military Application of Uranium Detonation Committee——译者注）经过全体同意并抄送给美国副总统亨利·华莱士（Henry Wallace）的报告，敦促出于军事目的，紧急开展对铀的同位素U-235的分离。对于这可能是他们会谈的一个主题的证据，请见Prime Minister to VCAS, 30 Aug. 1941; Winston Churchill, *The Second World War*, Vol. III, The Grand Alliance ,New York: Houghton, Mifflin, 1950, 814.

陆海空军指挥官。

多年之后，大多数能够描述他们当时谈话内容的文件依然被严密保管着。有关他们讨论的记录是一定存在的，但从来没有被公开过，这其中有许多涉及他们的军事幕僚。甚至连罗斯福本人对这次会面的陈述也被剪掉了一半；而他关于与丘吉尔共同度过的这四天的描述则一直被锁在罗斯福图书馆的保险库中。① 历史学家们了解这次会面主要是通过它结束时所发布的公告，这绝非出于偶然。公告宣布两位领导人决定英美两国将尊重所有国家人民的自决权。这就是我们所熟知的《大西洋宪章》（*Atlantic Charter*）。

对丘吉尔来说更重要的是，他们还公开承诺会共同致力于推动“纳粹暴政的最终覆灭”。最后的这句声明对于英国方面来说是个漂亮的胜仗。它比罗斯福之前所发表的任何对于纳粹政权的看法都走得更远，而且公然与国会中强烈的反战倾向唱反调。丘吉尔一定是做了什么相当富有戏剧性的事情才能达到如此效果。②

看上去，首相大人打出了两张王牌。③ 首先，政府密码学校新近破译的无线讯息指出，纳粹正在苏联有系统有组织地大量杀害无辜平民。其次，他提供了一张间谍问题清单，明确显示出德国方面正在为日本人收集有关珍珠港防御的情报。

需要指出的是，丘吉尔绝不允许自己被切断与他的每日秘密情报综述之间的联系。在他开始海上航程之前，相关安排就已经做好，使他每天都能继续接收到当天最重要的德国军队“电报”，以及“BJs”——“英日”外交通信的电文破解；所有这些都由他的个人助理莫顿少校（Major Morton）整理挑选。BONIFACE 计划则由孟席斯来负责处理；而在丘

① “Memorandum of trip to meet Winston Churchill,” 23 Aug. 1944, FDR Library, Safe Files, Box 1. 参谋长们的讨论能够被了解到，主要是通过二手叙述而不是原始文件。

② Churchill, *Grand Alliance*, 443–4。

③ 因为这些有关杀戮的讯息在 7 月 21 日就可以得到了，见 ZIP GPD 292，在经过手写标记过的特殊文件“1941 年 7 月 18 日至 1941 年 9 月 13 日在苏联的处决”中，PRO, HW16/45. 这些是从 PRO, HW19 上转引过来的摘录的有关这个题目的内容。这些内容的存在一开始被记录在 Hinsley, BISWW, II, 1981, 669–71 中。有关这一内容在更近些时候的概述，可见 Robert Hanyok, “Eavesdropping on Hell”,www.nsa.gov/publications.

吉尔8月4日起航以后出现的最抢手的情报，无疑是详细描述了纳粹在苏联暴行的破解电文，以及一桩不同寻常的事情，即某个双重间谍获得了一整套包含了有关夏威夷防御方面问题的微缩相片。译文和问题清单的副本肯定应该已经随着那些每天通过加重袋空投到“威尔士亲王号”上的秘密文件被一起投递到了舰上。[①]

当然，孟席斯本也可以将破解的电文及波波夫问题清单的内容用无线电发给“威尔士亲王号”；但可以这样说，布满了德国人指纹的硬拷贝会更适合接下来的展示和描述。

丘吉尔具有戏剧天赋，再加上这些与罗斯福谈话的官方记录从来没有被公开过，我们只能想象一下他大概是怎样将情况托出的。

两位领导人通常会在“奥古斯塔号”上的军官室中进行商讨。丘吉尔会要求将屋子清空，因为他有极为重要的事情要和总统先生分享。由于他所要说的事情与密码情报及美国的安全直接相关，陆军参谋长乔治.C. 马歇尔（George C. Marshall）上将和海军参谋长哈罗德·R. 史塔克（Harold R. Stark）上将也很有可能会被要求留下。现场不太可能再有其他人，甚至连负责记录对话的秘书也没有。丘吉尔会在开始时说，英国方面已经对德国警察及党卫军特殊部队的加密无线信息进行了一段时间的拦截和破译；到6月份德国方面进攻苏联之前，这些工作都只有很小的价值。但是，从7月中旬开始，这些信息显示出纳粹正在东线战场进行大规模处决。作为证据，他可以出示一段7月18日的破解电文，其中报告了德国人在白俄罗斯对1153名犹太“掠夺者”的处决情况；还有另两条来自党卫军骑兵旅（SS cavalry brigade）的电文，报告了对3274名游击队员和“犹太布尔什维克”[②] 的屠杀，以及另外一起对“90

① 关于空投给丘吉尔的包裹中所含情报的类型，请见鲁斯布里奇尔（Rusbridger）和内夫（Nave）再现的PRO/PREM3/485/6中的文件。研究者们将BJ定义为特指“英国—日本”似乎是正确的。见 Henry Clausen and Bruce Lee,*PearlHarbor: Final Judgement* ,Cambridge, MA: Da Capo Press, 2001, 353–393 中再现的BJs。另见 Liddell Diary for BJs, passim。关于文件如何到达舰上，请见 Churchill, *Grand Alliance*, 430. 第一段提到党卫军在苏联屠杀的破解电文于7月被获得；其他则在他起航后立刻陆续得到。

② 原文为德语“judische Bolshevisten”，但恐有误，应为“jüdische Bolschewisten”。

个布尔什维克和犹太人”[①] 的枪决。由于英国在一战时对德国在比利时境内暴行的指控在后来被发现是纯粹的政治宣传，所以，丘吉尔一定会确保他手上有真实的破解电文以说服他的听众。[②]

这些信息对罗斯福的冲击相当大。纳粹确实表现出他们可以不惜杀人来实现自己的政治目的，但现在的情形更恐怖。希特勒在他的自传《我的奋斗》(*Mein Kampf*)中曾说过，德国人需要向东争取“lebensraum”——“生存空间”。而这些暴行就证明，他试图通过将人口中的“多余”成分彻底消灭掉，而不只是征服，以获得他所谓的“生存空间”。为了表明观点，丘吉尔可能使用了他在两周后回到英国进行国际无线电广播讲话时所用的类似言辞：

> 他的军队所过之处，整个地区都被消灭。德国警察部队对保卫着自己本国领土的苏联爱国者们实施了数以千计的——确实是数以千计的——冷血处决。自从16世纪蒙古人入侵欧洲以来，再没有如此规模，或接近如此规模的、有严密组织的无情残杀……我们正在面对一种难以名状的罪行。[③]

此时，破解电文中透露出杀人数量已经超过一万。

罗斯福应该会对丘吉尔所作的屠杀报道特别敏感。日本军队在南京大屠杀期间屠戮成千上万中国平民的画面在他依然历历在心。在上一个

---

① 原文为德语“90 Bolshevisten und Juden”，但恐有误，应为“90 Bolschewisten und Juden”。

② ZIP/GPD 292/21.7.41; ZIP/GPD 309/6.8.41, PRO, HW16/45. 也可在 NARA, RG457, HCC 的 1386 盒中找到复制品。1386 盒中的九段破解电文被标注接收于八月 7 日，可能就是丘吉尔向罗斯福展示的那一套。见 Hanyok,“Eavesdropping”, 14 中称，这些破解电文是在 20 世纪 80 年代从政府通信总部（GCHQ）（前身即政府密码学校）获得的，但并没有文件对此进行记载。即使他说的是正确的，这些破解电文的存在依然可以证明它们先是被孟席斯看到，之后又转给了丘吉尔。

③ Winston S. Churchill, *The War Speeches*, Vol. II, Charles Eade, ed., London: Cassell, 1952 59–66. 这段讲话广播于 8 月 24 日，也就是丘吉尔返回伦敦五天后；而最近的破译电文显示，屠杀正在成千上万的进行着。他把此次讲话用作与罗斯福会面的报告，并强调美国对英国与希特勒斗争的支持。他还提到了美国被拖入与日本战争的前景。以下文件可以证明丘吉尔清楚到当时为止处决发生的范围及程度（PRO, HW 1/1）即使这一文件号称是他每天收到的 ULTRA 计划简报的记录，即暗示他最早是在 1941 年 8 月 28 日才看到第一条这样的破译电文。但这也不可能是真实情况。Hanyok, “Eavesdropping”, 39–40, 得到了相同结论。

任期中，他曾经反复警告过来自日本的不断扩大的威胁；而这一切已经得到了证实。当日本人在 1937 年底占领中国首都以后，他们便开始了 6 个星期的放纵屠戮，而这一切就发生在当地欧洲社区居民的眼前、相机前。相关的照片和报道令人毛骨悚然。他一定会想象到类似的场景正在苏联境内上演。①

在所有美国总统中，罗斯福一定算得上最有同情心的一位。在 20 世纪 30 年代早期，他在他的“新政”中引入了一系列社会主义风格的改革以救助被“大萧条”影响的美国人。这些新政策中就包括了先驱性的《社会安全法案》，第一次引入了失业和退休保险。但是他对于人类福祉的关心并不是孤立主义的。在 1941 年的国情咨文报告中，他慷慨激昂地向国会详细阐释了他所坚信的所有人类都有权利享受的四种基本自由：言论自由、宗教自由、免于贫困的自由及免于恐惧的自由。就是这样一个人，在六个月之后听取了丘吉尔有关纳粹暴行的报告。

在听取报告的过程中，纳粹凶手们在未来获得一种具有难以想象威力的武器的可能或许也对罗斯福的想法造成了重要影响。自从在 1939 年收到一封来自著名物理学家阿尔伯特·爱因斯坦的警告信以后，罗斯福就一直积极支持美国进行相关研究，以确定基于核裂变的超级炸弹是否可行。英国科学家现在说他们相信这是可行的。尽管这种可能性依然仅是理论上的，但两位领导人一想到希特勒会得到这种武器，就不禁打个寒战。②

但这次会面的真正原因其实是为了日本。副国务卿萨姆纳·威尔斯（Sumner Welles）留下了一段关于他们磋商的为数不多的现场描述，其中讨论的中心主题便是日本方面将会确定无疑地在短时间内开始侵占

---

① 罗斯福极有可能看过由美国圣公会传教士约翰·马吉（John Magee）拍摄的关于这些暴行的 16 毫米影片。该片的一个拷贝被发往了柏林，而另一个可能到达了华盛顿；德美官员都曾看到过该片。罗斯福与马吉本人也有来往（后者主持了罗斯福在 1945 年的葬礼）。1938 年，《生活》杂志刊登了片中的 10 幅画面，震惊了整个世界。美国一直无视对日本进行制裁的呼吁这一政治背景有助于理解为什么一直没有关于罗斯福知晓这一屠杀的确切记录浮出水面。

② 事实上，在返回英国十四天之内，丘吉尔就给他的总参谋长写信提到了原子弹的前景，这就证明，罗斯福是在此时与丘吉尔谈到这个话题的。Churchill, *Grand Alliance*, 814.

英国的远东属地。丘吉尔奋力试图从罗斯福那里得到某种保证——即这样的行动会促使美国采取干涉行动。在另一次讨论中——此次威尔斯并不在场，大概也没有任何其他人在场——罗斯福可能提醒过丘吉尔，不要期望美国国会或者大众会支持对美国对日本宣战来挽救大英帝国。也许就在此时，丘吉尔拿出了一份波波夫的珍珠的问题清单英语部分的副本——德语部分被留在了伦敦。副本被印在"葱皮纸"(onion-skin)上——这是一种非常薄且半透明的，在打字机时代用来制作多个副本的纸张。[①]你可以想象一下它在罗斯福手中松弛的、像卫生纸一样垂着的样子。在他读的过程中，丘吉尔应该一直在旁注视着；当总统终于明白德国人想要的是什么之后，他的表情从礼貌的兴趣渐渐变成了沉重的领悟。

夏威夷

弹药堆积所和水雷库

在库沙岛[②]（Island Kusha，珍珠港）上的海军单位，弹药及水雷库。那里可能的素描或草图。鲁阿鲁埃（Lualueai）的海军库房和弹药库。准确位置。铁路连接。准确的弹药……据信在阿利亚玛努（Aliamanu）火山口的陆军预备队。需要有关准确位置的信息。查明火奴鲁鲁的庞奇鲍尔（Punchbowl）火山口是否被用作弹药库。如果没有，那里有什么其他的军方仓库？

空军基地

卢克旷野飞行场（Lukefield Airdrome）。详细资料——如果有可能的话，附上显示飞机库、工厂、炸弹仓库和坦克坪位置的草图。那里有地下坦克库房吗？ 海军航空站的准确位置。

卡涅欧荷（Kaneohe）的海军空中支援基地。飞机库仓库和工厂的位置、数量的准确详情。设备。

威查姆（Wicham）飞行场和威勒尔（Wheeler）飞行场的陆军航空基地。准确位置。飞机库仓库和工厂的数量。那里有地下仓库吗？

---

① 见第13章。

② 此处及下面有些地名是哪里，译者无法找到，疑为原文错误。——译者注。

波齐尔（Bodger）机场。这个站点在战时会被陆军或海军接管吗？已经做了什么样的准备工作？飞机库的数量；那里有可能降落水上飞机吗？

泛美基地（Pan American Base）。准确位置，草图。该机场与罗杰斯机场是同一个吗？或者是它的一部分？[属于泛美基地的一座广播站在马卡布半岛（Monapuu Peninsula）上]

珍珠港的海军基地

船坞、码头、工厂、油库、干船坞和据信正在建的新干船坞位置的准确详情及草图。

扫雷舰的仓库在哪里？东船闸及东南船闸的施工进展得如何了？水的深度；泊区的数量。珍珠港有无浮动船坞，或者正在计划建一个？

有关新的英美鱼雷防御网络的详情。这些防御网络处于何种使用程度？英美军舰和其他舰船上的反鱼雷防御设施。在海上如何使用？建设的详情……[①]

这个英语版本问题清单的一个不同寻常的特点是其中的加拿大英语用词及拼写方式。加拿大人，那时和现在一样，倾向于在美英习语和拼写之间互换：如 radio 和 wireless（无线电），airdromes 和 aerodromes（飞行场），harbour 和 harbor（港口），gasoline tanks 和 petrol installations（油库），等等。一些行文的特点也暗示翻译者的第一语言并非英语。有意思的是，阿勃韦尔经验丰富的间谍保罗·菲德尔穆克那时正在葡萄牙的战争单位；战前他曾经在加拿大居住，是一名杂志自由撰稿人。这也为清单紧凑、新闻风格的行文方式提供了合理解释；而如果这些文字是在柏林或者伦

① 展品 C, attachment to Connelley to Director, 19 Aug. 1941, NARA, RG65, FBI HQ file, "Dusan Popov." 这一展品与展品 B——波波夫的英语无线电指南——都是由印在黑色背景上的白字组成的，说明它们是原本的微缩相片的照片。微缩相片是几块微小的底片，本身又是英文原件的照片，其葱皮纸副本则被贾维斯发往了伦敦。

敦完成的，也一定不至于出现那些打印错误。①

这一文件使人想起了一战时著名的齐默尔曼电报。它为日德两国表面与美国保持友好关系，但却背后密谋对其不利提供了铁证。清单中提到的草图、素描、准确位置、水深和鱼雷网络等都表明，针对珍珠港的空袭正在紧锣密鼓地筹划中。罗斯福只能得出这样的结论，即日本方面会容许在其对英开战时将美国也包括进去，并且正在制订相应的计划。②

清单所暗示的对于夏威夷的威胁应该会引起总统的共鸣。因为在年内早些时候，美国驻东京大使约瑟夫·格鲁（Joseph Grew）就提交过一份报告。在 1 月时，他提到，来自日本的多个消息来源称，一旦美日之间矛盾爆发，日本方面会对珍珠港进行大规模的突然袭击。虽然海军情报署（ONI）对格鲁提供的信息不屑一顾，但是身为海军作战部长和美国海军最高指挥官的史塔克上将却对这些信息相当重视，并建议海军部部长提醒战争部部长采取共同措施确保可以抵挡得住这样的突然袭击。③

史塔克上将也与两位领导人一同登上了“奥古斯塔号”。当征求他的意见时——想必这是一定的——他应该会告诉罗斯福，实际上，珍珠港的防御依然脆弱，且仍旧缺乏探测来袭敌人的能力。至于太平洋舰队，只要不失去其航空母舰，其他没有什么牺牲不起的。战列舰的海上霸主

---

① *Dictionary of Canadian English* ,Toronto: Gage, 1962. 用“Oil tanks”来指代“fuel”或“fuel-oil tanks”（油罐）以及用“munition dumps”来指代“ammo”或“ammunition”dumps（军火库）并不符合常规英语、加拿大英语及美语的用法。而且，和军情五处以及联邦调查局的翻译相比，这个版本有更多的冲击力，符合人们对记者的期待；它还将更多的空间留给了夏威夷。当把这三个版本放在一起读的时候，这些差异会变得更明显。

② 到目前为止，罗斯福已经看过大量截获的日本方面的讯息，其中提到了美国在太平洋各个港口，或正在通过巴拿马运河的军舰；但波波夫的问题清单是日本方面带着明确目标进行情报收集的第一个确凿例子。详见相关解译电文：Investigation of the Pearl Harbor Attack: Report of the Joint Committee on the Investigation of the Pearl Harbor Attack, Pursuant to S. Con. Res. 27, 79th Congress: A Concurrent Resolution to Investigate the Attack on Pearl Harboron December 7, 1941, and Events and Circumstances Relating Thereto, andAdditional Views of Mr. Keefe, Together with Minority Views of Mr. Fergusonand Mr. Brewster (PHH) (Washington, D.C.: United States Government Printing Office, 1946) 1–2, Exhibits 1–2.

③ Edwin T. Layton, *And I Was There* ,Old Saybrook, CT: Koneck & Kinecky, 1985, 73。金梅尔（Kimmel）同时收到了格鲁的急件和 ONI 的免责声明：Kimmel, *Admiral Kimmel's Story*, Henry Regnery, 1955, 87; 和 Stinnett, *Day of Deceit*, 30–32.

地位，就像罗斯福自己也很清楚的那样，已经让位于制空权。①

所有这些加在一起展现了一个诱人的前景；这不可能逃离两位领导人的注意。宪法禁止美国在战争看起来已不可避免的情况下首先挑起争端。格鲁的报告和波波夫的问题清单都显示出，日本正在仔细研究对珍珠港实施一次塔兰托风格的突然袭击的可行性。

如果日本能够被鼓动起来发起这样的袭击以作为战争的第一步，那么如何使美国加入对德作战这个问题就有望解决了。罗斯福已经在给日本施加压力。7 月的时候，他冻结了日本在美国的资产，作为对其在法属印度支那修建空军基地的抗议。这实质上中止了两国之间的全部贸易往来，使日本无法从美国获得维持其经济运行所需的大部分石油和铁屑。

现在，副国务卿威尔斯在一旁看着两位领导人制订出具体的计划：总统会将经济上的绞索拉得更紧，同时坚决要求日本从印度支那和中国撤出。日本方面几乎不可能同意从中国退出。丘吉尔估计，美英可能在三个月之内就会与日本开战。②

这里还有另一个迹象表明丘吉尔认为与日本开战是几乎肯定的。就在这次会议于 8 月 12 日结束之际，加拿大和澳大利亚同时收到了一条来自英国政府的秘密讯息，告知一旦与日本的战争迫在眉睫，BBC（英国广播公司）会广播以下的密语：“我们希望在节目中引入有关远东空中交通发展的讨论。”如果 BBC 还给出了日期和时间，那就将会是预计这个时候战争要开始了。

另外，在 8 月 19 日对战时内阁所作的有关“大西洋会议”的报告中，

① 当比利·米切尔（Billy Mitchell）在 1920 年开始他那著名的游说活动，展示大型军舰在面临空袭时是多么脆弱无助时，罗斯福正是当时的助理海军部长。米切尔在 1921 年通过轰炸并击沉目标战列舰“奥斯特佛里斯兰号”（Ostfriesland）证明了他的观点。这一课，结合最近发生的事件，比如英国舰载机轻易地使“俾斯麦号”（Bismarck）陷于瘫痪，以及意大利舰队在塔兰托的覆灭，肯定让罗斯福或史塔克明白这一点。

② 关于“现在……制定出具体的计划”的讨论，可参见 George Morgenstern, *Pearl Harbor: The Story of the Secret War* ,New York: Devin-Adair, 1947, 117-21, 138, 147, 其中引用了副国务卿萨姆纳·威尔斯的回忆，他当时出席了“大西洋会议”。摩根斯特恩（Morgenstern）是在“珍珠港争议”上一位尤其重要的评论者。

丘吉尔提到罗斯福已经下定决心要参战，而且在必要的时候会通过蓄意刺激敌方的方式。据丘吉尔说，总统先生这样发誓，“（我们）会竭尽所能迫使争端发生”。内阁会议记录显示，这意味着与德国发生冲突；但在两位领导人的会谈中，主要的讨论对象一直是日本而不是德国。可就像之前所提到过的那样，没有任何在场的人希望真相被永久地保存在公共档案中，只能被后人呆望。①

几天之后，也就是 8 月 27 日的时候，以下这条阿勃韦尔的无线通信被英国方面拦截、破译并知晓。毫无疑问，美国人也看到了这条讯息：

> 柏林致西班牙
>
> 在适当时候可以更广泛地传播以下谣言，7580 和 7591 也是如此。日本海军界在以最大限度的冷静等待着与美英舰队发生冲突的可能。他们是这样认为的：即使考虑到美英会联合舰队作战，但日本舰队的实力在今天已是非常之雄厚，因此在双方实力的比较上，日本仍会以 2 比 1 胜出。②

阿勃韦尔在马德里的办公室利用电话、电传打字机和快递与柏林进行联系。他们没有理由用这么容易被破解的密码来通过无线电发送如此敏感的信息，除非本来就打算让英国和美国方面得到它。③

---

① Dominions Office (UK) to Government of Australia (copy to Canada), 12 Aug. 1941, LAC, RG25, 2859, 1698-A-40. 查明这一讯息是否确实被发出、在哪一天被发出是非常有趣的。答案似乎并不在加拿大档案中，但可能在澳大利亚、南非或是新西兰的档案中。关于丘吉尔的引言，请见 War Cabinet documents, Vol. XI, 1941, PRO, CAB65/19.

② No. 9710, Group XIII/11, Berlin to Spain, RSS 238/27/8/41, PRO, HW19/12. 7580 和 7591 号指的是在法国境内开展活动的阿勃韦尔间谍。此时应指维希法国，美国人在此有外交代表。

③ 马德里—巴黎—柏林之间的电传打字机电缆在 1943 年被轰炸中断前一直在运行，见 Interrogation of embassy radio operator, F. Baechle, 16 Aug, 1945, NARA, RG457, (190,07,01) Box 773. 关于加拿大人能截获马德里—柏林的信息，见 MI8 to Defensor, 28 Aug. 1941; LAC, RG24, 12341, 4/int/2/2. 该信息一定是使用一种简单的手写密码，类似换位密码那种类型；因为当时政府密码学校还没有破解阿勃韦尔的恩尼格玛密码机。这可以通过对战后收集的卡纳里斯的无线通信的分析得到证实；在条目 17.12.41, No. 847 的第四页上可以看到，带括号的（ISK 546）表示的就是一条早期的恩尼格玛信息。其他从 7 月至 8 月的信息编号在 8 到 10000 之间，鉴于它们很明显地不在 ISK 序列中，它们必然属于 ISOS 系列。针对阿勃韦尔的恩尼格玛密码机的突破看起来出现在 11 月末。

党卫军和德国警察部门描述在苏联发生暴行的信息，看上去也是故意透露给英国方面的。当德国收听到丘吉尔关于屠杀的BBC讲话时，党卫军立刻断定，他们正在使用的双重换位密码已经被破解。他们请求编制另外一套密码，军方密码局（OKW/Chi）[①] 很快就提供给他们一种双重波雷费（Playfair）系统。该系统被职业密码专家们所熟知，甚至更好破译。国防军最高统帅部密码部就坐落在卡纳里斯位于提尔皮茨河岸大街的办公室旁，是国防军最高统帅部（OKW）的通信总管艾里希·菲尔基伯（Erich Fellgiebe）将军所负责的部门。菲尔基伯是纳粹的公开批评者，但却似乎因他不可替代的专业技能而被希特勒所容忍。[②]

随着由夏入秋，报道苏联境内屠杀的破解电文大量增加。它们被直接送到丘吉尔的手中，再通过外交邮袋或者安全的跨大西洋海底电缆到达美国；接下来，当然会被运抵白宫。[③] 同时，贸易封锁再加上针对日本船只通过巴拿马运河的禁令，使日本的进口贸易锐减75%，导致日本严重的食品及燃料短缺。

日本人现在处于进退两难的境地。如果他们不尽快开战，便会因虚弱而失去战斗的能力。

---

① OKW/Chi是国防军最高统帅部密码部的简称。

② 关于政府密码学校注意到这一变化，请见PRO, HW3/155。关于国防军最高统帅部密码部负责编制和监督德国军方密码，见CSDIC, Interim Report Trautmann and Schlottmann, 10 Oct. 1945, NARA, RG65, IWG Box 133, 65-37193-333. 国防军最高统帅部密码部的总部位于提尔皮茨河岸大街80号，紧邻阿勃韦尔的办公室。在1939年阿勃韦尔发起的流产政变中，炸药和小型武器就被隐藏在这里，见“Lahousen,” III, PRO, KV2/173. OKW/Chi is short for OKW/Chiffre.

③ 在NARA, RG457, HCC, Box 1586中的德国警察的破解电文是一套在分发表格上被标记为“存档用”的英国文件的复制品。

问题清单去向何方

1941 年 8 月

当杜什科·波波夫在 1941 年 7 月初的一天乘坐“南方飞剪号”（Dixie Clipper，这是一架在里斯本—百慕大—纽约线路上运营的大型水上飞机）到达纽约的时候，他并不是一个人。在他进到等候着的汽艇里时，胳膊被一个塞满了 7 万美元现金的公文包碰了一下；在他身后的便是哈米什·米切尔（Hamish Mitchell），军情六处的一位高级官员。[1] 他们一同乘出租车去了华尔道夫–阿斯多里亚酒店。

当“南方飞剪号”停靠在百慕大加油时，米切尔就跟波波夫攀谈起来，并且在余下的旅程中一直坐在他身边。米切尔的任务是用他的外交护照将波波夫的公文包带过海关从而不必接受检查；除了那些钱以外，还有一些不容闪失的其他东西。波波夫所携带的东西要远为珍贵：贴在四张电报表格上的是将近一打的微缩照片，上面有德国人想搞清

① 米切尔，一位“英国商人”，在转到英国安全协作署（British Security Coordination）之前，曾经在 1940 年担任过英国采购理事会（British Purchasing Commission ）的安全官员，见 Montgomey Hyde, *Room 3604* ,New York: Dell, 1964, 78–9. 鉴于军情五处并没有海外安全职能，这意味着他应该是一位军情六处官员。在波波夫的《间谍 / 反间谍》一书的第 154 页，他错误地记成是英国安全协作署的约翰·佩珀（John Pepper）带着那个公文包通过的海关。

的有关美国太平洋舰队的一系列问题。这些正是罗斯福要证明德国正在与日本串通一气策划进攻珍珠港时所需的坚实证据。波波夫在出租车中将它们转交给了米切尔。①

在接下来的两天中，波波夫在华尔道夫酒店里独自闲处；与此同时，这些微缩照片在军情六处的纽约办公室——英国安全协作署（BSC）中接受了仔细地检查。这样的等待一定让他很不安。于是，在8月14日，当两位来自美国陆军和空军的情报官员来到酒店，对他们有一定兴趣的进入美国的人士进行常规检查时，波波夫以为他们就是那些期待中一直等着要见他的、来自谍报部门的人。他所做的第一件事就是请求这些军方的人帮助他将7万美金——相当于目前的100万美金——放进酒店的保险箱中。安排这些事情的助理经理是个归化了的意大利人；波波夫跟此人胡扯了一通，说他假装是个德国间谍但实际是英国间谍，并透露出这些钱是为他的任务准备的。FBI后来称这是他所能做的“最愚蠢的”事。②

回到他的酒店房间，波波夫继续把所有事情都告诉了这两位情报官员。他们一定已经意识到，波波夫把情况搞错了，但依然听他说完。当向FBI报告这段插曲的时候，这位军方人士谨慎地强调，这次邂逅完全是个意外。他解释称，他们找到波波夫是为了收集他可能知道的关于南斯拉夫的信息；希特勒的军队刚在5月入侵了这个国家。

同一天下午，查尔斯·埃利斯（Charles Ellis，军情六处在美国最高级别的官员）出现在珀西·福克斯伍尔思（Percy Foxworth，FBI特种情报局局长和英国安全协作署的主要联络人）位于纽约的办公室中，告知他期待中的英国双重间谍已经抵达并入住华尔道夫酒店，欢迎FBI接管

① Col. Sharp, MID, to Assistant Chief of Staff, G-2, 15 Aug. 1941, NARA, RG65,FBI HQ file “Dusan M. Popov.” 如果没有另外指出，本章中所引用的FBI文件均来自该档案。夏普（Sharp）写道，据报告，波波夫在出租车中将一个包裹交给了米切尔；而埃利斯（Ellis）随后在8月14日的一次与FBI的会面中提供了其中一些微缩照片的拷贝，因此可以推测微缩照片就在该包裹中。另见下面的注5。

② Connelley to Director, 20 Aug. 1941; and C.H.C. to Foxworth, 21 Aug. 1941. 波波夫的这些行为必然引起这两位陆军/海军官员的好奇：他是如何将这些现金带过海关的，这使他们又回过头去检查了他的到达信息，并由此发现了米切尔的具体情况：Sharp to G-2, 15 Aug. 1941.

此人。埃利斯告诉福克斯伍尔思，此人一直是英国的"头号间谍"，正是通过他的帮助，英国方面才能"定位德国人使用的所有无线电基站，并指认出很多德国间谍"。

这些都是杜撰出来的，但足以吸引福克斯伍尔思；特别是埃利斯还带来了他的隐形墨水、密码副本、无线电指南以及德国人希望他们的间谍能找到答案的问题清单英语版本的放大照片。福克斯伍尔思将问题清单发给了胡佛，并强烈建议 FBI 录用波波夫。① 如果罗斯福和丘吉尔出于任何原因没有在他们的"大西洋会议"中得到波波夫的珍珠港问题清单，那么现在胡佛也已经得到它了。

埃利斯的上司是威廉·史蒂芬森（William Stephenson）——也就是战后闻名遐迩的"以无畏为名的男人"（The Man Called Intrepid）——他与两位领导人都有直线联系：与首相大人是通过军情六处的孟席斯；与总统先生则是通过文森特·阿斯特（Vincent Astor）——这位百万富翁是罗斯福少年时代的密友，长期以来充当着总统与驻美英国情报机构之间的非官方联络人。据说史蒂芬森还与丘吉尔有直接接触。如果他看到过这份爆炸性的问题清单，他一定不会不传达给两位领导人，不管他们是否已经知道。但很明显他并没有看到清单。②

需要解释的是，史蒂芬森当时在名义上负责英国在西半球对轴心

① Foxworth, MEMORANDUM FOR THE DIRECTOR, 14 Aug. 1941. 这份文件上的手写标记说明该文件引起了胡佛的特别关注，而它的附件——一份"问题清单"——是在 8 月 16 日被转给胡佛的；这就指出了 FBI 主管看到这份文件的最早可能日期。这份文件是波波夫所携带的两张微缩照片上英语版本文件的复印或打印副本。波波夫没有做过任何一件埃利斯宣称的是他做的事情。

② 有比较强的证据支持这一推论。由史蒂芬森于 1945 年编辑，直到 20 世纪 90 年代才面世的《BSC 秘史》中仅仅简单提及波波夫，而且并没有说起任何有关珍珠港或者其问题清单的事情；如果史蒂芬森知道这些情况的话，他是一定不会不收进去的，见 Nigel West, introduction to, *The Secret History of British Intelligence in the Americas*, 1940–45, by William Stephenson ,New York: Fromm International, 1999, 388–93。在蒙哥马利·海德（Montgomery Hyde）的《3604 号房间》（*Room 3604*）中也没有提及上述内容。实际上，在作家威廉·史蒂文森（William Stevenson）为他撰写的富有争议性的自传《一个叫作无畏的男人》（*A Man Called Intrepid*）（1976）中，史蒂芬森表示他并不知道波波夫和珍珠港的故事，见 Bill Macdonald, *The True Intrepid: Sir William Stephenson and the Unknown Agents* ,Surrey, BC: Timberholme, 1998, 148–50。还有，奇怪的是，在这些文件中，埃利斯被称作"小公牛"（STOTT）的助理，而不是史蒂芬森的助理。但是，"小公牛"是个跟埃利斯个人历史有关的代号，史蒂芬森的名字则从来没有被提到过。

国的活动进行秘密反击。他是一位年近五旬的加拿大籍百万富翁，是丘吉尔本人选定他来负责这个工作的。一年间，他主要依靠自己的资金，建立起一个叫作英国安全协作署的强大机构——通常简称BSC——其员工主要由加拿大人组成，总部设在纽约的洛克菲勒中心（Rockefeller Centre）。虽然他确实领导着英国安全协作署的安全及反间谍活动，但实际上查尔斯·埃利斯才是军情六处在北美的实际负责人。

在埃利斯造访福克斯沃尔思以前，FBI一直以为波波夫只是在他去埃及的路上途径美国而已。调查局还被英国方面告知，预计他会在8月12日抵达拉瓜地亚机场（La Guardia Airport），但他实际上是在附近的北滩（North Beach）降落的。这也直接导致了之后与陆海军情报官员之间的乌龙，让一个为井然有序而感到自豪的机构狼狈不堪。一次补充会面很快就被安排好。8月18日，联邦调查局助理局长厄尔·康奈利（Earl Connelley），连同埃利斯和FBI的特别探员查尔斯·兰曼（Charles Lanman），与波波夫坐到了一起。会议持续了三个小时。

首先，波波夫报告了他被两位以为是派来见他的陆海军军人问询的情况。[①] 接下来，他详细描述了他在葡萄牙的经历，以及他所得到的对于此次美国之行的指示。他被要求发送一封用隐形墨水写的信，这是为了让德国人知道他已安全抵达。之后，他们会回复一封电报，告诉他如何与另一位特工取得联系，那个人会为他提供一台发报机。波波夫展示了在与那名特工碰面时要出示给他的一张已经被撕掉一半的名片。他的密码是换位密码，密钥用字来自畅销小说《夜与日》（*Night and Day*）；虽然康奈利在之后提到波波夫在英语上表现出“明显的困难”，但他的消息，无论是通过信件还是无线电发送，都是用英语或法语写成的。

> 当他在英格兰为英国当局工作的时候，他们会为他用英语撰写信息，然后由他来负责发报。这么看来，这些信息的英语措辞都很好，确实超出了波波夫先生使用英语语言的能力。我们在这里可能必须

① Connelley to Hoover, PERSONAL AND CONFIDENTIAL, 20 Aug. 1941. 这是他8月19日报告的跟进，看起来是在康奈利与胡佛在电话上交谈之后，为了留作记录而写的。

沿用同样的方式，这样我们才能模仿之前由英国方面起草的那些信息的措辞风格……[①]

此时的FBI作为一个反间谍机构还依然处于初始阶段，因此康奈利并没有很自然地认识到（按照他应该做的那样），当德国人从波波夫那里收到一条超出了他本来英语水平的信息时，他的身份就应该已经被识破了。

当被问及公文包中的钱时，波波夫告诉FBI，其中的38000美元来自英国方面，他正准备替他们存入某家美国银行；6000美元来自德国人，是为他的间谍活动所提供的资金，余下的26000美元则是他自己的。康奈利很难不对第一笔款项产生疑虑，可能也是因为FBI有相当丰富的应对有组织犯罪的经验，又与财政部的探员们关系良好：人们大量洗黑钱通常都是因为这些钱是假钞。

康奈利反复催促埃利斯提供详情，但这位军情六处的官员却一直含糊其辞。他既不会解释哈米什·米切尔是谁，也不会说明他为什么会陪波波夫去酒店。是波波夫本人在几天以后将"迈达斯计划"报告给了FBI，并承认那38000美元实际上是德国人给的。据他称，其本意是将这笔钱存在美国，以供一位在英国的德国间谍使用，而他的支票会被英国情报机构所追踪。康奈利对此很吃惊。他向胡佛写道："就波波夫的安全而言，这是英国方面所能做的最危险的事情。"[②]

实际的计划需要将来自德国方面的全部资金存入一个凭空捏造出来的人的账户，再由此人在英国将同样数量的资金交付给伍尔夫·施密特，

① Connelley to Director, 19 Aug. 1941.很奇怪，他使用了"发报"(transmit)这个动词；因为直到他前往美国的时候，波波夫与葡萄牙之间的沟通都是通过个人访问或者隐形墨水写成的信件实现的。埃利斯一定向康奈利展示了一些来自那些信件的文字。

② Ibid.,6. 另见，Carson to Foxworth, 21 Aug., and 23 Aug. 1941. 波波夫可能得到指示要他说这38000美元是英国方面的资金，因为依照最近通过的冻结轴心国在美资产的法律，这些钱应该会被没收。但是说那个间谍会直接从在美国的账户中把钱取出，之后那些被兑现的支票还会被追踪，那确实是个彻头彻尾的谎言。实际的计划则涉及在英国将相同数量的资金交给某位英国双重间谍。波波夫隐瞒了这一事实，但FBI最终也查出了真相，见"A Brief Synopsis of the case," Dusan M. Popov, 15 Jan. 1944, NARA, RG65, WWII,FBI HQ Files, Box 11(17). 英国方面提供的资金总数是20000镑，见Liddell Diary, 3, 25 Aug. 1941.

而施密特之后会作为驻英德国间谍的金主。军情五处计划在他们领现金时记下他们的名字。如果康奈利知道“迈达斯计划”究竟有多愚蠢的话，他一定会更惊恐。

埃利斯还随身带着那些含有问题清单的微缩照片的放大版相片以及波波夫的无线电发报指南。康奈利将这些附在他的报告中，并不知道胡佛已经收到埃利斯交给福克斯伍尔思的那些副本。第二天，兰曼到波波夫的酒店取走了他手中余下的微缩照片及其他开展间谍活动的装备。[1]

在康奈利与波波夫的会面中还有另一个意外的情况是这位 FBI 官员永远也无法想象的。波波夫在那个即将成为他在北美的间谍上司的人（既是英方的也是德方的），查尔斯·霍华德·埃利斯上尉面前背诵自己的故事。埃利斯——在他的朋友间被称作迪克（Dick）或迪基（Dickie）——在那时是军情六处在美国的高级代表，很明显也是卡纳里斯上将在英国情报系统中的首席间谍。

在这里必须提一句，埃利斯肯定不是纳粹。他是一个 46 岁的澳大利亚人，曾经在第一次世界大战时四次在战斗中负伤。在 1921 年加入军情六处以后，他在柏林、维也纳、日内瓦和巴黎工作了 14 年，组织操纵针对苏联的白俄间谍。到 1938 年时他已返回伦敦，开始在那里操办自己的间谍服务——“22000 组织”（the 22000 Organization）——该机构在当时利用比尔·史蒂芬森（Bill Stephenson）的国际工业间谍网以及其自己在欧洲的间谍开展活动。[2] 这些间谍中包括两位白俄，在 20 世纪 20 年代曾经在埃利斯组织下针对苏联进行活动。在 1938 年至 1939 年期间，他用同样的这两个人向阿勃韦尔提供信息。他的联络人是理查德·普罗策（Richard Protze），卡纳里斯最信任的副手之一。普罗策负责其覆盖比利时–荷兰地区的间谍机构并直接向上将本人汇报；这使人

① Connelley to Director, 19 Aug. 1941, Exhibit C and Exhibit D. 这些相片是黑底白字的，可能是因为它们是把相机固定在显微镜上拍出的相片。显微镜在当时也不是不寻常的科学仪器。FBI 的试验室不久之后就开发出一种能够直接放大相片和制作正像复印的设备。波波夫的发射频率应该是在 13400 至 6950 赫兹之间，需要 25 米长的天线。

② Jeffrey, *MI6*, 194–5, 316.

猜测埃利斯可能充当了军情六处和阿勃韦尔内部密谋反纳粹人士之间的联络人。①

康奈利对波波夫表示了谨慎的认可。他建议波波夫应继续被监视，其通信也要被监听；但除此以外，他认为并没有理由不相信这个人。他批准了福克斯沃尔思的建议，一旦从文森特·阿斯特——当时该地区的安全及情报负责人——那里得到接触机密的官方许可，FBI 就应录用波波夫为美国的双重间谍。

这里需要解释的是，罗斯福总统与维克多·阿斯特② 之间关系密切。他们两个家族在哈得逊河谷的联系可以上溯到欧洲殖民时期。在他的父亲约翰·雅各布·阿斯特四世（John Jacob Astor IV）随"泰坦尼克号"（Titanic）遇难以后，文森特继承了超过 7500 万美元（相当于今天的 10 亿美元）的家族财产。他和罗斯福从小玩到大，他们经常在文森特的游艇上聚会，上面吃喝玩乐应有尽有。1938 年的时候，罗斯福曾派他的挚友携游艇去执行秘密的任务，侦查日本军事力量在太平洋的集结状况；这一次的行动，再加上其他离本土不远的任务，使得总统先生在 1941 年 3 月 19 日"任命"他为"纽约的区域管制官"（"Area Controller for New York"）。这只是个委婉的头衔，使阿斯特能负责批准及协调陆海军、FBI 和国务院在该地区的情报收集活动。实际上，他被授予海军中校的军衔并隶属于海军情报署。

对阿斯特的任命，其目的旨在遏制于 1941 年年初爆发的在 FBI 与

① H.A.R. Philby to Miss Paine, 25 Nov. 1946, PRO, KV2/1740. 这看上去就是彼得·赖特（Peter Wright）在《间谍捕手》（*Spycatcher*,Toronto: Stoddart, 1987）一书的第 326 页提到的那个文件，按他说的，在其页边空白处潦草地写着："谁是这个名叫埃利斯的人？"这一字迹并没有出现在这个副本上，但是费尔比（Philby）确实假装他并不知道谁是埃利斯。当然，此时正有人怀疑军情五处已经被苏联成功渗透，因此，可能当时在军情六处内部确有现行命令不要向军情五处透露他们自己的间谍组织首脑的身份。费尔比可能仅仅是在执行这个指令。另见， H.A.R. Philby to Miss Paine, 25 Nov. 1946, with attachments and other documents pertaining to the interrogation of Richard Traugott Protze, PRO, KV2/1740. 据普罗策透露，有一位埃利斯上尉转交了"大量有关英国特务机构的组织信息"。这看上去可能是个小口误，因为他之后又说埃利斯是俄国人，且这些信息只有部分被采信。普罗策可能也参与了阿勃韦尔在 1939 年向史蒂芬斯和贝斯特作出友好姿态的活动；该活动引发了芬洛事件。而芬洛正是在普罗策负责的区域中。见第六章。

② 即上文的文森特·阿斯特。

陆海军刚刚设立不久的两个驻在纽约的特殊情报单位之间的恶性竞争。第一个机构由佛雷德里克·夏普（Frederick Sharp）上校负责；第二个机构，海军的外国情报组（Foreign Intelligence Unit），则由一位平民实业家华莱士·B. 菲利普斯（Wallace B. Phillips）领衔，他号称曾在战前运作过自己的间谍网络。夏普曾经提醒过一位同僚，阿斯特“站得离总统先生很近，所以要小心谨慎地推进（各项工作）”。海军对此也有相同的态度，FBI 估计也一样。[①]

所以，当康奈利得知波波夫已经在华尔道夫酒店被隶属于夏普和菲利普斯的人问询过了以后，在把事情推进到下一步之前，他必须要先确定阿斯特没有异议。他从菲利普斯那里得到了这份获准接触机密的官方许可。菲利普斯称阿斯特已经就波波夫与英国安全协作署进行了核实，他被认为是“OK”的。因此 FBI 可以录用他。[②]

波波夫被分配了他在 FBI 的官方代号。新代号与他在英国的代号“TRICYCLE”相比逊色不少：他成为 nd-63——“国防线人 63 号”（National Defence Informant 63）。德语版本的微缩照片和他带的一小瓶隐形墨水被移交给了华盛顿的 FBI 实验室。[③] 与此同时，胡佛将一张携带着微缩照片的电报表格的相片和微缩照片的放大样本寄给了白宫，并注明这是“德国谍报系统向其间谍发送信息所使用的方法之一”。翻译过的样本中并没有包含有关夏威夷的问题，而过去一直将这点视为胡佛拒绝将重要信息交给总统的证据。但更有可能的情况是，他知道罗斯福已经看到过完整的问题清单了，于是选择通过常规渠道发送一份没有

---

① Thomas Troy, *Wild Bill and Intrepid* ,New Haven, CT: and London: Yale UP, 1996, 98–108. 另见，Joseph E. Persico, *Roosevelt's Secret War: FDR and World War II Espionage* ,New York: Random House, 2001。

② Connelley to Director, 20 Aug. 1941. 胡佛被要求在涉及陆海军的情报事宜上一定要通过阿斯特：James Strodes, *Allen Dulles: Master of Spies* ,Washington, D.C.: Regnery Publishing, 1999, 204.

③ Laboratory Report re Dusan Popov, 3 Sep. 1941, Lanman, “Synopsis of the Facts,” 17 Sep. 1941. 尽管兰曼从波波夫那里取走了十一个微缩照片，该试验室只提供了关于其中八个的报告。被遗漏的三个中，其中两个包含了英语版本的“Exhibit C”，另一个是波波夫的无线电发报指南，“Exhibit B”。鉴于这些本来就是英语的，兰曼显然认为没有理由将他们发给试验室。另见，“Brief Synopsis of the Case,” 15 Jan. 1944（见上）。

危害的微缩照片的样本。[①]

这些有关夏威夷的问题，其军事重要性对胡佛来说是显而易见的，但它们也并不是什么新消息。很长时间以来他都知道德国方面对太平洋舰队的兴趣。在之前一年的 11 月，FBI 得到的来自海军方面的密报指出，他们截获并破译的发自日本领事馆的无线电报显示，一对德国夫妇，奥托·库恩和佛里德尔·库恩（Otto and Friedel Kühn）正在向海军他们提供海军情报。自那以后，FBI 的火奴鲁鲁办公室就开始对他们进行跟踪监视。[②] 但是，胡佛把在夏威夷的反间谍主导权让给了海军。在这方面，海军会更有资格来评估日本人正在收集的情报。像日本这样的海上力量想要了解太平洋上外国军舰的动向是在意料之中的；因此，由海军来判断何时这种兴趣已从合乎情理变得令人担忧要更合适。[③]

使夏威夷部分在波波夫的问题清单中如此显眼的，是其对珍珠港及周围飞机场关键军事设施的草图及"准确位置"的反复追问。这有没有给胡佛敲响警钟我们不得而知，但无论他怎么想，应该也不会使情形有太大变化。在当时，美国军事系统内划分地盘的情况是非常严重的。如果胡佛冒昧地对波波夫的问题清单中所隐含的威胁发表评论，或者对夏威夷的军事准备情况提出直接相关的问题或者建议，陆军和海军都会因此大发雷霆。胡佛正是依靠他的政治智慧才能坐到当时的位子；他自然清楚，让他的顶头上司文森特·阿斯特知道这张问题清单就足够了。这

① John Bratzel and Leslie Rout, "Pearl Harbor, Microdots, and J. Edgar Hoover," American Historical Review, 87, No. 5 (December 1982). 这段有插图的文字显示胡佛发送的是来自 FBI 试验室报告 Q1 中的 2 号相片，显示的是问题清单中的一些基本问题，从"所有有关美国空中防御的信息……"开始，到有关加拿大的空军训练计划的段落结束，见 FBI Laboratory Report, 3 Sep. 1941. 该样本被选中可能仅仅因为它是该报告中的第一项内容。

② Shivers to Hoover, Report, 26 Dec. 1941, NARA, RG65, FBI WWII HQ file, "Julius Kuehn."

③ Robert B. Stinnett, *Day of Deceit: The Truth about FDR and Pearl Harbor* ,New York: Free Press, 2000, 85–6. 胡佛的逻辑依据是由本书作者推断出来的，而不是斯提内特（Stinnett）。关于什么是正常 / 可接受的间谍活动的问题在珍珠港袭击之后调查的不同阶段都曾被提及。

之后，是由阿斯特来决定需要对其中所包含的信息做什么。[①]

胡佛还有其他保持沉默的理由；就像英国的军情五处一样，FBI也是相当一部分假充内行的自我感觉良好的人的目标。这里不缺有钱人——阿斯特、史蒂芬森、菲利普斯——他们都想涉足谍报活动，但是同时他们也都对做警察没有太大兴趣。可是FBI就像苏格兰场一样，首先是一个调查机构，其主要任务是一丝不苟地收集那些能在法庭中站得住脚的证据。这可能是相当枯燥的工作，而对大西洋两边的一些人来说，这也意味着做这些工作的人是乏味的。

所以，当英国方面认定美国人也应该有一个类似军情六处的海外间谍机构的时候，他们无视胡佛的存在，而推荐了他们自己的人选去开始运转这个机构：一个名叫威廉·多诺万（William Donovan）的50岁的一战军队英雄加华尔街律师。总统先生曾在一年以前派他去英国执行调查战争实际情况的任务，正在那一切看上去最灰暗的时刻，他在返回时说英国“已经倒下，但还未出局”。

感激涕零的英国政府在那之后通过在纽约的史蒂芬森，以及像海军情报机构负责人约翰·戈弗雷（John Godfrey）少将这样的使节（他曾在当年春天访问华盛顿）对白宫大唱多诺万的赞歌。1941年6月，罗斯福任命他为“信息协调官”，这是又一个间谍机构的委婉说法；他的部门不久就更名为战略情报局（Office for Strategic Services），或简称OSS，该组织即为战后中央情报局的前身。从英国人的角度来看，总统先生选择多诺万的妙处在于，他没有任何在谍报活动的歪门邪道中浸淫过的背景。军情六处可以承揽指导他的任务，并同时期望能够对他进行影响。

多诺万在7月15日得到了官方任命。他在一开始时只有很小的一间办公室，员工为数不多，没有工资，可直接调用总统的秘密基金。菲利普斯，那个负责海军外国情报组的有钱人（是他收到第一份有关波波

① 胡佛一直以来为他在给上级部门递交的报告中只是单纯陈述事实感到骄傲，这为他在政治或军事上的服务对象留出空间，以便得出他们自己想要的结论：Richard Powers, *Secrecy and Power: The Life of J. Edgar Hoover* ,New York: Free Press, 1987, 238.

夫在华道夫酒店的报告）在8月底被调到多诺万的组织担任其第一任间谍主管，被授权在全球发展间谍网络。他一定会把他知道的有关波波夫问题清单的全部情况都分享给多诺万。[①]

多诺万还需要与英国安全协作署建立永久性的联系。他把这个任务交给了艾伦·杜勒斯（Allen Dulles），一位职业外交家兼情报迷。杜勒斯将办公室设在了洛克菲勒中心的3603室，就在英国安全协作署所占据的办公室套间中。[②] 于是，杜勒斯就这样坐在了史蒂芬森所在走廊的另一端。史蒂芬森视自己为多诺万的导师并承诺给他所有可能的帮助。

将杜勒斯放在英国安全协作署的核心区域还有更大的好处。史蒂芬森的机构通过跨大西洋海底电缆与英国的军情六处及政府密码学校保持联系。这一联系是安全的，它允许英国安全协作署将位于加拿大的监听站所收集到的原始无线电通信发送给政府密码学校处理，并接收"最机密"的材料作为回报。为了使这一过程变得更容易，多诺万也将他自己的人安排到了伦敦。11月20日，军情五处的反间谍主管，盖伊·李德尔在他的日记中记道：

> 局长叫我下来去见威廉·德怀特·惠特尼（William Dwight Whitney），他是比尔·多诺万[③] 在这里的代表，未来会有一小组职员在他手下工作。他的办公室会设在布什大楼里，用于新闻和宣传。这只是作为掩护。他的主要目的是尽可能多地收集对美国现在所扮演的角色及其参战的可能性造成影响的重要信息。这些信息会用特殊密码为总统先生直接发给比尔·多诺万。[④]

政府密码学校—军情六处—惠特尼—多诺万这条联络线为罗斯福提供了一个渠道，使他能够不用留下任何正式记录就可以接收到英方解译的德国警察部门及党卫军对苏联屠杀的报道。因为使用了一种"特殊密

① 菲利普斯并没有在多诺万的间谍主管的位子上坐太久。他在12月7日珍珠港袭击发生不久后就离职了。具体原因并不清楚。

② Strodes, *Allen Dulles*, 203.

③ 即上文的威廉·多诺万。

④ Liddell Diary, 20 Nov. 1941. 丘吉尔也可以用这个途径直接向罗斯福发送信息。

码”，英国安全协作署中没有一个人能看到这些通信的明码电文。[1] 这一直接渠道应该也绕过了陆 / 海军的电码译员、FBI 和国务院。

与此同时，8 月 19 日，军情六处五科的菲利克斯·考吉尔将波波夫问题清单的德语完整版发给了军情五处的罗伯逊少校。他并没有提到还有英语版本的存在，于是军情五处开始着手翻译自己的版本。[2] 这个版本的翻译在迈斯特曼的《双十系统》一书中被首次展现并出版。8 月 28 日，双十委员会讨论了问题清单。此次会议的记录中并没有提到清单中有关夏威夷 / 珍珠港的内容。9 月 6 日，孟席斯要求召开无线理事会的会议。在会中他并没有明确提到波波夫；他说他想要讨论如何处理在美国活动的英国双重间谍所提供的问题清单，并建议应由在华盛顿而不是伦敦的英国官员来处理有关英国的问题。理事会于 9 月 10 日在陆军部（War Office）的 206 室进行了会面。[3]

现在有必要重申一下，无线电理事会是一个由三位军方情报机构的负责人组成的临时特别委员会，再加上军情六处的孟席斯、军情五处的李德尔，以及代表政府当局的芬德雷特·斯图尔特爵士（Sir Findlater Stewart）。该理事会并不在官方的行政管理系统中，它的成员在与会时也不带来或带走纸张，只有主席保留一份会议记录，而且它也没有向各位参谋长、陆军部，或是外交部报告的机制。理事会中的每位成员会各自负责向（或者不向）他的上级报告会议中发生了什么。

与会的人中有三位都肯定看到过完整的问题清单，他们是孟席斯、考吉尔和罗伯逊。

讨论转向了孟席斯的信。成员们通过了他的提议。之后，考吉尔大声朗读了波波夫问题清单中与英国直接相关部分的答案。李德尔则暗示

---

① 在位于大学公园市（College Park）的美国国家档案局中找到的这批由英国提供的 1941 年的德国警察破解电文，想必就是通过这个途径到达美国的。见 NARA, RG457, HCC, Box 1386. 在那个时候，美国人并没有拦截及破解这些通信。

② Cowgill to Robertson, 19 Aug. 1941, PRO, KV2/849, Doc. 204b；以及 Luke to Cowgill, 22 Aug. 1941 Doc. 206a. 两份问题清单上的文字内容位于文档的后一部分，其中德语版本是一份印在葱皮纸上的副本，这暗示微缩照片上的英语版本的文件也已经印在葱皮纸上了。考吉尔没法将英语版本转交给军情五处，是因为该版本不是在罗斯福手里就是还在“威尔士亲王号”上。

③ PRO, KV4/64.

波波夫大有希望在美国做一名双重间谍。负责海军情报机构的戈弗雷上将[①] 应该会被告知，敌人正在寻求有关太平洋舰队的信息。在当时不透露这个细节是很不合适的。但是，在由伊文·蒙塔古所作的会议记录中，并没有提到夏威夷或珍珠港。[②]

没有任何与此次会议有关的内容被上报到各位参谋长、陆军部、情报机构联席委员会或者是外交部那里。[③] 英国方面没有将夏威夷部分的波波夫问题清单转交给美国方面，这是因为，清单就从来没有从军情五处、军情六处、双十委员会和无线电理事会的圈子里传出来过。

12 月 17 日，当遭受了严重打击的太平洋舰队所遗留下来的油污覆盖着的海水依然拍打着夏威夷的海岸时，下面这条记录出现在了李德尔的日记中：

> 我们现在拥有了“TRICYCLE”的问题清单。它非常清楚地显示，在 8 月的时候，德国人曾经非常焦急地想要得到有关珍珠港尽可能详尽信息。

这里有些不对的地方。德语版本问题清单的原始复件在 8 月 19 日就被发给了罗伯逊少校；清单在被军情五处翻译之后，于 8 月 28 日被拿到双十委员会中讨论。在罗伯逊、蒙塔古、孟席斯、考吉尔和李德尔均在场的情况下，清单可能带来的后果又于 9 月 10 日在无线理事会进行了讨论。原版的德语问题清单依然可以在军情五处的文件中找到，就在他们的原始翻译件旁边。军情五处 B 部门的负责人暗示问题清单在珍

---

① 在上文中是少将。—— 译者注。

② 同上。因为含有对迈斯特曼的《双十系统》的内部引用，可以肯定 KV4/70 中的 W-Board 总结是在 1972 年以后写成的，而这份会议记录也有可能是在那以后，由伊文·蒙塔古基于记忆或是个人笔记完成的。

③ 这一判断基于以下假设：如果在将近 70 年以后还没有人能在这些机构的战时档案中找到提及珍珠港的资料，说明这些机构在当时并没有被告知这一消息。注意，无线电理事会和双十委员会都知道，在华盛顿的“级别较低”的情报机构联席委员会仅会处理与英国本土及英联邦有关的问题。

珠港袭击以后才“被我们获得”，这根本不可能是实话。[①]

李德尔的日记在过去是用活页笔记本保存的，现在依然如此。活页笔记本允许人们在任何时间任何地点，不留痕迹地将活页插进拿出。1941 年 12 月 17 日的那条记录不可能是真实的。那么是谁写下的这条记录？他为什么要这样做？

① 根据李德尔的日记，8 月 19 日那周他正在休假，而考吉尔正值此时向军情五处发送了问题清单。如果有人质疑他 12 月 17 日的记录的话，这就在理论上给了李德尔一个借口。但是，想必他应该会在休假回来以后就读到了这些文件，而问题清单也应该一定会在他的收件篮的最上面。而且，无论如何，他都出席了那次无线理事会会议。

周日前的平静

1941 年 9 月至10 月

与英方在战时及战后的指责正好相反，FBI 确实做出了真诚的努力将波波夫用作双重间谍。FBI 接手他还不到一周，查尔斯·埃利斯就被要求准备他的第一封隐形墨水信件，报告德国人他已安全抵达。[①] 这样做也许是考虑到埃利斯可能会用更地道的英式英语写作，尽管他是个澳大利亚人。波波夫的墨水是由氯化铵制成的，使用简便，用温热的熨斗压过纸张即可以实现显影。

相当长的一段时间都没有收到来自德方的任何回应。然而，10 月 25 日和 10 月 30 日，波波夫分别收到一封信件和一封用开型代码写成的电报，指示他前往里约热内卢。FBI 曾建议他提出在南美与德方间谍会面，以转交他准备好的一些照片及笔记，这即是对此的回应。到目前为止，驻美间谍中还没有人自告奋勇地取走问题清单，也没有人主动提出来做

① “他的第一封信包含了德国人所要求的信息，经过保密方式书写，于 1941 年 8 月 22 日发出。更多的通信在 1941 年 9 月 15、16 日，10 月 7、8、9、10 日被发出，包含了陆军及海军所准备的对波波夫清单中问题的回应……” Brief Synopsis of the Case, 1/15/44collected in “Espionage (World War II)”; NARA, RG65, WW II, FBI HQ file,Box 11(17), Dusan Popov.

他的无线电发报员。另一方面，自当年春天起，FBI 就已经开始通过由一个附属于美国海岸警卫队（U.S. Coast Guard）的密码分析小组和加拿大的通信调查小组（Examination Unit）所提供的德方无线电通信的解码电文，来追踪德国间谍在巴西的活动。①

接下来，“玛蒂”（Mady）——据称是波波夫在葡萄牙的 15 岁女友，发来了一封冗长的信件。信的大部分看上去像是在闲扯，然而却含有下面的字句：

> 我亲爱的叔叔……之前在国外旅行，但现在已经回来。他也送上不少问候，因为你知道的，他非常喜欢你。我很为“迪基”（Dicky）担心，虽然他真是个好伙计。几天前，我从他那里收到一封信。如果我们大家能约到哪个好地方一起见一面，我会很开心。②

当 FBI 问及波波夫谁是这个“迪基”时，他很快回答道，这是“其中一位假装是德国间谍的驻伦敦的英国情报官员的名字”。③ 事情确实如此，只不过另外一位绰号叫“迪基”（Dickie）的人，当时正站在波波夫的身旁。大家可以想象一下此时查尔斯·埃利斯前额一定渗满了汗珠。

当然，这可能是一次恐吓，但也可能是发给埃利斯的一个开放代码的指示，要他参加由阿勃韦尔联络人安排的会面。据我们所知，埃利斯在 11 月 2 日曾经飞往伦敦。[4] 但我们尚不知道他是否还去了葡萄牙。11 月 16 日，波波夫离开迈阿密前往里约。十天之后，FBI 满意地读到了下

① 海岸警卫队从 1941 年 6 月 17 日开始将它的解码电文发布给 MID（Military Intelligence Division，军事情报部）、ONI（海军情报署）、国务院和 FBI。NARA, RG457, SRH-270。有关当年春天开始在渥太华运转的加拿大密码破解机构的背景信息，请见 Bryden, *Best-Kept Secret*, passim.

② FBI, Memorandum re TRICYCLE, 5 Oct. 1943, PRO, KV2/855, 662B. 到底这封信是从葡萄牙语翻译成英式英语的，还是说玛蒂是一个 15 岁大的英语神童，我们并不清楚。“叔叔”很有可能就是卡纳里斯。注意“伙计”（chap）这个词的用法，这在英国是中产阶级或上层社会的说法。对于下层社会来说，通常用“choke”一词来称呼熟识的朋友。美式英语的同义词为“guy”。

③ 波波夫看上去是在暗指迪基·梅特卡夫（Metcalf），又称气球（BALLOON）。

④ “我去看望瓦伦丁·维维安（Valentine Vivian）时，发现他与刚从纽约飞过来的迪克·埃利斯在一起……”见 Liddell Diary, 3 Nov. 1941; PRO.

面这段截获的电文：

> 1941年11月24日 CEL 致 ALD
>
> 46号。伊万（IVAN）一万（ten thousand）被破解的（原文如此——译者注）。今晚收到他的消息。关于通过B的电报。首先，我可以把50瓦的设备给伊万。其次，鉴于邮件丢失，以后还让伊万将信发到这里吗？能给他其他掩护地址吗？
>
> 阿尔佛雷多（ALFREDO）①

还有其他类似的信息被截获。FBI认为波波夫的南美之旅进行得非常顺利是有根有据的。

第一个原子弹间谍?

在1941年秋天的晚些时候，FBI的网络中有了另一位德国间谍。波波夫正在制订前往巴西的计划时，另一位潜在的双重间谍正在从相反的方向过来。

故事开始于前一年的7月，在西班牙人胡安·普约尔·加西亚在里斯本主动将他的问题清单交给英国方面以后，波波夫带着他的那份清单动身前往美国之前，一位名叫豪尔赫·莫斯克拉（Jorge Mosquera）的阿根廷人来到蒙得维的亚的美国驻乌拉圭大使馆，宣称自己已经被德国情报机构招募去美国做间谍。他手里有来自纳粹高级官员的介绍信，三个微缩照片的指令，到纽约以后的联系人的姓名；并表现出要背叛他的德国主子们的非常真诚的愿望。

从他的身份证件上来看，他于1895年在阿根廷圣菲省的罗萨里奥（Rosario）出生。据他自己说，他是家里十个孩子中最小的一个；他的父亲出生在西班牙。1924年，他搬到德国开始经营小规模的进出口生意，

① 引自 Caffery to Berle re CEL espionage ring, 5 Sept. 1942; NARA,RG457, SRIC.

直到战争迫使其停业。[1] 他只会说西班牙语和德语，不会说英语。他被阿勃韦尔汉堡分局的一个名叫汉斯·布鲁姆（Hans Blum）的人所招募。听到这些以后，FBI 告诉他可以继续前往美国。当他所乘坐的轮船在纽约靠岸的时候，两个 FBI 的人正在下面等着他。此时是 11 月 18 日。

他被安置在一间酒店中，接受全面监视和彻底审问。发给胡佛的有关他的报告密密麻麻地打印了四十八页；从他那儿得到的是已经被英国方面收编的双重间谍的标准情况。

与他之前的波波夫及阿瑟·欧文斯（Arthur Owens）一样，莫斯克拉的密码也是简单换位密码，看上去复杂但实际上易于破解。其密钥也来自于一本书，是一本西班牙语的 *Los majos de Càdiz*；和欧文斯一样，他随身带着这本书。也像另外两个人一样，他需要由其他人来操作他的发报机。据他自己解释，在间谍学校时，无线电技术这门课他没及格。

他的隐形墨水是蒙人的。其主要成分是锌和硫黄，这比给波波夫的那一种要更加复杂，但是实际上没有效果。有关如何使用它的描述占了整整两页 FBI 的报告，最后得出的结论是，只有布纹纸可以与其一起使用，因为该化学溶液会与木浆发生反应。试验室也并没有费功夫去寻找相应的显影剂。

莫斯克拉在美国要搭的线最后也是死路一条。尽管历经数月的大规模调查，搞了间谍相机，支了麦克风，设计好了与莫斯克拉进行会面，但这些他已经知道名字的人，被证明不过是一些对他们的祖国有着一丝正常同情心的、已归化的德裔美国人。他们没有显示出任何涉及间谍活动的迹象，而且在莫斯克拉暗示他自己是间谍以后，似乎还被吓到了。

过了很久很久以后，FBI 才得知，一位本来暂借给佛朗哥、讲西班牙语的阿勃韦尔间谍已经来到了美国，他通常在旅行中使用阿根廷护照。[2]

① Foxworth to Director, 16 Dec. 1941. 请见：Max Fritz Ernst Rudloff with aliases(ND 98), NARA, RG65, FBI HQ File: 65-37233-4.

② 来自西班牙国内消息源称，现在在美国境内有一位与佛朗哥关系密切的讲西班牙语的德国间谍，他在旅行时持阿根廷护照。Siscoe to Hoover, 14 Aug. 1944; IWG Box 153, 65-37193-237(1). 尚不能确定 FBI 对该消息的反应，因为在此日期之后，在莫斯克拉档案中胡佛留下的信息已经被大量编辑过。

如果此人就是莫斯克拉，那么他与西班牙独裁者之间的联系一定会使他成为卡纳里斯最为信任的间谍之一。但是在这个时候，联邦调查局并没有什么怀疑的理由。直到此时为止，英国方面还没有详细分享过他们自己操作双重间谍的经验，而且他们让美国觉得是波波夫弄得整个间谍网络被暴露了。

招募莫斯克拉的重点在于他的微缩照片。仅仅两个月以前，FBI 刚刚看到过波波夫的微缩照片；现在这里又有另一组，而且包含了一张更长的问题清单。该清单关注的是美国的飞行器制造及新武器科技。它包括了一些不同寻常的条目，比如关于毒气的问题，以及这句令人费解的话："人工演绎铀或者其他可以替代的合金，由此成为一种原子能爆炸装置。"[①] 这里的蹩脚英语是因为莫斯克拉在微缩照片中是先将德语原文翻译成西班牙语。

当他被要求详细说明这句话的含义时，他提到了与他在汉堡的间谍上司布鲁姆之间的一次对话。以下内容是从福克斯伍尔思在 12 月给上级的报告中摘录出来的：

> 布鲁姆进一步向莫斯克拉指出，他不应将自己局限于微缩照片上的指示，而是应该对其他细节也给予关注，特别是那些与美国进行的击碎原子试验方面相关的细节。
>
> 布鲁姆称，德国军方当局相信，未来的成败取决于能否在击碎原子试验的基础上发展出高性能的爆炸物。
>
> 按照布鲁姆的说法，如果能在击碎原子的试验中获得成功，并由此制造出高性能的爆炸物，那么未来由它制成炸弹，其总重不会超过一点五磅。布鲁姆还表示，能够完成击碎原子的任务并随之运用其成果的国家，才能在这场战争中获胜。[②]

证据清楚地显示，此时是什么让阿勃韦尔对核方面的东西如此感兴

① 此处英语原文为"Deduceartificially the uranium or other alloy which may be substituted thereforeas an atom destructor."——译者注。

② "Synopsis of Facts," 4 Dec. 1944, 22。请见 : Max Fritz Ernst Rudloff, NARA,RG65, FBI HQ File, 65-37233 (above).

趣。虽然，在临近战争结束的时候，阿勃韦尔各分局及分支机构的大部分档案文件都被故意烧毁了；但是，不来梅支局的卡片索引幸存了下来。被确认为间谍汉斯·达尔豪斯（Hans Dahlhaus）的卡片 cardR-2232，描述了他在一次活动范围广泛的在美间谍旅行返回德国以后不久，就提交了一份有关美国在 1941 年 7 月 29 日进行原子试验的报告。他冒充为一名烟草推销员，并发展了相当可观的下线特工网络。①

他的报告已经遗失了，但是我们可以好好推测一下其中的一些内容。直到 1940 年秋天的一项出版禁令生效前，研究可持续核裂变的科学家们都会发表他们的成果。1940 年 3 月和 4 月号的《物理评论》（*Physical Review*）中刊登的文章确认，铀的较轻同位素，U-235，最有希望在持续的链式反应中发生核裂变，从而引发大规模的能量爆发，并在理论上导致前所未有的巨大爆炸。问题在于，如何从天然铀中分离出足够的该种同位素，以及如何能在不把自己炸飞的前提下验证链式反应的作用。即使没有任何在相关科学圈子里的间谍，这些问题中的大部分对于达尔豪斯来说也是很容易得到答案的。②

FBI 如何看待布鲁姆所说的这些话并没有被记录下来。铀在大众媒体中被描述成一种奇迹般的超级燃料。但是，通过在闪电般快速的链式反应中发生的原子核裂变所释放出的能量来引发巨大爆炸这一概念，其实在数学家和物理学家的小圈子以外并没有太多人知道。人们可能会认为，FBI 对布鲁姆说这些内容显得很外行。

可其他人并不这样想。罗斯福从 1939 年开始就一直鼓励对铀的研究。1941 年 10 月 9 日，他听取了他的科学顾问万尼瓦尔·布什博士（Dr. Vannevar Bush）对发展超级铀炸弹前景的简要介绍。他得知了英国方面对 U-235 的巨大兴趣。他还被告知，如果发生了预计中的原子链式反应失控的话，10 千克的 U-235 应该就足以将一座城市夷为平地；而从

① NARA, RG242, T-77, 1569, card 1549. 另见，Farago, *Game of Foxes*, 648-9，书中斩钉截铁地称，卡纳里斯看过该报告，但并没有给出他的信息来源。但这些来源一定曾经存在过，因为法拉戈（Farago）所称来自冯·罗德尔（von Roeder）的引文，呼应了波波夫的 3 月问题清单中所询问的内容（法拉戈应该并未看到过该清单）。

② Hewlett and Anderson, *The New World*, 13-25。

常规铀中分离出如此大量的U–235的技术很可能会非常昂贵。讨论还提到了对德国人当时在这方面的动向知之甚少。总统吩咐布什对科学和工业机构在证明U–235链式反应的可行性的同时，对所需的资源也进行成本分析。这之后，会由罗斯福决定下一步将做什么。

与此同时，这一行动被严格保密。了解布什所执行任务的人仅局限于：副总统亨利·华莱士、战争部长亨利·史汀生（Henry Stimson），陆军参谋长马歇尔将军，以及国防研究委员会[①]（National Defence Research Council）主席詹姆斯·科南特（James Conant）。11月27日，布什提交了他的报告。[②]

12月6日，也就是白宫收到FBI关于莫斯克拉的报告两天以后[③]，日本人进攻珍珠港的前一天，布什博士秘密会见了一小拨高级科学家。他告诉他们，总统已经发布命令，要竭尽全力确定浓缩的U–235能否产生足够快的原子链式反应来引发爆炸。资金不是问题。“如果原子弹是可行的，我们必须第一个把它造出来。”布什博士引用总统的话说。[④]

事情就是这样，在日本人投下与美国开战的第一枚炸弹的前一天，美国人开始了走向获得结束这场战争的那两枚炸弹（一枚投向了广岛，另一枚则投向了长崎）的进程。

---

① 该机构的大部分工作是在严格保密状态下完成的，是它启动了一些最终成为第二次世界大战期间最重要技术成就的研究，这其中就包括雷达和原子弹。该机构于1940年组建，在1941年时被科学研究和发展办公室（Office of Scientific Research and Development）取代，成为单纯的顾问机构，并于1947年被正式解散。——译者注。

② Bush to Conant, 9 Oct. 1941; Records of the Office of Scientific Research and Development, U. S. Atomic Energy Commission. Hewlett and Anderson, *The New World*, 45–6, 611.

③ “Synopsis of Facts,” 4 Dec. 1944, 22，请见：Max Fritz Ernst Rudloff, NARA, RG65, FBI HQ File, 65–37233 (above). 根据封面所示，该报告至少有5个副本；考虑到其内容的不同寻常及重要性，特别是对微缩照片的引用，其中一个复本一定被发往了白宫，如果不是直接发给罗斯福，也一定是发给了副总统亨利·华莱士。

④ Arthur H. Compton, *Atomic Quest*, Oxford UP, 1956, 61–4.

谁愚弄了谁？

军情五处此时正在英国国内为权限问题忙得焦头烂额，这与在美国发生的那些事情相比，遥远得就像在月球背面一样。通过在年初时接管无线电安全处，军情六处绝对垄断了对ISOS（即对阿勃韦尔的无线电通信的破解信息）的处置权。同时，菲利克斯·考吉尔也开始对与“TRICYCLE”有关的其他事情三缄其口。他对双十委员会的请求无动于衷。罗伯特森少校恳请他至少对波波夫正在做什么提供哪怕“一点点”暗示，他却置若罔闻。李德尔的运气也不怎么样，考吉尔狡猾地宣称，军情五处的同僚们看上去并不认为他有能力自己控制一个双重间谍，对此他感到失望。[①]

军情五处感到焦虑是有重要的原因。在他们将波波夫派往美国的时候，有关阿瑟·欧文斯是否已经真的向德国人招供了的问题还没有得到解答。而一旦这是真的，便会暴露军情五处几乎所有的双重间谍，包括波波夫在内。他们也终于意识到，通过“迈达斯计划”在付款时将这些双重间谍联系在一起的设想有多么愚蠢。就像一位军情五处的官员写道的那样：

> J.H.M. 已经提出了这样的看法，即如果SNOW像他自己说的那样，在上一次前往里斯本的时候泄露了他的无线电通信内容，接下来的结果自然就是，德国人会意识到TATE和RAINBOW已经被控制，再往后，他们会认为TRYCYCLE也已经露馅，并且可能相信BALLON和GELATINE也已经是被控制的间谍。这一后果的逻辑非常清晰，如果德国人相信SNOW的无线电通信在他前往里斯本两个半月以前就已经被我们控制了的话，他们一定能从SNOW在那期间向TATE付过款

① Robertson to Cowgill, 17 Sept. 1941. PRO, KV2/849. Liddell Diary, 14 Aug.,15 Nov. 1941.

推测出 TATE 已经被控制了。他们也一定会推测出 RAINBOW 也被控制了，因为 TATE 随后又向他付款……[①]

B1A 的工作人员和双十委员会的成员们已经为这个问题苦恼了几个月，他们一直试图寻找一丝微弱的希望，即无论如何最终能够发现欧文斯只是在撒谎，说他已经把所有信息都泄露了出去。

公平地说，夏天开始的时候，罗伯特森就已经得到令人鼓舞的消息，说他所有的双重间谍都没有问题，包括波波夫在内。当 SNOW 在 4 月从无线电中永远消失以后，德国人看上去接受了 A-3504 关于他正处在精神失常边缘的解释，并回复建议 A-3725，也就是施密特，代替他成为“迈达斯计划”的付款人。[②] 当他在之后收到计划中由波波夫带到美国的 20000 英镑德方资金时，德国人要他付钱的间谍只有那个伴舞乐队间谍 RAINBOW，以及年内早些时候在苏格兰被俘虏的那对挪威破坏者 MUTT 和 JEFF。令人震惊的是，军情五处竟据此认为在英国境内没有其他间谍需要被支付。换句话说，他们认为，再没有其他不受控制的未知德国间谍。[③]

这实在是大错特错。无论是在柏林总部，还是在其遍布欧洲的其他所有分局、控制中心和战争单位中，阿勃韦尔的大部分档案文件都在战争结束时消失，有可能就像在汉堡分局发生的那样，被有计划地烧毁了。[④] 不来梅支局是个例外。它里面的一些记录被救了出来。这些记录显示，不来梅的官员们从 1943 年 8 月就开始烧毁大部分他们驻在英美两国的间谍的报告，这种情况加速发展到 1944 年 9 月。关于不来梅支局所雇用反英的间谍，所有我们能知道的就是他们档案卡片上的代号数字。这样的间谍在 1943 年至 1944 年之间就有至少 8 个。偶尔也会出现一个人名，但这只应归功于美国海军情报官员的勤奋，这是他们在未烧毁的档案文

① Gwyer to B1A, 10 Oct. 1941; PRO, KV2/849.JHM. 指的是律师马里奥特。
② Liddell Diary, 6, 14 Aug. 1941; PRO.
③ Masterman, *Double-Cross*, pp. 3, 59, 85.Curry, *Security Service*, p. 252. 军情五处将截获的与其双重间谍有关的阿勃韦尔的无线电通信（ISOS）当作证据。
④ “Order of Battle GIS (Hamburg),” prepared for GSI(b) HQ 8 Corps. Dis., 20 Jan. 1946, p. 1; NARA, FBI HQ file, IWG Box 133, file 65-37193-EBF352.

件中仔细搜寻，比对残片获得的成果。

对不来梅支局文件系统的破坏是经过缜密计划的。每个文件的间谍号码和主题在付之一炬前都已经被记录下来。因此，可以想象得到，那些身为德国公民的或是宣誓保密的间谍们，在战后确保能做到隐姓埋名。在被占领国家招募的重要间谍也得到了保护。比如，代号 DELPHIN 的范·德·维列特（Van der Vliet）上尉，就曾在 1942 年 3 月至 1944 年 10 月间汇报过有关英国的情报。他的报告在 8 月时被销毁，大家都明白是为什么。此时，盟军在诺曼底的登陆已经成功，荷兰即将被解放。荷兰当局自然会想要将那些曾经为德国人工作的荷兰人找出来绳之以法。而让范·德·维列特上尉的真名泄露出来绝对是个疏忽。

另一个荷兰间谍代号叫 NOLL。遗留下来的有关他的记录只显示出他可以说流利的荷兰语及英语，负责招募对英间谍，并于 1941 年 4 月 17 日进行了保密宣誓。后面这一条非常重要。德国的誓言要求宣誓人到死一直保守秘密，因此，艾格曼（Eghman）无疑是一个重要的间谍。他宣誓的日期表明，他的对英活动是在“丽娜行动”的间谍被俘获之后很久才开始的，并且正好是在英国方面宣称在其本土已经没有真正自由活动的敌方间谍的那个时期。

已经销毁了的在 1943 年至 1944 年之间的文件，包含了编号为 2215、2220、2254、2351、2596、2778 和 2866 的驻英间谍。[①]

而且，这仅仅是从不来梅支局获得的记录。任何阿勃韦尔的分支机构都有资格派遣间谍去任何地方，条件是有合适的人选，而柏林方面会负责协调工作。

随后，TATE 报告德国方面，他已经分别付给了 RAINBOW 和 MUTT 每人 500 英镑，还余下 19000 英镑，这是一笔巨款。之后，他名义上受雇成为一名农场工人，只有周末才能休息，这给了他借口不去花

① NARA, T-77, 1529. Index file cards on A-2057 DELPHIN and F-2368 NOLL; NARA, T-77, 1549. 号码前的“F”意味着此人的工作是寻找并招募间谍。

余下的钱。[①] 这个故事太没有说服力了，让人难以接受，这竟然是他非常认真地提出来的借口。与此同时，RAINBOW 收到了一份印在微缩照片上（这是英国方面见到的第一个微缩照片）的指示，以及一份寻求轰炸目标信息的详细问题清单。军情五处用全部这些表明，德国方面对 B1A 的双重间谍们的信念并没有动摇。

11 月时，又有新的原因引起了不安。军情六处发来一份报告称，在 2 月份 SNOW 到达里斯本与一周后 CELERY 乘船抵达英国之间的这段时间里（也就是所有有关欧文斯的烦恼开始的时候），有一位阿勃韦尔的官员曾不无炫耀地说，这艘船上有“一位间谍，被德国方面认为是能够在英国人中间散播误导性信息的重要工具”。这个人只会是 CELERY——瓦尔特·迪基茨，他在当时伪装成了一名心怀不满、准备转投德方的前英国皇家空军（RAF）情报官员。[②]

这是个天大的笑话。迪基茨是一名一战老兵，曾获得空军情报机构负责人本人的推荐。他曾担任军情五处的官员将近一年。B 部门中的人提供了多种不同的说法。他看上去实在不可能真的会为德国人工作。如果真是这样的话，那么他一定是个三重间谍，如此等等 。[③]

最终结束了这场争论的是双十委员会的主席 J.C. 迈斯特曼。11 月 26 日，在问题浮出水面之后整整八个月的时候，他准备了一份 2200 字的报告对证据进行了评估，并断定其中许多自相矛盾的地方永远也无法得到解答，因为主要的证人，阿瑟·欧文斯，一直以来都在同时为双方工作：

在这点上，重要的是要记住，我们在理解“双重间谍”时习惯

① B1A TATE case summary, 15 June 1942; PRO, KV2/61, Doc. 300a. 曾经在该档案中的上百份文件只有少数保存了下来。另见，KV2/1333。

② Memo by Gwyer and Marriott, 17 Nov. 1941; PRO, KV2/451, 1360b.

③ 具体例子请见，“Major Ritter’s Final Repot of the SNOW Case (Translation)-Berlin 31/7/1941”; PRO, KV2/451, Doc. 1360b, undated and unattributed but probably an attachment to Gwyer and Marriott, 17 Nov. 1941. 这一特殊文件是一位军情五处官员虚构的事态发展情况，他在其中想象了以下情景：尽管 SNOW 已经招供，卡莱尔·里赫特也从来没有在任务中发报告回来联系 TATE，李特尔少校可能依然得出了并没有损失 CHARLIE、GW 和 TATE 的结论。这份文件的用处在于，它确认了军情五处并不知道迪基茨又第二次去了德国，而且欧文斯并没有操作 SNOW 发报机。

的方式与他们看待自己的方式是不一样的。我们所认为的双重间谍是这样一些人，虽然他被A势力认为是A的间谍，但实际上是在B势力的指挥下为B的利益服务的。可事实上，特别是那些从战前就开始做间谍的人，他们会经常试图同时为A和B工作，并且同时领取两家的报酬。

照我来看，这可能是SNOW的真实情况。也许他有75%是站在我们这一边的，但要说服我他并没有同时为两边工作，我还需要大量证据。他也许会以另一个名字接收一笔款项，而这笔钱正在美国等着他，像这样的情况永远是可能的。他与LILY后来的通信以及他对于被派往加拿大的渴望，都为这种观点提供了佐证。我们绝对不能排除这种可能性，即兰曹博士认为他一直以来都是一个同时为两边工作的人，而且在贿赂或者恐吓下会更好地为德国方面做工作。①

尽管听上去非常绕，但这仍然是一段令人印象深刻的坦白。即使欧文斯只有25%是在为德国人工作，这依然意味着，在1939年至1940年期间所有那些无人监督的前往欧洲大陆的旅行中，他完全可以告诉德国人任何事情，其中就包括还有哪些人也是双重间谍。军情五处的“双十系统”从一开始就遭到了破坏，迈斯特曼也承认了这一点。但是，在他的名作《1939年至1945年的战争中的“双十系统”》（*The Double-Cross System in the War of 1939 to 1945*，1972）一书中，他反转了自己的立场，将欧文斯描述成只单方面为英国工作。

目前并不清楚迈斯特曼的备忘录在多大范围内得到了传阅，但是，盖伊·李德尔肯定看过它。接下来的行动，或者说缺乏行动，必须被看作是他的决定。

首先，油滑的迪基茨被排除了嫌疑，还因为工作优秀被奖了200英镑酬金。他在伦敦闲晃了一年半之后就消失了。

其次，迈斯特曼实际上建议重新启用SNOW发报机，这是完全能

① Masterman, “Note on Memorandum, ‘Dr. Rantzau's meeting with SNOW and CELERY in Lisbon,’” 26 Nov. 1941; PRO, KV2/451, Doc. 1368b. 这是对上条注释中所描述的事态发展分析所做的回应。

够实现的；因为欧文斯从来没有发送过他自己的信息，于是乎他的存在其实是可有可无的。另一方面，如果在德国人认为他只是暂时停止发报的情况下就将 SNOW 保持关闭状态，这会让他看上去好像已经被捕了一样。李德尔选择了把发报机关掉，这就不可避免地意味着停止继续使用 CHARLIE（埃施博恩）和 BISCUIT（麦卡锡）。他们与 SNOW 的联系太紧密，因此不得不这样。

第三，TRICYCLE、TATE、RAINBOW、BALLOON、GELATINE、MUTT 和 GW，以及他的西班牙下线，PEPPERMINT 和 CARELESS，都被保留了下来，而这里面的头六个人都通过“迈达斯计划”与 SNOW 有联系。TATE（伍尔夫 · 施密特）更是与 SNOW 有要命的联系，就因为在他最初被捕的时候从他身上找到的那张纸上有阿瑟 · 欧文斯的名字和地址。换句话说，李德尔把确有机会保留下来的双重间谍网络给清除了，却留用了那些德国人必然知道已被英方控制了的双重间谍，特别是 TATE 和 TRICYCLE（波波夫）。

要颇费一番周折才能搞清李德尔的逻辑。伦敦大轰炸已经于 5 月结束。此时，希特勒将他的主要空军力量都转移到了东线战场去对付苏联。于是，欧文斯杜撰的轰炸效果报告也就没有了存在的必要。很明显，李德尔读过波波夫的问题清单。然而，如果他能将清单解读成一种对日美之间可能发生战争的暗示，他就应该已经意识到了清单潜在的重要性质。到底日本会入侵西伯利亚从背后进攻苏联，还是要向南攻击英美，这在当时有很多猜测。而波波夫关于珍珠港问题清单暗示，答案很可能是后者。

当然，这也可能是简单地因为李德尔不想因告诉 FBI 波波夫已经露馅而感到尴尬。

在伍尔夫 · 施密特在 11 月份生病，因胃溃疡住院的时候，军情五处启用了一位替补发报员代替他在 TATE 发报机上操作，此人自信能模仿施密特的发送“手迹”（fist）。此时，辛普森上校早已离开，无线安全处也已经被划归军情六处，军情五处内部再没有无线电专家来对这种愚蠢的行为提出异议。施密特是一位技术娴熟的电报专家，发报“熟练且迅速”，而且他已经这样做了一年之久。[①] 任何在军队中接受过信号训练的人都知道，德国人具备辨认其海外间谍在发报特点上微小差异的常规能力。而“罗尼”里德（“Ronnie”Reid），这位年仅 25 岁的前 BBC 技术人员，则是军情五处的唯一“专家”。

这意味着一点儿逃脱惩罚的机会也没有。汉堡分局已经成长为阿勃韦尔系统中最先进的无线电间谍中心。这一被称作沃尔多夫（WOHLDORF）的机构，位于市郊的一座大庄园中。其负责人维尔纳·图曼（Werner Trautmann）少校很有能力，是一位德国陆军信号官员，熟谙最新的无线电技术。他手下有 120 名士兵夜以继日地仔细收听在英国、爱尔兰、冰岛，以及其他西半球国家阿勃韦尔间谍发回的讯息；他们每个人只负责两名间谍，因此对其发回的信号和声音同样熟悉。

沃尔多夫还设有一个为间谍提供无线电训练的项目。该项目由理查德·怀恩（Richard Wein）负责，他让学员们在电报电键上反复练习，直到达到一定的熟练程度为止。那些将要负责收听他们呼叫的发报员们也会出席这些训练课程。欧文斯就是被怀恩训练出来的，师出同门的也许还有施密特。

毫无疑问，他们会发觉有其他人在代替施密特发报。但是，海军少校伊文·蒙塔古在 35 年以后是这样写施密特的：“在其职务早期用无线电发送了一些低级别的报告后，他实际上就生病了。一位军情五处的无线电发报员成功模仿了他的发报风格。这并没有被德国人注意到……”[②] 蒙塔古作为一名前情报官员怎么会做出这样的臆断实在令人费解。对于一个在反情报方面有实力的对手来说，应该首先会想到他们会是在进行误导才对。

① “……在 TATE1941 年 11 月患病期间，他的发报机一直由一个我们自己的人来操作，此人已经成功学会模仿 TATE 的风格；从那时起，虽然 TATE 继续用他自己的话起草信息并在编码时提供协助，但他再也没有被允许实际操作那台机器。”B1A/JV 备忘录“TATE,” 21/8/42。另见：R.T. Reed, “TATE,” 12 Nov. 1941. Both in KV2/61–62.

② Montagu, *Beyond Top Secret U*, 69.

军情五处在处理卡莱尔·里赫特（Karel Richter）的问题时变得更加莽撞。此人是在前一年5月被俘获的降落伞间谍。随着时间一周周过去，020营中凶狠的“锡眼”史蒂芬斯一直保持着高压，试图从他的犯人口里一点点地把信息逼出来。终于，里赫特被彻底击垮。他突然供认出自己并不是被派来当间谍的，而是来调查一位在英国的无线电间谍，因为从其发回的信息看起来，此人已经被英方所控制。这肯定是指施密特。①[1]这就意味着，里赫特因被捕而未能向德国发回报告实际上又以另一种方式暴露了TATE。

颇具讽刺意味的是，里赫特的招供本能救他一命，因为严格来讲，他的任务并不是间谍行为，而是反间谍活动。这个问题在审判时并没有被提起。然而，在他被宣判有罪以后，里赫特被建议在上诉时以此作为理由。李德尔鼓动军情五处的德国专家欣什利－库克去里赫特的牢房里与他进行了一次开诚布公的交谈。里赫特被说服在上诉时撤回该理由，然后在寻求内政大臣的特赦时再把它提出来。他最终采用了这样的策略，但内政大臣选择了不予受理，于是他被送上了绞刑架。②

军情五处的一些女员工为此有些伤心；里赫特只有29岁，是一位英俊勇敢的年轻人。一位曾经审问过他的人代表他进行了一次十一个小时的申诉，力图说明报纸以及BBC上有关他被处决的报道会进一步加深德国方面对于TATE的怀疑。处决他有百害而无一利。而李德尔却在他的日记中这样写道：里赫特所执行任务的真相“与正常的法律申诉毫不相干”。③

与此同时，查尔斯·埃利斯于11月3日抵达伦敦，与军情六处五科的负责人瓦伦丁·维维安进行了交谈；在接下来的那一周，他又与罗伯逊少校以及盖伊·李德尔在午餐时，就波波夫进行了讨论。埃利斯与

① Stephens, *Camp 020*, 166.
② 同上，164–6。另见，Liddell Diary, 7 Nov. 1941, PRO。对于欣什利－库克进行劝说一事，我们只有李德尔这方面留下的记录。
③ 有关那个可能能救他的人，见 Captain R. Short, Note to File,29 Nov. 1941, PRO, KV2/61。在他的日记中，李德尔从相反的角度对此进行了辩论，并引用了斯温顿勋爵的立场，称缓刑会对“B1A造成损害”。见 Liddell Diary, 7 Nov. 1941.

维维安肯定阅读了完整的珍珠港问题清单，鉴于正在恶化的日美关系，他们想必会推测出来其中暗示的对于太平洋舰队的威胁。而李德尔的日记中并没有提到在他们三个的交谈中涉及过这个问题。①

双十委员会此时也正在讨论是否要将蒙塔古派到华盛顿去设立一个小型的双十委员会，以处理所有在美国活动的双重间谍提供的新的问题清单。李德尔并不是很喜欢这个主意。他向维维安上校力陈，蒙塔古的干预很有可能会导致英国安全协作署与FBI之间关系的恶化。② 然而，蒙塔古还是在12月初的时候被派了出去，他于12月6日星期六抵达纽约。

蒙塔古马上就会见了英国安全协作署的负责人史蒂芬森，但他们讨论了什么并不清楚。第二天，蒙塔古就在出租车上得知了珍珠港受到袭击，出租车司机从收音机上听到了这个消息，认为这不过是一个奥森·威尔斯（Orson Welles）式的恶作剧③。蒙塔古更清楚这是怎么一回事。④

而杜什科·波波夫此时正在从里约回来的路上，船上的扩音器召集所有乘客到一等舱休息室，面色凝重的船长正在那里等着他们。日本人袭击了珍珠港。美国已经处于战争状态。马上还会有更多消息。一开始波波夫非常高兴。考虑到美国方面已经得到了预先警告，他以为美国人畅快淋漓地痛击了日本人。

但是，关于此次灾难的骇人细节，还是在当天零零星星地传了过来，就像微风吹过麦田一样，在乘客中引起一阵阵波动：两艘战列舰被击沉；“亚利桑那号”（Arizona）被炸毁；整个港口在燃烧中；太平洋舰队陷入瘫痪。⑤

---

① Liddell Diary, 2, 15 Nov. 1941.

② Liddell Diary, 1 Oct. 1941, PRO .

③ 在1938年10月30日通过哥伦比亚广播系统播出的广播剧《空中的水星剧院》（*The Mercury Theater on the Air*）的万圣节特集中，节目的讲述者，未来的大导演奥森·威尔斯将H.G.威尔斯（H.G.Welles）的科幻名著《世界大战》（*The War of the Worlds*）进行了改编。——译者注。

④ Montagu, *Top Secret* U, 78.

⑤ Popov, *Spy/Counterspy*, 190–1.

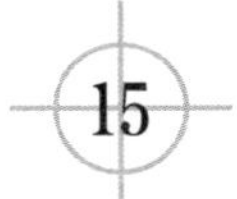

虎！虎！虎！

1941 年 9 月至 12 月 7 日

日本人于 12 月 7 日黎明时分发起攻击。从六艘航空母舰上起飞的 350 架飞机成功地进入到夏威夷周围 250 英里内还没有被发现。珍珠港遭遇了突然袭击。港内的雷达装置并没有得到正确的使用，侦察机还停靠在地面上，太平洋舰队的船只就像练习射击时使用的靶子一样，在它们的泊位上列好队。最后的结果是，8 艘战列舰及 10 艘小一些的舰艇被击沉或损坏，188 架美方飞机被摧毁，其中大多数还停靠在地面上，另外还有超过 2000 名的军人和平民被杀或负伤。日方的损失微不足道：只有 29 架飞机和少于 100 条人命。

美国大众被震惊了。新闻片断中那些起火的美方船只，在翻滚的浓烟中四处奔跑的美军士兵及水手，像黄蜂一样在天空中肆意穿梭的日军飞机，令人感到非常惊愕。美国的战争以一种前所未有的方式开始了，罗斯福要求国会宣战的时候没有遇到任何阻力。但即便是这样，许多政坛人士依然愤怒。这样的事情怎么会发生？珍珠港本应是美国海军力量在太平洋上的堡垒，但日本人轻而易举就对它实施了突袭。反战派别指责罗斯福以某种方式暗中策划了这一灾难，以赢取公众对战争的支持。七十多年过去了，珍珠港的溃败到底是意外还是精心设计的，这个问题依然没有定论。

战后出现的证据暗示，美国陆军和海军高层知道日本方面正在为战争做准备，而且已经把目标瞄准了珍珠港；这就造就了美国历史上最具有新闻性的争论之一。据透露，对日本外交密码的破译在当时已经取得了空前成功，这就使美方电码译员可以追踪日本迈向战争的几乎每一个步骤。但即使是这样，珍珠港也从来没有被真正地提醒过。

这意味着严重的失职；陆军和海军在战时进行的秘密调查严厉地批评了陆军参谋长马歇尔将军，以及海军作战部长史塔克上将。① 战争一结束，一个国会联合委员会就被召集起来调查真正的原因。到 1946 年的时候，它已经将问责对象向下指向了陆海军在夏威夷当地的指挥官。

海军指挥官哈斯本 · E. 金梅尔上将对此进行了还击。他辩解道，对可能发生的空袭，他所能做的唯一回应就是把整支太平洋舰队开到海上去，但他又没有足够的燃料储备或者油船去多次进行这样的调动，而且即使他这样做了，也没法坚持太久。于是，一旦珍珠港受到严重威胁，他只能指望华盛顿来警告他。② 而当日美关系紧张到极点的时候，华盛顿的海军司令部却让他相信，日本人会首先向南，对泰国或者菲律宾发起进攻。他也没有被告知日本人正在研究珍珠港内的船只布局，或是在华盛顿已经得知日本打算在 12 月 7 日与美国断绝外交关系的时候收到任何提醒，而那正是夏威夷当地的破晓时分。陆军指挥官沃克尔 · C. 肖特(Walker C. Short)将军则描述了华盛顿的陆军司令部是如何让他相信，他需要防范的主要威胁是蓄意破坏活动。

① 陆军珍珠港调查委员会（Army Pearl Harbor Board）和海军调查法院（Naval Court of Inquiry）都在 1944 年初提交了他们的调查报告。这两个机构在政治上都是无党派的，而且他们所提的问题表明他们对情况非常了解且目标明确，因此，他们的报告是最可靠的资料来源。海军法院发现，史塔克上将“没有能体现出被期待的那种明智的判断力”，这对他极为不利，一旦公之于众，总统一定会将其解职。

② Kimmel, *Kimmel's Story*, 28–9；与 Layton, *And I Was There*, 115. 同样，飞机及机组成员的短缺，使得在潜在袭击可能发生的距离内无法实现连续的全方位空中侦察。怀着对 ONI 会警告他即将发生的威胁的期望，金梅尔合理且非常谨慎地使用着这些资源。同上 ,75, citing PHH.

但这些已无济于事。政府当局的最高层已经决定让这两个人来做替罪羊。他们被撤职，罪名是玩忽职守、判断失误，并被迫降低军衔提前退休。换句话说，他们被极为无情地打入冷宫。

在探讨这一事件的众多专著及文章中，有一些人认为这是一次巨大的不幸；而其他人，也就是所谓的“修正主义者们”，都倾向于认为这是罗斯福策划的一次阴谋。他们通过收集来的破解电文，以及那些经常是相互矛盾的参与者的证词来解答这个问题。一直以来，“TRICYCLE”问题清单的这段插曲，都被认为从始至终是由胡佛的不称职造成的，因此也就没有被给予过足够的重视。

罗斯福在与丘吉尔的“大西洋会议”中可能曾经看到过阿勃韦尔的珍珠港问题清单，这种可能性的出现为如何看待这一争论提供了引人入胜的新视角。两位领导人的高级军事幕僚也都一同与会。尽管有关此次会议的细节至今都鲜有披露，[①] 但如果考虑到上述可能性，这两个人在会后所立刻采取的一些行动就呈现出了新的意义。

这些行动的第一步就是切断夏威夷的两位指挥官，金梅尔和肖特，与“MAGIC 计划”之间的联系。在此之前，他们一直都在接收由该计划提供的日本外交电文破解。这样做的结果就是，最直接负责保护太平洋舰队的两个人突然被蒙住了眼睛。[②]

公平地讲，没有任何其他的行动对珍珠港灾难起了更大的促成作用。如果金梅尔上将和肖特将军能够继续接收 MAGIC 发送的破解电文，他们一定不会看不出来，一旦战争爆发，停靠在泊位上的太平洋舰队很有

① 陆军航空军司令，亨利·阿诺德将军（绰号“快乐的”阿诺德）感到，他所参与的讨论，与总统先生跟首相大人所达成的那些“开创新时代的”秘密协议相比，不过是“装点门面”罢了。Layton, *And I Was There*, 133, 其中引用了国会图书馆藏有的阿诺德在战时的日记。

② Roberta Wohlstetter, *Pearl Harbor: Warning and* Decision, (Redwood City, CA:Stanford UP, 1962) 176-82.Wohlstetter 注意到在对珍珠港袭击进行的听证会上那些相互矛盾的证词，但是，她也提供证据证明了，两位指挥官被切断与“MAGIC 计划”的联系实际上开始于 8 月，并怀疑这与之前 5 月开始出现的安全忧虑并无关系。因为这很可能是马歇尔将军和史塔克上将共同做出的决定。他们最晚于 8 月 4 日登上“奥古斯塔号”，8 月 2 日 -3 日是个周末。可以有把握地得出这样的结论，即他们是在 8 月 12 日“大西洋会议”结束以后做出这样的行动。另见，Layton, *And I Was There*,91, 119, 137. 他确认金梅尔在 7 月以后就被切断了所有与“MAGIC 计划”的联系。

可能是日本方面的第一个目标。

10 月 9 日，袭击发生前将近两个月的时候，其他还在 MAGIC 名单上的人都接收到了下面这条由东京发给驻火奴鲁鲁的日本领事，森多长雄（Nagao Kita）的信息：

发自：东京（丰田）

发往：火奴鲁鲁

1941 年 9 月 24 日

J-19

严格保密

从今天开始，我们希望你能尽可能提供类似下面这样的有关船只的报告。

1.（珍珠港的）水域被划分为五个分区……

A 区域，在福特岛（Ford Island）和兵工厂之间的水域。

B 区域，毗连福特岛南面和西面岛屿的水域。

C 区域，东湖。

D 区域，中湖。

E 区域，西湖和水上交通路线。

2. 关于军舰和航空母舰，我们希望你能报告那些抛锚停泊的，（这些并不是那么重要）停泊在码头里、浮标边的，停泊在船坞里的。（简要地标明类型和级别）如果可能的话，我们希望你能提到那些在停靠两艘或两艘以上舰船码头的情况。

陆军 23260 翻 10/9/41 （S）[①]

① PHH, 12, at 261. 这个（S）是指这条信息是海军在西雅图的 SAIL 站截获并转发给华盛顿的。这条信息以及它的回复（下面一条记录）也同样被菲律宾的 CAST 站，旧金山的二号站，华盛顿附近亨特堡（Fort Hunt）的七号站截获：Stinnett,*Deceit*, 102–5. 它同样也被夏威夷沙夫特堡（Fort Shafter）的陆军记录下来：Rusbridger and Nave, *Betrayal*, 130–31.

这条信息就像波波夫的问题清单一样，是很明显的空袭预案。这些年以来，它以第一条“炸弹标记”（bomb-plot）[①]信息著称——plot 在这里的意思是指在地图上标记出目标。第二天，另一条信息随之而来，给军舰停泊的位置指定了代号字母。

1941 年 9 月 29 日

（J19）

火奴鲁鲁致东京 第 178 号

回你的 3083

（严格保密）

以下代号会用来标识舰船停泊的地点。

1. 海军造船场里的维修船坞。（指的就是我发给华盛顿的信息第 45 号中的维修内港）： K8

2. 海军造船场里的海军船坞（十十码头，the Ten Ten Pier）：KT

3. 福特岛附近的停泊处：FV

4. 福特岛两旁：FG（东面和西面会分别以 A 和 B 区分）

转发华盛顿，旧金山

JD-1：5730 23313（D）海军翻 10-10-4：X[②]

东京想知道在港口里什么船在哪个位置。这只能是为了空袭的目的，而且它只询问了珍珠港的信息。金梅尔上将本应立刻就看到这条信息的。

---

① Plot 在英语中又有阴谋、密谋的意思。——译者注

② Stinnett, *Deceit*, 104.

但是，所有这些，还有其他类似的信息，都没有发给他或是肖特。[①]

战后国会在进行调查时被告知，陆军没有将这些破解电文分享给肖特将军是因为，陆军通信所使用的密码没有海军的安全。这根本是一派胡言。因为像这样的短消息，完全可以使用极为可靠的一次性密码本。海军情报署则称，他们没有将信息发送给金梅尔是因为，他们认为日本方面不过是在事无巨细地跟踪珍珠港内的太平洋舰队。

调查所不知道的是，由道格拉斯·麦克阿瑟将军（Douglas MacArthur）和海军上将托马斯·哈特（Thomas Hart）管辖的、位于菲律宾的另一个太平洋司令部，还一直继续接收着 MAGIC 计划，并且肯定收到了炸弹标记的信息。这在麦克阿瑟的前参谋长查尔斯·威乐比将军（Charles Willoughby）为他撰写的传记（1956）中有所描述：

> 我们在马尼拉看到了通过特殊渠道转发的部分截获信息……我们知道驻火奴鲁鲁的日本领事通过电报向东京报告一般的船只活动情况。10 月的时候，这些日报“变得更有质量”。东京方面要更具体的，不要笼统的报告。到了 11 月，这些日报已经发展出标有美方战舰坐标位置的内港网格系统。

威乐比继续写道，很明显，“我们的战列舰已经成为目标”[②]。

还有，在“大西洋会议”后不久，马歇尔将军就命令停止发布已经

① 比较 1946 年的《联合委员会对珍珠港的报告》(PHH) 中的证词，与附录的少数派报告及弗兰克·B. 基费（Frank B. Keefe）的观点。后来，金梅尔写道：“这些日方的指示及报告表明了日本将向珍珠港内的舰只发起袭击。他们想要获知的这些信息，其细节无所不包，从军事角度来看，没有其他可能的用途。” Kimmel, *Kimmel's Story*, 87. 这甚至对门外汉来说都很明显，另见 Stinnett, *Day of Deceit*, 105；以及 Toland, Infamy, 58–60. 在破解的日方报道美国军舰在太平洋港口中的情况的电文信息中，只有这些涉及珍珠港的电文与停泊处位置有关。PHH, passim.

② Charles Willoughby, *MacArthur 1941–1951*(London: William Heinemann, 1956). 该书在第 22 页引用了当时一位参谋的报告。“网格系统”指的是上文提到过的加密地图参考信息。请注意他在这里是如何强调“每天”都会有这样的报告的；这也暗示，炸弹标记信息的实际数量比向各次调查所报告的要多。“Cable”一词是电报的惯常用法。威乐比还提到：“在珍珠港事件临近之时，我们收到了很多那个时期的截获电文；这些电文都是经由华盛顿过来的，所以有相当时间的滞后；我们在战时建立了自己的站点，并最终缩短了破译所有本地截获电文的时间。”这一信息得到了斯廷内特（Stinnett）的证实，见 *Day of Deceit*, 112。另见：Edward Drea, *MacArthur's ULTRA: Codebreaking and the War Against Japan, 1942–1945* (Lawrence, KS: University Press of Kansas, 1992), 11, 其中引用了数则 NARA，RG457 档案。

接收到的电文破解的书面摘要，或“要点”；这些通常会随着陆军当天的 MAGIC 译文在华盛顿一起发布。受影响的“MAGIC 计划”接收者包括：国务卿、战争部长、海军部长、陆军参谋长（马歇尔），和海军作战部部长（史塔克），以及陆海军情报与作战计划部门的负责人。自那以后，他们接收到的只是未经整理的解译电文。鉴于这些“只是给你们看的”①，每个人都被要求独自跟进他们各自的情况发展。②

因此，当国会调查问到他为什么错过了“炸弹标记”信息的时候，马歇尔就可以这样说：“如果阅读全部MAGIC译文是我所负的最终责任，那么，我就几乎无法再履行参谋其他方面的职责了……即使如此，阅读足够多的 MAGIC 译文对于我来讲非常困难。”

作战参谋部（General Staff Operations Division）的主任吉鲁将军（Gerow）给出了同样的理由。这么看，这两个人的阅读速度都应该比较慢。“MAGIC 计划”平均每天发出 26 条信息，其中大部分少于两百词。③ 3

史塔克上将也宣称，他从来没有注意过火奴鲁鲁和东京之间的这些通信往来，即使涉及那些他是他们最高负责人的船只和水手。所有这些肯定都曾经放到过他的桌子上，但是很显然，无论是他自己还是他的情报主管，都没有给予它们任何特殊关注。④ 难怪金梅尔当时的情报官，埃德温·雷顿少校（EdwinLayton）在日后这样写道：“海军作战部办公室没能确保将“炸弹标记”信息发送给在珍珠港的我们，这往轻了说是愚蠢至极，至少也是重大疏忽。”⑤

① 原文为“For Your Eyes Only”，是伊恩·佛莱明（Ian Fleming）创作虚构英国间谍詹姆斯·邦德的小说集中的一部。在这里应该是一种戏谑的说法，意指这仅仅是表面的假象而已。——译者注

② 负责发布陆军破解电文的鲁弗斯·布拉顿上校作证，他在 8 月 5 日或之后收到了来自马歇尔的命令。PHH, 9, at 4584. 鉴于马歇尔在那天已经登上了“奥古斯塔号”，他一定是在返回华盛顿以后立即发布的该命令。海军方面请见阿尔文·克莱默少校所做的证词，PHH, 33, at 849.

③ Wohlstetter, *Pearl Harbor*, 176-180, 来自 PHH。另见 PHH, 33, at 849.MAGIC 计划的破解电文由陆军和海军的电码译员分别制作，并通过可信赖的人发布给同一组接收人共同使用。陆军通常会负责战争部和国务院里的那些接收人，海军则面向海军自己及白宫。至于“每天 26 条信息”的数字，请见 PHH, 33, at 915.MAGIC 摘要于 1942 年 3 月重新开始发布。

④ Kimmel, *Kimmel's Story*, 88；以及 Wohlstetter, *Pearl Harbor*, 213.

⑤ Layton, *And I Was There*, 167.

在华盛顿负责挑选和发布破译好的讯息的两位情报官员分别是，海军的阿尔文·克莱默少校（Alwin Kramer）和陆军的鲁弗斯·布拉顿上校（Rufus Bratton ）。两人都是日语语言学家。可以有把握地说，他们会被期望，甚至被命令，一旦在日语原文的破解中看到任何紧要的电文时，就立即用电话通告他们的上级。这个情况在调查中并没有显现出来，于是给人留下这样的印象，即马歇尔和史塔克只有在电文破解被正式翻译并发送出来以后，才会知道其内容。这极不可信。

在运作"MAGIC 计划"的两位情报官员中，克莱默是比较重要的那一位，因为史塔克上将和白宫都在他的每日发布列表上。在 11 月中旬以前，将"MAGIC 计划"发送给白宫的任务是由陆军和海军按月轮流承担的。当年秋天，陆军负责的是 7 月、9 月和 11 月；海军负责的是 8 月、10 月和 12 月。但是，陆军号称遇到了安全问题，单方面将白宫从它的发送列表里去掉了；在 10 月的时候，一位被委派到白宫去接收每日电文破解的海军副官则对电文进行过滤，只把摘要交给椭圆形办公室。不管有意无意，这为罗斯福不知道"炸弹标记"信息提供了一个不容置疑的借口（如果他需要的话）。

无论怎样，很显然，总统确实知道了他并没有得到 MAGIC 的全部译文，并在那之后坚决要求看到"原始的截获信息"，还从 11 月 12 日起，把向白宫发送信息的工作完全交给了海军来做。[①]

从"大西洋会议"返回以后，罗斯福信守了他的承诺，对日本方面愈加强硬。8 月 17 日，他召见了日本大使，警告他日本在东南亚的行径有引起战争的危险。大使建议，日本首相近卫文麿公爵可以与总统面对面详尽讨论他们的分歧，会见的地点可以是夏威夷。罗斯福对此避而不答，还粗鲁地回复说他的日程非常紧。与此同时，日本正在美国实施的破坏性贸易禁运中苦苦挣扎，特别是对石油和天然气的禁运。日本只有两年的石油储备，因此整个国家被推向了行将崩溃的境地。近卫公爵的

① Clausen and Lee, *Pearl Harbor: Final Judgement*, 46; 以及 Stinnett, *Deceit*, 169. 自然，"推诿于自己不了解情况"是民选政治领袖在回答棘手问题时通常会使用到的手段。罗斯福从 11 月 12 日开始重新接收"原始的截获信息"。

政府于10月份倒台，他被前国防大臣东条英机将军取而代之。[①] 整个9月一直到10月，就像预计中的那样，美日关系在持续恶化。

此时，英国方面也跟美方一样，正在对相同的日本外交通信进行大量破解，其中至少包括部分的"炸弹标记"信息，因此得以了解到日本正在不可避免地走向战争。[②] 尽管英国方面在远东并没有足够的空中掩护，而在印度支那半岛的日本人又处在可以轻易对马来亚海岸实施鱼雷轰炸的距离，但丘吉尔依然不顾海军指挥官的反对，在10月25日将"威尔士亲王号"和"反击号"（Repulse）战斗巡洋舰派往了新加坡。

一直以来，历史学家们都对丘吉尔的决定感到迷惑不解。他宣称此举的意图是用这两艘战舰来作为威慑力量。但就在不久之前，已经要被淘汰的英国舰载双翼飞机刚刚对当时最先进的德意志级装甲舰"俾斯麦号"（Bismarck）完成了致命打击；这样一来，一旦开战，如果敌方的新式路基战机飞临这两艘战舰，会发生什么是非常显而易见的。另外，在明知道防守不住的情况下，丘吉尔还徒劳地用两个营的加拿大部队来加强中国香港的守备。如果日本真的挑起争端，他们也难逃一劫。[③]

---

① Timothy Wilford, *Pearl Harbor Redefined* (Lanham, MD: University Pressof America, 2001), 8, 其中引用了野村稔的"Japan's Plans for World WarII," *Revue Internationale d'HistoireMilitaire*, 38 (1978): 210–17. 日本所用石油有90%依赖美国进口。Layton, *And I Was There*, 84.

② 政府密码学校此时已具备破解紫色密码机和领事馆J代码的能力，其中包括J–19代码：Rushridger and Nave,*Betrayal*, 136. Ian Pfennigwerth, *A Man of Intelligence: The Life of CaptainTheodore Nave* (Kenthurst, NSW, Austalia: Rosenberg, 2006), 175–6，其中提到了澳大利亚人破解的于11月19日用J–19代码写成的"风向信息"，以及由位于新加坡的英国区域性密码分析机构远东联合署（Far East CombinedBureau）提供的信息中所包含的由东京发出的破坏密码的指令。能够证明英国方面正在破解相同代码的是亨利·克劳森（Henry Clausen）于1944年从政府密码学校获得的一部分破解电文，这些电文被收录于Clausenand Lee, *Pearl Harbor: Final Judgement*, 353–93. 还需注意的是，英国方面拥有能够捕捉到火奴鲁鲁的麦凯无线电公司和RCA所发出信号的无线电监听站，尤其是在新斯科舍的哈特兰角（Hartland Point）。（见第十七章）例如：Canadian Examination Unit decrypt, D–180:KITA to Foreign Minister, Tokio, Rec'd Oct. 28, 1941（作者本人所有）。

③ 南非总理扬·史末资（Jan Smuts）意识到这些舰只已处于危险之中。当它们停泊于开普敦时，他向丘吉尔发电报说："如果日本人真的很敏捷的话，那么这里有发生巨大灾难的可能。"还需注意的是，在之前的整整一年中，丘吉尔一直坚定不移地拒绝向远东派遣任何坦克或现代飞机；而且他很清楚，日本方面可能拥有已缴获的英方文件，这些文件透露出英军参谋长们认为新加坡是不可能防守得住的：Richard Lamb, *Churchill as War Leader*（New York: Carroll & Graf,1993）, 151；以及Rusbridger and Nave, Betrayal, 97–104.

12 月 7 日前的倒计时阶段

在以往众多有关珍珠港袭击的记述中，已经有不少有关 12 月 7 日前的倒计时阶段的描述，但以下这个与它们都不同，包含了在英国和英联邦的档案，以及近年来在美国档案中发现的新信息。

11 月 3 日，华盛顿的军事情报部门（MID）中，流传着一份“可靠”的秘密来源的报告；报告称，日本情报机构的负责人以及日本前首相广田弘毅已经在 8 月底的时候告诉黑龙会[①]（Black Dragon Society），新的日本首相东条已经下令做好全面军事准备来应对与美国之间的“紧急情况”。据称，广田说：“与美国的战争最好是在 12 月或者 2 月开始。”这一信息被发给了国务院、海军以及陆军的所有部门，还有 FBI。但是很显然，金梅尔上将和肖特将军都没有得到它。[②]

11 月 5 日，美方截获了一条东京发给驻华盛顿的日本大使的信息，其中描述了试图向美方提出的意在避免战争的两个方案。这一信息应该会包含在发送给国务卿科德尔·赫尔（Cordell Hull）、海军作战部部长史塔克上将，以及陆军参谋长马歇尔将军的 MAGIC 文件中。罗斯福应该只是被通报了有关情况，因为一个星期之后他才会重新开始接收真正的电文破解。

① 黑龙会：20 世纪上半叶日本重要的军国主义、极端民族主义右翼团体。成立于 1901 年，目的在于谋取黑龙江流域为日本领土，其会名即由黑龙江而来。在二三十年代逐渐演变为主流政治团体，公开攻击自由主义及左派思想，支持军部，鼓吹战争。因其成员在此阶段多为政府及军队的高官，或是强有力的商界领袖，一时之间黑龙会成为日本最有影响力的极端民族主义团体。二战之后，黑龙会被定义为右翼极端组织，并于 1945 年 9 月被勒令解散。——译者注。

② “Information received from the Orient,” MID to ONI, FBI, etc., 3 Nov., 1941,NARA, RG65, IWG Box ??, 65-9748-17. 该文件仅仅被标记为“机密”，暗示它只是被例行公事的发出。我无法在查阅过的有关珍珠港的历史文献中找到关于它的记录。

11月10日，在伦敦被炸毁的中世纪市政厅前，丘吉尔又一次发表了谴责纳粹暴行的演说：

> 欧洲的情况已经到了最恐怖的程度。希特勒的行刑队在许多国家中横行……首当其冲的是俄国人，他们在投降后被数以千计、数以万计地屠杀着，而在我刚刚提到的所有那些国家中，对个人和群体的处决已经成为德国人的例行公事……
>
> 我必须要说，总体上来讲，我们必须对所有那些被贴上共产主义者或是犹太人的标签而遭到纳粹杀戮的受害者们抱以敬意；我们必须尊重他们，就如同他们是为了各自国家而在战场上英勇战死的士兵一样。不但如此，在某种程度上，他们的牺牲可能比那些拿着武器倒下的士兵还更有成效。一条鲜血流成的河已经开始将德意志民族和全欧洲的人民隔离开来。那不是在光明正大、你来我往的战斗中流淌出的热血。那是刽子手和绞刑架滴下的冷血，会留下世世代代都洗刷不掉的污点。①

他继续发出警告，欧洲的战事已经将要蔓延到远东，尽管美国方面正在尽全力维护和平，“一旦美国卷入与日本的战争，英国会在一小时之内对日宣战”。

11月13日，罗斯福从他新任命的非军方间谍主管威廉·多诺万那里收到一份“紧急”报告：驻华盛顿的德国临时代理大使汉斯·汤姆森博士（Hans Thomsen）称：“如果日本与美国开战，德国会立即紧随其后。”多诺万进一步引用汤姆森的话说：“日本清楚，除非美国答应了他开出的一些在远东的合理的条件，否则日本必将面临被遏制的危险……因此，日本被迫现在就发起进攻。”②

① Speech at Mansion House, 10 Nov. 1941. Eade, ed., *War Speeches of the Rt.Hon. Winston Churchill,* Vol. II.

② Persico, *Roosevelt's Secret War*, 141, 其中引用了 William Donovan to Roosevelt,13 Nov. 1941, in PSF, Roosevelt Library. 这是一个非常重要的发现。因为长期以来，对罗斯福诱使日本进入战争来援助英国的这一观点最强有力的反方论点就是，他无法指望希特勒一定会加入日本一方。但很显然，这却是可以做到的。

多诺万的信息至关重要。在此之前，与日本的战争并不一定意味着与德国的战争。而汤姆森博士现在说情况恰恰相反。为了使损失珍珠港的太平洋舰队变得值得，罗斯福所需要的关键条件已经达成。即使日本首先发起进攻，德国依然会加入战争。

11 月 18 日，在与东京派来的特使来栖三郎进行有关日本方面提出的新和平方案的会谈时，美国国务卿科德尔·赫尔直截了当地告诉他，日本与德国和意大利的结盟才是问题所在："如果日本对此有什么不同意见的话，他可以告诉（在东京的）那些人，他们永远不可能在美国政府这里得到任何让步，因为美国政府不想跟历史上最大的刽子手有任何瓜葛。"①

这对外交官来讲是极为严苛的言辞。赫尔读过丘吉尔讲话的文稿。无可否认，德国人确实犯下了他们所被控告的罪行；他一定已经看到过被破解了的党卫军和德国警察部门关于这些暴行的通信。他经验非常丰富，因此一定会要求看到这些切实的证据。

接下来，赫尔向来栖阐明了丘吉尔和罗斯福在 8 月一起确定的立场。日本必须放弃其在印度支那的空军基地；赫尔继续说道："其次，日本必须将其部队撤出中国。不完成这一步，就没有达成基本协议的基础。"美国政府也不会减轻贸易制裁。

照赫尔的话说，这将日本公使置于"一种绝妙的境地"。他要求至少允许日本在中国保留一定的军队，同时请求美国专门为日本平民放开少量的大米和石油出口。来栖说，作为交换，日本会完全退出印度支那。赫尔吃了一惊。日本放弃其在印度支那的空军和海军基地，这将让两国争议的主要问题不复存在。赫尔说他会考虑这个提议，这意味着他准备将这些信息转递给总统。②

① Secretary of State for Dominion Affairs (UK) to Secretary of State for ExternalAffairs (Canada), "For your Prime Minister," Most Secret, 20 Nov. 1941, LAC,RG25, Box 5742, 28–C(s)。这是赫尔在 11 月 18 日发给"陛下的首相"（指丘吉尔）关于他与来栖之间会面所作个人描述的摘要。

② 同上。同样的信息也被发送给了澳大利亚和新西兰。

同一天，美国海军作战部（史塔克上将）莫名其妙地发布了“北太平洋清海令”（North Pacific Vacant Sea Order），命令所有盟军船只在11月25日以后避免进入夏威夷以北的太平洋海域。日军攻击部队的6艘航空母舰、2艘战列舰、2艘巡洋舰、6艘驱逐舰和8艘补给舰会占据广阔水域，在正常情况下，它们几乎不可避免地会遭遇到其他船只。日本方面当然会击沉他们所遇到的任何船只，但是在沉没之前，这些船只很可能会发出无线电遇险呼救信号。据说，史塔克上将此举应该是为了使航运繁忙的北太平洋免于遭到突然袭击。①

11月22日，东京显示出正在走向绝望的迹象。由于史塔克、马歇尔、赫尔和罗斯福都应该已经读到过的“MAGIC计划”破解电文，日本方面想避免与美国的战争，但是如果谈判在1月29日之前无法获得成功，“事情自然会发生在日本身上”。

11月24日：史塔克上将提醒太平洋的所有司令部，目前与日本进行的谈判很可能会失败，美军“可能会遭遇到来自任何方向上的突然袭击，包括对菲律宾或关岛的攻击”。金梅尔上将认为这意味着他的长官（他通常是直呼其名的）② 相信，日本海军正在计划向南进攻，而非向东。

11月25日，“北太平洋清海令”生效。日军的航空母舰刚好在此时离开驻地驶往夏威夷。空旷的洋面在他们前方闪闪发光。同一天，史塔克上将以个人身份向在珍珠港的金梅尔上将发了一封短函，描述了他前一天发出的警告背后紧张进行的日美谈判。在信尾他这样写道：“无论是总统还是赫尔先生，都不会对日本的突然袭击感到惊奇；从很多角度来看，

① Wilford, *Pearl Harbor Redefined*, 11, 其中引用了OPNAV to CINPAC, no. 181705,18 Nov. 1941, in “The Role of Radio Intelligence...”, NARA, RG457, SRH,190/36/9/2 Entry 9002, Box 9.Stinnett,Day of Deceit, 144–46, 也提及了“清海令”，其中引用了海军作战计划处的里士满·特纳少将（Richmond Turner）（“MAGIC计划”的一位主要接收人）在1944年的海军哈特调查中所作的证词：“当我们相信战争已经迫在眉睫的时候，我们便准备改变（船只）来往的方向。我们将船只导向托雷斯海峡（Torres Strait），这样，日军特遣部队的行进路线上就不再有任何船只活动。”

② 原文为“on a first-name basis”，在西方文化中，在日常交往时直接称呼对方的名字是表示关系亲密的一种方式。——译者注。

菲律宾遭到攻击将会是发生在我们身上最令人尴尬的事情……”[①]

尽管有压倒性的证据显示，他要么已经在大西洋会议上看到过珍珠港问题清单，要么就是在波波夫将清单交给 FBI 后看到过它，或者两者兼有，但他还是再一次没有提到夏威夷。作为海军作战部的指挥官，海军的最高司令，以及 MAGIC 接收列表上排名第一的人，说他没有看到过那些指向太平洋舰队的“炸弹标记”信息，这本身也让人难以置信。

11 月 26 日，国务卿赫尔放弃了一切调解姿态，重回他一开始的要求，即日本必须中止与轴心国的关系，并从中国撤出所有军队；同时还增加了另一个由丘吉尔建议的、完全不合理的要求：日方需承认蒋介石为中国的合法领导人。这相当于让日方在与中国方面进行了多年残酷战争之后全面投降，因此这一要求几乎肯定会被拒绝。战争部长史汀生称此举“将整件事推倒重来”[②]。

11 月 27 日，史塔克上将发布了正式的“战争警报”，宣称谈判“事实上”已经破裂，预计日本会做出侵略性举动。“日军的数量和装备，以及特遣队的结构，暗示这将是一次针对菲律宾、泰国或者克拉半岛（Krapenisula），也有可能是婆罗洲（Berneo）的两栖作战。”这印证了金梅尔上将的看法，即华盛顿的海军领导层认为日本的兴趣在南线而不是东边。[③]

与此同时，远在菲律宾的麦克阿瑟将军和哈特上将依然在接收并阅读着金梅尔和肖特所没有得到的、经过破解的日方外交电讯；他们从中获悉，日方手头有已经深思熟虑的进攻夏威夷的计划。[④]

---

① PHH, Hewitt Inquiry, 438.

② 赫尔和罗斯福清楚日本方面不可能接受承认蒋介石的提议，因为这会让他们在国内和远东丢尽面子。关于让日本承认中国领袖的想法源自丘吉尔的说法，请见 Lamb, *Churchill*, 157, 引自 PRO FO 371/35957.

③ “珍珠港袭击调查”（PHH）国会联合委员会的少数报告书强烈批评该“战争警报”是如此含糊不清以至于毫无意义。海军调查法院裁定金梅尔上将的想法是完全合理的，即基于他从华盛顿获得的信息，日本人瞄准的是远东而不是夏威夷。

④ “……我们的战列舰突然成为‘目标’。” Wiloughby, *MacArthur*, 22.

史塔克上将要求金梅尔上将用他的两艘航空母舰中的一艘，将 25 架战斗机转移到中途岛和威克岛的海军基地去。鉴于这将使珍珠港的空中防御削减近半，金梅尔上将得出结论，史塔克上将（据他了解，史塔克应该能收到所有情报）并不认为夏威夷面临着什么迫在眉睫的威胁。就在同一天，战争部（马歇尔）提议将威克岛和中途岛上的海军陆战队替换为陆军部队，这是一个漫长且复杂的过程，需要金梅尔的另一艘航空母舰。金梅尔认为，这进一步暗示了珍珠港在短期内是安全的。[①]

怀着极大的信心，他将两艘航母都派了出去参加这些常规任务。

现在，甚至连加拿大人都已经知道，与日本的战争迫在眉睫。位于渥太华的小型密码破译机构——通信调查小组的工作内容在当年秋天已经扩展到低级别的日本外交通信。从它所破译的电文中可以清楚地看到，渥太华的日本领事馆主要对军事话题感兴趣，尤其关心加拿大派往中国香港的部队。英国方面也每天向加拿大政府提供有关赫尔与日本方面谈判的简报。照加拿大总理麦肯齐·金（Mackenzie King）的描述，此次谈判的气氛“极为严正”[②]。

11 月 28 日，MAGIC 的破解电文透露了东京对赫尔的“侮辱性”方案的反应。日本驻华盛顿大使被告知，两国关系现在“实际上已经破裂”，但他们需要假装谈判还在继续进行中。[③]

依旧在同一天，史塔克上将发布了另一次战争警告，称日本方面仍然可能会继续谈判，但敌对行动也是可能发生的。太平洋舰队各站点被命令“在其认为需要的时候”着手开展侦查活动，“但在采取这些措施时不要惊动平民或泄漏意图”。金梅尔上将则依然保持了通常级别的侦查活动。

---

① Wilford, *Pearl Harbor Redefined*, 12, from PHH, 17, at 2479；以及 Kimmel, *Kimmel's Story*, 46–7.

② Bryden, *Best-Kept*, 91，其中引用了从加拿大通信安全局获得的文件（作者本人所有）。见上文的注释 20–21。Mackenzie King Diary, 1 Dec. 1941, LAC.

③ Tokyo to Washington, 28 Nov. 1941, army decrypt trans. PHH, HewittInquiry, 37 at 11, and 28.

12 月 1 日，在华盛顿的海军通信主管向菲律宾的哈特上将发送了一条紧急信息，并抄送了一份给金梅尔上将，称日本方面正计划在马来亚半岛的哥打巴鲁（Kota Bharu）登陆。这意味着日本人打算进攻新加坡，进一步加强了金梅尔的看法,即英国人,而非美国人,是日本方面的目标。[①]

另外，美国方面又读到了一条来自东京的信息，其中强调了需要保持继续进行谈判的姿态，以“防止引起美国的过多怀疑”。

12 月 2 日，丘吉尔收到并阅读了一条破解了的由东京发给柏林的高度机密的电文，其中吩咐日本驻德国大使通知希特勒，日美谈判破裂已经不可避免，与英美方面由“武装冲突”发展到“战争状态”“可能会比预期中发生的更早些”。[②]

12 月 3 日，陆军的电码译员发布了一条前一天由日本首相东条发给驻华盛顿大使馆的信息，他命令使馆将密码机，以及全部存有“PA”和“LA”代码的密码毁掉。[③] 外交机构破坏自己的密码系统在世界范围内都被认为是战争的前奏。

加拿大航空先驱威廉·西摩（William Seymour）在渥太华的劳雷尔城堡酒店（Chateau Laurier hotel）会见了加拿大国防部的一位官员。一直以来，西摩都在为英国空军秘密招募美国飞行员，但是现在他被告知，情况将要发生改变：

> 埃普代尔先生（Apedaile）告诉我，英国军事情报部门已经通知渥太华，预计日本方面会在 1941 年 12 月 8 日对珍珠港进行突然空袭……他之后向我解释道，如果袭击确实发生了的话，这很显然

① Safford testimony, Hart Inquiry. 哥打巴鲁只有一个旅守卫。如果驻新加坡的英军指挥官能够得到这条情报，那么他可以轻而易举地将足够的部队派往哥打巴鲁击退这次入侵。日军登陆的只有不到一个师，并且采用的是与之后盟军进行两栖登陆时相比要更原始的方法。

② 收录于 Clausen and Lee, *Pearl Harbor: Final Judgement*, 360.

③ Tokyo to Washington, 2 Dec. 1941, army trans. 12-3-41, PHH.

会意味着美国将立即对日开战，并可能加入与德国和意大利的战争，于是也就会需要所有他们能训练出来的飞行员……[①]

在火奴鲁鲁，海军第14分区[②]情报官欧文·梅菲尔德上校（Irving Mayfield），以及夏威夷陆军情报局（Hawaii ArmyIntelligence）的乔治·比克内尔中校（George Bicknell），从当地的海军密码机构HYPO站[③]获悉，华盛顿已经向金梅尔上将发出预警，其大意是说，日本在伦敦、华盛顿、中国香港、新加坡、巴达维亚[④]以及马尼拉的大使馆或外交机构都已经被下令销毁他们的密码和秘密文件。火奴鲁鲁的领事馆并没有被包括在内；于是，梅菲尔德就去询问当地FBI的罗伯特·施维斯（Robert Shivers），日本人有没有在那里焚烧文件。FBI在领事馆里窃听了一部电话。施维斯告诉梅菲尔德，他们确实正在烧。[⑤]

金梅尔上将得到了这个消息，但是他并不认为这与其他地方发生的事情有什么不一样。

12月4日，火奴鲁鲁警方侦查局的负责人约翰·伯恩斯中尉（John Burns）被叫到FBI特工施维斯的办公室。这个小个子男人以自己能“喜怒不形于色”而骄傲。但伯恩斯见到他的时候，他眼泪都快下来了。“我

---

① Wilford, *Pearl Harbor Redefined*, 99.其中引用了由加拿大安大略省圣凯瑟琳市（St. Catharines）的圣凯瑟琳博物馆持有的有关西摩的文件。西摩是一位受人尊敬的加拿大人，因此他的证词一定会被认为是可靠的；而且，他所说的内容在一位战时加拿大官员的陈述中得到了支持。此人就是莱斯特·B.皮尔逊（Lester B. Pearson），在他主持之下，开始了加拿大的密码破译工作。他日后成为加拿大总理，见同上，101，其中引用了一封皮尔逊写给西摩的信，Jan. 31, 1972。约瑟夫·埃普代尔被派去参与了英联邦空军训练计划（British Commonwealth Air Training Plan）。

② 美国海军分区系统（naval district）是美国海军在岸上的军事及管理指挥结构，其目的是为了将海军部的功能下放，使各分区可以控制沿海岸线的沟通以及岸上的活动。自1916年起，海军第14分区就将总部设在了珍珠港，其管理区域覆盖了夏威夷群岛、中途岛、威克岛、约翰斯顿环礁，及金曼礁。——译者注。

③ HYPO站（Station HYPO）：又称太平洋舰队无线电小组（Fleet Radio Unit Pacific），是二战期间美国海军设在夏威夷的信号监控及情报密码机构，受位于华盛顿的海军作战通信部的直接管辖。——译者注。

④ 巴达维亚（Batavia）是印度尼西亚首都雅加达（Jakarta）的旧称。——译者注。

⑤ OpNav to CINCAF, CINCAP, COM 14, COM 16, 3 Dec. 1941, Exhibit 8,Hart Inquiry; Shivers to Director, 26 Dec. 1941, NARA, RG65, FBI HQ file “Julius Kuehn”；以及 Clausen and Lee, *Pearl Harbor: Final Judgement*, 69, 96.

不会跟我的人说这个，但我现在要告诉你，我们在这周结束前会遭到攻击。”珍珠港会被突袭，他这样说。①

12 月 5 日，在英国，情报机构联席委员会某个下属委员会的主席，维克托·卡文迪许-本廷克（Victor Cavendish-Bentinck）在得知一支日本舰队正在驶向夏威夷时，感到非常惊讶。“我们通知大西洋那边② 的弟兄们了没有？”他问道。他得到了“是”的保证。威廉·卡西（William Casey，那时还是多诺万上校的幕僚）在回忆中证实：“英国方面确实发来消息说，一支日本舰队正在向东驶向夏威夷。”③

同样在英国，政府密码学校在日本通信方面的首席解码员在他的日记中透露：“（丘吉尔）阁下此时正全身心地关注着有关日本意图的最新迹象，夜以继日地通着电话……”④

12 月 7 日凌晨，当 6 艘巨大的日本航空母舰在黎明前的黑暗中顶风前行，甲板上成排的“凯特式”（Kate）鱼雷轰炸机⑤ 的引擎中喷出闪烁的火苗时，马歇尔将军和史塔克上将正在为如何将暗示珍珠港有可能在几小时之内就会被攻击的最新情报告知给夏威夷方面焦虑不安。用无线电？还是电传打字机？两个人都拒绝拿起电话。

上午 7 点 55 分，金梅尔上将刚刚起床就听到远处的爆炸声。在过去 41 年中，海军一直是他的生命。他从初级学员做起，历任枪炮官和炮塔长，曾经随西奥多·罗斯福总统（Theodore Roosevelt）意图展示美

---

① John Toland, *Infamy: Pearl Harbor and Its Aftermath* (New York: Doubleday,1982),302 引用了由夏威夷大学完成的口述历史磁带录音。

② 指美国人。——译者注。

③ Constantine Fitz Gibbon, *Secret Intelligence in the Twentieth Century*, (London: Hart-Davis, 1976), 255. 没有理由不接受他的说法，特别是这还在威廉·卡西处得到了支持，见 *The Secret War against Hitler* (New York: Berkley, 1989), 7. 作为美国在冷战期间的 CIA 主管，卡西一定被认为是可靠的证人。

④ Christopher Andrew, “Churchill and Intelligence,” in *Leaders and Intelligence*,ed. Michael Handel (London: Frank Cass, 1989), 189.

⑤ 即 97 式舰上攻击机，盟军昵称其为“凯特”。该机型是日本帝国海军在二战期间的标准舰载鱼雷轰炸机。——译者注。

国实力的“大白舰队”[1]（white fleet）在1907年完成环球航行。一战时，他在战列舰上服役，于1918年见证了德国公海舰队（German High Seas Fleet）在罗赛斯（Rosyth）投降。接下来，他按部就班地获得了一系列指挥任命：先是驱逐舰中队；然后是“纽约号”（New York）战列舰；再之后是太平洋舰队中的一支重型巡洋舰分舰队；最后，他成为整个太平洋舰队的司令。他的夏威夷住所在一座小山上，俯视着锚泊地。当他走到屋外通过一片漫长的绿地向下望去时，黑烟从他心爱的战列舰上和它们四周滚滚升起。

加拿大在当晚率先向日本宣战。美、英在之后一天，也就是12月8日，对日宣战。希特勒在12月11日对美国宣战。

就像普约尔问题清单预计的那样，日本方面发起了对中国香港、新加坡，以及荷属东印度的协同攻击，然后是菲律宾。12月8日，日军几乎没有遇到任何抵抗就在马来西亚的哥打巴鲁登陆，开始了他们从克拉半岛南下向新加坡的进军。12月10日，“威尔士亲王号”和“反击号”在公海被日军轰炸机击沉。加拿大军队在中国香港一直坚持到圣诞节，新加坡在2月中旬沦陷，美国方面于5月退出菲律宾。

12月18日，助理国务卿阿道夫·伯利（Adolf Berle）在他的日记中记道：

> （参见珍珠港调查）早在11月27日日本人回复他的最后方案时，国务卿（赫尔）就已经告诉战时内阁，战争可能会随时开始。因此，他的记录是清楚的。6号晚上，当我进来和孩子们待了一会儿以后，我们就知道，（日本）军队已经开始进军了，虽然我们并不知道他

① “大白舰队”，指在1907年12月16日至1909年2月22日之间，遵照时任美国总统的西奥多·罗斯福的命令，由16艘战舰组成、完成了环球航行的美国海军战斗编队。因这些战舰被通体涂成白色，故此得名“大白舰队”。罗斯福此举是为了在当时向世界展示不断强大的美国军事实力及其海军能力。——译者注。

们去向哪里。所有这些信息都在海军手上——实际上，大部分信息都来自海军。但看上去珍珠港并没有得到有效的指令。[①]

实际上，根本就没有任何指令。

① Adolf Berle, Diary, 18 Dec. 1941, FDRL.

珍珠港补遗

1941 年 12 月 7 至 31 日

FBI 流传着胡佛是如何第一次听说日本发动突袭的故事的。那个周日，他正在纽约观看一场棒球比赛。就在这时，FBI 总机将来自夏威夷的电话接通到他的私人包厢。在嘶嘶啦啦的噪音中传来特工罗伯特·施维斯的声音："日本人正在轰炸珍珠港。毫无疑问，那些飞机是日本人的。这是一场战争。你可能都能听到爆炸声了。听！"施维斯将电话放到窗户上。胡佛知道了一切。①

在美国政府和军方领导层那些看到过波波夫问题清单的人里，FBI 的局长可能是唯一一个对这次突袭感到意外的人。他所了解的情况是，所有该知道的人都已经知道，日本人将目标瞄准了夏威夷。他已经打理好这一切。

另一方面，他一直没有在 MAGIC 的接收人列表上。所有那些破译好的，报告了珍珠港内部军舰部署状况的间谍信息，都没有出现过在他

① Don Whitehead, *The FBI Story* ,New York: Random House, 1956, 182. 这场比赛是在华盛顿红皮队（Washington Redskins）和费城老鹰队（Philadelphia Eagles）之间进行的。

的桌子上。他完全不知道，在过去的十周里，陆海军的解码员们经手了很多这样的报告，并已转交给各自的参谋长过目。美国非军方反间谍机构的头目就这样在他自己负责的领域里被一直蒙在鼓里。

胡佛渴望能做些什么以显示 FBI 并没有对情况失去控制。于是，在第二天，也就是 12 月 8 日，他向总统发送了两份便函。其中一份罗列了 FBI 所要采取的战时措施，另一份则向总统报告了 FBI 在 12 月 5 日截获的、在一位叫森（Mori）的先生与东京的某人之间进行的长达两小时之久的一段电话对话。他们的交谈中有涉及探听珍珠港及夏威夷防御的问题，也有一些不相干的看起来像是开型代码的对话。这其中听上去最可疑的问题就是，现在什么花正在开。回复是，“木槿和一品红”。[①]

12 月 12 日，胡佛又发送了另一份便函，将这个主题继续向下发展。他说，负责火奴鲁鲁的特工（又是这个罗伯特·施维斯）确信这段关于开花的问答暗示了对夏威夷直接且紧迫的威胁；但是，海军情报机构（ONI）却对此“嗤之以鼻”，并没有将其提交给上级部门。虽然胡佛并没有明确说明，但大家都能看出是什么使施维斯如此肯定：木槿是夏威夷的州花，通常在 2 月开花，而不是 12 月。[②]

这一切就是为了说明：胡佛正在进行调查。是有一些人把事情搞砸了，但肯定不是他。看到强大的太平洋舰队被打了个措手不及，许多“小伙子”因此阵亡，美国人被彻底激怒了。人们已经准备重新开始，渴望的目光已经投向了美国的迪克·崔西[③]（Dick Tracy）。没有人会有一丁点儿在乎 FBI 是不是已经将夏威夷的反情报工作领导权让给了海军。胡佛心里非常清楚，清白的人也会偶尔坐上死刑电椅。

他在给罗斯福的便函的下半部分中，指责的腔调变得更浓。由夏威

---

① Richard Gid Powers, *Secrecy and Power: The Life of J. Edgar Hoover* ,NewYork: Free Press, 1987, 240. 另见，PHH, Hewitt Inquiry, III, at 451−2，最初对于究竟是谁打的这通电话有一些疑惑。但很显然，实际上是森先生的妻子打的。

② 同上。美国人在战后得到证实，日本方面在当时使用一种基于花卉的代码来暗示珍珠港的状况。在特遣部队的作战指令中，“樱花都在盛开”是珍珠港内没有军舰的暗语。

③ 迪克·崔西是 1931 年开始发表的一部美国长篇连载漫画中的主要人物，是一位智勇双全、枪法奇快神准的天才警探。在漫画中，他与形形色色的歹徒斗智斗勇，其中有相当一部分歹徒确有其人。——译者注。

夷的军方当局所截获、之后在华盛顿解码的日方无线电讯息中，军事情报部门“发现这些信息包含有攻击珍珠港的大体上完整的计划，就跟之后所发生的一样”。

胡佛继续说道：

> 这些信息中含有一个日文的代码词，当这个词被连续重复三遍，通过无线电发送给日军舰队的时候，就是进攻开始的信号。华盛顿的军事当局通过陆军无线电向夏威夷群岛发送了整个计划，这是为了向夏威夷官方提供信息。12 月 5 日（星期五）早上，之前被确认会作为进攻信号的那个代码词被截获，显示进攻会在星期六或者星期日进行。这一信息被通过军方无线电发送给了夏威夷群岛……[1]

胡佛得出的结论是，要么“陆军无线电”没能发到，要么就是夏威夷当局没能做出反应。

FBI 局长在此时不单将这些信息披露出来，他还有非常可靠的来源。他的信息不是来自别处，正是来自约翰·T. 比塞尔上校（John T. Bissell）——陆军军事情报部门的反情报主管。这位官员在当年秋天的早些时候对波波夫问题清单的部分答案进行了分析评估。是他无意中向他的 FBI 同行透露了以下信息（执笔的实际上是胡佛的一位副手）：

> 约翰·T. 比塞尔在今天告诉 G.C. 伯顿（G.C. Burton），并要求他严格保守机密（比塞尔称，一旦被人知道他透露了这些信息，他就会被解职），就在珍珠港袭击发生大约十天前，夏威夷截获了大量的日方无线电通信。当夏威夷无法破解这些截获信息中的密码时，他们将其发给了华盛顿，那里的情报参谋成功将其破解。这些无线电信息中包含有袭击珍珠港的大体上完整的计划，跟实际发生情况的一样。这些信息中还包含了一个日文的代码词，当这个词通过无线电向日军舰队发出，并连续重复三遍的时候，就是进攻开始的信

① Hoover to Early, 12 Dec. 1941, Steve Early papers, FDRL。收录于 Thomas Kimmel Jr. and J. A. Williams, “Why Did the Attack on Pearl Harbor Occur? An Intelligence Failure? FBI Director J. Edgar Hoover Thought He Knew,” *Intelligencer*, 17, No. 1 (2009).

号……”①

果不其然，在夏威夷北面黑色海域上空盘旋的日军战斗机和轰炸机的飞行员们，在他们列队迎着旭日的红光向南飞去之前，都在耳机中听到了“TORA！ TORA！ TORA！”——虎！虎！虎！

解读萨福德（Safford）的证词

特工施维斯在12月26日提交了关于12月7日事件的正式报告。②一周之前，当他还在打印机上斟词酌句的时候，他随时都可以到遭受重创的太平洋舰队的锚泊地走上一圈：“俄克拉荷马号”（USS Oklahoma）在被油污覆盖的海水中倾覆着，“亚利桑那号”（USS Arizona）的甲板也已经被水淹没，只露出扭曲、熏黑的金属塔台。空气中散发着燃油和被烧过的油漆的味道。

施维斯在报告一开始就要求不要将其出示给陆军和海军，胡佛尊重了他的请求。在之后的所有有关珍珠港的调查中，这份报告从来没有被提起过。他接下来讲述了他如何在袭击发生不久之后，请求火奴鲁鲁警方搜查日本领事馆，以及他们如何正好在总领事试图将电报密码本烧毁前及时赶到，并将其抢救了出来。密码本被转交给海军作战通信部在夏威夷的分部HYPO站的海军解码员。几天之内，他们就用它破译了部分喜多（Kita）领事在袭击前一周发给东京的信息。这其中包括了一些最后时刻关于港内船只的令人震惊的报告。

HYPO的解码员们通常只处理日本海军的密码。他们并不会收到截获的外交通信，也没有破解此类信息的密码本。但是，他们恰巧持有

① 同上，其中引用了D.M. Ladd to Director, 12.11.41, from “Pearl Harbor documents from Mr. Hoover’s and Mr. Nichols Official files”. 战后，日军飞行员透露，开始突袭的最终信号是重复三遍的“Tora! Tora! Tora!”，即“虎！虎！虎！”

② Shivers to Director, 26 Dec. 1941, NARA, RG65, FBI HQ file “Julius Kuehn”（即之后的“施维斯报告”）另见，Whitehead, *FBI Story*, 190–93. 该作者一定被允许阅读过施维斯报告，因为他的叙述与其非常一致。

一些喜多领事最近的加密原件，这些是由分区海军情报官欧文·梅菲尔德上校（Captain Irving Mayfield）在前一个周五以及攻击发生当天带来的。他设法说服了当地的一家无线电－电报服务商 RCA 通信[①]（RCA Communications），将这些信息秘密移交。其中的十来条信息很轻易地就被破解了，但是没有什么价值。余下的信息使用的是一种无法破解的密码组合。正在此时，12 月 9 日，电报密码本浮出水面。[②]

HYPO 的解码员们在看到日方在他们美国人自己的后院所进行的谍报活动时，一定是非常激动的。这些信息清晰地诠释了日本领事馆在为袭击铺平道路时所扮演的角色。如果能在事发前获得这些信息，那么太平洋舰队就会有所准备。就在群情激昂之时，破解的电文被分享给了施维斯，而这是严重违犯海军条例的。

如果以能够在充裕的时间里提供充分的警告来对这些信息进行衡量的话，这其中最重要的，应该是由喜多在 12 月 3 日发送的所谓的“灯光信息”（lights message）。翻译之后有超过四百个单词之长，该信息很显然是由在火奴鲁鲁的阿勃韦尔间谍奥托·库恩准备的；它包含了一套精心设计的，通过在夜晚使用灯光、白天使用视觉线索向海上发出信号的程序。这看上去是为了给在近海潜伏的日军潜艇提供最新的珍珠港军舰位置信息。

#0245（1）“PA”

发自：喜多

发往：外务大臣，东京

（机密军事信息号）（由领事馆主管之密码编制）

---

① RCA 是 Radio Corporation America（美国无线电公司）的简称。——译者注。

② PHH, 37, Hewitt Inquiry, Exhibit 40 (Mayfield Report), at 912. Farnsley Woodward with J.J. Rochefort; PHH, 36, at 319–24, and 350–52. 他们的证词一定要与 PHH, 37, Hewitt Inquiry, Exhibits 55–56, at 982–3 放在一起来看。Kahn, *Codebreakers*, 45 以及 Stinnett, *Deceit*, 112 中提到，HYPO 手里确实有 PA 代码，是从注册情报刊物（Registered Intelligence Publications）的某次通告中获得的。但是，该通告的内容从来没有被公开过。另外，请注意斯廷内特的看法。之所以他认为 HYPO 当时能够破解 PA-K2，是因为其负责人 Joseph Rochefort 曾经作证，HYPO 可以读懂多数“简单内容”，见 stinnett,*Deceit*, 107. 甚至连加拿大人都能读懂日方保留下来的 LA 代码；但是，要读懂 PA-K2 并不简单。

发往：第三部主任，海军军令部

发自：富士

关于信号：我希望将通信简化如下：

代码：

1. 战斗力量，包括侦察力量，正要被部署到海上
2. 几艘航空母舰计划部署到海上
3. 全部战斗力量已经起航（包括第一至第三天）
4. 几艘航空母舰已经起航（第一至第三天）
5. 全部航空母舰已经起航（第一至第三天）
6. 全部战斗力量已经起航（第四至第六天）
7. 几艘航空母舰已经起航（第四至第六天）
8. 全部航空母舰已经起航（第四至第六天）……

该信息继续解释道，1 至 8 号代码要在晚上 7 点到凌晨 1 点之间，通过某一特定住宅里屋顶窗中的灯光，或者某一特定海滨别墅中的灯光，或是在某座山上用车的前灯发出信号。而在白天，晾衣绳上的床单数和帆船船帆上的星星数量有着同样作用。①

部分历史学家一直以来都对“灯光信息”感到不屑，但是，陆军珍珠港调查委员会（Army Pearl Harbor Board）的将军们却对此相当认真。这是对珍珠港失利进行的八次调查中的第三次。这一系列的调查始于 1942 年，以 1945—1946 年的国会联合委员会调查听证会告终。陆军的调查把注意力全部集中在了灯光信息上：“这些信号是在 12 月 1 日至 6 日这段时间内发出的。如果我军能获得这些信息，那么这无疑会向我们提示会有这次袭击。”② 换句话说，如果华盛顿或夏威夷的决策者们能

---

① PHH, 37, Hewitt Inquiry, Shivers Report, Exhibit 40 (Mayfield Report), at 912. 该内容还被准确地收录在 Whitehead, FBI Story, 190－1。请注意，据 Farnsley Woodward 称，56 号证物中的“灯光信息”并不是 40 号证物中 HYPO 版本的，而是完成于华盛顿 / 经过删节的海军作战通信部破译版本的。

② PHH, 39, Army Board Report, at 100.

立即得到灯光信息，那么警报就会被拉响。

但这并没有发生。灯光信息在发出的当天就被截获并复制，但是直到12月11日才被成功破译，为时已晚。这样的耽搁是怎么发生的、为什么会这样，对于判断12月7日美国在珍珠港遭到突然袭击到底是一次意外还是有意为之来说，至关重要。

联合委员会在其1946年的报告中所采纳的事件发生经过大致是这样的。在12月2日—3日的时候，位于东京的日本外务省向日本在美英领土上的日本使领馆发出通函，命令他们破坏手中的高级密码及加密机。他们将只保留低安全性的LA和PA密码。这成为一个关键的时间节点，因为国会议员们采纳这份证词正是由于日方暗示战争已迫在眉睫的若干信息使用的都是低级别的PA密码，而这些信息并没有被及时破译。国会报告中的一些具体例子值得在这里引用一下：

> 12月6日由火奴鲁鲁发往东京的信息使用的是PA-K2密码系统。这是一种相对来说不太安全的日方密码。过去的经验显示，该密码通常不会被使用在东京认为最重要的信息中。当然，任何信息的实际内容在被破译前都是不得而知的；而在袭击发生前，根本就没有理由怀疑这两条在12月6日由火奴鲁鲁发往东京的信息会有什么不同寻常的价值。但需要注意的是，这种低级别的PA-K2密码，实际上是火奴鲁鲁领事在依照他12月2日从东京收到的指示破坏他的主要密码后所拥有的唯一密码。[①]

国会议员们的结论是以海军密码破译部门海军作战通信部的负责人劳伦斯·萨福德上校（Laurance Safford）的证词为基础的。当他在早前的休伊特调查（Hewitt inquiry）中作证时，他将PA-K2描述成一种低级的密码系统，以至于在决定优先处理哪些截获电文时，以PA-K2编码的信息会被自发地排到文件序列的最后。

① PHH, 1, at 231. 此处引文是针对12月6日的信息的，但被用来推广到所有在火奴鲁鲁和东京之间的PA-K2信息上，其中也包括灯光信息。Layton, *And I Was There*, 283.

以下就是那些正在被讨论的信息：

发自：东京（东乡）

发往：火奴鲁鲁

1941 年 12 月 6 日

PA-KZ

#128

请立即对我 #123 信息的后半部分有关舰队在 4 号之后的移动回复电报。

陆军 7381 26158（日本方面）机密 翻 12/12/41（5）[①]

回复是：

发自：火奴鲁鲁

发往：东京

1941 年 12 月 6 日

#254

1.5 号晚上，进入港口的战列舰有 ****，以及一艘潜艇供应船。6 号，以下舰艇被观察到已经下锚：9 艘战列舰，3 艘轻型巡洋舰，3 艘潜艇供应船，17 艘驱逐舰，另外还有 4 艘轻型巡洋舰，2 艘驱逐舰停靠在码头（重型巡洋舰和航空母舰已全部离港）。

2. 看上去海军航空队并没有进行空中侦察活动。

陆军 25874 JD 7179 翻 12/8/41（2-TT）[②]

休伊特调查小组自然而然地想知道，这些明显暗示着空袭迫在眉睫的信息，为什么没有被立刻破译出来。虽然听起来干巴巴的，但是萨福

① PHH, 37, Hewitt Inquiry, at 701. 这并不是萨福德发表评论时所指的在 13 号证物中的那个副本。那个副本已经遗失。右下角的（5）暗示这条信息是在夏威夷的沙夫特堡被截获的，并在之后被寄往华盛顿。但沙夫特堡只是备用站点而已。这条信息会在美国本土的任意一座监听站被截获下来，并在当天被发给华盛顿的电码译员。

② PHH, 37, Hewitt Inquiry, Exhibit 13, at 669.

德上校的回答涉及了许多重要内容。

> 萨福德上校：我们还有一条 JD7381，日期是 1941 年 12 月 6 日。这也是由陆军破译的；因此我只能猜测其被耽搁的原因。它是被沙夫特堡（Fort Shafter）的陆军站点，5 号站截获的。它使用的是 PA-K2 系统，在进行破译时可能会被排在最低或者次低的优先级。这套系统已经被使用了几年，阅读用它编码的信息没有任何难度……
>
> 萨福德上校：下面这条是 JD 序列的 7179 号，日期是 1941 年 12 月 6 日，由陆军在 1941 年 12 月 8 日破译。此信息使用的是一种低级的密码系统，即所谓的 PA-K2。标记显示它是在旧金山的 2 号站被截获，然后通过电传打字机转发出去的……我认为，在他们处理完所有其他紧要信息之前，JD7179 这条信息肯定只会被扔在文件筐里，在那之后才会被例行公事地破译出来。我们有一套严格的优先级系统，首先根据信息所使用的密码系统，其次会根据日本方面给他们自己信息所设定的优先级来对我们截获的信息排序。像这样的一条信息，在正常的情况下，只可能在当日更紧急的信息都被处理完以后才会得到审视。①

被遗忘在 FBI 档案里几十年的施维斯报告让证词变得可疑。在报告中，施维斯引用了 HYPO 站所破译的灯光信息的全文。在信息顶部有“0245（1）PA”的编号，接下来则有这些字样“机密军事信息号——由领事馆主管之密码制作”。看上去，喜多领事所保留的“PA”密码其实是高级别的，而并非像萨福德所说的那样，是低级别密码。它是喜多选定专门为要求特别安全级别的信息使用的密码。②

让一个对情况了解得足够多的人去审视那些已经出版了的 1945—1946 年联合委员会调查珍珠港袭击的记录，就会发现大量的证据来支持

① PHH, 36, Hewitt Inquiry, Safford Report, at 66–7. 在收到的、含蓄表达出日方宣战的十三部分信息就是他所暗指的“紧急”信息之一。但是该信息是英文的。当天并没有太多其他通信。具体内容请见下章。

② Shivers Report.HYPO 版的该则有题头的信息在 PHH 休伊特调查的 40 号证物中被偶然（有可能是意外）收录。但是，提交给国会联合委员会的版本是没有题头的。Exhibit 2, JCC.(PHH, 12, p.n.).

这种理论。首先，在休伊特调查中短暂露面的、被称为“美国密码分析学界的阿尔伯特·爱因斯坦”的威廉·弗里德曼（William Friedman）是这样描述 PA-K2 的：“该密码是一种高级别密码，涉及对密码电文进行密码纵行换位……它代表了一种我们所说的相当好的复式密码形式。”他将 PA-K2 排在了 J-19 之上。①

根据其他也出现在委员会记录中的专家证词，PA 密码主要用于那些“被划分为‘高度机密’”的信息。②

可以找到这样一个例子：“旧金山总领事武藤（Muto）寄火奴鲁鲁领事，‘按照最高级别机密处理’，1941 年 11 月 12 日。”这条信息的题头上标有“K2 反向换位”的字样，这样可确认其为“PA 系统密码”。③这就证明，早在 12 月 7 日之前，陆海军的电码译员（还有英国人）就已经知道，无论喜多还是东京，都是在发送最重要的信息时才会使用 PA 密码。④

很显然，萨福德在宣称用 PA 密码写成的信息没有立即被破译是因为 PA 被认为是一种“低级密码系统”的时候撒了谎。PA 是日本人认为非常安全的一种高优先级密码组合，他很清楚这一点。

当事情都过去以后，回头看去，才知道也不会再是别的情况。很难想象，东京会在战争前夕命令其海外使领馆在即将成为敌对国的领土上破坏其所有密码，却只留下两个最差的备用，这根本讲不通。

---

① PHH, 36, Hewitt Inquiry, Friedman, at 310–11.

② PHH, 37, Hewitt Inquiry, Exhibit 56A, at 995–6. 这里的描述适用于 WA=PA 代码的换位规则。相对于 KANA 密码组来说，它并不围绕密码词来构成。见 Kahn, *Codebreakers*, 18–9 中对 12 月 4 日信息的分析：“在 4 号一点钟的时候，一艘火奴鲁鲁级的轻型巡洋舰匆忙离去。”这看上去像是用 LA 代码而不是 PA 代码写成的信息。考虑到该信息乏味的内容，这并不令人感到惊奇。

③ PHH, 37, Hewitt Inquiry, at 1010–11. 另见前面 11 月 13 日的信息，也是用 PA 代码写成的。其内容非常具有揭示性，因此肯定被认为是高度敏感的。

④ 尽管调查珍珠港袭击的联合委员会的成员获知 PA 代码已经使用了多年，但是在 1941 年 12 月 2 日以前的官方记录中都很少见到具体案例。对克劳森调查（Clausen investigation）中收集的英美两国截获的日方信息所作的比较显示，“PA= 领事馆负责人的密码 = 代表团团长密码 = 政府密码 =CA”。由东京发给华盛顿的著名的“一点钟”信息题头上标有“紫色（紧急—非常重要）907 号，用政府密码处理”。鉴于此时除了 PA 和 LA 外的其他全部代码都已经被销毁，这一定指的是 PA 代码。请特别参见在 Clausen & Lee, *Pearl Harbor: Final Judgment*, 313–93 中收录的信息。

“列克星敦号”已经离港

FBI的特工施维斯称，他的报告中出现的所有信息都来自麦凯无线电电报公司（Mackay Radio and Telegraph）。这是一家英资公司，是火奴鲁鲁的RCA的竞争对手。这就显示，喜多领事是同时使用这两家商用无线电－电报服务将他十一个小时长的信息发往东京的。夏威夷还有连通远东和北美的海底电缆，但是日本领事馆坚持使用“无线电报”，而不是“海底电报”来发送信息；也就是说，他们使用的是商用无线电服务，而不是路上或海底电缆服务。① 为了确保接收效果的可靠性，麦凯和RCA通常都会同时向位于旧金山和马尼拉的东西两个无线电中转站发出信号；之后信号会再从这两个地方继续发往日本。

美国人很狡猾，他们将陆军无线电监听站开设在了邻近马尼拉（米尔斯堡）和旧金山（二号站）的地方，以拦截这些通信，这令人拍手叫绝；同时还在夏威夷本土（沙夫特堡）设立了另一个监听站以作备用。这样的安排就能确保陆军的信号情报局（Signals Intelligence Service）永远不会错过日本方面通过商用无线电—电报服务在火奴鲁鲁和东京之间发送的任何外交信息。②

日本人也很狡猾。RCA和麦凯都必须发送大功率的信号才能跨越太平洋，而这两个公司在旧金山线路上的信号都会被再次传送过北太平洋，经过日本航母部队前进的路线。这就能够使喜多领事关于珍珠港内军舰状况的最后时刻的情报被进攻部队直接接收到；这或许也解释了为

① 之所以需要澄清这点是因为，在有关喜多信息的文献中，无处不提到“电报”。日本方面通常按月交替使用这两个公司的服务，奇数月麦凯，偶数月RCA，见PHH, 36, at 331.

② Stinnett, *Deceit*, 192。有意思的是，据说罗斯福曾通过RCA总裁戴维·萨尔诺夫（David Sarnoff）安排从RCA获取喜多的无线电报，而这些举措就使这一安排变得多余。对于在菲律宾（CAST站／米尔斯堡）和美国境内（旧金山—亨特堡）截获的同样的炸弹标记信息，请见Stinnett, *Deceit*, 100, 103. 这证明RCA/麦凯有时会同时用这两条路线发送同一条信息。

什么他不使用海底电缆，为什么他在最后时刻的信息必须要使用最安全的密码。[①]

就在日本航母将要接近他们的飞机起飞时点的时候，根据施维斯的报告，麦凯无线电公司发送了下面的信息：

1941年12月5日

发自：喜多

发往：外务大臣，东京

1. 在你周五早上的X239中提到的3艘战列舰，5号进入港口。预计他们将在8号离开。

2. 在同一天，“列克星敦号”和5艘重型巡洋舰已经离开。

3. 以下军舰在5号下午已经下锚：

8艘战列舰

3艘轻型巡洋舰

16艘驱逐舰

进港的是4艘火奴鲁鲁类型的巡洋舰以及2艘驱逐舰。[②]

进攻者的最大目标——舰队航空母舰“列克星敦号”（Lexington）已经不在港内的消息几乎导致日军指挥官下令取消突袭。但港内战列舰中的三艘将要离开的消息，却又使天平倒向了另外一边。日方进攻部队几乎不可能后退或者等待。现在不打，就永远不会再有机会。

施维斯从“预计他们将在8号离开”这句话中得出结论，太平洋舰队司令部里面一定有间谍。可实际上，金梅尔上将并无意图命令任何一部分他的部队出港。而且，很奇怪的是，在陆军作为证物出示给国会联合调查委员会的、由他们截获的同一条信息中，这句话被译成了“他们

① 我不是非得要大肆攻击这一观点，但是根本没法想象喜多会用一种容易被破解的密码来发送这样的信息。这样会将整个突袭置于危险之中。

② Shivers Report.

已经在海上待了 8 天”。[1]

无论怎样，这个为远道而来的日本航母不断提供有关珍珠港的战术情报直到最后一刻的计划，可以说完成得相当出色。唯一的纰漏就是，日本方面从来没有想到过，美国人能解开他们的机器密码，并通过某种方式获得他们最复杂的手动密码。

前者是通过灵感和努力实现的，而后者则是借助偷盗行为。1922 年，一组海军情报人员在 FBI 和纽约市警察局的帮助下，闯入了日本驻纽约领事的办公室，打开了他的保险柜，将其中的内容拍照并记录了下来。这只是第一次而已。在那以后，一直到 1941 年 8 月之前，那位领事的保险柜，以及其他日本领事馆的保险柜，都是“从来不会让人失望的，（它们是）能够提供所有‘正在使用的’以及‘备用的’外交密码及密钥的来源”。[2] 这些话是萨福德上校在几次珍珠港调查中作证的多年以后，在一份海军文件中写下的。这使他能够真诚地说，华盛顿的海军解码员可以在两小时内读懂 PA-K2 信息。这在他的听众心里加深了 PA-K2 是一种低级别密码的印象。[3]

被截获的“列克星敦号”已经离港的信息就是用 PA-K2 写成的。按照萨福德的说法，这正是该条信息被认为并不重要，且直到收到它五天之后，也就是 12 月 10 日才被破译的原因。

萨福德还与另一组错误信息有关。以下发现来自 1944 年的休伊特调查：

---

① PHH, 2, at 672；以及 PHH, 37, Hewitt Inquiry, Exhibit 57, at 998. 后面这个材料显示该信息已经被旧金山的二号站所截获。请注意，在给哈特调查的报告中，梅菲尔德上校使用的是施维斯的版本。

② 对于麦凯与英美两国的合作，请见 Stinnett,*Deceit*, 91, 103. 如果是领事馆的正规职员以外的人来将编码后的信息递交给东京，那么麦凯的帮助就是必需的了。说服 RCA 通信在 12 月以同样的方式进行合作，与获取日本领事馆的无线电报相比（这些已经由在沙夫特堡的陆军记录过了），能更合理地解释为什么罗斯福会亲自请求其总裁戴维·萨尔诺夫的协助。

③ L.F. Safford, “A Brief History of Communications Intelligence in the United States,” (1952), NARA, SRH-149. 他在 ONI 的同事阿尔文·克莱默可能是该信息的来源。显然他在当年早些时候参与了一次针对日本驻纽约领事办公室的“黑袋”行动。Layton, *And I Was There*, 284. 另见：Robert Hanyok and David Mowry, *West Wind Clear: Cryptography and the Winds Message Controversy* ,Washington, D.C.: National Security Agency, 2011, 21–24.

> 1941年12月2日，日本驻火奴鲁鲁总领事收到了来自东京的一条加密信息。信息中称，鉴于当前形势，港内的船只情况极为重要，要求他每天提交报告，而且报告中还需告知珍珠港内有没有阻拦气球（幕），以及军舰们有没有装备鱼雷网。这条信息是在夏威夷沙夫特堡的陆军无线电监听站被截获的。很显然，它被转发给战争部去解码破译。由陆军提供的翻译显示这条信息是在12月30日被破译的。[①]

这条信息将珍珠港写成大写字母的TARGET[②]。它是用非常熟悉的J-19密码写成的，而且被截获得相当早，MAGIC的接收人本应在袭击发生前三至四天就已经收到它。萨福德在作证时说："该信息是用航空邮件转发的，但是在兴奋中被搞丢了……。这就是我对这次耽搁的解释，虽然这只是我的假设。"[③]

萨福德"假设"的问题在于，就像他知道得很清楚的那样，如果一条信息在夏威夷被收到的话，它一定也会被在美国和菲律宾的监听站所截获。之前曾经提到过，东京和火奴鲁鲁之间的无线电－电报信号是通过在旧金山和马尼拉的接收发送机中转的，而这两座城市都被陆军监听点所覆盖。该信息看上去几乎百分之百会被旧金山的陆军二号站所截获。之后它可能会通过电传打字机发给华盛顿去破译。

当信号从旧金山发往夏威夷的时候，沙夫特堡自然而然地也会记录下这些信息，但只是为了检查在这部分的传输过程中有没有混乱的情况或者漏掉的信息出现。在华盛顿的电码译员们应该已经获得过这些信息了。因此，在沙夫特堡截获的信息的副本可以被寄往华盛顿而并不必着急。

对于相反方向的，即从火奴鲁鲁发往东京的信息来说，速度可以更

---

① PHH, 37, Hewitt Inquiry, at 486；以及PHH, R1, at 229.我已将"阻拦"替换为"监视"气球，因为很显然这才是他想要表达的，见PHH, 37, Hewitt Inquiry, at 01.阻拦气球（幕）是在伦敦大轰炸期间英国方面在伦敦和其他地方使用的类似小飞艇一样的系链气球。它们是用来阻拦低空飞行的飞机的。

② TARGET，英文"目标"的意思。——译者注。

③ PHH, 36, Hewitt Inquiry, Safford, at 66.

快。通常情况下，在旧金山和马尼拉被定向发出的RCA和麦凯信号会发送到比目标更远的地方。于是，这些信息就可以被实时地在美国本土其他地方，以及英国在远东和加拿大的监听点收听到。例如，灯光信息的副本就是从位于华盛顿郊外的弗吉尼亚州亨特堡陆军监听站获得的；加拿大海军位于哈利法克斯的哈特兰角（Hartlen Point, Halifax）的新监听站，对于无线信号而言，不过是略远一程而已。这样来看，喜多领事在最后时刻所作的关于珍珠港的报告，对于全世界的解码员来说都是一场公平的竞争，这包括德国人和苏联人；但是谢天谢地，我们还有哈特兰角，特别需要感谢那里的加拿大人和英国人。

重访最后时刻

1941 年 12 月 2 至 7 日

12 月 2 日，在获悉东京已经命令其在华盛顿、伦敦、中国香港、新加坡、巴达维亚和马尼拉的外交机构破坏他们所拥有的密码机和主要密码之后，那些能接收到全部 MAGIC 破解电文文件的华盛顿官方人士都如坐针毡。在国际外交惯例中，这样的命令相当于发出了战争的信号。其中所列出的城市暗示了日本方面将要对这些国家开战：英国、美国和荷兰。

据那一天前流传的一条东京与柏林之间的通信透露，日本认为其与英美之间的关系已经“破裂”，“战争可能会来得比任何人想象得都要快”。信息里还说，日本的意图是避免任何对苏联的“直接行动”。这无疑意味着对美英的突然袭击，罗斯福和丘吉尔肯定都看到了这条信息。[1]

---

① Tokyo to Berlin, 30 Nov. 1941; JD–6943, ARMY, translated 1 Dec.; PHH, 37,Hewitt Inquiry, Exhibit 18, at 664. 有关丘吉尔读到英国方面翻译的同一条信息，请见第 314 页的注 1。该信息嘲讽了那些投入到多次调查中的时间和精力，这些调查试图确定是否真有一条用开型代码写成的“风向执行”信息在日本的无线电广播中暗示日本意图攻击的国家。12 月 1 日，罗斯福知道了答案，萨福德和克莱默也知道了，他们肯定看到了这条信息。“风向”争论似乎是萨福德策划的，旨在转移对该信息以及其他更有揭露性的信息的关注。

此时是星期二。鉴于日本要进攻的这些国家都遵守安息日的习俗，看上去几乎可以肯定，日本方面会在那周日发起进攻。但是，在此之前，预计日本会对国务卿科德尔·赫尔在 11 月 26 日提出的要求作出回应，要么退出中国和印度支那，要么就承受无限期的禁运。

到星期六依旧没有任何答复。在那个时候已经有足够的证据显示，战争会在珍珠港开始；但直到此时为止，并没有任何火奴鲁鲁领事馆向东京发送的提及塔兰托式袭击的报告被传递过来。就在当天早上，又截获了一条这样的信息，明显来自该领事馆的间谍之一。其中说道："依我看来，这些战列舰并没有鱼雷网；我认为很可能有相当大的机会在那里……进行一次突然袭击……"①

没有能比这更确定的信息了，不将其翻译并采取行动的原因很离奇。正常情况下，位于华盛顿的海军作战通信部和信号情报局会轮流处理新截获的信息，海军奇数日陆军偶数日。此时，战争的乌云正笼罩在地平线上，陆军却依旧让其密码破译部门的全体参谋人员去享受正常的周末公休日——在那个时候是星期六的下午和星期天全天。这就将周六午后外加周日全天的所有工作都留给了海军。尽管情况已经这样，海军的主译员阿尔文·克莱默少校竟让他自己的译员们也在周末放假。于是，任何在周六中午还没有来得及被翻译的信息都只能由他本人来翻译，或是等到星期一再说。

克莱默并不直接为海军的通信部门工作。他实际上来自海军情报署，只因他极佳的日语能力被认为会给电码译员们带来帮助，才在前一年的 10 月被指派到海军作战通信部。他的工作是在信息被破译后尽快进行评估，由他自己将其中最重要的部分翻译，并将这些亲手递交给海军 MAGIC 接收人列表上的政府部门首脑。同时，他还会将副本发送给信号情报局，再由他们发布给那些在陆军列表上的接收人。他手下的另外三个译员会负责余下的信息。在 12 月 7 日前的那些关键的日子里，他一直受海军情报署（ONI）的指挥。

① PHH, 37, Hewitt Inquiry, at 999.

在那个周末，这样的安排给了克莱默当场独立决定哪些破解电文应该被军方和政府领导人看到的机会。鉴于海军情报署是海军作战通信部密码破译部门的主管机构，有克莱默如此得心应手的人的存在解释了为什么萨福德上校可以告诉国会委员会，尽管通过当时破译过的电文已经确定日本人会在第二天发动进攻，他还是悠然自得地在 12 月 6 日下午回了家。萨福德的工作是紧密监视最重要的信息并将它们破译；而克莱默则负责之后的步骤。

克莱默的直接上级是亚瑟 · H. 迈克勒姆中校（Arthur H. McCollum）。他是 ONI 远东科的主任，专门负责准备有关中国、朝鲜和日本的情报纪要。他手下为数不多的军官都能熟练使用相关语言。其中，迈克勒姆本人和至少一位军官能使用日语进行阅读和对话。克莱默由迈克勒姆领导，而迈克勒姆本人则对当时的海军情报主管西奥多 · 威尔金森上校（Theodore Wilkinson）负责。虽然在同一座办公楼里，但克莱默和他的团队并没有与远东科的同僚们在同一间办公室里工作。除此之外，这是一套很常规的指挥系统。

但在进行日常工作时，克莱默会与白宫，以及海军的最高指挥官、海军作战部长史塔克上将取得直接联系。一直以来，迈克勒姆都以为克莱默总是会把要发送的东西都给他过目。事实可能并不是这样。这就可以解释，迈克勒姆为何会对国会调查委员会说他记不起来曾经看到过“炸弹标记”信息（见第 15 章），以及威尔金森对此的模糊记忆。这些应该是难以忘记的东西才对。如果他们没有撒谎的话，可能确实两个人都没有看到过这些信息。[①]

事实上是，克莱默对他的直接上级们能看到什么有绝对的控制，而且可以做到让他们浑然不知。如果史塔克上将下令将翻译后的信息扣住不发，克莱默的职责就是去服从这个命令。而史塔克或白宫会在克莱默开始处理当天的破解电文前就接到电话。在 1941 年秋天，除了克莱默以外，只有萨福德上校能够看到在海军大楼里处理的拦截下来的全部外

① PHH, 4, 1746–47; PHH, 7, 3390–91；以及 Layton, *And I Was There*, 164–66.

交电文文件。

这无疑可以解释，为什么一些身为 MAGIC 计划接收者的高级军官会在面对不同的珍珠港调查问询时显示出令人吃惊的集体失忆。他们可能根本就没有收到过那些他们记不起来的信息。

因为在 12 月 6 日午后就再没有其他的译员来协助克莱默，他就直接忽略了陆军遗留下来的破解电文，那些与珍珠港有关的信息也就没有被读到或引起任何注意。但是，他仍然要处理 12 月 3 日的灯光信息。该信息由位于华盛顿市郊的亨特堡陆军监听站截获，因此在周三的时候就已经送达了位于市中心的海军大楼。它是用 PA-K2 密码写成的（现在我们知道，该密码应该是高优先级而非低优先级的，而且易于破解），很有可能在同一天就被破解并发给了克莱默。他一定在那天就已经读到过这条信息，因为这是他的工作。

到星期六的时候，克莱默已经把这条信息攥在手里很久，变得有些危险了。他在幕僚前将自己描述成一个做事毫无条理、患有拖延症的完美主义者，因此他们已经习惯了破解电文在他的桌子上堆积如山。鉴于灯光信息预告了第二天的日本空袭，他实在是不可能再耽误下去了。周六一早，他将文件放进了多萝西·埃杰斯夫人（Dorothy Edgers）的收件篮中。她刚刚在一周前加入克莱默的班底，之前是一名教师。克莱默清楚，她只会工作到中午前。而页眉处的“机密军事信息号……由领事馆主管之密码制作”的字样已经被去掉了。[①]

碰巧的是，埃杰斯夫人是一位优秀的日语语言学家，在返回美国以前曾经在日本居住并为高中水平的孩子教授日文长达二十年之久。她立刻意识到这条信息看上去很重要，并提醒克莱默注意。他只扫了一眼，便耸了耸肩表示不屑。埃杰斯夫人返回了自己的座位，但并没有在 12 点 30 分离开。相反，她完成了一份粗略的翻译，并在下午 3 点回家前

① PHH, 37, Hewitt Inquiry, at 983. 请注意，在 HYPO/ 施维斯版本中，使用的是“阁楼”，而非“屋顶窗”一词。还请注意他所说的克莱默的磨磨蹭蹭“使整个”翻译及呈现 MAGIC 计划的“过程慢了下来”，见 Layton, *And I Was There*, 284. 这隐藏在珍珠港调查中所提交的证据里，因为上交的信息都只显示了翻译的时间，而不是密码被破解的时间。英方密码破译机构则标注了密码被破解的时间。

将其留给了克莱默。[①]

克莱默是一位有着长期经验的情报官员，并且已经经手 MAGIC 计划好几个月了。他能熟练地使用日语。他的任务具体来说就是尽可能快地将最重要的破解电文确认、翻译出来，并递交出去。鉴于海军密码译员的办公室就在同一条走廊里，而且他已经读过那些导致战争接近临界点的、所有之前破译过的日方信息，简直难以相信他会在灯光信息被破解以后没有立即阅读，或是在将它转交给埃杰斯夫人之前没有读过它。在她展示信息的时候他没有多看一眼，这是因为他早已经知道上面说了什么。

灯光信息在他的桌子上度过了余下的周末。[②]

与此同时，在停止工作前，陆军发送了一条破解了的东京与华盛顿之间的电文，文中告知大使，日本对国务卿赫尔的正式回复不久就会到达。回复将会很长，先发过来十三部分，第十四部分稍后就到。大使馆需将完整的声明压住不发，直到确定具体的时间以后再递交给美国政府，如果是递交给赫尔本人更好。由于他的译员们已经离开，原本预计克莱默会将这十三部分一直翻译到第二天。然而，出人意料的是，当第一部分在下午到达的时候，竟然发现其正文是用英语写的。[③]

这引起了他相当大的兴奋。海军作战通信部的解码员们通常不会将日文加密信息破译成容易读懂的英文。海军作战通信部的负责人萨福德上校以及迈克勒姆中校都来看过了这条信息。东京的外务省心意已决，他们不希望这条信息中的任何内容被人误解，因此自己直接将其翻译好了。信息中所包含的连串不满，以及拒绝赫尔所提出的条件，使每个人都很清楚，这意味着宣战。

迈克勒姆此时发现，克莱默手边并没有译员。但看上去这并没有令

① Layton, *And I Was There*, 281–3. 请注意，他在这里写道，克莱默没有给予灯光信息合理的关注，因为它是由“低级别领事密码”写成的。雷顿在袭击发生时是太平洋舰队的情报官员。

② 因为该信息是在奇数日收到的，此时应该轮到海军来破译新收到的拦截电文，所以可以推测，陆军的信号情报局在那个时候并不知道它的存在。

③ PHH, 37, Hewitt Inquiry, Tokyo to Washington, 6 Dec. 1941, Army 7149, at 694.

他太过不安。克莱默可以在等待最早的十三部分接受处理的时候，翻译任何其他新发过来的破解电文。当这些部分被打好以后，他就可以立即将其发给通常的 MAGIC 接收人，然后再回到办公室等待说好的第十四部分，以及有关递交时间的信息。迈克勒姆承诺会在第二天早上早一点到。还有一位不当班的陆军译员被找来以便在需要时随时补缺。

由于华盛顿的多数政府办公室都集中在距白宫不超过半英里的区域内，且陆军就在一座附近的大楼里，通常克莱默只需要不到一小时就能完成他的例行分发工作。午夜的时候，他在家给迈克勒姆打电话说，他已经完成了对陆军和白宫的分发工作，但没有找到史塔克上将。之后，他返回办公室，发现余下的信息并没有如期而至，但他并没有在办公室里留宿继续等待，而是回家睡觉去了。

罗斯福在他的书房里与他最信任的助手及密友哈里·霍普金斯（Harry Hopkins）一同阅读了这十三部分的声明。“这意味着战争。”他喃喃地说道。①

克莱默在周日早上 7 点半过一点儿的时候回到了海军大楼。尽管他事后改口，但值夜班的军官曾经在当晚打电话通知他两条重要的信息已经到位。其中一条是英文声明的第十四部分，另一条则是一句简单的日文，指示大使在下午 1 点整将全部十四部分的声明递交给赫尔。克莱默没有直接去他自己的办公室，而是在半路走进了迈克勒姆的房间。②

这两个人聊起了克莱默在前一天晚上的例行分发工作中传递的那十三部分声明可能产生的影响。海军情报主管威尔金森上校来了以后便被告知，史塔克上将在递送那十三部分声明的时候被略过了。他随即要

---

① PHH, Commander L. R. Schulz.

② 从早上 7 点开始值班的军官作证说，第十四部分以及陆军翻译的一点钟信息在 7 点 15 分已经到位，但克莱默 9 点钟才来，见 PHH, 33, Naval Court, Alfred Pering, at 802–4. 他还说，就在当天夜里，克莱默在家中已经接到了有关这些信息的电话。他无疑是会被告知的，因为“一点钟”信息是用紫色密码机以“政府密码”发送的，这是为最紧急和最重要的信息所保留的方法。午夜值勤的军官 F·M·布拉泽胡德（F.M. Brotherhood）要更谨慎一些，但也作证说，在换班前他给克莱默留下了“那些要发给他的快件”。这里一定包含了用英文写成的第十四部分，以及一份日文的“一点钟”信息的副本，因为布拉泽胡德说，“原件”被发给陆军去翻译了，见 PHH,33, at 839–44。克莱默称他没有接到过电话，而且他是在 7 点 30 分来的，见 PHH, 33, at 858–61.

求他们立刻将其补上。于是，他们打通了史塔克办公室的电话并得知他正在来的路上。这完全出乎意料，因为当天是周日。威尔金森和迈克勒姆带着十三部分声明的信息向他的办公室出发，此时大约是上午 9 点。[①]

与此同时，克莱默回到他自己的办公室，看到了声明的第十四部分以及有关 1 点钟发表声明的信息。并由而观之，它们无疑表明，当这全部十四部分声明被递交给赫尔的那一刻，日本和美国之间就将处于战争状态。

克莱默将第十四部分信息的复制件放进了他的发件袋，出发前往白宫、国务院、陆军大楼，以及史塔克的办公室。他并没有带上 1 点钟的信息，因为很显然，该信息还没有从日文翻译过来。鉴于这条信息只有一句话，他完全可以在很短的时间内将其大致写成英文。

当他回到史塔克办公室的时候，迈克勒姆和威尔金森仍然在和上将交谈。他并没有打断他们的对话，而是将第十四部分的信息留给了一位副官。10 点 20 分，他回到了自己的办公室。此时，由陆军完成的一点钟信息的正式翻译已经放在他的桌子上了。于是，他再一次前往白宫和国务院，将这条信息连同其他破解电文一起，进行了又一轮的递送。在返回时，他重复了早先的路线。当他抵达史塔克的办公室时，迈克勒姆依然在外面的套间里。威尔金森已经离开。克莱默向他说起了“一点钟”信息。

在墙上有一幅世界时区地图。迈克勒姆扫了一眼：下午 1 点。那时将会是在华盛顿时间的早上 7 点半，夏威夷时间的黎明时分。

迈克勒姆上校当时就变得非常非常激动。他将威尔金森叫回。威尔金森也看到了时间在这里的重要性。日本方面可能会在三小时之内就袭击珍珠港。他们赶紧返回史塔克的办公室。必须向太平洋舰队发出警告！

史塔克上将泰然自若。他向他们保证，太平洋舰队正处于警戒状态。威尔金森强烈要求他无论如何拿起电话直接联系金梅尔上将。金梅尔上

① Arthur A. McCollum, "Unheeded Warnings," in Paul Stillwell, *Air Raid: Pearl Harbor! Recollections of a Day of Infamy* ,Annapolis, MD: Naval Institute Press, 1981, 85-87. 迈科勒姆的回忆证实了佩灵（Pering）的话，即克莱默在 9 点钟才到达他自己的办公室。

将会在几分钟内被接通。史塔克表示了反对。他给白宫打去了一通电话。总统当时并不在线。接下来，高级海军参谋们在这间办公室里进进出出多次，但都无济于事。最终，史塔克上将接通了马歇尔将军。将军也拒绝使用电话通知。此时，表针已经指向了 11 点整。

马歇尔将军同意代表他们两人发出警告。但是，警告只会发给肖特将军，而且只能使用商用无线电一电报——这是最慢的方式。他还应该通过陆军和海军的无线电通信网络把消息再发送一次。对于紧急信息来说，发送复制信息是通常的操作方式。但他选择了不发送。他在信息中是这样说的：

> 日本方面将要在东部时间今天下午 1 点整递交一份意味着最后通牒的东西，另外他们被下令立刻破坏他们的密码机，句号。这个时间的设定有什么样的重要意义我们不得而知，但是要相应地提高警戒，句号。将此消息通知海军部门。[①]

当肖特将军接到这个“苍白无力的”警告时，他一把将它揉成个球扔到了一边。

炸弹和鱼雷早已经炸开了花。

囚徒的责任

虽然细节仍有些模糊不清，但是陆军的反情报机构负责人比赛尔上校（Colonel Bissel）是对的。政府早已从“截获的无线电电文”中事先得知，日本人将要进攻珍珠港。但是很明显，克莱默、萨福德、史塔克和马歇尔，以及信号情报局里的一些同谋们，已经设法确保夏威夷不会得到警告。

他们为什么要这样做？责任是第一个进入脑海的词。像任何 20 世纪先进国家的军人一样，他们所接受的训练使他们能坚定不移地听从指

① PHH, 39, Army Board Report, at 93–5.

令，毫无异议地服从他们的指挥官。根据美国宪法，国家元首，也就是总统，同时也是武装力量的总司令。如果罗斯福告诉史塔克上将和马歇尔上将，之后他们又告诉萨福德和克莱默，为了大局利益，太平洋舰队必须做出牺牲，那么他们就负有将其实现的责任。拒绝执行就意味着违抗命令，这是不可想象的，除非在最紧急的情况下。

然而，他们一定还是会因此受到困扰。但罗斯福有方法让他们的良心得到安慰。从整个 9 月一直到 12 月，英国方面破解的描述党卫军在苏联的暴行的信息一直在继续增加。无辜的平民，特别是犹太人，被别动队[①] 大规模地集体杀害。这样的记录数以千计。政府密码学校和华盛顿之间安全的跨大西洋电缆连接保证了那些报道恐怖行径的信息能够到达白宫，并在之后再发布给那些有资格接受 MAGIC 信息的人。这就包括了萨福德与克莱默，以及史塔克与马歇尔。

他们一定都对此深信不疑，即不把相关信息发送给夏威夷的指挥官们所造成的美国人的生命损失都是值得的。史塔克尤其走在最细的钢丝上：如果在之前的 48 小时里的任意时刻，金梅尔上将一紧张把舰队派到了海上去，所有的战列舰都会与多数随从的军舰一起在公海上被击沉。至少 3 万条生命会因此牺牲，而不是现在的区区两千。那会将是历史上最惨痛的海战失利，因为对方可能几乎没有任何损失。即使这样，依然难以想象，在威尔金森和迈克勒姆向史塔克施压要求他给金梅尔上将打电话的时候，史塔克是如何保持沉着冷静的。

珍珠港事件之后，在战争余下的日子里，克莱默、史塔克和萨福德都被边缘化。克莱默被安排到海军作战通信部的一个不起眼的职位上，无事可做；史塔克被派到英国，也被分配了一个职位，在那里为盟军未来在欧洲登陆时的海军集结在纸上标定航线。萨福德则被立即重新安排到一个与密码安全有关的部门，这是一次严重的降职处理。对于英国人

① 别动队（extermination squad），德文原文为“einsatzgruppen”，是纳粹德国党卫军的半军事化组织，在二战期间大规模枪杀无辜平民，是在占领区对“犹太问题”实施“最终解决”的主要部队。他们杀害的大多是手无寸铁的平民，一开始是波兰的知识阶层人士，并很快扩展到整个东欧的犹太人、吉普赛人等。——译者注。

来说，这是一个还没有被讲述过的、截然不同的故事。位于新斯科舍省哈特兰角的加拿大监听站，与弗吉尼亚州的亨特堡有直线通信，并能通过海底电缆与英国和政府密码学校取得联系。英国方面可以跟美国人一样读到同样的日本领事密码。他们一直以来都在破解许多相同的信息。他们无疑看到了火奴鲁鲁领事馆表明日本方面对太平洋舰队居心不良的信息。70 多年以后，英国依旧没有开放肯定在他们掌握之中的那些相关的日本外交电文破解件。[①]

那么胡佛怎么样了呢？ 12 月 29 日，FBI 局长成为《华盛顿先驱时报》（*Washington Times-Herald*）一位专栏作家恶狠狠地痛斥的对象，他声称，罗斯福马上就要设立的调查委员会，将会把珍珠港的罪责归咎到 FBI 身上去：

> FBI 负责人胡佛长期以来在国会山的敌人们，早在绑匪和歹徒横行的年代，就已经按捺不住他们的喜悦之情，渴望对这位侦查英雄展开攻击。他们之所以还没有动手，是因为领导人们承诺，罗伯茨调查委员会（Roberts Board of Inquiry）的报告将提供证据，不遗余力地把胡佛从他权力至上的位子上拉下来。[②]

就在同一天，罗斯福给胡佛写了一张便条，告诉他自己仍然对他全面信任。这一定是一个巨大的宽慰。罗斯福确实有权力将他解职；而胡佛是众多人嫉妒和仇恨的对象，如果总统将他撤职，那些恶棍们肯定会对着他嗷嗷乱吠。

胡佛终于可以放松下来。他已经履行了他的职责，而且将总统的注意力转移到有关陆军和海军的主要失误的证据上来。现在，按照他的风格，他将留意白宫决定如何进行下一步，要是真有下一步的话，毕竟现

① 可以查看收录于 Clausen and Lee, *Pearl Harbor: Final Judgement*, 353–393 中的一系列解密电文，其中包括一些在 1944 年从政府密码学校收集来的 BJ。战时为英国远东联署（Far East Combine Bureau）的澳大利亚分处工作的电码译员埃里克·内夫（Eric Nave）报告说，他自己在 1941 年 11 月破解了一条 J–19 信息，并称这种代码在当时已经被政府密码学校所熟知：Rusbridger and Nave, *Betrayal*, 25, 136. 这些话在 Ian Pfennigwerth, *A Man of Intelligence*, 174–175 中得到了支持，书中引用了澳大利亚国家档案馆中的文件。

② Powers, *Secrecy*, 243.

在正在打仗。胡佛的工作只是将信息告知需要的人，而他已经完成了这一步。

但是，他并没有完全放过所有问题。胡佛将一份他 12 月 12 日便函的副本发给了最高法院大法官欧文·J. 罗伯茨（Owen J. Roberts），当时此人正负责八次珍珠港调查中的第一次。胡佛强烈要求他尽力查明那些有嫌疑的信息是在什么时候被发往华盛顿的、什么时候被破译的、这些信息又是在什么时候被发回夏威夷的，等等。然而，罗伯茨并没有将此推进下去。

在所有这些调查中，胡佛都从来没有被传唤去作证。这可能是出于仁慈，因为这会暴露出他所了解的东西有多么少，而瞒着他的东西又有多么多。这会非常令人尴尬。当战后的国会调查不断重复着“炸弹标记”信息和一个又一个的间谍报告的时候，他一定感到非常沮丧，因为某些政府高层的人认为他并不适合知道这些。他想必会将这些联系到波波夫的问题清单上去。

当然，胡佛必须要被排除在外。他只是个行政官僚，而不是军人。他会质疑或者拒绝执行来自总司令的指令。虽然效忠于总统办公室，但他实际上直接听命于司法部。在打击黑帮的那些日子里，他的公正廉洁为自己和调查局赢得了明星一般的声誉。简而言之，不能指望胡佛去撒谎。

斯大林暂时松了口气

1941 年夏天，在日本海军对袭击珍珠港的可行性研究进行得非常深入的时候，德国大使以及德国驻东京大使馆的武官和其他军事顾问们与日本军队高层保持着极为特殊的关系。他们无疑了解到，日本方面确实已经注意到要借鉴英国突袭塔兰托的经验，并且自己正在考虑实施由航母发起的攻击。[①] 而珍珠港就是一个顺理成章的目标。

但这并不意味着卡纳里斯认为日本已经决定要与美国开战，并且会对美国人首先发起突然打击。在7月底的时候，他只是知道，日本的军政高层几乎已经断定，日本未来最大的希望应该会在南边，即英国和荷兰在远东的属地。如果可以不用与美国人直接冲突就占领这些领土那就更好了。[②] 日本海军起草针对珍珠港的计划，仅仅是为了一旦与美国发生战争时能够加以应对。

那个夏天，苏联在东京的王牌间谍理查德·佐尔格（Richard Sorge）也报告说，日本方面在向南看，而不是向北，但斯大林却对此持怀疑态度。如果真的是这样，那简直是太好了。红军当时正在俄罗斯西部遭受德军的重创；日本人从东边，也就是西伯利亚发动攻击，迫使斯大林进入两线作战的前景看上去更合理。就斯大林所知，佐尔格的情报可能是日本方面故意透露给他的，以试图使苏联部队从东线撤走。

这个信息确实是故意透露给佐尔格的，不过不是日本人，而是卡纳里斯。

45岁的佐尔格是第二次世界大战中真正的职业间谍之一。他出生于俄国，在德国长大，母亲是俄罗斯人，父亲是德国人。他在第一次世界大战中因英勇作战，被授予铁十字勋章，但是在医院养伤时转而投向共产主义，很明显是在一位具有左派观点的护士照料下改变的。他接着上了大学，然后在20年代赴莫斯科接受训练。他精通多门语言。苏联先是派他到英国待了一阵，然后是德国、中国。1933年的时候，他被特意派往日本去建立间谍网络，取得了令人钦佩的成功，建立了与莫斯科之间的秘密无线电联系，并积累了大量高级别的线人。

佐尔格的伪装身份是一位为多家德国报纸工作的记者。他在德国大

① 波波夫的问题清单本身就为这一看法提供了证据。不过，耶布森（Jebsen）在*Spy/Counterspy*, 142–44中所描述的在4月份组织日本陆海军军官到塔兰托进行实情调查的事情看上去也是真实的。

② Evidence obtained from Richard Sorge by the Japanese after his arrest and made available to the House Committee on Un-American Activities, Hearingson the American Aspects of the Richard Sorge Spy Case 82 Congress(9,22, 23 Aug. 1951). 佐尔格说他从德国大使那里获得的这一信息，而大使本人是卡纳里斯的亲信。

使馆有一间自己的办公室。这为他与日方官员联系提供了便利，同时也使他可以每天都与重要的使馆工作人员进行接触，这包括空军、陆军和海军的武官，以及大使本人。他与后者每天早上都会一起吃早餐。大使对他极为坦诚，以至于他们的对话经常会包括当天刚刚由柏林发过来的密件的内容。①

正是每天通过这样的闲聊，佐尔格才能在那个春天使莫斯科一直对德国部队在东欧的集结情况有所了解。然后，在 5 月 5 日，他拿来了一份纳粹外交部部长冯·里宾特洛甫（von Ribbentrop）发给大使的信息的副本，其中有这样的通告："德国会在 6 月中旬与苏联开战。"鉴于德国外交部使用不可破译的一次性密码本对其通信进行加密，佐尔格一定是从大使本人那里得到的这条信息。

5 月 10 日，佐尔格报告说，大使及海军武官都认为，"只要日本还能继续从美国获得各种原料"，② 日本方面就不会在远东进攻英国。卡纳里斯应该也收到了这份评估。考虑到拒绝向日本出口必需的商品是罗斯福用来刺激日本的策略，他可能将该报告继续转给了孟席斯，之后孟席斯又将其交给了丘吉尔。

5 月 15 日，佐尔格正确无误地报告说，德国会在 6 月 22 日发动"巴巴罗萨计划"突然入侵苏联。他甚至正确地说出了德国将要部署 150 个师。③

表面上来看，大使馆似乎令人难以置信地对自己的机密毫不在意。斯大林一定也是这么想的，所以他拒绝接受警告。据称，他怀疑佐尔格是双重间谍，卷入了英国暗中破坏他与希特勒之间相互信任的计划。当其他消息来源的情报证实了德国方面在波兰以及东线战场的大规模集结以后，他依然选择相信希特勒的解释，即德国部队集中在东欧是为了可以在英国的空中侦察范围以外进行演习和重新武装。多亏迪基茨，丘吉

① "Herr Sorge sass mit zu Tisch," *Der Speigel*, 3 March1951.

② H.C. on Un-Amercan Activities, Sorge Case； 以 及 David E. Murphy, *What Stalin Knew: The Enigma of Barbarossa* ,New Haven, CT; and London: YaleUP, 2005, 86–86.

③ Murphy, *What Stalin Knew*.

尔在最后时刻发出了德国人将要开始入侵的警告，但仅仅使斯大林更加确信，这一切都是骗局。[①]

德国驻东京的大使是尤金·欧特将军（Eugen Ott），在成为大使前他曾是这里的陆军武官。在战前，所有陆军武官都是由阿勃韦尔的负责人与总参谋长（在那个时候是路德维希·贝克）达成一致以后挑选的；因此，可以很有把握地说，欧特对纳粹的态度跟他们是一样的。此外，代替他成为武官的那个人是格哈德·马茨基（Gerhard Matzky）上校，此人在战后被确认为是与卡纳里斯一同进行密谋的核心集团的成员。1940年底，马茨基被召回德国领导陆军参谋部的情报部门——敌情署（Fremde Heere）。代替他的人是阿尔弗雷德·克雷齐默尔上校（Alfred Kretschmer），一位47岁的一战老兵。他在和平时期选择了继续留在陆军服役，其中包括两年在敌情署的工作。他也是纳粹的反对者。

换句话说，德国驻东京大使馆已经不再像是个外交部的海外分支机构，而更像是一个德国抵抗运动的前哨基地，其关键位置上任命的都是忠于卡纳里斯的反纳粹人士。而在这座大使馆里占据着一间办公室的佐尔格，则成为将希特勒的计划快速安全地泄露给斯大林的最方便的人。敌情署在制订“巴巴罗萨计划”时发挥了重要作用，因此马茨基是佐尔格从克雷齐默尔以及欧特那里获得的详细资料的终极来源。在他们早餐闲聊时，欧特还会向佐尔格提供他从柏林的外交部上级那里，以及从东京的外务省收集到的最新消息。[②] 佐尔格作为间谍的极高声誉是建立在阿勃韦尔（也就是卡纳里斯）所选择提供给他的情报的基础上的。

在10月初，佐尔格报告说，日美谈判已经进入了最终阶段，如果美国人拒绝解除罗斯福所实施的各种禁运，日本会进攻英美在西太平洋的属地。到这个时候，斯大林终于听得进去了。他开始将他的部队从东部移动到俄国前线；但是对于他来说，动作太大的赌注也是非常高的。此时尚难料到日美谈判在11月会令人惊讶地突然失败。

---

① 同上。

② H.C. on Un-American Activities, Sorge Case, Testimony of Mitsusada Yoshikawa,(1946). 吉光贞（Mitsusada Yoshikawa）是在佐尔格被捕以后审讯他的日本检察官。

在这样关键的时刻，佐尔格被捕了。他爱上了一位日本最美的艺伎，这也是他败露的原因。这位冷面间谍动了真情，连设下圈套的日本人也对此深表同情。斯大林失去了在东京获取信息最主要的渠道。但是，他还有其他消息来源。

大约在一年前，安东尼·布朗特（Anthony Blunt）加入了军情五处。他是一位牧师的儿子，王室远亲，剑桥大学毕业生，著名艺术批评家，而且是苏联方面安插的“内鬼”①。在先做了一段时间类似军情五处反间谍部门负责人盖伊·李德尔的个人秘书的工作之后，他被安排去管一个追踪中立国外交人员在英活动的下属部门。这一工作需要在这些大使馆里招募间谍，从他们的废纸篓里盗取材料，以及在外交邮袋离开英国前将它们秘密打开。

后面的这项操作是一战时就有的老把戏，从那时开始就被军情六处一直使用着。但是，自从它在赫伯特·亚德利于1940年在伦敦出版的《情报机构在美国》（*Secret Service in America*）一书中被描述并公之于众以后，军情六处就对此失去了兴趣。当军情五处在布朗特的强烈请求下提出接手这项工作时，军情六处没有表示任何异议。②

根据布朗特自己向苏联当局提交的自传式报告，他负责监控的是一个涉及以下操作的过程：特工会劝说外交信使将他们的包裹交给港口安全官员；而在他们等待离开时，安全官员会把包裹放入保险柜中。当他们乘坐飞机时，航班会被故意延误，这样，包裹就会被移交以做妥善保管。此时，布朗特的手下就能接触到这些包裹，他们会将其打开并对里面的内容拍照，然后再小心谨慎地把它们重新封上，这样就能做到让那些信

① 内鬼英文原文为“mole”，本意是鼹鼠，但在间谍领域的行话中指的是那些长期在目标机构里潜伏的特工人员。他们通过正常方式进入目标机构工作，并在该机构中工作相当长的时间，有时甚至是几十年，以达到能够接触到机密信息的位置，然后才开始发挥其提供情报的作用。——译者注。

② West and Tsarev, *Crown Jewels*, 140；以及 Yuri Modin, *My Five Cambridge Friends* ,New York: Farrar Straus Giroux, 1994, 92. 另见 Curry, *Security Service*, 259–60. 请注意在第260页被删掉的内容，无疑是有关截获外交邮袋的。Herbert Yardley, *Secret Service In America* ,London: Faber & Faber, 1940, 49–50，书中详细讲述了如何打开外交邮件，拍下其内容，并在之后将所有东西重新封口而不留下任何痕迹，所以说这种做法已经不再是个秘密。

使们浑然不知。[①]

这些全在亚德利的《美国黑屋》一书中首次披露。该书多次重印，还有法文和日文版，并于1940年重新再版。瓦尔特·尼科莱在《德国情报机构》中也涉及了相同内容，该书在法国重印时更名为《秘密部队》（*Forces secrets*，1932）。考虑到这些情况，能有多少信使上当实在是值得怀疑。但另一方面，苏联当局有非常充分的理由要求布朗特秘密打开那些外交邮袋。他可以随意地把任何东西放进那些包裹，让疑心重重的斯大林亲眼看看他都窃取到了什么。

8月14日，也就是埃利斯在纽约向FBI出示珍珠港问题清单的同一天，李德尔向佩特里提出建议，提名让布朗特定期下到政府密码学校，记录最近的"BJs"（"英日"外交通信电文破解件）。那些日方外交电文破解件非常重要，是专门准备出来让丘吉尔过目的。[②] 其中包括了大量最敏感最重要的日本领事通信。这一切都得益于美国人的慷慨，他们在之前的2月赠送了一台紫色密码机，以及PA和J代码的密码本。[③]

这使斯大林可以在一旁默默注视12月7日前局势的一步步发展。布朗特通过发往莫斯科的外交邮袋，给斯大林发送了丘吉尔当时同样正在阅读的日方信息破解电文的实际副本。这位苏联的最高领导人还可以持续关注日本与美国所进行的毫无希望的谈判，日方在美方禁运所造成的食物、燃料以及原材料短缺下日益加剧的绝望，以及日方越来越坚定的要开战的决心。如果他要把西伯利亚的部队解放出来，投入到与德国人在俄罗斯西部的斗争中去，这正是他所需要的情报。对此确信无疑以后，他从10月份开始进行部队转移，到11月底的时候，十个新组建的师，

---

① West and Tsarev, *Crown Jewels*, 140；以及 Carter, *Anthony Blunt*, 274，其中引用了与 Desmond Bristow 的访谈。布朗特所做的没有什么新鲜的。详见下一段。

② Liddell Diary, 14 Aug. 1941, 以及其他多处。另见 Curry, *Security Service*,260, 其中明确提到了BJ。一份1942年苏联方面对布朗特在1941年10月至11月工作的评估报告称,他提供了日本部队调度的数据,并负责在军情五处及政府密码学校之间联络,以及"对外交破解电文的发布"，见 West and Tsarev, *Crown Jewels*, 145–6.

③ 有关抄送给军情五处（即发给布朗特）的英国方面在珍珠港事件前截获的日方外交通信的样例，请见 Clausen & Lee, *Pearl Harbor: Final Judgement*, 353–377. 在写作本书的时候，英国公共档案馆（PRO）只公开了个别的日方破解电文。因此，克劳森于1944年从政府密码学校获得的这批电文就显得非常有价值了。这些文件可以透露出丘吉尔本人是如何密切地关注着日美之间走向战争的轨迹的。

外加一千辆坦克和一千架飞机，已经在莫斯科前方部署好了。[①]

在布朗特提供的信息中，最关键的一条是由政府密码学校在 11 月 25 日发布的。那是东京在 11 月 19 日向所有驻外外交机构发送的一条通告，内容是，如果日本对商用电缆及无线电-电报服务的使用因日本与某些国家断绝外交关系而受到干扰，具体哪些“敌对国家”牵涉在内，可以通过日本国际无线电-广播服务的天气预报中出现的、由开放代码写成的短语来进行确认：俄罗斯，“北风阴”；英国，“西风晴”；美国，“东风雨”。[②]

这会暗示斯大林，就在信息发出的那一天，日本依然在考虑进攻苏联的可能性。日本方面在中国有庞大的军队，因此西伯利亚并不安全。在解决这个问题之前，斯大林根本无力进攻莫斯科城下的德国人。

与此同时，温度开始跌落，大雪席卷了乌克兰平原。俄国的冬天提前到来了，这是有史以来最恶劣的一个。希特勒催促他的将军们继续前进，此时已经几乎能看到克里姆林宫的塔尖了。但是，刚刚从苏联东部过来的部队现在正被拦在路上。11 月 27 日，6 个月前开始的曾经充满信心的德军攻势，在慢慢缓滞以后，终于停止了。此时，距莫斯科仅有 32 公里之遥。

接下来就有了 BJ/35，丘吉尔读到了这条信息；多亏布朗特，斯大林也读到了。这条出现在 12 月 2 日的信息，由东条英机首相发给驻柏林的日本大使，要求他转告希特勒，预计不久就会有“武装冲突”引发与英美的战争，但是日本打算“避免主动采取在北线战场的积极行

---

① “在斯大林基于报告的内容（其中也包括费尔比的）冒险从远东调来的西伯利亚师的增援下，苏军将德国人击退……” Genrikh Borovik, *The Philby Files* ,New York: Little, Brown, 1994),195. 作为驻伊比利亚办公室的头目，费尔比当时并不处于一个能为斯大林的决定提供太多有用情报的位置，因此，其他的“报告”一定包括布朗特的。长期以来一直多疑的斯大林，一定需要至少看到这些破解电文一部分实际副本后才能被说服。请见收录在 *Crown Jewels* 内封面上的样例。

② Clausen and Lee, *Pearl Harbor: Final Judgement,* 354. 这里有两处打印错误：2363 号应为 2353，09127 号应为 098127。为了表达上的清楚，我已将“通信”一词改写为“商业电报及无线电报服务”，因为这肯定是其本意。英美公司压倒性地控制着世界范围内的电报及无线电报通信，与其中任意一国的冲突都意味着这些服务会被立即中止。与此同时，还有另一个版本的“风向”信息被破解及发布。

动"。[①]"北风阴"不会出现在天气预报里了。

12月5日，就在日军轰炸机已经在它们的航空母舰上准备就绪的时候，苏军发起了对莫斯科前方德军阵地的主力攻击。德军被打得不知所措。考虑到俄方在前几个月的巨大损失，这样的攻势完全出乎意料。对于德国人来说，战斗开始变得绝望起来。

这意味着希特勒已经开始走向毁灭。

① "Foreign Minister Tokyo to Ambassador Berlin, 30th November, 1941(In Chef de Mission Cypher recyphered on machine)," 见 Clausen and Lee,*Pearl Harbor: Final Judgement*, 360-1.1941年11月30日由东京发给柏林的信息（紫色CA代码）的美国版本在一天前已经被罗斯福得到，见PHH, 37, Hewitt Inquiry, Exhibit 18, at 664.其语气更温和，但表达的信息是一样的。英国版本上标记有BJ的事实意味着丘吉尔肯定读过它。两位领导人无疑会在他们下一次的跨大西洋保密电话交谈中讨论这个话题。

PART 4

终极秘密[1]

1939 年 9 月至 1941 年 12 月

在柏林提尔皮茨河岸大街卡纳里斯海军上将的办公室里，墙上挂着一副武士主题的日本木刻，这是日本大使送的礼物。卡纳里斯年轻时在日本待过 6 个月，一定对这个特色鲜明但循规蹈矩的民族军事进步的速度印象很深。作为阿勃韦尔的首脑，他一直派素质顶尖的军官到日本去当武官。对德国而言，能够与日本在空军和海军方面的发展齐头并进，是个很有干头的事业。

卡纳里斯直接插手了杜斯科·波波夫所携带的珍珠港问题清单一事是有充分证据的，这最终促使美国进入二战。

首先，排除其他因素，单单两份问题清单（杜斯科·波波夫关于美国的和胡安·普约尔·加西亚关于英国的）涉及为其他国家收集军事情报这一点，就意味着他们可能得到了卡纳里斯的许可。从国家层面上讲，这种与外国势力的合作一定得是高层的政策，它需要与相关的高级领导人进行磋商，至少应该给政府首脑送一份简报。如果没有柏林当局高官

① 前面章节中出现过的事件和资料将不再在脚注中标出。

的许可，葡萄牙和西班牙的战争单位是不可能让这两个特工承担此项任务的。这意味着这个高官就是卡纳里斯。

此外，7 月 24 日，美国海军解密了一份“日本当局高层”的外交消息，表明日本打算占领英国和荷兰在远东的殖民地。

卡纳里斯海军上将应该见到过这条消息，因为德国武装部队密码局 OKW/Chi 当时负责解密和读取与英美相同的 J-19 和 PA 密码所写的日本外交消息。①

同样是在 7 月 24 日，丘吉尔与罗斯福通过他们跨大西洋的扰频无线电电话联络，公开地讨论他们即将到来的船上会晤。这次对话被纳粹的无线电电话拦截机构所截取并对其进行了解码。②

大约一周之后，军情五处的双重间谍 RAINBOW 宣称他收到了他德国上线的一封说明信，附有微缩胶片，这是军情五处第一次见到这种胶片。军情五处一年之后的一份内部报告指出，RAINBOW，或称查尔斯·艾伯纳，是一个由德国人“安插”在英国安全部门的特工。

几天之后，杜斯科·波波夫，也称 TRICYCLE，给他在里斯本的军情六处上线看了关于珍珠港的问题清单。他说这是德国人给他的，印在微缩胶片上。

波波夫被安排在 7 月底离开里斯本前往美国，但他启程的日期却被耽搁了，他一开始要去埃及的任务也取消了。在他的问题清单中出现的地名错误表明它是仓促间准备的，而且是完成于里斯本，而非柏林。但这整个任务都是多余的，因为日本人有他们自己的情报机构，有数千归化的日本人住在夏威夷。此外，阿勃韦尔至少也有一名长期的间谍奥托·库恩（Otto Kühn）一直在夏威夷。

证据引人注目：当得知丘吉尔要面见罗斯福时，卡纳里斯迅速运用

---

① “European Axis Signals Intelligence in World War II as Revealed by TICOM Investigations”, prepared by chief, Army Security Agency, 1 May 1946. 短标题，见 TICOM Report, NSA, DOCID 3560861. 在线资料。不过德国人并没有破解 PURPLE。

② Colville, Fringes, 419; and Liddell Diary, 6 Aug. 1941. See also, Joseph P. Lash, *Roosevelt and Churchill*, 1939–1941 ,New York: W. W. Norton & Company,1978, 393, 以及在 Churchill, *Grand Alliance*, 430 中暗指“泄露了”情况。

了一些手段向丘吉尔表明日本正在考虑对美国进行军事行动。他不可能预测到这两位领袖由此出发将会走到哪里。

难道说，他预测到了？

分析

首先，1940 年阿瑟·欧文斯将英国秘密建造的海岸雷达站的细节揭露出来之时，毫无疑问，德国情报机构给了英国情报机构重重一击。这是有决定意义的信息，如果德国空军做出了恰当的反应，则英国可能已经输掉了这场战争。的确，直到 1940 年 4 月为止，他最后一次跨海峡去见他的德国上线时，欧文斯作为三重特工是完全成功的。

之后，由于他与汉堡分局的李特尔少校在北海上的接头流产，他被萨姆·麦卡锡揭穿了。他没有因谍报活动而被捕，相反在几周之后，罗伯逊上尉派他去再次会见李特尔，这次是在葡萄牙，此次他们希望他真是为了英国而去的。他携特工 E-186 的报告而来，这份报告除了给出了一些建议的轰炸目标外，还给出了战斗机指挥部和轰炸机指挥部的地点。理论上讲，德国空军只需要用烈性炸药对斯丹摩尔和海威康姆进行密集轰炸，英国的防空力量就会陷入混乱状态。

这种情形没有发生。李特尔确实呈送了 E-186 的报告，但出于某些不为人知的原因，他的报告没有引发行动。

李特尔少校在 1939 年一开始的打算似乎是要把欧文斯用作普通单向间谍，一旦战争拉开序幕，他可以用无线手段发送报告。但欧文斯有其他的想法，可能是因为替敌人做间谍在战时的英国是死罪。他立马就自首了，用过这种方式，他可以将有可能被起诉为替敌人工作的时间压缩到最短，这样就有机会被录用为双重特工。之前让他妻子告发他可能也是这个计划中的一个部分。

这个方法很成功。尽管李特尔在战后被拘押在英国时没有揭露这个情况，这可以理解，但正是军情五处的无能让他能够从 1939 年 10 月起将欧文斯用作一个被动的、后来则是主动的双重特工。这是因为军情五处进入二战时不具备能与一个狡猾的国外势力进行的间谍活动相抗衡的反谍报经验。这也能够从军情五处明显忽视了从当时出版的间谍回忆录中发现这个领域最新进展这一点上看得出来。而且，他们也故意对技术上的进步，特别是那些与无线通信相关的技术，视而不见。这是一个无法通过依靠无线安全处来弥补的缺陷，后者自身也大体上是个业余机构。

结果就是，李特尔发现自己在与英格兰的一场双重特工行动作斗争，它起初看起来策略性太差，应该不会是认真的。但它确实是认真的。不久之后，李特尔就通过将带着问题清单的欧文斯被召回英格兰而获得了非常有用的情报，对于这个清单，英国人一定会多多少少提供了些真实的答案。这是一战期间出现的计策，当时德国人注意到英国人打算交给他们的间谍一些详细的“询问单”，涉及军事和经济话题，特别是关于空袭的效果的问题。[①]

到 1940 年年中为止，李特尔发现，他反谍报方面的对手显然对秘密无线行动毫无掌控能力，这样的话，通过让英国人截获用容易破解的密码编写的无线消息（这些消息可以在特工们动身去往英格兰之前就把注意力引到他们身上）的方式，他可以在军情五处安插双重特工。

“丽娜计划”的间谍们，以及后来的 TRICYCLE，都属于这种类型。请考虑以下情形：直到 9 月，卡纳里斯才最后派携带无线设备的特工去了英国，表面上是要潜伏下来，等到德国开始入侵英国，他们便可以将英国部队的调动情况进行回传。但如果情况是这样的话，他们行动得可是有些慢了：

8 月 13 日：发薪日。德国空军针对皇家空军所尽的最大努力失败了。

9 月 3 日：瓦德伯格，迈尔，基鲍姆和彭斯乘船到达英国，他们受过的训练很差，装备也很差（没有发挥作用，被处死）。

9 月 5 日：卡洛里（SUMMER）空投登陆（成为双重特工）。

① Nicolai, *German Secret Service*, 208. 这种做法没什么好处。携带这种文件的间谍被捕后会被枪决。

9 月 6 日：不再力图击败皇家空军。

9 月 8 日：希特勒推迟入侵。[①]

9 月 14 日：希特勒叫停了 1940 年的入侵计划。

9 月 15 日：伦敦受到大规模空袭。伦敦大空袭开始。

9 月 19 日：施密特（TATE）空投登陆（成为双重特工）。

9 月 30 日：薇拉·埃里克森乘船登陆（想当双重特工，被拒绝）。

10 月 3 日：卡尔·格罗斯（Karl Gross，代号 GOOSE）空投登陆（临时双重间谍）。

11 月某日：特尔·布拉克（Ter Braak）空投登陆（没有被捕）。

1 月 31 日：约瑟夫·雅各布斯空投登陆（登陆时受伤）。

卡纳里斯当时与希特勒走得很近，他意识到无法打败皇家空军，而且在卡洛里被派出之前就清楚地知道入侵要被叫停。[②] 这和那些拙劣的身份证件一道，进一步证明卡洛里和后来的人是存心要被抓的。

这样一个轻易就被骗了的安全机构，注定要成为敌人多重渗透的受害者。1941 年年中时，希特勒和斯大林的关系还很友好，德国和苏联的特工都不是好惹的。除了欧文斯之外，另一个德国间谍身份也可以确定：威廉·罗尔夫，他是在麦卡锡叫停了欧文斯的接头之后，在身上发现的超级秘密右翼名单的情报来源。苏联的两个间谍有安东尼·布伦特，他在战后作为臭名昭著的牛津五人组之一被暴露了，还有盖伊·李德尔，B 部门的负责人，他起码是个苏联的舆论特工（agent-of-influence）。

的确，有很多证据对李德尔不利。他为伯吉斯、布伦特和费尔比进入军情五处和六处大开了方便之门，还给了布伦特接触他办公室文件的权力，除此之外，军情五处完全没有侦测到 30 年代苏联在牛津剑桥招募年轻的知识分子，这绝不只是个无辜的巧合。由于李德尔当时是反颠

① 卡洛里登陆两天之后，国防军最高统帅部签署了一项指令，将入侵时间推迟到 9 月 21 日，要求至少在拿到进攻命令 10 天后才能进行。9 月 14 日，入侵又被无限期地推迟了。参见 OKW 的“12 项最高机密命令”，英国空军部翻译，LAC, RG24,981.013(D29). 这意味着这两个间谍都是在卡纳里斯得知进攻命令不可能下达时派出的。

② Andrew, *Authorized History*, 129–30. 158–9. 当然，也可能只是为了清洗苏格兰场，将受传染的部分丢给军情五处。

覆部门的副头儿，这些都在他的权限之内。所以问题主要是在他身上。不过，终极的错误必须由1931年批准将苏格兰场的反共部门转给军情五处的政府里的人负责，这是在两名特别分支的调查员被发现在为苏联人服务之后。李德尔也在这次调动之内。如果谨慎地进行分析，就会指出也许责任在一个没被发现的第三方身上。

但另一个德国特工似乎一直在逍遥法外。战争的第二个月，当卡纳里斯与哈尔德将军和贝克将军密谋推翻希特勒时，阿瑟·欧文斯在与兰曹博士的会面后回到英国，警告说德国人在空军部安插了一个间谍。如果这个情况不是他编造的，那就是卡纳里斯直接给了英国人一份礼物。如果大量的旁证说明了一些问题的话，空军准将波义尔正符合这个标准。他在成为空军情报总监之前和之后都是军情五处双重间谍的基本情报源，在1940年年底之前，据说（至少据迈斯特曼说）提供了大量由SNOW、SUMMER和TATE发送的无线消息。前前后后在汉堡或柏林的所有人，对于1940—1941年间汉堡所接收的并转送柏林，由A-3504、A-3719和A-3725发送的无线报告，只要随意看过，就可以得出结论说，这位帮了大忙的波义尔准将其实是个高超的间谍。

如果德国人知道英国人给欧文斯提供的大多是真实的信息的话（确实如此），那么这个假说便是成立的，但其成立条件是：罗伯逊要么是个同谋，要么是个缺心眼儿。大多数由他负责，或者有可能他亲自编写、准备发送给德国人的消息都没有出现在军情五处今天的档案里，也许是因为这会让波义尔看起来罪孽深重。

不过，德国人这边的消息是有据可查的，如果对其细查的话，便会浮现出另一幅图景来。初步的逻辑是这样的：要么波义尔同意发送的消息质量不错，总体上对德国人有所帮助，这会使波义尔成为叛国者；要么他发送的消息虽然质量不错，但总体上对德国人没什么帮助，这会将他塑造成一个机智的反情报人员的形象。尽管前者不是没有可能，但确实后一种情况可能性更大，因为他是一个老资格的公务员，在战前与空军部及其情报分支有着长时间的联系。辛克莱尔海军上将去世后，他成为仅次于斯图尔特·孟席斯的军情六处长官候选人。他在当权派最高层中广为人知，颇受信任。[①]

这样来看，在不列颠战役期间，波义尔允许将当时的天气信息发送出去也许不是步臭棋。这会使德国空军利用它们来对空袭进行规划，但战斗机指挥部则能够大略计算出何时可以让他们精疲力竭的战斗机飞行员多休息一两个小时。不列颠战役两方势均力敌，因此飞行员多休息一会儿，结果可能会大有不同。

这种假设对波义尔准予发送的一些其他信息也提出了不同的看法。就算德国人知道了皇家空军的战斗序列，或者德国人在已经掌握的战前英国地形图上标出了被泄露的工厂的位置，这些真的重要吗？[②]提供这些地图是不是一开始就是一场骗局，是战前怀着一旦开战，就将生产转移的目的设计的？

关于皇家空军在圣阿森斯（St. Athans）和其他地方的飞机修理设施的信息（罗伯逊将来源归在波义尔身上），与本土雷达预警系统或伪装的战争物资生产厂相比，价值没有那么高，特别是如果能够预计到空袭来临的话，飞机库可以被清空。夸大轰炸对英国工业的破坏会比往小里说好吗？这会让袭击放慢些吗？德国飞行员如果知道他们的轰炸造成了英国飞机生产量减半，但喷火式和飓风式仍在不断生产的消息，会不会感到泄气呢？

如果波义尔是透露伦敦探照灯位置消息的背后主使者，那么这些消息会不会是过滤过的，目的是让德国轰炸机在夜间轰炸开始时错失目标呢？丘吉尔似乎也一起唱了这出戏。拉蒂斯拉斯·法拉哥的《狐狸游戏》一书（他没有标出资料出处）提到，在伦敦大轰炸期间，首相直接插手选择将何种情报提供给德国人一事，有可能是通过波义尔和罗伯逊办的。法拉哥写道：

① Jeffery, *MI6*, 328–30. 被 Hankey、Wilson、Cardogan 等人提名待考察这件事让他获得了此种声望。当权派主要着眼于枢密院。

② 他们的确有这些地图。一套属于陆军最高司令部的英国主要城市地形图被加拿大人缴获。关于原件的情况，见 LAC，RG24，20440。这份文件也包含着可能的空袭对象的地面照片，这是由德国间谍在战前收集的。

丘吉尔先生的计策多少有些险恶：给德国空军提供假情报，将他们的目标逐渐引导到可被放弃的区域，以此来将他们引出有战略意义的地区。他在对前者进行选择时是非常无情的，将某些居住区域也包括了进去。这导致在一次内阁会议上，首相与出身伦敦的政治家赫伯特·莫里逊（Herbert Morrison）之间爆发了激烈的冲突。内政部长（他是工党的一位领袖）针对丘吉尔所选的轰炸目标表示了严厉地抗议，他惊呼："我们有什么资格扮演上帝的角色？"①

没有理由怀疑这则轶事，它也解释了为什么伦敦大轰炸后三个月，是由波义尔提议创立无线理事会。它将把目标信息释放给军情五处的无线双重特工的权限限制在了情报总监的层面，这将会让波义尔不必经由战时内阁、参谋长、内政部或一起同事的情报总监，便可以和罗伯逊上尉打上交道。不保留书面记录的规矩也能使丘吉尔得以避免万一事发而面临的公众责难（即便战争结束很久仍会如此）。于是，他参与决策哪些街区，以及除了伦敦之外还有哪些城市会受到轰炸。

这也许是英国最不同寻常的战时机密之一。大多数人可能不会理解那些想决定雷会劈在谁脑袋上这样的人，但对德军轰炸机进行一定的引导，这给了丘吉尔有限的力量去保护伦敦重要的纪念性建筑，如圣保罗大教堂、威斯敏斯特宫国会、塔桥、白金汉宫等。如果这些建筑被毁，将会对公众士气造成毁灭性的打击。至少在丘吉尔眼里，这些是可能决定战争走向的真正的"战略性"目标。

1940 年 6 月 20 日，也就是德国开始轰炸英格兰之前的 3 个月，国会下院举行了秘密听证，听取丘吉尔报告他认为在法国投降的形势下，不列颠还有哪些得以幸存，未来会怎么样。这里没有记录这场争论是如何进行的，但首相这次演讲的笔记保存了下来：

……持续、强力的轰炸有时可能会升级到很严重的程度……我

① Farago, *Game of Foxes*. 法拉哥在他其他的书中详细注明了出处，并运用了一手文献。《狐狸游戏》中完全没有尾注的情况说明，它们在书稿中是存在的，但在出版之前被砍掉了。

> 们的轰炸更有力、更精确，敌人比不了……敌人在数量上优势很大，但他们的工业更加集中。要最大限度地保证人们的士气……这场最为重要的战斗依赖的是普通男女们的勇气……一切都要靠不列颠战役。①

丘吉尔有理由认为德军轰炸机会对英国城市发起进攻。一个月之前，德国装甲部队冲出了阿登森林，法国政府大为恐慌。丘吉尔命令夜间轰炸鲁尔区。在给法国人的一份照会中，他解释道："我今天已经与战时内阁和所有专家对你们昨晚和今晨所作的派出更多战斗机中队的请求进行了核实。我们一致同意，最好能够通过打击敌人命脉的方式将他们吸引到这个岛上，借此来襄助我们的共同事业。"②

接下来的几周中，皇家空军的轰炸机用烈性炸药和燃烧弹攻击了至少十座德国城市。进攻总是在晚上进行，根本没抱着真能对工业或战争相关目标造成打击的希望。火焰燃起，房屋被毁，市民丧命。据丘吉尔的照会所说，这些举措的目的是为了激起报复之心，正是在这个背景之下，阿瑟·欧文斯 6 月中旬的里斯本之行才能成行。这就能够解释为什么罗伯逊上尉允许欧文斯走，尽管他身带威廉·罗尔夫的材料刚被抓了个现行。这也可以解释为什么提及这次旅程的内容被军情五处的记录给抹掉了，但却保留在了德国的材料之中。欧文斯带给李特尔少校 E-186 的记录，目的是要让希特勒轰炸不列颠。

如果这样看 E-186 的报告与轰炸机和战斗机指挥部位置之间的关系，很明显，它们都是被精心挑选出来作为诱饵用的。它们都不是英国防空力量真正的中枢机构。真正的要地是皇家空军阿克斯桥，这里是负责防卫伦敦和东南部的第十一战斗机群（No. 11 Fighter Group）的作战控制中心的所在地。位于海威康姆的轰炸机指挥部是可以被牺牲掉的，斯丹摩尔的战斗机指挥部也是如此，因为这些机构的基本职责都是计划和行政方面的。如果阿克斯桥的作战中心的功能在交战正酣时哪怕只弱

① Churchill, *War Speeches*, I, 210–14.

② Churchill to Paul Reynaud, 16 May 1940. War Cabinet minutes, 15 May, TNA, CAB 65/13/9.

化一两天，都会是一场灾难。[1]

这个决定一定是首相做的。只有他能够决定将德国轰炸机引到像斯丹摩尔这种明显是精心选择的目标上，他可能都没有对空军元帅休·道丁（Air Marshal Hugh Dowding）提及此事，此人做好了随时阵亡的准备。对他来说，幸运的是，斯丹摩尔和海威康姆在整个战争期间都没怎么受到德国空军的轰炸，之后也只是偶尔受到攻击。最重要的是，阿克斯桥得以幸免，这让整个这段故事成为一个意外的胜利。②

事情的进展是这样的：希特勒一直控制着德国空军的行动，但是他们所及只限于英国南部的港区。他希望随着法国的战败，不列颠将会看到继续抗战是无用的，会跟他进行和谈——希特勒准备开出宽大的条件来。丘吉尔却选择抗战到底，于是 8 月中旬开始，德国空军开始集中打击皇家空军的机场、雷达站和飞机工厂。当战斗进行到最激烈的时候，皇家空军达到了力量的极限，这时丘吉尔命令夜间对柏林进行轰炸。这回希特勒进行了报复。9 月 15 日，德国对伦敦进行了大规模的突袭。皇家空军得到了至关重要的喘息机会，英国城市的苦日子却来临了。

公平地讲，让战争的恐怖直接降临到人民的头上，这个决策并不是没有经过感情上的挣扎。9 月 17 日，在地下掩体中的丘吉尔得到了一份由“超级机密”截获的消息，清楚地表明德国空军已经放弃了战胜皇家空军的努力，本来就有所动摇的跨海入侵计划也下马了。聚在首相身边的这群人感到松了一口气，欢喜起来。德国人会继续轰炸的，但最危险的时刻已经过去了。正如当时这群人中之一回忆道：

> 当丘吉尔点起他巨大的雪茄的时候，脸上洋溢着笑容。他建议我们都应该呼吸点儿新鲜空气。此时正值一波空袭期间，但丘吉尔

① 的确，在回应罗伯逊提交给他的一份德国问题清单时，波义尔专门提到，战斗机指挥部下属空军大队的位置将不会被透露出去：Robertson, Note to File, 24 Jul. 1940, PRO, KV2/448, Doc.900a. 他确实同意将德国空军的注意力转向哈罗盖特，不过，这个例子确实是将轰炸机引向了无辜目标。

② 阿克斯桥的作战控制中心在战争开始前刚刚竣工，地下深六英尺，不可能隐藏他们的活动。合理的假设是德国人已经对他们的活动有所了解，于是对英国人来说当务之急是把他们的注意力引向别的地方。

> 坚持到门口的混凝土屏障外面去。我永远会记得，他穿着一身连衫裤，嘴里叼着雪茄，目光穿过园子里火光熊熊的建筑物。所有的参谋长，以及孟席斯和我都站在他的身后。他手里握着长长的手杖，转身对我们恨恨地说："我们会让他们为此付出代价的。"①

丘吉尔的强烈感情确实是源于他将自己放在了这样一个可怕的决策位置之上。他是一位经选举上台的政治家，深知很多人绝不会理解他引德国人攻击英国来支援法国人，把砖石、宫殿和教堂看得比人们的家还重要的原因。30 年后法拉哥在他的《狐狸游戏》中仍禁不住使用贬斥性的"可以被丢弃的"（expendable）一词来描绘不免成了轰炸的重灾区的伦敦工人街区。其他人，特别是在 60 年代和 70 年代英国强烈趋向社会主义的背景之下，态度只会更加激烈。

实际状况是，这是一个不得已的选择，否则仗就会打输。很显然，一旦德国空军开始一心一意地轰炸伦敦，尽管这座城市规模很大，但仍是独木难支。这座城市一定要能得到些喘息的空间。将德国空军引到英格兰中部、布里斯托和利物浦便是办法所在。丘吉尔决定这些地方也要承担苦难。

毫无疑问，克莱门特·艾德礼（Clemente Atlee）、莫里逊和战时内阁中的其他国会议员很高兴看到责任落到了首相身上。通过无线理事会这个委员会，在指导给予德国人何种信息的常规汇报渠道之外创造了条件，"结果也许会将德国人的轰炸机引向其他的城市和地区"②，这在他们眼里没有什么不妥。丘吉尔更为谨慎的举措是，一旦政府在轰炸考文垂、伯明翰、曼彻斯特和其他地方的问题上有协助德军的行动，他们设计好了让芬德雷特·斯图尔特爵士去承担责任。看起来一切都没问题。

双十委员会是进一步的伪装措施。通常它是作为无线理事会的一个

① Frederick Winterbotham, *The Ultra Spy: An Autobiography* ,London: Macmillan,1989, 208. Winterbotham 就是书中描写的"I"。

② 这是本书作者在能够见到的材料中，发现的唯一一个地方直接提及将德军轰炸机的注意力引向筛选出来的英国城市。很显然，它从英国审查官的剪子底下幸存了下来。

执行性的下属委员会发挥作用的，但实际上它没有执行权。他们可以争论采取什么可能的行动，但不能发布命令。其工作人员主要是初级情报官，他们不做记录，与他们的上司分享的内容越少越好。委员会的主席迈斯特曼是个五十岁的牛津教师，教授20世纪之前的历史，没有军事和秘密部门的工作经验。很显然，他学识太过渊博，不太会去留心间谍方面的公开文献。他在到双十委员会任职之前，在军情五处才干了不到两个月。考虑到事态的进展，不容人不去怀疑他之所以被选来恰恰是因为他极为缺乏资质。

与此同时，还有罗伯逊。他从1940年秋天到1941年春天经营双重特工事务，没有利用陆军、海军Y部门、军情六处八科或政府密码学校的专业知识团队。军情六处五科的考吉尔远观着事情的发展，李德尔将这摊事儿留给了他。由于消息首先需要被加密，因此配给SNOW和后来配给TATE的发报员不一定知道所发送信息的内容。[①] 这很好；波义尔可以直接接触罗伯逊。考虑到首相有直接插手关键军事事务的倾向，他甚至有可能自己操控了某些双重间谍发送的信息。

SNOW告诉德国人埃及没有喷火式战机，难道会有别人是这则消息的责任者吗？如果是这个消息从伦敦上空引开了一些致命的FW-190式战斗机，那么它确实为皇家空军在与德国空军的殊死战斗中打成平手做出了一些贡献。只有丘吉尔，或是一个真正的间谍才有可能是背后的推手。

丘吉尔、波义尔、罗伯逊——这是个完美的组合，因为它绕过了所有其他人，包括军队的参谋长们。这是完全可靠的，因为只需要涉及这三个人。不过，绕过职权在身的大臣们，直接对丘吉尔负责，这的确要求波义尔和罗伯逊绝对可靠、绝对谨慎。波义尔是可以信赖的，因为他战前长期以来都是情报当局中的一员。罗伯逊对丘吉尔而言可信性没有那么明显，但他确实是受到信任的。

---

① 特别是1940年和1941年初罗伯逊还是B3部门和阿瑟·欧文斯的上线专员的时候更是如此。

由于丘吉尔直到 1940 年 5 月才成为首相，波义尔在此前大约 7 个月中一直在向罗伯逊的无线特工提供空军情报，而将敌军轰炸机从战略性目标引开的想法一定形成得更早，有可能是在开战以前。

孟席斯在军情六处的前任休·辛克莱尔海军上将在 1930 年已经认识到，空军有可能在下一次战争中成为决定性的力量。他和时为空军部情报雇员的波义尔一起招来了弗莱德·温特博特姆（Fred Winterbotham），并把他派到了德国。这是一位 33 岁的前一战战斗机飞行员。这个选择不错，温特博特姆曾和著名的王牌飞行员比利·毕肖普（Billy Bishop）一起飞行过，能够讲空中语言（英语），很轻松地就让纳粹对他产生了好印象。他不久就混进了政治军事的高层圈子，估计是以英国空军初级参谋人员的身份参与其中的。他收集了德国重新武装和飞机技术进展方面很有价值的情报。

当辛克莱尔发现斯坦利·鲍德温（Stanley Baldwin）政府对温特博特姆的报告无动于衷之后，他似乎将相关消息转给了当时还是后座议员的丘吉尔。他这么做感到很舒心，因为丘吉尔在一战期间是一个了不起的秘密情报使用者；并且作为一名前内阁大臣，他是英格兰枢密院（Privy Council of England）的成员之一。这使他能够获取国家机密。丘吉尔在国会中对这件事提出质询，得益于辛克莱尔的工作，丘吉尔在 30 年代以不祥冲突即将到来的预言家而为人所铭记。

纳粹希望温特博特姆了解到的情况将会说服英国人认为希特勒的欧洲计划是符合他们利益的。当温特博特姆 1934 年第一次去德国时，他受到了元首的亲自接见，元首情绪高涨地大谈需要打败共产主义，以及他要征服俄罗斯的意图。几天之后，温特博特姆与瓦尔特·赖谢瑙将军（General Walter Reichenau）吃了午饭，后者描绘了将会如何攻打苏联。这些信息都给了温特博特姆，很显然是在希特勒的命令之下。他们假想英国政府中的理性头脑将会提议英国保持不干涉姿态。[①]

温特博特姆随后的报告到了孟席斯、波义尔、外交部、鲍德温手里，也许也给了丘吉尔。效果正与希特勒所想要的相反。它让鲍德温相信，另一场对德战争可能会到来，英国最好留心自己的防空能力。1935 年，资深保守党国会议员菲利普·坎利夫－李斯特被任命为上院议员，并成为斯温顿勋爵，也是新的空军大臣。英国随后开启了一项重新武装空军的秘密任务，包括同意开发前景光明的喷火式战斗机，并且要“在英格兰中部建立起大型的影子工厂”。[②] 随后就组织了起战斗机指挥部和并进行了海岸雷达覆盖。波义尔是所有这些活动的知情人。

当波义尔在战争第一个月中收到罗伯逊向德国人发送天气观测信息的请求时，他一定向当时仍在英国秘密防空筹备圈子中的某人提了此事。之后军情五处所采取的战略是给他们的双重特工提供真实的信息，以此来为之后的假信息铺路。这效仿了战前空军部的做法。在斯温顿勋爵管理下，英国假装与德国空军进行了自由互访和技术交换，而实际上却隐藏了己方的最新进展。[③] 希特勒也牵涉了进来，因为他在 1935 年禁止了针对英国的间谍活动，禁令一直持续到 1938 年。

的确，不能排除这种可能性：欧文斯是轰炸开始后军情六处在军情五处安插的人员，作为向德国空军提供欺骗性信息的一种手段。手头的证据可以支持这个看法，但如果是真的，那么这个策略实在是引火烧身。欧文斯在他的跨海之旅中，向德国人也提供了热门的情报。同样应该注意的是，1938 年离开了空军部的斯温顿，在 1940 年 7 月又重新露面了，当时丘吉尔指定他为国土防御执行小组的主席。这让他开始全面负责军情五处，当他在伦敦大轰炸的开始几个月里着手整顿这个部门时，相继

---

① Winterbotham, Ultra Spy, 128, 136–40. Winterbotham, Ultra Spy, 128, 136–40.

② Winterbotham, *Ultra Spy*, 153, and passim. 在威斯敏斯特国会体系中，政府各部首脑（大臣）通常坐在下院的座席里。每日质询阶段中，理论上他们在此处被要求诚实地回答由反对党议员向他们提出的问题。上院（如英国国会上院、加拿大参议院等）不履行保持诚实的责任，因为其成员不是被选举产生的。

③ Winterbotham, *Ultra Spy*, 158–59, 164–66. 丘吉尔从战前起就在这个圈子里，这也许能够解释为什么他在 1939 年时没有反对泄露天气信息，尽管他当时是皇家海军的首脑。

引起的混乱让人合理地猜测这是不是有意为之的，但确实有助于隐蔽波义尔和罗伯逊之间的往来。

无论如何，到 1940 年夏季结束之前，欧文斯仍然是一个只有一台发报机的孤零零的双重特工。当德国空军将注意力从机场转向市区工业和基础设施的时候，如果想对他们的轰炸造成很大影响，那么就应该会需要更多报告天气的无线双重间谍。德国空军仍然坚持履行 1938 年国际联盟的决议，只允许对建筑密集区的军事目标进行轰炸，如果这些目标是可以识别的话。而到英格兰中部和英国西部港口区的额外距离增加了这种可能性。丘吉尔不可能指望在不向对方提供最新的当地天气资料（特别是可见度）的情况下，把德国空军从伦敦引到其他很远的城市去。德军的炸弹引导员应该能看到他们正在做什么。

李特尔少校在派遣那些一定会被捉到的“丽娜行动”的间谍时，对此情形也不谋而合地应付自如。

问题在于，阿勃韦尔事前有可能会多少知道些李特尔将完美配合丘吉尔的策略吗？这个问题是没有答案的。理论上说，卡纳里斯能够猜到丘吉尔会把轰炸的压力从伦敦转移开，但最终还是由希特勒来做出扩大轰炸的决定。卡纳里斯对此的得体反应应该是尽量给德国空军提供更多更好的天气条件信息，这能够拯救飞行员们的生命。

与阿瑟·欧文斯打交道的经历表明，军情五处想要让一名无线双重特工发送天气信息。问题是要能给英国人提供更多这样的特工。任务开始之前的无线谈话，以及粗制滥造的假身份证件，都确保了李特尔派的人一定会被抓获。有些人势必会在英国人的控制下利用发报机反过来对付德国。卡洛里和施密特，SUMMER 和 TATE，就是以这种方式被使用的。他们不仅发送天气情况，还额外发送了轰炸损失报告。军情五处了解到他们是由代号“丽娜行动”派出的为入侵做准备的间谍。在海峡的另一边，李特尔用另一个不同的名字称呼它：“以萨行动”（Unternehmen Isar）。[1]

① Message 174 from 3504, 8 Aug. 1940; NARA, T-77, Reel 1540, Frame 419. 请注意“Betrifft Identity Cards”后面跟的是“Bezug ISAR”。

三四

为失败而战

人们可能会说，本来丘吉尔、孟席斯、波义尔这个情报三巨头可以很容易直截了当地和军情五处打交道，但关键的问题是，身在情报组织里面的人本身不能被信任。军情六处可能会合理地猜到，如果1940年9月中央登记处的那把大火牵涉到威廉·罗尔夫和他提供给欧文斯的右翼分子秘密名单的话，那么军情五处已经被德国人和苏联人渗透了。

罗尔夫事件对军情五处一战之后的负责人弗农·凯尔来说是致命一击。丘吉尔和孟席斯应该对国会军事安全二部（PMS2）很熟悉，这是一战期间为了打击劳工运动而由凯尔设立的一个影子机构。他们自身就是这段政治时期的知情人士，而且应该对从此之后这个机构在地下的长期运作有所了解，也知道它和上流社会中的右翼极端分子有所联系。罗尔夫的名单中有可能就包括亲纳粹的爱德华八世（Edward VIII），他在1936年被迫退位，以及他的美国情妇华里丝·辛普森（Wallis Simpson），他们一起被放逐到了巴哈马。罗尔夫是PMS2早期的一个关键人物。军情五处还在用他，但他因为试图向纳粹出卖名单而被抓，那么有充足的理由相信军情五处被破坏了。丘吉尔解雇凯尔，派斯温顿勋爵来搞内部清洗是正确的。

还有登记处着火的事儿。一定是有个又聋又哑的情报官员，他竟然没有一下子想到是有人搞破坏。登记处有着英国人手头最为珍贵的、无可比拟的反情报财富。根据它的索引来检索姓名是让已知的法西斯或共产主义同情者远离敏感的政府或军事职位最有效的方法。在战争期间这是至关重要的。对军情六处而言，登记处卡片索引损毁背后阴谋破坏的味道就同里面烟火的味道一样浓烈。

没有发现文献表明情况如此，但国土防御执行小组（斯温顿）一定下令进行过调查。调查可能是由苏格兰场进行的。如果是这样的话，有些事情马上就值得注意。首先，决定对卡片索引进行拍照，这很显然创造了非法复制的可能性。大火之后发现复制工作做得很不好，很多照片都被毁了，剩下的索引也用不了很长时间，此时疑心必定四起。维克多·罗斯柴尔德，他负责监督复制工作，也一定受到了非常仔细的调查。

调查很快就会将罗斯柴尔德和盖伊·伯吉斯，以及一个特别充满暗示性的结果联系起来：伯吉斯所工作的军情六处 D 部门的“D”代表的正是“摧毁”（destruction）的意思。这是由劳伦斯·格兰德少校（Major Laurence Grand）负责运营的军情六处破坏部门。进一步的调查会揭露出伯吉斯作为共产主义分子的历史，因为他最初是被不低于军情六处反谍报负责人瓦伦汀·维维安这个级别的人所接收进入军情六处的。当伯吉斯告诉维维安说，他已经将他在剑桥的日子忘在脑后了时，维维安相信了他。① 对伯吉斯自己而言，让纵火看起来像别的事故，这本来也是 D 部门必修课程的一部分。

被踢出特别行动执行处②（SOE）的并不是一个老烟枪，事实上而是伯吉斯。SOE 是 D 部门的后继单位。但对罗斯柴尔德并没有施加什么惩罚措施。如果登记处的火是阴谋破坏所致，那么罗斯柴尔德就是个嫌疑人，需要证据来证明他有罪。此外，在这种情况下，最合适的反谍报措施不是要急于行动，而是去等待和观察。军情五处在 1940 年不受控制的快速扩张可能让苏格兰场或军情六处在自己内部安插秘密特工变得更容易了。这正是卡纳里斯海军上将当时在德国做的事情。阿勃韦尔基本上是一个针对海外的间谍机构，但它在主要的军事部门和纳粹秘密部门中都有自己的线人。军情六处也很有理由做同样的事。

不过，李德尔确实是第一嫌疑人。是他把复制目录的工作交给了军情五处的一位新人，而不是交给一位值得信任的工作人员。这本来是一份职员应做的工作，肯定不需要来自出身剑桥的科学家的监督。在伯吉

① 这两个人都是以政治“进步”为宗旨的革新俱乐部的常客，所以调查员可以轻易地将他们与之联系起来。据苏联的材料讲，伯吉斯称格兰德曾经派他把假消息告诉罗斯柴尔德，目的是要阻止将巴勒斯坦作为犹太人的家园。这如果是真的话，格兰德一定会记得的，见 John Costello and Oleg Tsarev, *Deadly Illusions* ,New York: Crown Publishers, 1993, 239–40, 在他 NKVD 的档案中引了一封伯吉斯的信。

② Kim Philby, *My Silent War* ,London: MacGibbon & Kee, 1968, 12.

斯被从特别行动执行处解雇几个月之后，李德尔接触了军情五处 F 部门（反颠覆）的首脑并建议让他的负责人约翰·柯里（John Curry）继续用伯吉斯这个人。他对柯里说，伯吉斯曾一度是个共产党员，但已经“完全放弃”了他的过去。无论如何，他“卓越的知识”可以被用于对付英国共产党。柯里没有上钩。[①]

我们不太清楚这种将伯吉斯送进军情五处的尝试是否也在军情六处试过，不过李德尔肯定受到了强烈的怀疑。人们应该还记得，他是 1931 年将苏格兰场残余的反共部门转给军情五处时其中的一分子，这是因为他被怀疑受到了苏联的渗透。在这样一个人们无法对任何人的忠诚度有绝对信任的极小的世界里，这件事情再加上李德尔被看到过和伯吉斯一起出现在革新俱乐部里[②]，确实足以让军情六处在和军情五处打交道时倍加小心了。不信任确实是军情六处接管无线安全处最主要的原因，这样就可以控制 ISOS 情报的分发，也能发展出他们自己的登记处。这次重组是在 1941 年 5 月完成的。

这个 5 月也意味着伦敦大轰炸的结束。轰炸机不再来了。一个月之后，波义尔转到特别行动执行处当了安全和情报总监——表面上是一次降职。孟席斯一定是这次人事变动的推动者。特别行动执行处正在迅速扩张，但登记处被破坏的事实让它没有可能再对被招募来的人进行审查。这等于公开向敌人（法西斯分子和共产主义分子）发了邀请。波义尔的职位是为孟席斯在这个新机构中充当眼线。

与此同时，由于没有太多的轰炸机可骗了，双十委员会成了一个对战争没有什么影响的、很大程度上是由轻率的欺骗策略产生的副产品。同样的话也能用在罗伯逊的 B1A 部门和剩下的双重特工如威廉斯和施密特身上。[③]

---

① Andrew, *Authorized History*, 270–72.

② 他的日记 9 月 25 日的条目中，他提到和伯吉斯在革新俱乐部吃了晚饭，直到晚上 11 时 30 分。这正是登记处失火的那个晚上，这为伯吉斯提供了不在场证明，除了一点，李德尔搞错了日期！

③ 参见第二章。

三三七

自从伊安·科尔文的书《情报头目》（1951）出版之后，很多说法都证明军情六处的斯图尔特·孟席斯和卡纳里斯曾彼此接触过，但又没有确凿证据。作者为写本书而查阅过的军情五处的文件解决了这个问题：在1941年两次去德国的旅程中，神秘的瓦尔特·迪基茨（CELERY）曾是孟席斯的密使。

想想下面这种情况。

基于留存于军情五处的文件，我们可以发现，1940年早春时，欧文斯在一个酒吧里偶遇了迪基茨，随意谈话的过程中，他们互相都发现了各自在秘密情报领域的工作生涯。迪基茨在一战期间曾为空军情报部的一个分支工作过，而欧文斯此时正在为军情五处工作。欧文斯早先曾以同样的方式撞见了萨姆·麦卡锡，而迪基茨就像麦卡锡一样，接受了欧文斯提出的一起为德国人服务的邀请。

就像其他在敌国活动的谨慎的秘密特工一样，欧文斯一直在寻找背叛者。这两个人都把自己表现为落魄不满的人，随时准备为金钱出卖他们的国家——这正是欧文斯要找的人。他确实在威廉·罗尔夫身上找到了他想要的东西，如果欧文斯能够侥幸成功的话，那罗尔夫将会是条大鱼。但麦卡锡和迪基茨却是被安插在他身边的，前一个人如我们所知是军情五处派的；后一个人则是在军情五处不知情的情况下由军情六处派的。

据罗伯逊和李德尔当时的笔记来看，他们把迪基茨仅仅看作是一个令人讨厌的人，他毫无征兆地突然出现了，但他之前在“空军情报部的某个分支”中的经验对军情五处来说可能是有用的。出于这个原因，空军情报总监没有把他当作安全风险。经过几次小心的询问后，他被接受了。

在1940年德国入侵荷兰和法国之前，他第二次与李特尔少校在安特卫普会见时，欧文斯告诉德国人说他在军情五处内部得到了一名线人。这就是迪基茨。

瓦尔特·阿瑟·查尔斯·迪基茨（Walter Arthur Charles Dicketts），并不是坐在办公桌前将文件移来移去的那种情报官员，而且从来也不是如此。这位41岁的伦敦人是个全世界跑的冒险家，他在一战时期就是个少年间谍。1915年，曼斯菲尔德·卡明的军情一处c科（军情六处的前身），曾安排将他借给法国人作为巴黎军火库的一名小通信员。他成功地偷到了著名的法国75毫米野战炮的规格说明。他的间谍生涯持续到了战争的最后。也许是战争结束之后，他去远东游历了一圈。20年代，他又作为赛车手在英国、法国和美国巡游了一番。他是个令人着迷的骗子、反串演员、重婚者，他像换领带一样换着身份和老婆。他只喝杜松子酒，而且是纯的。他是个真实的詹姆斯·邦德，还不包括他跟和他上过床的女人结了婚，一共有4个，其中有一个15岁。[①]

当德国大使馆雇员汉斯·鲁泽1943年在拉契米尔庄园接受审讯时，他回忆起有一天他携带外交信袋，快要动身去往巴塞罗那的机场时，阿勃韦尔在里斯本战争单位中的反谍报官员，一位名叫克拉默的少校提到他带来了一个卡纳里斯"感兴趣"的英国人。在驱车跨过西班牙的途中，鲁泽自然对他车上的乘客进行了探查，想知道他是怎样引起德国秘密情报机构首脑注意的。他缠着迪基茨，直到后者最后告诉他说，他是个"左派"，身负和平谈判的使命。一夜痛饮之后，他承认自己是英国秘密机构的一分子，后来（可能是酒醒之后）又让鲁泽不要跟任何人说。在迪基茨3月返回英格兰后，他向军情五处汇报了情况，但却没有提及任何关于鲁泽或卡纳里斯的事情。看起来他是要为自己的轻率行为打掩护。

鲁泽进一步透露，他在迪基茨第二次去里斯本时又和他见面了，

---

① PRO, KV2/674. 这是军情五处CELERY的"文件档"，在2008年对其进行检视时，发现里面除了生平材料和CELERY与罗伯逊、波义尔准将的通信复本之外，没有什么别的东西。迪基茨的真名被从所有的文件中移除，在其中的一个上面，名字是被刀裁掉的。也见"Ripples in Time",Straits Times.24 Oct.1930; 及"Charming Crook," Milwaukee Sentinal, 13 Nov. 1949. 关于纯杜松子酒，参见PRO, KV2/451, Doc. 1658z.

三二九

当时迪基茨是在他第二次去德国的路上。这次军情六处没有让军情五处办这件事，令人不禁推测迪基茨肩负的是前者的任务，后者对此将不会知情。

人们可以据此猜测为什么在1940年春天时，军情六处想要在欧文斯身边派上自己的特工。欧文斯所说的德国人给他的密码太简单了，难以相信，所以肯定在什么地方耍了把戏。况且欧文斯自己是合法的吗？当他将迪基茨招募为间谍后，军情六处很快就有了答案。还会发生什么事情，就只能靠将迪基茨放进军情五处再去看了。这一步也实现了。

军情六处的这些行动可能有其他的动机。史蒂芬斯和贝斯特在芬洛被绑架，这让军情六处与德军和阿勃韦尔中反纳粹势力两条主要的联系被切断了。如果迪基茨有朝一日能够同欧文斯一起去见一次他德国的上线，也许有机会能重建这种联系。军情六处不会想让军情五处参与此事。它也没有和自己的姐妹机构分享这个情况：芬洛事件之前，他们曾和德军最高层的将军们有过对话。

至于欧文斯，他在1940年6月被派到葡萄牙去见李特尔时，一定是春风得意，这时他刚刚从麦卡锡揭发他之后的危险处境中好不容易摆脱了出来。罗伯逊认可了他不是两边骗的说法，尽管在要人俱乐部名单的问题上证据对他不利。虽然被逮捕了，但他还是被派去里斯本去为北海接头的失败做解释，有可能还拿了军情五处常规发给的“小钱”。就像之前总是发生的情况一样，他也有他自己的秘密情报，这是从军情五处内部的一个间谍手里拿到的惊人的英国防空信息，当然这个内部人士就是迪基茨，也称E–186。欧文斯向李特尔保证，他会在将来的接头中把这个不可思议的新特工带来，以便李特尔可以亲自对他作出评价。①

1941年2月，当欧文斯和迪基茨终于动身去了伦敦的时候，英国正处于有可能输掉战争的边缘。对英国城市的轰炸是极为可怕的，德国潜艇则大大损害了英国航运业。尽管疏散了被轰炸地区的密度，扩大了范围，而且丘吉尔在公开场合表现得很有勇气，但战争是无法持续太久的。

① Ritter, *Deckname*, 213–15.

迪基茨在开车穿越西班牙时向汉斯·鲁泽透露了他是“英国秘密机关”的特工，肩负着和平的使命。这也揭示了为什么欧文斯突然退出了双重特工事务，却没能前后一致地对他军情五处的上司说出个原因来。李特尔一开始和两位特工见面时极为惊恐地发现，迪基茨不是个可耻的叛徒。

我们无法准确地知道他到底发现了什么。据李特尔 1972 年的回忆录说，他心怀疑虑地欢迎了这两个人。欧文斯开始小心翼翼。在迪基茨的刺激下，他说他得到了军情五处的授权，向李特尔提供价值 20 万美元的黄金，如果他能和他们一起回英国的话。如果这是真的，绝对会暴露出欧文斯和迪基茨都是为英国人工作的。在这个时候李特尔不可能允许他们中的任一个人离开葡萄牙。[①]

有可能就在此时，在欧文斯在场的情况下，迪基茨透露说他是英国秘密部门的成员，肩负着和平的使命。李特尔马上表示了兴趣，这一定让欧文斯震动不小。他以为李特尔一直是为纳粹服务的。更糟的是，迪基茨也许说的是实话，这意味着他是派在军情五处里面的卧底，而且一直如此。迪基茨将会确凿地知道欧文斯是个背叛者；回到英国之后，他这次也许不是要蹲监狱，而是上绞架。回到伦敦之后，欧文斯确实如惊弓之鸟，尽其所能地诋毁迪基茨。

有一个孤证表明，无论丘吉尔是否知情，斯图尔特·孟席斯是向阿勃韦尔伸出橄榄枝的幕后操纵者——如果杜斯科·波波夫可信的话，那就是在欧文斯和迪基茨动身的一个月之前。

作为军情五处最新的双重特工，波波夫被招来面见孟席斯。孟席斯对他说（部分重复了之前的引文）：

> 我想知道多得多的关于卡纳里斯亲近的每个人的消息，以及与多纳依和奥斯特亲近的人的消息……

① Ritter, *Deckname*, 242–52. 他把会晤时间定在了 1940 年 10 月，但这与他所描述的 1940 年中其他间谍的行动次序不符。证据例如 Tuesday：Hamburg to OKW, 27 Feb. 1941; 3504, meldetbei einem Treff in Lissabon am 17.2.41；关于在英国最新研发出来的高射炮，见 NARA, T–77, Reel 1540.2 月 15–20 日期间欧文斯每天都写一份报告，所有的都于 2 月 27 日发出。在右下角的消息编码是连续的。这证明会晤举行了，李特尔后来回到汉堡对这些报告进行了归档。

> 如果我解释一下他的请求背后的原因，这也许会有帮助。我们知道，卡纳里斯、多纳依、奥斯特都不是彻头彻尾的纳粹。他们也许可以被界定为忠实的官员，或者日耳曼爱国者。1938年，丘吉尔与卡纳里斯进行了一次会谈。这次会谈是非官方的，因为他不是政府官员。丘吉尔得出结论说，卡纳里斯是德国反纳粹异议分子的一剂催化剂。这就是为什么我想对他所吸引的人有更多的了解。归根结底，我可能想要继续进行丘吉尔发起的对话。在那种情况下，我必须处于一个能评估卡纳里斯身边人力量如何的位置上。
>
> 我点头示意明白了。孟席斯在想与卡纳里斯或那些亲近希特勒却想罢黜他的人进行一次对话。[1]

波波夫的这则轶事，以及他做出的英国人正在寻求与卡纳里斯进行对话的结论出版于1974年，当时没有一个地方出现过关于英国在战争期间寻求过阿勃韦尔帮助的严肃说法。

的确，迪基茨认为自己是为英国秘密机构履行特殊任务的，这解释了（用迈斯特曼在《双十系统》一书中的话说）他为什么没有“在德国痛苦地被德国人处决”。相反在他第一次去德国时，他会见了纳粹体制一贯的反对者沙赫特博士，还见了“男爵”，这是卡纳里斯的良师益友和亲信。迪基茨安全地返回了英格兰，并说“秘密和平谈判”是可能的。孟席斯仍然记得战前从阿勃韦尔和德国文官系统那里收到的很多关于希特勒的警告。他会认为这意味着尽管希特勒获得了成功，卡纳里斯和其他身边的人仍然希望推翻纳粹统治。[1]

孟席斯5月又把迪基茨派回了葡萄牙。他又去了德国一趟，（当时和事后都）没有告诉军情五处。他可能是带着英国人的回复去的，尽管这也无从知晓了。他有可能触及了英国难以独自支撑很久这个关键点。如果美国不尽快担起担子的话，英国除了与希特勒议和之外将别无选择。

丘吉尔想到这点一定感觉糟透了，但对卡纳里斯和其他德国军队中

---

① Popov, *Spy/Counterspy*, 76.

② Deutsch, *Conspiracy*, 149–66; 及 Hoffman, *German Resistance*, 60–61. 也可参见本书第六章。

反对纳粹的人来说，情况还要糟得多。希特勒刚刚粗暴地攻击和征服了南斯拉夫。苏联将是下一个对象。如果英国从战争中抽身的话，纳粹将永远不会被从权力上赶下来，无论希特勒是死是活。

除了李特尔之外还有谁参加了第二次会面不得而知，但可能有卡纳里斯。从 3 月到 8 月，有关他活动的消息不断被军情六处（但不是五处）截获、识读，表明他一直不断从东南欧的一个阿勃韦尔办公室跑到另一个去，都与入侵和占领南斯拉夫有关。不过，5 月底和 6 月的消息都没有出现在卷宗里，这意味着它们要么是以更安全的密码发送的，要么军情六处对其进行了截流。[①] 无论是哪种方式，这种刻意的保密措施都表明卡纳里斯在这个时期卷入到更重大的事情中了。

我们都知道是什么事情。他旅行期间抽空去伯尔尼拜访了希曼斯卡夫人。他在波兰从俄国人手里把她救了出来，把她安置到了瑞士，在那儿她和军情六处驻日内瓦的办公室取得了联系。战后她说到，在谈话中，卡纳里斯偶然提到希特勒要入侵苏联的事。她随之就把这个消息告诉了她在军情六处的联系人。[②]

发生了什么好像已经清楚了。英国发送了一个求救信号，卡纳里斯通过迪基茨和希曼斯卡夫人做出了回应，安慰说："挺住。支援就要来了。"能让他们缓口气的实际就是巴巴罗萨行动，希特勒在错误判断下入侵了苏联。

仅仅 3 周之后，7 月 15 日，一个不会讲英语的西班牙人出现在英国驻里斯本大使馆，他带着一份间谍的问题清单，说日本计划袭击英国在远东的领地。几周之后，波波夫被给了一份类似的问题清单，提到夏威夷和美国太平洋舰队都受到威胁。

正如一开始注意到的，波波夫的问题清单显示出被快速拼凑起来的迹象，而且不是在柏林而是在里斯本的阿勃韦尔葡萄牙战争单位完成的。

---

① PRO, KV3/3.

② Colvin, *Chief of Intelligence*,91–2, 138. 能查阅到的被截获的消息运动表明他四月在维也纳，到 5 月底为止在萨洛尼卡、雅典和索菲亚，见 PRO, KV3/3. 关于希曼斯卡被卡纳里斯用作与军情六处的联系人，见 Lahousen, III,1. 也见 Jeffreys, *MI6*, 380–2. 此书提出希曼斯卡是军情六处发展的特工，但实际情况是她是被"提供"给军情六处的。

这是个急就活儿，是在德国情报拦截机构得知罗斯福和丘吉尔要在大西洋的船上会见后几天内攒出来的。

人们一定会注意到，卡纳里斯的桌上有党卫军关于苏联境内人口灭绝的解密消息。这与他从随军的阿勃韦尔野战突击队那里拿到的相同内容的材料相比，数量还算少的。它们读起来令人作呕。由于他知道党卫军的消息是用简单密码发的，他便有理由确信丘吉尔也读到了。

读者一定想起了这一连串事件的起点，1941 年 1 月末，就在迪基茨第一次动身去里斯本和德国之前。丘吉尔、他的几个亲信和罗斯福总统的主要文官顾问哈里·霍普金斯（Harry Hopkins）之间举行了一次非正式的会谈。霍普金斯去英格兰是要看看情况有多糟，并且试探丘吉尔认为英国有多大生存几率。真正支柱性的战争规划都是在这样的会见中进行的，没有记录留存下来。在这种情况下，丘吉尔的一位初级秘书在场。他在日记中记下了会谈的要旨。①

他们晚饭后在契克斯②（Chequers）的大厅里坐成了一圈，只有丘吉尔站在那里，倚在壁炉台上。首相慷慨陈词，内容是关于需要美国加入对德战争的一个比较详细的演讲，但他同时承认，这对于美国国会来说没有什么吸引力。霍普金斯后来对援助英国的事做了如下说明：

> 当时的情况下，重要的因素是总统的大胆决定，他将引领舆论而不是被舆论牵着走。他被说服了，一旦英国丢了，美国也会被围攻。必要的话，他会使用他的权力。在推动他的目标得以实现方面，他会毫不犹豫地对现存法律进行解释……他不想要战争……但他不会在战争面前退缩。

霍普金斯补充说，如果美国打算加入战争的话，“那么关键的事件就是和日本的冲突”。

① Colville, *Fringes*, 346–47. 这个特别的情况非常有价值，因为由独立观察家所做的关于盟军决策层非正式会晤的说明是很少的，但可以确信的是，这些非正式的部分反而是很多实质性的工作所在。科尔维尔是丘吉尔随从中的一个小职员，他正巧在屋子里。他写了一份日记，手写稿保存了下来。

② 契克斯是英国首相的官方乡间别墅。——译者注。

于是问题就来了：时机是不是又多多少少回到了卡纳里斯那里？孟席斯奉丘吉尔的命令，于2月派迪基茨去德国摸阿勃韦尔首脑的底，然后5月又送去了至关重要的情报："日本，然后是德国！"这一切我们都无从知晓了。

在那些认识他的人中，卡纳里斯以创造性地解决棘手问题的能力而闻名。丘吉尔也享有此誉。军情六处的孟席斯也不缺乏想象力。也许，仅仅是也许，波波夫的珍珠港问题清单是由这三个人想出来的。

无论如何，为美国总统提供了对日作战的借口和手段，这救了英国，同时额外地也救了苏联。1941年12月7日，当日本飞机向太平洋舰队的军舰冲去时，盟军在这场战争中已经胜券在握了。

尾声：要赖的耄耋老人

到 1969 年的时候，那些对珍珠港问题清单以及丘吉尔企图影响德国对英轰炸有所了解的无线理事会成员，已经都差不多一个接一个地都离世了。最先离世的有盖伊·李德尔，他于 1958 年死于心脏病发作。斯图尔特·孟席斯死于 1968 年，和他一同归于尘土的还有那些他从来没有透露过的军情六处机密。波义尔准将也已经过世，一同带走的是他所知道的那些军情五处和六处之间的往事。还健在的那些年轻一点儿的人，都曾经参加过 1941 年那些与会者连会议记录都无法拿到的、高度机密的会议：记录员伊温·蒙塔古和 B1A 的“TAR”罗伯逊都已经将近 60 岁。离无线理事会的那些机密被彻底尘封于世的日子已经不远了。

这时，前双十委员会主席约翰·塞西尔·迈斯特曼突然进入了人们的视野。在耄耋高龄，他回顾自己漫长却平淡无奇的牛津学者生涯，意识到人生中最辉煌的时刻就是在战时。他认为自己在对抗希特勒的野蛮入侵时扛起了英国反情报行动的旗帜。他决定，是时候告诉这个世界究竟都发生过什么了。他计划出版他在战争结束前提交的报告。

来自政府的反馈是迅速且坚决的：不行！他被禁止寻找出版商。《官方机密法令》（*Official Secrets Act*）依然对他有效。不行，不行，不行。

但是，迈斯特曼并不想接受这样的答案。

主要的反对者是迪克·怀特（Dick White）。① 他战后曾经担任过军情五处和六处的负责人，退休以后正在政府担任情报方面的特别顾问。他于 30 年代末加入军情五处，担任盖伊·李德尔在 B 部门的副手。40 年代末的时候，他在招募迈斯特曼的过程中曾经起到了重要作用。

从一开始，迈斯特曼就被任命为双十委员会的主席。怀特则继续负责 B 部门中的其他工作，而这些并不需要他参加无线电理事会以及双十委员会的会议，或是知道杜什科·波波夫的珍珠港问题清单的详情。

但是，怀特清楚，双十系统是彻底失败的。即是在情报机构的档案里有一份战后的内部报告没有这样提过，怀特在军情六处的战时前任主管——斯图尔特·孟席斯也早已把这些基本意思表达出来了：军情五处既无能又业余，而且肯定被德国人和苏联人渗透了。在战时，他们认为：阿勃韦尔真的是在使用第一次世界大战时的密码，会允许属下间谍相互之间进行沟通，而且他们还不知道如何正确装备自己，等等。在得知这些想法有多么愚蠢以后，怀特可能会感到脸红。但另一方面，他可能根本就知道这些。战时提到过他的文件都显示，他是一个见多识广，消息灵通，而且非常有热情的人。

迈斯特曼则正好相反。在 40 年代的时候，他是一个标准的 50 多岁的牛剑教授。单身，与母亲住在一起，或是住在俱乐部和学校的宿舍里，像罐头里的沙丁鱼一样与世隔绝。他教授现代历史，但课程可选择的范围不会晚于 19 世纪 80 年代；他开设课程的理论依据是，只有在过了至少半个世纪之后，才能对现在的事件进行有效研究。板球，以及那些话

① John Campbell, "A Retrospective on John Masterman's The Double-Cross System," *International Journal of Intelligence and Counter Intelligence* 18 (2005)：多处；以及 C.J. Masterman, *On the Chariot Wheel: An Autobiography*, Oxford: Oxford University Press, 1975, 348-55. 这是一份非常有价值的社会文献，对 20 世纪 30 年代英国特权阶级有所洞见。

题晦涩难懂、讨论起来唇枪舌剑、只有男性才能参与的宴会，是他的主要业余消遣。与同时代的许多类似的人一样，他也会创作侦探小说。但除此以外，他对学问的贡献就像泰晤士河上的迷雾一样。

他在 40 年代末被引荐到军情五处的时候，在间谍技艺方面完全没有背景，之前也几乎没有任何对现实事务的兴趣，几乎没有与所教授班级以外的人们相处的直接经验。[①] 1914 年，他在弗莱堡大学时无视战争迫在眉睫的警告，最终在柏林城外的乌勒本俘虏营（Camp Ruhleben）里度过了之后 4 年俭朴但又安逸的扣押生活。在那里，他与其他有教养、有地位的男性俘虏生活在一起，这与他平时在牛津的生活并没有什么不同。

在他的自传中，他看上去是个彻头彻尾矫揉造作的人——自负，爱寻欢作乐，自我放纵。在二三十年代的戏剧和小说中，这个类型的人经常遭到讽刺。可能正是因为他有这样的特点，才会被选中来领导双十委员会；他不是那种能想象到军情六处可能会与阿勃韦尔进行秘密合作的人。

怀特在拒绝迈斯特曼的请求时可能想到了那句老话，“老糊涂，最糊涂”。他很清楚，迈斯特曼在 1945 年的报告中声称的那些军情五处的双重间谍们所取得的确定无疑的“成就”是毫无根据的。这主要是指那些在 1942 至 1943 年间向德国人制造跨海峡攻击威胁假象的行动，在最活跃的时候，他们曾试图使用双重间谍对 1944 年 6 月 6 日盟军进攻诺曼底的时间和地点进行误导。怀特有充分的理由质疑这些所谓的成功。[②]

更微妙的是迈斯特曼在“B1A 部门报告”中的那些有关将德国空军

① Masterman, *Chariot Wheel*, 176 及其他多处。

② 除了从他自己的秘密来源所知道的东西，怀特手上还有罗杰·赫斯基（Roger Hesketh）处理 1944 年欺骗行动的战后报告。虽然全面且真实，但是赫斯基为“保镖行动”（Plan Bodyguard）以及“坚忍行动”（Plan Fortitude）的成功所作的辩护非常缺乏说服力，而且他还对之前“斯塔基行动”（Plan Starkey）这样的努力嗤之以鼻。军情五处在 90 年代末将其公开。详见 Roger Hesketh, *Fortitude: The D-Day Deception Plan* , New York: Overlook Press,2000. 读者必须忽略“引言”中的那些说法，然后再阅读全书。

引诱到伦敦居民区以及英格兰中部地区城市的描述。他的原始报告已经从军情五处的档案中消失，但有充分的证据表明，该报告涉及了这个问题。虽然这并不是他们应得的，但军情五处的内部史料——约翰·柯里的《安全机构》一书将主要的赞誉给予了双十委员会（见第三章）。按照他的说法，是他们取得了必需的许可才得以让军情五处的双重间谍们可以每天向德国方面发送天气预报以及真实信息，“使他们的轰炸机转向其他城市或地方”[①]。鉴于这在当时仍在进行中，迈斯特曼无疑在他的报告中提供了一些细节。

英国公众对所有这些都一无所知，而将它们披露出去的威胁出现在了一个不可能更糟的时点上。60 年代末，英国工会和大学中的左翼激进分子们在到处示威游行，而在美国学生反越战抗议示威的带动刺激下，对现存政治结构的敌意在社会中广泛蔓延开来。此时，一个本国炮制的把工人牺牲掉的例子一定会被贪婪地抓住并利用起来。[②]

这里面还有一个非常人性化的考虑，因为对于失去了家园、失去了所爱的那些人来说，这并不是一段很长的时间。无论怎样证明将轰炸机引向伦敦居民区或者其他城市是不可避免的，在得知他们自己的领袖竟然是造成他们个人悲剧的部分原因的时候，很多人依然会强烈地感受到被背叛了。

但迈斯特曼依然坚持己见。稍后，他号称自己的动机是渴望用军情五处在战时双十系统中取得的成功，来使公众重新树立起彼时刚刚因军情六处的高级官员金·费尔比叛逃苏联而受到损害的、对英国情报机构的信心。在此之前，盖伊·伯吉斯和唐纳德·麦克林已于 1951 年叛逃。怀特和白厅怎么也不可能通过承认军情五处为叛徒的成长提供了丰富的土壤，来给迈斯特曼想说出一切的热情降降温。

---

① Curry, *Security Service*, 24. 他提到，细节可以从“B1A 部门报告”中获得。因为这个部门涵盖了双十委员会，所以该报告可能就是一部迈斯特曼所写的、将所有功劳归到自己名下的“历史”。报道天气的许可实际上在 1939 年就已获得。详见第三章。

② 本书作者是 1966 年至 1968 年之间在利兹大学学习的国外研究生。此时，学生激进运动非常强大，但是对一个冷眼旁观的加拿大人来说，这些示威游行看上去表演味道重，实际上的强度低。但无论如何，抗议游行的规模是巨大的，这无疑会引起官方当局的忧虑。

这是真的。由1940年登记处大火所引发的嫌疑再一次聚集到了盖伊·李德尔的身上，这一次是因为他在伯吉斯和麦克林的潜逃中可能起到了作用。据新添加的指控称，布朗特和李德尔都曾经是秘密的共产党同情者。50年代，这足以使李德尔失去晋升到军情五处高层的机会。但是，1964年，怀特得到了积极的证据表明，布朗特和伯吉斯才是同谋。此时，李德尔已经去世，他到底如何已经没有任何意义。但布朗特却不一样。他是女王陛下的艺术顾问，又是一位备受尊敬的前军情五处官员。为了避免因逮捕他而可能引发的灾难性公众反应，经过政府批准，最后决定与他当面对质，通过保证不透露他的叛国行为来换取他全面详细的坦白。[①]

于是，给迈斯特曼的答案依旧是不行，但没有解释真正的原因。这位牛津教授此后所采取的行动却一点也不值得称赞。他将自己的报告泄露给了拉迪斯拉斯·法拉戈（Ladislas Farago）。这是一位美国作家，曾经出版了许多建立在详细研究基础上的有关第二次世界大战的著作。[②]此人当时正在写作一部德国秘密情报机构的全面历史。很显然，在工作过程中，他与迈斯特曼取得了联系。

对迈斯特曼所取得的成绩，法拉戈给予了相当的赞誉。他在《狐狸游戏》一书中，比较详细地叙述了军情五处的第一位双重间谍——阿瑟·欧文斯在1940年夏末发送给德国人的那些信息。这些信息描述了德军轰炸的影响："温布尔登遭到攻击…在莫顿–马尔登（Morton-Malden），成百的房屋、火车站和工厂被摧毁……肯利（Kenley）的私人住宅遭到了破坏……毕金山（Biggin Hill）遭到攻击……空军部很快将会搬到哈罗盖特"，等等。接下来是这样一段话：

① Tom Bower, *The Perfect English Spy: Sir Dick White and the Secret War 1935–90*, London: William Heinemann, 1995, 116–19, 132, 323–25, 378. 布朗特和李德尔是在对迈克尔·斯特雷特（Michael Straight）和戈伦韦·里斯（Goronwy Rees）的控告中被揭露出来的。

② 法拉戈将迈斯特曼的《第二次世界大战中的双十系统》（*The Double Cross System in the Second World War*）一书列入了《狐狸游戏》中"参考书目"下的"未出版文献"部分（662）。请注意其对迈斯特曼作品实际标题所做的微小改变，以及法拉格是在1971年完成他的作品的事实。

> 在19号时，他开始发送一系列报告，向进攻的飞机建议目标。其中的第一条将他们引向了塞顿的军火工厂和飞机工厂。
>
> 当然，所有这些讯息都不是欧文斯写的，他也没有参与收集其中的信息。它们全部都是军情五处编造出来的。此时，双十组织正在约翰·塞西尔·迈斯特曼的管理下开始进入最佳状态，而他本人正是一位重要的“特殊雇员”。但是，如果JOHNNY的报告是英国方面自己制作的，那通过提供给敌人有关他工作的如此详细、精确的情报，他们能从中得到什么呢？
>
> 虽然并不是很有效，但这是第一次尝试通过双重间谍向德国人发送伪造的损失报告，以此来对德国空军在空袭目标选择上进行某种形式的控制……而在丘吉尔先生的个人监督下，这一形式开始逐渐变得非常有效，并且有一点冷酷无情地被广泛使用着。[①]

用冷酷无情这个词来形容这种故意将德军轰炸机引导到分布在高密度居民区里的工厂目标上来的行为，可能并不算言之过重。

法拉戈明确指出，这些信息他是从当时还没有出版的、迈斯特曼的《双十系统》一书中得到的。他还用了好几段话来赞美双十委员会的“残酷责任感”。因为他们必须要担负起向德国人提供真实信息的“重担”，以使双重间谍SNOW和SUMMER在发送那些已经设计好的、将轰炸机引导到英国方面所选择的目标（这其中包括考文垂）上来的信息时，不至于让德国人怀疑它们是伪造的。换作迈斯特曼自己，也不可能比这夸耀得更好了，只不过他从来没有这样做过。当《双十系统》一书在1972年出版的时候，只有两处地方稍稍暗示到了引导德军轰炸机的情况。很明显，当法拉戈看到迈斯特曼的手稿时，上面有更多的内容，但这些

① Farago, *Game of Foxes*, 269. 他所描述的信息都可以在国家档案和记录管理局中找到，T77, 1540。

在付印前都已经被删掉了。[①]

据我们所知，双方达成了某种协议。

在《双十系统》的前言里，迈斯特曼写道，这本书是有关英国方面所执行的双重间谍工作的报告。这是在战争结束的时候，由军情五处的负责人戴维·佩特里要求他写的，这与所有部门负责人被要求写的行动报告是一样的。他说他是在 1945 年的 7 月初开始撰写这份报告的，并于 8 月中旬完成。这些话只有一半可信。除了第二章第一页以及第三章的一半，再加上各处的一些零散内容，这本书几乎是逐字逐句地从军情五处的“SNOW”卷宗中一篇名为“SNOW，BISCUIT，CHARLIE，CELERY，SUMMER”的冗长文章里抄袭过来的。这份长达 9 页、约有 6000 多词的案例总结的最后一页已经不见了，作者是谁也并不清楚，但是，它的第一页上盖有 1946 年 4 月 23 日的日期章。其文件号——1803a，同样也将其指向了当年当月的卷宗。[②]

很显然，迈斯特曼并没有撰写这份报告。他是在这份报告所涵盖的 1939—1940 时期的最后两个月才加盟军情五处。如果在离职以后他又被叫回来，去做那些撰写报告所需的相当大量的研究的话，他无疑会提到这些。最有可能的作者是 B1B（分析科）的约翰·格威尔少校（John Gwyer）。他的名字在军情五处的档案中随处可见，因为他的工作就是审阅尽可能多的材料，以确定它们彼此之间是如何联系的，并撰写报告。在该卷宗中，1803a 号文件两边的文档也是由他完成的。但是，他只能以他掌握的信息为准。在这份总结中，他就忽略了欧文斯在 1940 年 4 月前往里斯本的旅行，并且采纳了罗伯逊关于麦卡蒂（MacCarty）在那年 7 月在里斯本见到的是李特尔的错误判断。除此之外，该报告大致反

① Farago, *Game of Foxes*, 175, 270–1, 662. 除了将他引用的迈斯特曼即将出版的著作列入“参考书目”，法拉戈将迈斯特曼称为“双十”的“官方编史者”，这是他预览过其作品的进一步证据。这“两处暗示”指的是无线电理事会建立以后为 TATE 采取的一种效果不佳的策略，即主动给出一家飞机工厂的位置，以及将空袭引向机场的尝试，详见 Masterman, *Double–Cross*, 11, 83.

② PRO, KV2/451, Doc. 1803a. 在该卷宗中它被标记为“李特尔的终审报告摘录”，1946 年 1 月 16 日，1802b 号文件；以及 Gwyer to Major Vesey, 15 May 1946, Doc. 1804a. 显然，在 1803a 号文件写成的时候，欧文斯和卡罗利依然处于监禁中。

映了从“SNOW”卷宗余下的相关文档中所能得出的事件情况。[①]

显然，双方达成了某种协议。这很有可能是怀特经手的。为了让他放弃有关轰炸目标的材料，他们似乎给迈斯特曼提供了一份文件。这份文件更全面地讲述了1939—1940时期双重间谍的情况，也为他提供了一份对于出版商来说更有吸引力的新书的基础材料。迈斯特曼同意了，否则的话，他肯定不可能得到1803a文件。还有一个问题没有解答：这是在什么时候发生的?

人们必须通过现有的证据来进行推测。

现在似乎并不能确定法拉戈是否能像他所声称的那样接触到了“SNOW”卷宗。首先，考虑到他是个无法控制的外国人，并且已经是一位专注于战时谍报活动的知名畅销书作家，军情五处里的任何人在那时都不大可能允许这样的情况发生。其次，在《狐狸游戏》一书中似乎并没有任何有关SNOW的内容，而这些是无法从他所发现的阿勃韦尔档案或是与迈斯特曼的沟通中获得的。

他对于其他1939—1940时期双重间谍的描写可以追溯到一些以前出版过的资料，特别是乔维特伯爵（Lord Jowitt）的《有人是间谍》（*Some Were Spies*）一书，以及他本人对欧文斯在战时的德方上线尼科劳斯·李特尔所进行的访谈。研究把他带到了华盛顿国家档案和记录管理局（National Archives）中存放缴获德方记录的区域。在那里，他磕磕绊绊地（他确实被绊了一下）偶然发现了与汉堡分局驻英间谍有关的微缩胶卷文件。那条在1939年9月18日通过雷达设备在汉堡与柏林之间传送了A-3504报告的信息可能使他确信，A3504是个货真价实的在英国活动的德国间谍。在1969至1970年间找到并采访了李特尔以后，法拉

① PRO, KV2/451, Doc. 1803a. 这里的错误有：麦卡锡被安插在欧文斯身边；第一次在海上的会面定在1940年5月21日的。详见Spruch nr 115 von 3504, NARA, T-77, 1540.

戈终于知道了他的身份——阿瑟·欧文斯。①

《狐狸游戏》在 1971 年的某个时候发行了样书，并将出版日期暂定于 1972 年 1 月 14 日。这些样书的发行标志着，至少在这个确定的时刻，英国当局知道了法拉戈的书里都写了什么，② 然后他们就被吓坏了。不只是那些有关影响德方轰炸的内容，而且通过披露出雷达设备的秘密在不列颠战役之前就突然暴露了，法拉戈展现出一件事：军情五处无疑从一开始就被阿勃韦尔欺骗了。当局必定在一阵慌乱中决定要派人去华盛顿查查他究竟找到了什么记录。

那是军情五处一次令人悲伤的醒悟。法拉戈接触到的阿勃韦尔档案来自不来梅支局，是英军在 1945 年进入该城时缴获的。其中包含 22 个文件夹，里面有上百条在英国活动的间谍发回的原始信息。在最终被发回到伦敦以后，这些文件消失在一些秘密的地下室里，再也没有被见到过。但是，在被发出去之前，它们曾经被借给不来梅的美国海军基地以筛选美国感兴趣的内容。在那里，海军用微缩胶卷将其中的许多东西拍了下来。③

法拉戈所披露的那些欧文斯发送的关于雷达的报告，以及在军情五处的吩咐下提供轰炸目标信息的内幕，在突然间对英国人来说变得再糟糕不过了。那些证据就在华盛顿的档案里。所有这些都能得到证实。

我们只能猜测怀特是如何回应的。如果那些对迈斯特曼手稿删节和增补的建议在之前还没有被提出来的话，那么此时也肯定会这样做了。在他的自传中，迈斯特曼声称他与这些修改一点关系也没有，甚至不知道它们指的是什么，但他确实承认已经准备让耶鲁大学出版社作为他的出版商。修订版的《双十系统》在《狐狸游戏》出版之后没过几周就出版了。两书都没有尾注。这对法拉戈来说很不寻常，因为他早前的著作

① Farago, *Game of Foxes*, 159.

② Farago, *Game of Foxes* ,New York: David Mackay, Advance Reading Copy –tentative publishing date, 14 Jan. 1972.

③ CO U.S. Naval Advanced Base Weser River to CO British Army of the Rhine,19 Jan. 1946, with attachments, PRO, KV3/207. 不来梅在英国占领区内，所以联络必须通过港内驻扎的美国海军。请注意法拉戈对在国家档案和记录管理局的一个美国海军床脚柜中找到这些微缩胶卷的描述，见 Farago, *Game of Foxes*, xi.

都运用了大量的史实资料。[①] 到目前为止，一切看起来都还不错。这两本书会互相竞争。可以期待英国学术界会齐心协力支持他们自己的人。迈斯特曼的书连参考书目都没有，而法拉戈则花了 8 页的篇幅将 1939 年以前的谍报经典都囊括了进去，如瓦尔特·尼科莱上校、亨利·兰道，以及巴塞尔·汤姆森爵士等。迈斯特曼只认可他自己的观点，这些观点崭新得就像刚刚铸造好的金索维林[②] 一样，全部来自他在双十委员会的经验。神奇的是，除了零零星星由类似 A.P. 泰勒（A.P. Taylor）这样特立独行的牛津历史学家，以及大卫·缪尔这样经验丰富的前反情报官员视之为垃圾之外，大家全都对《双十系统》信以为真。法拉戈的书基本上被遗忘了；而迈斯特曼的则闻名遐迩。

第一次世界大战时的德国间谍机构负责人尼科莱上校，在《德国情报机构》（1924）一书中写道，处于战争中的国家必须首先在本国赢得民意的战斗。英国正处于"冷战"中[③]，而这场战斗现在对于赢得或失去世界舆论的支持至关重要。怀特现在要应付的是一个正在耍赖的耄耋老人。此人已经决意为了一点曝光度而背叛他的保密誓言。人们很难不对怀特处理此事的方式表示赞同。在二三十年代由"第三国际"（共产国际）推广的阶级斗争概念，在 60 年代时依然影响着英国工人和学生。金·费尔比叛逃以后，无论是在国内还是在海外，他们都要不惜一切代价避免对英国的形象造成进一步的损坏。这种情况下，利用一个老人的极度虚荣心，[④] 允许他出版一本基本上与事实不符的书，就成为一种合理的策略。

但这也带来了意料之外的间接损失。

当《双十系统》在书店面市以后，又被发现其中竟然包含有关波波

---

① Campbell, "A Retrospective," IJIC: 326. 他的言论根据的是两本"在几周之内"相继出版的、在一系列报纸评论的基础上写出的著作。

② 索维林 (sovereign)：是英国发行的一种黄金铸币，名义上面值一英镑。在 1932 年以前的金本位时期，它曾是一种全面流通的货币，但在那以后它通常只被当作投资型的硬币发行。——译者注。

③ 任何在 20 世纪 60 年代质疑"战争"之严肃性的西方国家政府内部高层人士都应该想想，古巴导弹危机就发生在 1962 年，让整个世界离核灾难只有一步之遥。

④ 怀特使用了这样的措辞。详见 Campbell, "A Retrospective," IJIC: 320–53.

夫的珍珠港问题清单的内容。双十委员会与此事毫无关系，但迈斯特曼还是把它放进书中。除此之外，他还隐晦地指责美国政府在 1941 年没有能够对太平洋舰队正处于危险之中的明显信号采取任何行动。这直接为在国会内外流传了多年的怀疑提供了依据——罗斯福总统为了进入丘吉尔与德国的战争牺牲了太平洋舰队。这在 60 年代末是个尤其敏感的话题，因为美国正在输掉一场历史上最不受欢迎的战争——越南战争。这是另一位总统的战争。

在 1968 年的春节攻势中，越南民主共和国的军队在顺化向美国人发起了进攻。越南一方虽然失利了，但是美国所受到的损失更大。这场战争已经在美国国内彻底失去了支持。反战游行遍及全国。跑到加拿大去躲避兵役的人成为英雄。“军事工业复合体”、CIA 和美国军队在面临强制兵役的十几岁、二十多岁的美国年轻人中成为被辱骂的对象。对越南的军事干预始于约翰·F. 肯尼迪总统，但他的继任者林登·B. 约翰逊（Lyndon B. Johnson）将其逐步升级成了一场涉及陆海空三军的全面战争。国会从来没有正式宣战；这是一场白宫的战争。[①]

永远不会有人知道，如果在那个时候能够证实罗斯福看到过波波夫的问题清单，可还是放任了珍珠港袭击的发生，会对这个国家产生什么样的影响。美国官方知道真相的人绝对不会冒这样的险。档案里充斥着各种文件能够证实波波夫的问题清单确实被及时递交给了适当的决策者，FBI 把它们撂在了一边，自己承担起了责任。J. 埃德加·胡佛依旧是调查局的负责人，所以这个决定自然是他做出的。

这看上去又像是迈斯特曼惹的麻烦。因为此书非常重要，怀特必定在其获准出版之前就读过修订版的《双十系统》。如果他看到了这两页有关问题清单的内容，很难相信他会允许它们出现在书中并最终付印。但是，这份手稿是在美国出版的，因此迈斯特曼完全可以在最后时刻加上几页文字。法拉戈的上一本书，《被解开的封印》（*The Broken*

① 关于珍珠港的争论是如何在对越南的战事彻底失望中起到作用的，详见 Frank Paul Mintz, *Revisionism and the Origins of Pearl Harbor* ,Lanham, MD: University Press of America, 1985, 69–77.

Seal），就是有关珍珠港的，但他在里面并没有提到这么敏感的内容。根据我们所了解的他的性格，迈斯特曼把这些信息放进他自己的书里可能就是为了向法拉戈炫耀一下。

胡佛于 1972 年 5 月 2 日死于心脏病发作。他给这个国家的临终礼物就是牺牲自己的名誉，而这一切都是因为波波夫的问题清单。由此所造成的影响相当坏，而且持续了很多年。他一定给出了非常明确的指示，因为 FBI 只是象征性地为他进行了辩护，并且一直牢牢压住了那些本可以为他洗脱冤名的文件。然而，由迈斯特曼点起的这把火从来没有真的烧到过椭圆形办公室。

胡佛对此会感到非常满意。